T0274237

Piensa como un científico espacial

Piensa como un científico espacial

Nueve estrategias sencillas para tener éxito en el trabajo y en la vida

OZAN VAROL

REVERTE MANAGEMENT
Barcelona, México

Piensa como un científico espacial
Think Like a Rocket Scientist

Loreto 13-15, Local B. 08029 Barcelona – España
revertemanagement@reverte.com

Edición en papel
ISBN: 978-84-17963-56-9

Edición ebook
ISBN: 978-84-291-9714-3 (ePub)
ISBN: 978-84-291-9715-0 (PDF)

Editores: Ariela Rodríguez / Ramón Reverté
Coordinación editorial y maquetación: Patricia Reverté
Traducción: Irene Muñoz Serrulla
Revisión de textos: M.ª del Carmen García Fernández

Impreso en España – *Printed in Spain*
Depósito legal: B 16165-2022
Impresión: Liberdúplex

82

Para Kathy, mi constante cósmica.

CONTENIDOS

INTRODUCCIÓN

EN SEPTIEMBRE DE 1962, el presidente John F. Kennedy se presentó ante un repleto estadio de la Universidad Rice y prometió llevar, antes de que terminara la década, un hombre a la Luna y devolverlo sano y salvo a la Tierra. Fue una promesa increíblemente ambiciosa, quizá la apuesta más importante de la historia.

Cuando Kennedy pronunció ese discurso quedaban por desarrollar muchos requisitos tecnológicos para un alunizaje. Por ejemplo, ningún astronauta estadounidense había operado en el exterior de una nave espacial;[1] nunca dos naves espaciales se habían acoplado en el espacio;[2] y la Administración Nacional de Aeronáutica y del Espacio (en adelante, NASA) no sabía si la superficie lunar era lo bastante sólida para soportar un módulo de aterrizaje o si los sistemas de comunicación funcionarían en la Luna.[3] En palabras de un ejecutivo de la NASA, ni siquiera se sabía «cómo determinar la órbita [terrestre], así que mucho menos proyectar órbitas a la Luna».[4]

Además, orbitar alrededor de la Luna —por no hablar de alunizar— requería una precisión impresionante. Era algo así como lanzar un dardo a un melocotón, a 6 m de distancia, y rozar la pelusilla sin tocar el propio melocotón.[5] Por si fuera poco, el melocotón —es decir, la Luna— se movía por el espacio. Luego, en la reentrada a la Tierra, la nave tendría que acceder a la atmósfera en el ángulo correcto —lo que equivaldría a localizar un saliente concreto en una moneda con 180 salientes troquelados—; así se evitaría entrar con demasiada fuerza y arder hasta quedar carbonizada, o bien resbalar por la atmósfera como una piedra que salta sobre el agua.[6]

El caso es que, para ser político, Kennedy fue sorprendentemente sincero respecto a los desafíos que se avecinaban. Explicó que el enorme cohete que llevaría a los astronautas a la Luna estaría «hecho de nuevas aleaciones de metal, algunas de las cuales todavía no se han inventado, capaces de soportar el calor y las tensiones por encima de lo que nunca se ha experimentado, y ensambladas con mayor precisión que la del mejor reloj»; además, sería enviado «en una misión no probada a un cuerpo celeste desconocido».[7]

Sí, ni siquiera se habían inventado los metales necesarios para fabricar el cohete.

En otras palabras: saltaremos al vacío espacial y confiaremos en que nos salgan alas por el camino.

Pero, como si fuera un milagro, las alas brotaron. En 1969, menos de siete años después de la promesa de Kennedy, Neil Armstrong dio su «gran paso para la humanidad». Un niño que hubiera tenido seis años cuando los hermanos Wright realizaron su primer vuelo con motor —que duró 12 segundos y recorrió poco más de 36 m— habría tenido 72 cuando volar se transformó en algo lo bastante poderoso como para llevar a un hombre a la Luna y traerlo de vuelta, sano y salvo, a la Tierra.

Este gran avance —que tardó en producirse lo que puede durar una vida humana— suele considerarse como el triunfo de la tecnología. Pero no lo es. Más bien es el gran triunfo de un determinado proceso de pensamiento que los científicos espaciales manejaron para trocar lo imposible en posible; el mismo que ha permitido a estos científicos dar en el blanco enviando naves supersónicas a millones de kilómetros a través del espacio exterior y haciéndolas aterrizar en un punto exacto; el modo de razonar que cada vez nos acerca más a la colonización de otros planetas y a que la humanidad llegue a ser una especie interplanetaria; y el mismo proceso de pensamiento, en definitiva, que hará que el turismo espacial comercial, accesible para mucha gente, se convierta en realidad.

Pensar como un científico espacial es mirar el mundo a través de una lente diferente. Ellos imaginan lo inimaginable y resuelven lo irresoluble; transforman los fracasos en victorias y las limitaciones en virtudes; consideran los contratiempos como rompecabezas solucionables y no como obstáculos insuperables. No los mueve una ciega convicción, sino la duda, y su objetivo no es un resultado a corto plazo, sino los avances a largo plazo. Saben que las reglas no están grabadas en piedra, que lo predeterminado puede cambiarse y que es posible trazar un nuevo rumbo.

Algunas de las ideas que compartiré contigo en este libro son comunes a todas las ciencias. Pero las ideas adquieren una dimensión mayor en la llamada «ciencia de cohetes», dado lo que hay sobre la mesa. Porque con cada lanzamiento se ponen en juego cientos de millones de dólares y, en el caso de los vuelos espaciales tripulados, muchas vidas.

En esencia, el lanzamiento de un cohete es la explosión controlada de una pequeña bomba nuclear —*controlada* es aquí la palabra clave—. Y te aseguro que un cohete arde con una furia increíble. Así que un paso en falso, un error de cálculo... y espera lo peor. «Hay mil cosas que pueden ocurrir cuando se pone en marcha el motor de un cohete», explica el jefe de propulsión de SpaceX, Tom Mueller, «y solo una es buena».[8]

Todo lo que damos por sentado en la Tierra se pone patas arriba en el espacio, literal y metafóricamente. Hay innumerables puntos potenciales de error al enviar una delicada nave espacial —compuesta por millones de piezas y cientos de kilómetros de cableado— a través del imprevisible escenario espacial.[9] Cuando algo se rompe, como suele ocurrir tarde o temprano y de forma inevitable, los científicos espaciales deben aislar la señal de peligro y localizar los posibles factores responsables, que pueden ser miles. Y, lo que es peor, esos problemas suelen producirse cuando la nave está fuera del alcance del ser humano. Es decir, que no se puede abrir el capó y echar un vistazo.

En estos tiempos, es necesario pensar como un científico espacial. El mundo evoluciona a un ritmo vertiginoso y debemos evolucionar con él para no perder el ritmo. Aunque no todo el mundo aspire a calcular coeficientes de combustión o trayectorias orbitales, sí que cualquiera se enfrenta con problemas complejos y desconocidos en su vida cotidiana. Y quienes son capaces de abordarlos —sin directrices claras y sin poder detener el reloj— disfrutan de una ventaja extraordinaria.

A pesar de los enormes beneficios que suele atribuirse al hecho de pensar como un científico espacial, solemos asumir que esa cualidad es algo propio de genios, más allá de la capacidad de los simples mortales que no tenemos un talento especial. Pero no es así (de ahí el dicho: «No hace falta ser un lumbreras»). Nos identificamos con el *Rocket Man* de Elton John, quien a pesar de haber sido seleccionado para una misión a Marte se lamenta de «toda esta ciencia que no entiendo».[10] También empatizamos con Chaim «Charles» Weizmann, el primer presidente de Israel, que una vez cruzó el Atlántico con Albert Einstein. Cada mañana se sentaban en la cubierta del barco durante dos horas y Einstein le explicaba la teoría de la relatividad. Al final del viaje Weizmann dijo que estaba «convencido de que Einstein entendía la relatividad».[11]

Este libro no te enseñará nada sobre la relatividad o los entresijos de la propulsión de cohetes; en otras palabras, lo que hay detrás de la ciencia de cohetes. No encontrarás gráficos en este libro. Para leerlo tampoco se requieren aptitudes matemáticas. Porque lo que se oculta bajo la ciencia de cohetes son conocimientos sobre la creatividad y el pensamiento crítico que te cambiarán la vida y que cualquiera puede adquirir sin tener que doctorarse en Astrofísica. La ciencia, como dijo Carl Sagan, es «mucho más una forma de pensar que un conjunto de conocimientos».[12]

En definitiva, cuando termines este libro no serás científico de cohetes, pero sí sabrás pensar como un genio.

....

LA EXPRESIÓN «CIENCIA DE COHETES» es conocida en la jerga científica. No existe una carrera universitaria que se llame así, ni un puesto de trabajo de «científico de cohetes». En cambio, el término se emplea de manera coloquial para referirse a la ciencia y la ingeniería en que se basan los viajes espaciales, y esa es la definición que usaré en este libro. A lo largo del mismo examinaré el trabajo tanto de científicos —exploradores idealistas dedicados a la investigación del cosmos— como de ingenieros, que son los diseñadores prácticos del *hardware* que hace posibles los vuelos espaciales.

En realidad, yo fui uno de ellos: trabajé en el equipo de operaciones del proyecto Mars Exploration Rovers, que envió dos vehículos de exploración al planeta rojo en 2003. Planifiqué los escenarios de las operaciones, ayudé a seleccionar los lugares de aterrizaje y escribí el código para tomar fotos de Marte. Hoy en día, mi pasado como científico de cohetes sigue siendo la parte más interesante de mi currículum. En mis charlas, la persona que me presenta dice casi siempre: «Lo más fascinante de Ozan es que fue científico espacial». Esto produce un susurro colectivo y el público se olvida enseguida del tema sobre el que voy a hablar. Me doy cuenta de que muchos están pensando: «Cuéntanos algo de la ciencia de cohetes».

Porque, seamos sinceros, existe una historia de amor con los científicos de cohetes. Despreciamos a los políticos, nos burlamos de los abogados, pero adoramos a esos cerebritos que diseñan naves y las lanzan al océano cósmico en una sinfonía coordinada a la perfección. Cada jueves por la noche, *The Big Bang Theory* —una serie de televisión sobre un grupo de excéntricos astrofísicos— suele encabezar la lista de programas de mayor audiencia en Estados Unidos. Decenas de millones de personas estallan en carcajadas cuando Leslie abandona a Leonard porque este prefiere la teoría de cuerdas a la gravedad cuántica de bucles. También, durante tres meses, más de tres millones de estadounidenses prefirieron *Cosmos* a *The Bachelor** cada domingo por la noche; es decir, eligieron la materia oscura y los agujeros negros antes que los ligues.[13] Por último, las películas sobre viajes espaciales —desde *Apolo 13* hasta

* *The Bachelor* (*El Soltero*) fue un *reality* estadounidense sobre citas y relaciones amorosas, emitido por la cadena ABC desde 2002 (nota de la traductora).

Marte, de *Interestelar* a *Figuras ocultas*— son casi siempre éxitos de taquilla y se hacen con innumerables estatuillas doradas.

Ahora bien, aunque ensalzamos la labor de los científicos espaciales, hay un desajuste enorme entre lo que estos han descubierto y lo que hace el resto del mundo. Es decir, el pensamiento crítico y la creatividad no forman parte de nuestra rutina. Somos reacios a pensar en grande, a convivir con la incertidumbre y a experimentar el fracaso. Todo eso era necesario en el Paleolítico, para evitar los alimentos venenosos y a los depredadores, pero aquí, ahora, en la era de la información, no son más que trabas.

Y las empresas fracasan justo por eso, porque miran por el retrovisor y siguen haciendo lo mismo y con el mismo manual de instrucciones: en vez de arriesgarse a fracasar, se aferran al *statu quo*. En la vida cotidiana, tampoco ejercitamos nuestros músculos de pensamiento crítico, sino que dejamos que otras personas saquen conclusiones. Como resultado, esos músculos se acaban atrofiando. Y sin un público informado, dispuesto a cuestionar cualquier afirmación tajante, la democracia se debilita y la desinformación se extiende. Una vez que «esa otra versión» de los hechos se comunica y se retuitea, se convierte en verdad. Por consiguiente, la seudociencia se hace indistinguible de la ciencia real.

Mi pretensión con este libro es formar un ejército de no científicos de cohetes que aborden los problemas cotidianos como lo haría uno de ellos. En otras palabras, espero que después de leerlo tomes las riendas de tu vida y cuestiones las creencias, los estereotipos y los patrones tradicionales de pensamiento. Así pues, donde los demás vean obstáculos tú verás oportunidades para adaptar la realidad a tu voluntad. Abordarás los problemas de forma racional y generarás soluciones innovadoras que redefinan el *statu quo*. Dispondrás de un kit de herramientas que te permitirá detectar la desinformación y la seudociencia. Por último, abrirás nuevos caminos y descubrirás otras formas de superar los problemas venideros.

Si tienes una empresa, harás las preguntas correctas y manejarás el conjunto adecuado de recursos para tomar decisiones. No buscarás tendencias ni seguirás la última moda; tampoco harás las cosas simplemente porque las haga la competencia. No, más bien explorarás los límites y lograrás lo que otros creían imposible. En definitiva, te unirás al selecto grupo de entidades que están empezando a adoptar el pensamiento creativo en su modelo de negocio. Ahora mismo, Wall Street ya contrata a los llamados «genios financieros» para que la inversión en bolsa deje de ser un arte y se convierta en una ciencia.[14] Y los empresarios también se sirven de este tipo de pensamiento para seleccionar qué productos lanzar ante la incertidumbre del mercado.[15]

Por lo demás, este libro es estrictamente práctico. Es decir, no se limita a pregonar las ventajas de pensar como un científico espacial, sino que proporciona estrategias concretas y viables para poner en práctica esta forma de razonar, ya sea en una plataforma de lanzamiento de cohetes, en una sala de juntas o en el salón de tu casa. Para ilustrar la validez de estos principios, el libro intercala apasionantes anécdotas de la ciencia espacial con episodios comparables de la historia, la política y el derecho.

Además, para ayudarte a poner en práctica estos principios he subido varios recursos gratuitos a mi sitio web, que es una importante extensión de este libro. Visita ozanvarol.com/rocket y encontrarás lo siguiente:

- Un resumen de los puntos clave de cada capítulo.
- Cuadernillos de ejercicios, retos y ejemplos que te ayudarán a poner en práctica las estrategias presentadas en el libro.
- La opción de suscribirte a mi boletín semanal, en el que comparto consejos y recursos adicionales que refuerzan los principios del libro (mis lectores lo llaman «el único correo electrónico que espero con ansia cada semana»).
- Mi dirección de correo electrónico personal, para que puedas hacerme comentarios o simplemente saludarme.

....

AUNQUE SEA MI NOMBRE el que aparece en la portada, este libro se apoya en muchas espaldas. En primer lugar, se basa en mi experiencia, ya mencionada, con el equipo de operaciones de la misión Mars Exploration Rovers; también en las entrevistas que he hecho a muchos científicos espaciales y en décadas de investigación en diversos campos, como la ciencia y los negocios. Además, viajo con frecuencia para hablar sobre el pensamiento científico a profesionales de muchos sectores: abogacía, comercio minorista, productos farmacéuticos o servicios financieros, por citar algunos; y perfecciono una y otra vez mis ideas sobre cómo aplicar estos principios a otros campos.

Para este libro he elegido nueve principios básicos de la ciencia espacial. Es decir, he dejado otras ideas en el tintero para centrarme en las de mayor relevancia más allá de la exploración del espacio. Más adelante te explicaré dónde cumplen estas tesis los científicos y dónde se quedan cortos. Gracias a ello aprenderás de los triunfos y de las tribulaciones de la ciencia espacial; es decir, tanto de sus momentos de máximo orgullo como de sus catástrofes.

Igual que un cohete, este libro se divide en partes o etapas. La primera —Lanzamiento— está dedicada a «prender la mecha» de tu reflexión. La forma de pensar que ayuda a avanzar está plagada de dudas, así que empezaremos por ahí. Compartiré contigo las estrategias que los científicos espaciales emplean para lidiar con la incertidumbre y convertirla en una ventaja. A continuación, pasaré a justificar, a partir de los principios básicos, cuál es el ingrediente básico de toda innovación revolucionaria. De este modo, descubrirás el mayor error que cometen las empresas al generar ideas; cómo ciertas reglas invisibles limitan tu capacidad de razonamiento y por qué restar, y no sumar, es la clave de la originalidad. Luego trataremos los experimentos mentales y el pensamiento imposible, estrategias utilizadas por científicos espaciales, empresas innovadoras y artistas de talla mundial que quieren dejar de ser observadores pasivos y pasar a ser protagonistas de su realidad. En el camino, aprenderás por qué es más seguro volar más cerca del Sol, cómo el uso de una sola palabra puede potenciar la creatividad y qué debes hacer en primer lugar para abordar la consecución de un objetivo tan ambicioso.

La segunda etapa —Aceleración— se centra en impulsar las ideas generadas en la primera parte. Así, en primer lugar exploraremos cómo replantear y pulir tus ideas y por qué la búsqueda de la respuesta correcta comienza con la formulación de la pregunta adecuada. A continuación, veremos cómo detectar los defectos de tus ideas cambiando tu actitud de convencer a los demás de que tienes razón por la de demostrar que estás equivocado. Te descubriré cómo hace pruebas y experimenta un científico espacial, para que tú también lo hagas y tus ideas tengan posibilidades de materializarse. De camino aprenderás una insuperable estrategia de entrenamiento de astronautas que puedes usar para triunfar con tu próxima presentación o con el lanzamiento de un nuevo producto. Averiguarás que el ascenso al poder de Adolf Hitler puede explicarse por el mismo tipo de fallo de diseño que provocó el accidente de la sonda Mars Polar Lander en 1999. Y conocerás por qué la sencilla estrategia que hizo sobrevivir a cientos de miles de bebés prematuros también resucitó la misión Mars Exploration Rovers después de ser cancelada. Por último, compartiré contigo lo que uno de los conceptos científicos más incomprendidos puede enseñarte sobre el comportamiento humano.

La tercera y última parte es el «Logro». En ella aprenderás por qué tanto el éxito como el fracaso son ingredientes imprescindibles para desarrollar todo tu potencial. Sabrás por qué el lema «equivócate rápido, equivócate a menudo» tan famoso entre los emprendedores, puede ser el camino más directo hacia el desastre. Asimismo, te revelaré por qué el mismo fallo que hundió a un gigante de la industria provocó la explosión de un transbordador espacial. Y te explicaré por qué las empresas hablan mucho sobre eso de «aprender del fracaso», pero no lo hacen. Por último, descubrirás los sorprendentes beneficios de tratar el éxito y el fracaso de la misma manera, y por qué los mejores profesionales ven el éxito continuado como una señal de advertencia.

Cuando llegues al final de la tercera etapa, en lugar de dejar que el mundo moldee tus ideas conseguirás que tus pensamientos moldeen el mundo. Y, en lugar de simplemente pensar al margen de las circunstancias, serás capaz de adaptar las condiciones a tu voluntad.

....

AQUÍ, EN LA INTRODUCCIÓN, se supone que debo contar una historia personal perfecta sobre mis motivos para escribir este libro. Y claro, para un libro como este la narración ideal incluiría haber tenido un telescopio cuando era niño, luego enamorarme de las estrellas, a continuación emprender una carrera en la ciencia espacial que durase toda mi vida y culminar esa pasión con la publicación de este libro; una historia bonita y lineal.

Pero mi relato no se parece en absoluto a ese. Ni siquiera voy a intentar darle una impecable (aunque engañosa) estructura. De niño me regalaron un telescopio, sí —bueno, más bien eran unos prismáticos cutres—, pero nunca pude hacerlo funcionar (debí considerarlo una señal). También inicié una carrera en la ciencia espacial, hasta que la abandoné. En realidad, como verás en las próximas páginas, acabé aquí gracias a una combinación de buena suerte, un excelente mentor, algunas decisiones acertadas y, quizá, algún que otro error administrativo.

Vine a Estados Unidos por las típicas razones: cuando era un niño, en Estambul, este país tenía un encanto casi de ensueño para mí. Mi visión se basaba en el variado conjunto de programas de televisión estadounidenses seleccionados para su traducción al turco. Es decir, para mí, Estados Unidos era el primo Larry, de *Primos lejanos*, que acoge a Balki (su primo de Europa del Este) en su casa de Chicago y ambos bailan la «danza de la alegría» para celebrar su buena suerte. Estados Unidos eran también *ALF* y la familia Tanner, que da cobijo a un peludo extraterrestre con predisposición a intentar comerse al gato.

Y claro, pensé que si en Estados Unidos había hueco para gente como Balki y ALF tal vez también lo hubiera para mí.

Nací en un entorno humilde y quería tener mejores oportunidades en la vida. Mi padre empezó a trabajar a los seis años para ayudar económicamente al suyo, conductor de autobús, y a su madre, ama de casa. Se levantaba aún de noche para recoger los periódicos recién salidos de las rotativas y venderlos antes de ir a la escuela. Mi madre se crio en la Turquía rural, donde mi abuelo era un pastor reconvertido en maestro de un colegio público. Con mi abuela, que también era maestra, construyó, ladrillo a ladrillo, la misma escuela en la que enseñaban.

Cuando yo era pequeño, el suministro eléctrico era poco fiable y los apagones, demasiado frecuentes (y aterradores para un crío). Así que, para mantenerme distraído en esas situaciones, mi padre se inventó un juego: encendía una vela, tomaba mi balón de fútbol y simulaba que la Tierra (el balón) giraba alrededor del Sol (la vela).

Esas fueron mis primeras lecciones de astronomía. Y ahí me enganché.

Por la noche me dedicaba a soñar con el cosmos, con balones de fútbol medio desinflados. Y durante el día era estudiante en un sistema educativo profundamente conformista. Para que te hagas una idea, en primaria nuestro profesor no nos llamaba Osman o Fatma, sino que a cada alumno se le asignaba un número, de forma parecida a como se marca el ganado. Por tanto, éramos el 154 o el 359. No voy a desvelar mi número, porque es el que uso como PIN para la tarjeta del banco —malditas sean las alertas de «cambie su PIN con frecuencia»—. Además, íbamos a la escuela vestidos con un uniforme azul brillante con cuello blanco; y todos los chicos lucíamos el mismo corte de pelo: rapado.

Cada día, al llegar a clase, entonábamos el himno nacional seguido del juramento estudiantil, en el que nos comprometíamos a dedicar nuestra existencia a la nación turca. El mensaje era inequívoco: sométete, reprime tus cualidades distintivas y abraza el conformismo en aras del bien común.

Cumplir tales objetivos eclipsaba todas las demás prioridades educativas. Estando en cuarto grado, una vez cometí el grave pecado de saltarme un corte de pelo; este hecho provocó la ira del director de la escuela, un buldócer que habría encajado mejor como alcaide de una prisión. Durante una de sus inspecciones me vio el pelo más largo de lo normal y se puso a jadear como un rinoceronte al que le faltara el aire. A continuación, agarró una horquilla de una chica y me la puso en el pelo para avergonzarme en público. Aquel fue claramente un castigo a un gesto de rebeldía.

El conformismo en el sistema educativo nos salvó de nuestras peores tentaciones, esas molestas ambiciones individualistas de soñar a lo grande e inventar soluciones interesantes para problemas complejos. Los estudiantes que triunfaban no eran los contestatarios, los creativos, los pioneros… Más bien tenías éxito si agradabas a las figuras de autoridad, fomentando con ello el servilismo que te serviría después para ser… mano de obra industrial.

Esta cultura de cumplimiento de normas, respeto a los mayores y memorización dejaba poco margen para la imaginación y la creatividad, así que tuve que cultivar esas cualidades por mi cuenta. Sobre todo, con ayuda de los libros; ellos eran mi refugio. Compraba todos los que podía permitirme, los manipulaba con mucho cuidado para asegurarme de no doblar las páginas o el lomo. Me perdía en los mundos de fantasía creados por Ray Bradbury, Isaac Asimov y Arthur C. Clarke, y vivía a través de sus personajes. En aquella época devoré todos los libros de astronomía que pude encontrar y empapelé las paredes de mi cuarto con pósteres de científicos como Einstein. Además, en viejas cintas Betamax Carl Sagan me hablaba desde la serie *Cosmos* original. No estaba muy seguro de entender lo que decía, pero lo escuchaba igualmente.

Más tarde aprendí a programar y monté un sitio web llamado Space Labs, una carta de amor digital dedicada a la astronomía. Allí escribía, en un inglés elemental y defectuoso, todo lo que sabía sobre el espacio. Y aunque mi habilidad para programar no me ayudó a ligar, sí me resultó crucial más adelante.

Para mí, la ciencia de cohetes se convirtió en sinónimo de huida. En Turquía, mi camino estaba marcado; en cambio, en Estados Unidos, donde se situaba la vanguardia de la ciencia de cohetes, las posibilidades eran infinitas.

A los 17 años alcancé la «velocidad de escape»: me admitieron en la Universidad de Cornell, donde mi héroe de la infancia, Sagan, había sido profesor de astronomía. Me presenté allí con un acento muy marcado, unos vaqueros europeos ajustados y una vergonzosa afición a Bon Jovi.

Poco antes de llegar a Cornell, investigué en qué trabajaba el departamento de Astronomía. Así fue como me enteré de que uno de sus profesores, Steve Squyres, dirigía un proyecto financiado por la NASA para enviar un vehículo explorador a Marte. Este profesor había trabajado con Sagan siendo estudiante de posgrado. Aquello era demasiado bueno para ser verdad.

No había ninguna vacante en el departamento, pero envié a Squyres mi currículum por correo electrónico y le expresé mi profundo deseo de trabajar junto a él. Tenía las más bajas expectativas —podría decirse que estaba viviendo mi particular *Livin' On A Prayer**—, pero recordé uno de los mejores consejos que me había dado mi padre: «No puedes ganar el sorteo sin comprar un boleto».

Así que compré un boleto. Pero no tenía idea de en qué me estaba metiendo. Para mi sorpresa, Squyres me respondió y me convocó a una entrevista. Y así, gracias en parte a las habilidades de programación que había adquirido en el instituto, conseguí un puesto como miembro del equipo de operaciones de una misión que enviaría a Marte dos vehículos exploradores, llamados Spirit y Opportunity. Comprobé tres veces el nombre que aparecía en la carta de oferta, para asegurarme de que no se trataba de un terrible error administrativo.

Solo unas semanas antes estaba en Turquía, fantaseando con el espacio, y de repente me hallaba en primera fila, en el meollo de la acción. Saqué al Balki que llevaba dentro y bailé la danza de la alegría. Para mí, la esperanza que se suponía que representaba Estados Unidos —la tierra de las oportunidades— había dejado de ser un tópico.

---

* Referencia a la canción de Bon Jovi del mismo título. Se puede traducir como «viviendo en una oración» (N. de la T.).

Recuerdo muy bien la primera vez que entré en la llamada Sala Marte, en la cuarta planta del edificio de Ciencias Espaciales de Cornell. Las paredes estaban cubiertas de esquemas y fotos de la superficie marciana. Era un lugar desordenado y sin ventanas, iluminado con fluorescentes lúgubres que daban dolor de cabeza. Pero me encantaba.

Tuve que aprender a pensar como un científico espacial con cierta rapidez. Pasé los primeros meses escuchando conversaciones, leyendo torres de documentos e intentando descifrar el significado de un montón de siglas nuevas. En mi tiempo libre también trabajé en la misión Cassini-Huygens, que envió una nave espacial para estudiar Saturno y sus alrededores.

Con el tiempo, mi entusiasmo por la astrofísica empezó a decaer. Comencé a sentir una fuerte desconexión entre la teoría que estudiaba en clase y los aspectos prácticos del mundo real. Siempre me han interesado más las aplicaciones que las teorías; me encantaba aprender el proceso de razonamiento de la ciencia espacial, pero no la base de todo ello, lo que nos enseñaban en las clases de Matemáticas y Física a las que tenía que asistir. Era como un panadero al que le encanta estirar y trabajar la masa… pero no le gustan las galletas. Había gente en mi clase mucho mejor que yo en lo teórico. Por mi parte, creía que las habilidades de pensamiento crítico que había adquirido con la experiencia podían tener un uso más práctico que el esfuerzo memorístico de refutar que $E = mc^2$.

De modo que, aunque seguí trabajando en las misiones a Marte y Saturno, me puse a explorar otras opciones. En aquel momento me sentía mucho más atraído por las ciencias sociales y decidí estudiar Derecho. Mi madre se alegró, sobre todo, por no tener que corregir a sus amigas que le pedían que su hijo «astrólogo» les interpretara el horóscopo.

Pero incluso después de cambiar de rumbo llevé conmigo el kit de herramientas que había juntado en cuatro años de carrera de Astrofísica. Y así, empleando las mismas habilidades de pensamiento crítico, me gradué el primero de mi clase en Derecho, con la nota media más alta de la historia de la facultad. Tras mi graduación, conseguí una codiciada pasantía en el Noveno Juzgado del Tribunal de Apelaciones de los Estados Unidos y ejercí la abogacía durante dos años.

Entonces decidí dedicarme al mundo académico. Quería trasladar allí los conocimientos sobre pensamiento crítico y creatividad que había adquirido gracias a la ciencia de cohetes. Además, inspirado por mis frustraciones con el conformista sistema educativo de Turquía, esperaba estimular a mis alumnos para que soñaran a lo grande, cuestionaran lo establecido y moldearan de forma activa un mundo en rápida evolución.

Luego, al darme cuenta de que desde el aula solo podía llegar al estrecho reducto de mi alumnado, puse en marcha una plataforma online para compartir estas ideas con más gente. En mis artículos semanales, que hasta el momento han llegado a millones de personas, escribo sobre cómo enfrentarse a las corrientes de pensamiento tradicionales y reinventar el *statu quo*.

Lo cierto es que no tenía idea de hacia dónde me dirigía... hasta que llegué. Viéndolo ahora en perspectiva me doy cuenta de que esa meta estaba ahí desde el principio; el denominador común había estado todo el tiempo, trabajando sin descanso en mis variadas actividades. Al pasar de la ciencia espacial a la abogacía y luego a la escritura y a las charlas con diferentes colectivos, mi objetivo general ha sido desarrollar un conjunto de herramientas para pensar como un científico espacial y compartir con otras personas lo que he aprendido. Trasladar conceptos complejos a un lenguaje sencillo suele requerir a alguien que mire desde fuera, que sepa cómo piensan estos científicos, que pueda diseccionar sus procesos, pero que esté también lo bastante alejado de ese mundo.

Ahora estoy sentado en esa frontera entre el interior y el exterior, y me doy cuenta de que, por mero azar, me he pasado la vida preparándome para escribir este libro.

....

ESCRIBO ESTAS PALABRAS en un momento en el que las divisiones entre los seres humanos han alcanzado un punto crítico. No obstante, a pesar de estos conflictos terrestres, desde la perspectiva de la ciencia espacial nos une más de lo que nos separa. Cuando se observa la Tierra desde el espacio exterior —ese intruso azul y blanco en el universo negro— todas las fronteras desaparecen. Porque todos los seres vivos de la Tierra llevamos huellas del Big Bang. Como escribió el poeta romano Lucrecio: «Todos hemos nacido de semilla celestial». Cada persona de este planeta está, como explica Bill Nye, «sujeta gravitacionalmente a la misma roca húmeda de 12.742 km de ancho que se precipita por el espacio. No hay opción de ir solo. Estamos juntos en este viaje».[16]

La inmensidad del universo sitúa, pues, nuestras preocupaciones terrenales en el lugar que les corresponde. Nos une un espíritu común, humano, que ha contemplado el mismo cielo nocturno a lo largo de miles de años, mirando a trillones de kilómetros las estrellas, observando miles de años atrás y planteando las mismas preguntas: ¿quiénes somos? ¿De dónde venimos? ¿Hacia dónde vamos?

La nave Voyager 1 despegó en 1977 con el objetivo de captar la primera imagen del sistema solar exterior, y fotografió Júpiter, Saturno y más allá. Cuando finalizó su misión en los confines de nuestro sistema solar, Sagan tuvo la idea de dar la vuelta a las cámaras y apuntar a la Tierra para tomar una última imagen. La icónica foto, conocida como *El punto azul pálido*, muestra a la Tierra como un píxel apenas perceptible, una «mota de polvo suspendida en un rayo de sol», según las palabras memorables de Sagan.[17]

Y es que tendemos a situarnos en el centro de todo, pero desde el espacio la Tierra es «una mancha solitaria en la gran oscuridad cósmica que nos envuelve». Reflexionando sobre el significado más profundo de *El punto azul pálido*, Sagan dijo: «Piensa en los ríos de sangre derramados por todos esos generales y emperadores para que, en la gloria y el triunfo, pudieran ser los fugaces amos de una fracción de un punto. Piensa en las interminables crueldades cometidas por los habitantes de un rincón de este píxel sobre los apenas distinguibles habitantes de algún otro rincón».

La ciencia espacial nos muestra, pues, nuestro limitado papel en el cosmos y nos recuerda que debemos ser más bondadosos y amables con los demás. Estamos en esta vida para un parpadeo fugaz, haciendo la más breve de las paradas. Así que logremos que esa breve parada importe.

Cuando aprendas a pensar como un científico espacial no solo cambiarás tu forma de ver el mundo, sino que tendrás la capacidad para cambiar en sí el mundo.

PRIMERA ETAPA

LANZAMIENTO

En esta primera parte del libro aprenderás a aprovechar el poder de la incertidumbre, a razonar a partir de los principios básicos, a potenciar los avances con experimentos mentales y a emplear la reflexión para transformar tu vida y tu negocio.

1

DESAFÍA A LA INCERTIDUMBRE

El superpoder de la duda

El genio duda.

CARLO ROVELLI

SE CREE QUE HACE unos 16 millones de años un asteroide gigante colisionó con la superficie marciana. Esa colisión desprendió un trozo de roca y lo lanzó en un viaje desde Marte a la Tierra. La roca aterrizó en Allan Hills, en la Antártida, hace 13.000 años y fue descubierta en 1984, durante un paseo en moto de nieve. Al ser la primera roca recogida en Allan Hills en 1984, se le dio el nombre de ALH 84001. El pedrusco habría sido catalogado, estudiado y luego olvidado con rapidez de no ser por un asombroso secreto que parecía incrustado en él.[1]

Durante milenios, la humanidad se ha planteado la misma pregunta: ¿estamos solos en el universo? Nuestros antepasados miraban hacia arriba pensando en si serían un grupo más de habitantes cósmicos o meras anomalías. A medida que la tecnología avanzaba, fuimos escuchando las señales emitidas en el universo con la esperanza de captar un mensaje de otra civilización e incluso enviamos naves espaciales a través de nuestro sistema solar en busca de signos de vida. En ninguno de los casos conseguimos nada.

Hasta el 7 de agosto de 1996.

Ese día los científicos revelaron que habían encontrado moléculas orgánicas de origen biológico en ALH 84001. Muchos medios de comunicación se apresuraron a interpretar este hallazgo como un indicio de la existencia de vida en otro planeta. La CBS, por ejemplo, informó de que los científicos habían «detectado estructuras unicelulares en el meteorito [posiblemente fósiles diminutos] y pruebas químicas de actividad biológica pasada. En otras palabras: vida en Marte».[2] Por su parte, los primeros informes de la CNN citaban a una fuente de la NASA según la cual estas estructuras parecían «pequeños gusanos», sugiriendo con ello que eran restos de organismos complejos.[3] El aluvión mediático generó una especie de histeria colectiva en todo el mundo, lo que llevó al entonces presidente Clinton a pronunciar un importante discurso público sobre dicho descubrimiento.[4]

Pero había un pequeño problema: las pruebas no eran concluyentes. En realidad, el artículo científico que sirvió de base para tales titulares era sincero sobre sus propias imprecisiones. De hecho, su título era: «*Posible* vestigio de actividad biogénica en el meteorito marciano ALH 84001»[5] (la cursiva es mía). Además, en el resumen se indicaba expresamente que los rasgos observados en el meteorito «podrían ser, por tanto, restos fósiles de una biota marciana antigua», pero subrayaba que «la formación inorgánica es posible». En otras palabras, las moléculas podrían haber sido producto no de bacterias marcianas, sino de una actividad no biológica (por ejemplo, de un proceso geológico como la erosión). El artículo concluía que las pruebas eran simplemente «compatibles» con la vida.

Pero estos matices se pasaron por alto en muchos de los extractos y traducciones facilitados al público por los medios de comunicación. El incidente se hizo tristemente célebre y llevó a Dan Brown a escribir una novela, *La conspiración*, sobre una maquinación en torno a la vida extraterrestre hallada en un meteorito marciano.

Al final todo salió bien —bueno, al menos desde la perspectiva de este capítulo, que trata sobre la incertidumbre—, porque más de dos décadas después las dudas se mantienen: los investigadores siguen discutiendo si las moléculas halladas en el meteorito son responsabilidad de las bacterias marcianas o de la actividad inorgánica.[6]

Es tentador afirmar que los medios de comunicación se equivocaron, pero eso sería el mismo tipo de exageración que dominó la información mediática original sobre el meteorito. Más en concreto, podemos decir que la gente cometió un error clásico: tratar de hacer que algo parezca definitivo cuando en realidad no lo es.

Este capítulo trata sobre cómo dejar de luchar contra la incertidumbre y aprovechar su poder. En él aprenderás de qué modo nuestra obsesión por la certeza nos lleva por el mal camino y por qué todo avance tiene lugar en condiciones de incertidumbre. Te revelaré, por ejemplo, el mayor error de Einstein con respecto a la incertidumbre y te contaré qué puedes aprender a partir de la solución a un misterio matemático de hace siglos. Descubrirás por qué la ciencia espacial se asemeja a un juego de alto riesgo, lo que puedes aprender de la «baja» de Plutón como planeta y por qué los ingenieros de la NASA comen, religiosamente, cacahuetes en las situaciones críticas. Terminaré el capítulo mostrándote algunas estrategias que los científicos espaciales y también los astronautas usan para gestionar la incertidumbre y te explicaré cómo aplicarlas en tu vida.

El fetiche de la certidumbre

El Laboratorio de Propulsión a Reacción, conocido como JPL (por sus siglas en inglés) es una pequeña ciudad habitada por científicos e ingenieros y situada en Pasadena, California, al este de Hollywood. El JPL se encarga desde hace décadas del funcionamiento de las naves espaciales interplanetarias. Si alguna vez has visto un vídeo de un aterrizaje en Marte, habrás contemplado el interior de la zona de apoyo a la misión del JPL.

Durante un típico aterrizaje en Marte, ese lugar está repleto, fila tras fila, de científicos e ingenieros sobrecafeinados que comen bolsas de cacahuetes y miran los datos que llegan a sus consolas, en tanto que transmiten al público la ilusión de que tienen la situación bajo control. Pero no, no la tienen. Se limitan a informar de los acontecimientos como lo haría un locutor deportivo, aunque con un lenguaje más elegante que incluye expresiones como «separación de la etapa de crucero» y «despliegue del protector térmico». En realidad, son meros espectadores de un partido que ha terminado hace doce minutos en Marte y de cuyo resultado todavía no tienen ni idea.

Por término medio, una señal procedente de Marte tarda unos doce minutos en llegar a la Tierra viajando a la velocidad de la luz.[7] Si algo va mal y un científico detecta el error y responde a él en una fracción de segundo, pasarán otros doce minutos hasta que esa orden llegue a Marte. Es decir, son 24 minutos entre ida y vuelta, pero una nave espacial tarda unos seis minutos en descender desde la atmósfera marciana hasta su superficie. Así que lo único que podemos hacer es cargar la nave de instrucciones y poner a Isaac Newton de conductor.

Ahí es donde entran en juego los cacahuetes. A principios de la década de los sesenta, el JPL estaba a cargo de las misiones no tripuladas Ranger, diseñadas para estudiar la Luna y preparar el camino a los astronautas del Apolo. La nave Ranger se lanzaría hacia la Luna, tomaría fotos cercanas de su superficie y transmitiría esas imágenes a la Tierra antes de caer en picado en el satélite terrestre.[8] Las seis primeras misiones acabaron en fracaso, lo que llevó a los sectores críticos a acusar a los responsables del JPL de adoptar una actitud despreocupada, basada en «disparar y esperar».[9] Pero una misión posterior tuvo éxito justo cuando un ingeniero del JPL llevó por casualidad una bolsa de cacahuetes a la sala de control. A partir de entonces, los cacahuetes fueron un elemento básico en el JPL para cada aterrizaje.

Lo que vengo a decir con esto es que, en los momentos críticos, estos científicos espaciales —tan racionales y sensatos—, que han dedicado su vida a explorar lo desconocido, buscan la certeza en el fondo de una bolsa de cacahuetes Planters. Por si fuera poco, muchos de ellos llevan puestos sus vaqueros desgastados de la suerte o traen consigo un talismán, algo que tenían en un aterrizaje previo que tuvo éxito; es decir, hacen lo que haría el típico seguidor de un equipo deportivo para crearse una ilusión de seguridad y control.[10]

Si el aterrizaje tiene éxito, la sala de control de la misión se transforma de inmediato en un circo. Allí no hay rastro de frialdad ni de calma. En vez de ello, y tras haber vencido a la «bestia» de la incertidumbre, los ingenieros se pondrán a saltar, a chocar los cinco, a alzar los puños, a darse abrazos de oso y a sumergirse en un mar de lágrimas de alegría.

Y es que, al fin y al cabo, todo el mundo está programado con el mismo miedo a la incertidumbre. Aquellos de nuestros antepasados que no temían a lo desconocido se convirtieron en comida para los tigres de dientes de sable. En cambio, quienes veían la incertidumbre como una amenaza para su existencia vivieron lo suficiente para transmitirnos sus genes.

En el mundo moderno buscamos la certeza en lugares inciertos. Pretendemos hallar orden en el caos, la respuesta correcta en la ambigüedad y la convicción en la complejidad. Yuval Noah Harari escribe: «Invertimos mucho más tiempo y esfuerzo en tratar de controlar el mundo que en comprenderlo».[11] Buscamos siempre las instrucciones, el atajo, el truco..., la bolsa de cacahuetes adecuada. Y con el tiempo perdemos nuestra capacidad de interactuar con lo desconocido.

Este enfoque generalizado me recuerda a la clásica historia del hombre borracho que busca sus llaves bajo la farola por la noche: sabe que las ha perdido en algún lugar del lado oscuro de la calle, pero las busca ahí porque es donde hay luz.

Del mismo modo, nuestro anhelo de certeza nos lleva a perseguir soluciones en apariencia seguras buscando nuestras llaves bajo las farolas. Esto es, en vez de arriesgarnos a caminar hacia la oscuridad nos quedamos en la situación actual, por muy mala que esta sea. También los profesionales del *marketing* usan los mismos trucos una y otra vez, pero esperando resultados diferentes. Y quienes desearían ser emprendedores se quedan en trabajos sin futuro a cambio de la certeza que les da un sueldo (en apariencia) fijo. Las farmacéuticas, por su parte, desarrollan medicamentos similares a los de la competencia y que solo suponen una mejora ínfima, en lugar de investigar el que puede curar el alzhéimer.

Pero el caso es que solo cuando sacrificamos la certeza de las respuestas, cuando nos quitamos los ruedines de la bici y nos atrevemos a alejarnos de las farolas se producen los avances. Si te ciñes a lo conocido nunca encontrarás lo imprevisible. Quienes triunfen en este siglo bailarán con lo más desconocido y verán peligro, más que comodidad, en el *statu quo*.

El gran desconocido

En el siglo XVII, Pierre de Fermat garabateó en el margen de un libro de texto una nota que desconcertaría a los matemáticos durante más de tres siglos.[12]

Fermat tenía una teoría: propuso que no había solución a la fórmula $a^n + b^n = c^n$ para cualquier $n > 2$. Y escribió lo siguiente: «Tengo una demostración verdaderamente maravillosa para esta proposición, y este margen es demasiado estrecho para escribirla». Y eso fue todo.

El científico murió antes de proporcionar la prueba que faltaba para lo que se conoció como «el último teorema de Fermat». Su señuelo siguió atormentando a los matemáticos durante siglos (y les hizo desear que Fermat hubiera tenido un libro más grande sobre el que escribir). Durante generaciones se intentó —y se fracasó en ese intento— demostrar el último teorema de Fermat.

Hasta que llegó Andrew Wiles.

Para la mayoría de niños de diez años, la definición de «pasar un buen rato» no incluye cosas como leer libros de matemáticas por diversión.

Pero Wiles no era un niño de diez años normal: se pasaba las horas muertas en la biblioteca local de Cambridge (Inglaterra) y buscaba sobre todo libros de matemáticas en sus estanterías.

Un día vio uno dedicado por completo al último teorema de Fermat y quedó fascinado por el misterio de algo tan fácil de enunciar, pero tan difícil de demostrar. Al no tener la capacidad matemática necesaria para abordarlo, lo dejó de lado durante más de dos décadas.

Retomó el teorema años después, ya como profesor universitario de matemáticas, y dedicó siete años a trabajar en él, en secreto. En una conferencia de título ambiguo que dio en Cambridge en 1933, Wiles reveló que había resuelto el misterio centenario del último teorema de Fermat. Su anuncio provocó un gran revuelo entre los matemáticos. «Es lo más emocionante que ha sucedido en… ¡Dios!, tal vez nunca en la historia de las matemáticas», dijo Leonard Adleman, profesor de informática en la Universidad del Sur de California y ganador del Premio Turing. Incluso el *New York Times* publicó en primera plana un artículo sobre el descubrimiento en el que se exclamaba: «Por fin se grita "¡eureka!" en un viejo misterio matemático».[13]

Pero todas esas celebraciones resultaron prematuras. Porque Wiles había cometido un error en un punto esencial de su argumentación. Dicho error dio la cara en el proceso de revisión de expertos, cuando presentó su demostración para que fuera publicada. Se necesitó otro año, y la colaboración de otro matemático, para corregirla.

Al reflexionar sobre cómo consiguió por fin demostrar el teorema, Wiles comparó el proceso con el recorrido por una mansión a oscuras: empiezas en la primera habitación y pasas meses buscando a tientas y chocándote con cosas. Después de un rato de tremenda desorientación y confusión puede que encuentres el interruptor de la luz. Entonces pasas a la siguiente habitación oscura y vuelves a empezar. Wiles continuaba diciendo que tales descubrimientos eran «la culminación de —y no podrían existir sin— muchos meses de tropiezos en la oscuridad [que los precedieron]».

Einstein describió su propio proceso de descubrimiento en términos parecidos. Dijo lo siguiente: «Nuestros resultados finales parecen casi evidentes, pero los años de búsqueda en la oscuridad de una realidad que uno siente pero no puede expresar, el intenso deseo y las oscilaciones entre la confianza y la desconfianza hasta que uno se abre paso hacia la evidencia y la comprensión, eso solo lo conoce quien lo ha vivido».[14]

En algunos casos, los científicos siguen dando tumbos por la habitación oscura y la búsqueda se prolonga mucho más allá de su propia vida. Incluso, cuando encuentran el interruptor de la luz, es posible que solo ilumine una parte de la habitación y revele que esta es mucho más grande y oscura de lo que imaginaban. Pero para ellos ir dando tumbos en la oscuridad es mucho más interesante que sentarse en un pasillo bien iluminado.

En la escuela se nos transmite la falsa impresión de que los científicos siguieron un camino recto hasta el interruptor de la luz. Existe un plan de estudios, una forma precisa de estudiar la ciencia y una fórmula correcta que ofrece la respuesta perfecta en un examen oficial. Los libros de texto, con títulos sublimes como *Los principios de la física*, revelan como por arte de magia esos «principios» en 300 páginas; y una figura de autoridad se sube a la tarima para ofrecernos «la verdad». Los libros de texto, explicó el teórico David Gross en su discurso de aceptación del Nobel, «suelen ignorar los muchos caminos alternativos por los que la gente anduvo, las muchas pistas falsas que siguieron, los muchos conceptos erróneos que tuvieron».[15] Así, nos enteramos de las «leyes» de Newton —como si hubieran llegado a él gracias a una aparición divina o a un golpe de genialidad—, pero no de los años que pasó explorando, revisando y ajustando. Por otro lado, las leyes que Newton no logró establecer —sobre todo las relacionadas con sus experimentos de alquimia, en los que fracasó con estrépito— no forman parte de la historia unidimensional que se cuenta en las aulas. En cambio, nuestro sistema educativo transforma en oro las «plomizas» historias de vida de estos científicos.

Luego, de adultos, no logramos superar este condicionamiento. Creemos (o queremos creer) que hay una respuesta correcta para cada pregunta; que esta respuesta ya ha sido descubierta por alguien mucho más inteligente que nosotros; que tal respuesta se puede encontrar en una búsqueda en Google, sacada del último artículo titulado «Tres trucos para ser más felices» o facilitada por un autoproclamado *coach* de la vida.

El problema es el siguiente: ahora las respuestas han dejado de ser un bien escaso y el conocimiento nunca ha sido tan barato. Y para cuando hayamos descubierto los resultados —para cuando Google, Alexa o Siri suelten la respuesta— el mundo habrá seguido avanzando.

Es obvio que las respuestas no son irrelevantes; hay que saber algunas antes de empezar a hacer las preguntas adecuadas. Pero apenas sirven como plataforma de lanzamiento para el descubrimiento. Es decir, son el principio, no el fin.

Así que ten cuidado si te pasas el día encontrando respuestas correctas al seguir un camino recto hacia el interruptor de la luz. Si se tuviera la certeza de que los fármacos que estás desarrollando van a funcionar, si tu cliente supiera que vas a conseguir que le absuelvan en un juicio o si tuviéramos la seguridad de que ese vehículo explorador de Marte va a aterrizar allí, nuestros trabajos no existirían.

Porque nuestra capacidad para sacar el máximo provecho de la incertidumbre es lo que genera el mayor valor potencial. Por tanto, no nos debe estimular el deseo de una rápida catarsis, sino la intriga. Donde termina la certeza, empieza el progreso.

Además, esa obsesión por la certeza tiene otro efecto secundario: distorsiona nuestra visión como los típicos espejos de las ferias; son los llamados «conocidos desconocidos».

Conocidos desconocidos

El 12 de febrero de 2002, en medio de la escalada de tensiones entre Estados Unidos e Irak, el secretario de Defensa estadounidense, Donald Rumsfeld, subió al estrado en una rueda de prensa. Un periodista le preguntó si había alguna prueba de la existencia de armas de destrucción masiva iraquíes, la base de la posterior invasión estadounidense. Una respuesta típica iría envuelta en frases políticas previamente autorizadas como *investigación en curso* o asunto de *seguridad nacional.* Pero Rumsfeld extrajo de su caja de sorpresas lingüísticas una metáfora propia de la ciencia espacial: «Hay cosas conocidas. Hay cosas que sabemos que sabemos. También sabemos que hay cosas desconocidas, es decir, sabemos que hay cosas que no sabemos. Y también hay incógnitas desconocidas, las que no sabemos que no conocemos».[16]

Estos comentarios fueron muy ridiculizados, en parte debido a su discutible origen, pero en lo que respecta a las declaraciones políticas son, aunque resulte sorprendente, acertados. En su autobiografía, *Known and Unknown*, Rumsfeld reconoce que oyó por primera vez esos términos en boca del administrador de la NASA, William Graham.[17] Pero Rumsfeld omitió, de forma llamativa, una categoría en su discurso: los conocidos desconocidos.

«Anosognósico» es una palabra impronunciable que se emplea para referirse a alguien con un trastorno médico por el que no es consciente de que tiene una dolencia. Por ejemplo, si se pone un lápiz delante de un individuo anosognósico con parálisis y se le pide que lo agarre, no lo hará. Si se le pregunta por qué no lo hace, dirá: «Bueno, estoy muy cansado» o «No necesito un lápiz». Como explica el psicólogo David Dunning: «Literalmente no se dan cuenta de su propia parálisis».[18]

Pues los conocidos desconocidos son como la anosognosia: el reino del autoengaño. En una situación de este tipo, creemos que sabemos lo que sabemos, pero no es así. Suponemos que tenemos la verdad asegurada, que el suelo bajo nuestros pies es estable, pero en realidad estamos sobre una frágil plataforma que puede caerse con un soplo de viento.

Y nos encontramos en esa frágil plataforma muchas más veces de lo que creemos. En nuestro discurso obsesionado por la certeza evitamos tener en cuenta los matices y, así, el debate público resultante opera sin un sistema riguroso para discernir entre los hechos probados y las hipótesis, por buenas que estas sean. Mucho de lo que sabemos, simplemente, no es exacto, pero no siempre es fácil reconocer qué parte carece de evidencias. Hemos dominado el arte de simular que tenemos una opinión: sonreír, asentir con la cabeza y fanfarronear con una respuesta improvisada. Nos han dicho que debemos «fingir hasta que lo consigamos» y nos hemos convertido en expertos en ese arte. Valoramos sobre todo los golpes de pecho y las respuestas claras, dadas con convicción, incluso aunque tengamos poco más de dos minutos de conocimiento sobre un tema y lo hayamos sacado de Wikipedia. Avanzamos sin mirar atrás, fingiendo que sabemos lo que creemos saber e ignorando los hechos evidentes que contradicen nuestras férreas creencias.

El historiador Daniel J. Boorstin escribe: «El gran obstáculo para el descubrimiento nunca ha sido la ignorancia, sino la ilusión del conocimiento».[19] Esa pretensión de que sabemos nos cierra los oídos y bloquea los mensajes instructivos de fuentes externas. La certeza nos ciega ante nuestra propia parálisis. Y, cuanto más repetimos nuestra versión de la verdad —preferiblemente con pasión y exagerados movimientos de manos—, más se infla nuestro ego hasta adquirir el tamaño de un rascacielos, ocultando lo que hay debajo.

El ego y la arrogancia son, desde luego, parte del problema. Otra parte es la aversión, típicamente humana, a la incertidumbre. Porque la naturaleza, como decía Aristóteles, detesta el vacío. Este filósofo griego argumentó que un vacío, una vez formado, será llenado por el material denso que lo rodea. Pero este principio de Aristóteles se aplica mucho más allá del ámbito de la física: cuando hay un vacío en la comprensión —cuando operamos en el terreno de las incógnitas y la incertidumbre— los mitos y las historias aparecen para llenar ese vacío. El psicólogo y premio Nobel Daniel Kahneman explica que «no podemos vivir en un estado de duda perpetua, así que nos inventamos la mejor historia posible y vivimos como si esa historia fuera cierta».[20]

Las historias son el remedio perfecto para nuestro miedo a la incertidumbre: llenan las lagunas de nuestra comprensión; crean orden en el caos, claridad en la complejidad y una relación de causa-efecto en la coincidencia. ¿Su hijo muestra signos de autismo? Culpe a la vacuna que le pusieron hace dos semanas. ¿Ha visto un rostro humano en Marte? Debe de ser el producto del arduo trabajo de una antigua civilización que, casualmente, también ayudó a los egipcios a construir las pirámides de Guiza. ¿La gente enfermó y murió en grupo, con algunos cuerpos teniendo espasmos o haciendo ruidos? Vampiros, concluyeron antes de que supiéramos de los virus y del *rigor mortis*.[21]

Por tanto, cuando preferimos la aparente estabilidad de las historias antes que la desordenada realidad de la incertidumbre, los hechos se vuelven prescindibles y la desinformación prospera. Los bulos y las noticias falsas (las famosas *fake news*) no son un fenómeno moderno. Entre una buena historia y un montón de datos, siempre ha triunfado lo primero. Estas vívidas imágenes mentales tocan una fibra profunda y duradera conocida como «falacia narrativa»: nos acordamos de lo que nos contó fulano sobre que su típica calvicie masculina se debía a que había pasado demasiado tiempo al sol. Y nos creemos la historia, dejando de lado la lógica y el escepticismo.

Además, los gobiernos convierten estos relatos en verdades sagradas. Todos los hechos del mundo no pueden evitar que ocupen cargos de poder personas odiosas elegidas de forma democrática, siempre que puedan transmitir una falsa sensación de certeza en un mundo de por sí incierto. Las «conclusiones fiables» de los demagogos vociferantes que se enorgullecen de rechazar el pensamiento crítico empiezan a dominar el discurso público.

Y es que la persona demagoga compensa lo que le falta de conocimiento aumentando su asertividad. Mientras el público se ahoga en la confusión al tratar de interpretar los hechos, los agitadores nos reconfortan. Porque no nos molestan con ambigüedades ni dejan que los matices se crucen en el camino de sus huecas palabras, que llevan grabadas a fuego. Así que se nos llena por completo la cabeza con sus opiniones aparentemente claras, quitándonos de encima el peso que supone el pensamiento crítico.

El problema del mundo moderno, como dijo Bertrand Russell, es que «los estúpidos están seguros de sí mismos, mientras que los inteligentes están llenos de dudas». Incluso después de obtener un Premio Nobel, el físico Richard Feynman se consideraba a sí mismo un «simio confundido» y se acercaba a todo lo que le rodeaba con el mismo nivel de curiosidad, lo que le permitía ver matices que otros desechaban. «Creo que es mucho más interesante vivir sin saber que tener respuestas que pueden ser erróneas», comentaba.

La mentalidad de Feynman requiere admitir la ignorancia y también una buena dosis de humildad. Cuando pronunciamos esas tres temidas palabras —«no lo sé»—, el ego se desinfla, la mente se abre y los oídos se agudizan. Admitir la ignorancia no implica quedarse al margen de los hechos de modo voluntario; más bien requiere un tipo de incertidumbre consciente en el que te das cuenta de lo que no sabes y, así, aprendes y creces.

Sí, este enfoque puede iluminar cuestiones que no quieres ver. Pero es mucho mejor experimentar una inseguridad incómoda que equivocarse de forma cómoda. Porque al final son los simios confundidos —los expertos en la incertidumbre— quienes cambian el mundo.

Expertos en la incertidumbre

«Algo desconocido está ocurriendo, no sabemos qué. A eso equivale nuestra teoría». [22]

Así es como el astrofísico Arthur Eddington describió el estado de la teoría cuántica en 1929. Aunque también podría haber estado refiriéndose a lo que entendemos sobre el universo entero.

Los astrónomos viven y trabajan en una mansión oscura que solo está iluminada en un 5 %. Más o menos el 95 % del universo está formado por unos materiales inquietantes llamados materia oscura y energía oscura;[23] no interactúan con la luz, por lo que no podemos verlos ni detectarlos. No sabemos nada de su naturaleza, pero sabemos que están ahí porque ejercen una fuerza gravitatoria sobre otros objetos.[24]

El físico James Maxwell dijo: «La ignorancia plenamente consciente es el preludio de cualquier avance real en el conocimiento».[25] Pero es que los astrónomos van más allá de las fronteras del conocimiento y dan un salto cuántico hacia un vasto océano de incógnitas. Saben que el universo es como una cebolla gigante en la que al retirar una capa de misterio se muestra otra. La ciencia, como dijo George Bernard Shaw, «nunca puede resolver un problema sin plantear diez más».[26] Es decir, a medida que se llenan algunas lagunas en nuestro conocimiento, surgen otras.

Einstein describió esta relación con el misterio como «la experiencia más hermosa».[27] Por su parte, el físico Alan Lightman sostiene que los científicos se sitúan «en el límite entre lo conocido y lo desconocido; contemplan esa cueva y se alegran en lugar de asustarse».[28] Vamos, que en vez de temer a su ignorancia colectiva prosperan gracias a ella; lo incierto se transforma en una llamada a la acción.

Steve Squyres es uno de esos expertos en la incertidumbre. Era el investigador principal del proyecto Mars Exploration Rovers cuando yo formaba parte del equipo de operaciones. La cuarta planta del edificio de Ciencias Espaciales de la Universidad de Cornell, donde está el despacho de Squyres, bullía de energía cada vez que él estaba presente. Cuando se hablaba de Marte (que era a menudo) sus ojos brillaban con una pasión ardiente. Squyres es un líder natural: cuando él se mueve, los demás lo siguen. Y, como todo buen líder, se apresura a asumir las culpas y también a compartir el mérito. Una vez tachó su nombre en un premio que había recibido por su trabajo en un proyecto, escribió los de los miembros del equipo que habían hecho el trabajo duro y se lo entregó a ellos.

Squyres nació en el sur de Nueva Jersey y heredó la pasión por la investigación de sus padres científicos.[29] Nada estimulaba tanto su imaginación como lo desconocido. Así lo recuerda: «Cuando era niño, teníamos un atlas [espacial] en casa que tenía quince o veinte años, y había lugares en los que no aparecía nada dibujado. Siempre pensé que la idea de un mapa con zonas en blanco para rellenar era increíblemente atractiva». Así que dedicó el resto de su vida a encontrar y rellenar esos espacios en blanco.

Cuando estudiaba en Cornell, asistió a un curso de posgrado de astronomía impartido por un profesor que formaba parte del equipo científico de la misión Viking, que había enviado dos sondas a Marte. En el curso había que redactar un trabajo original. Para inspirarse, entró en una sala del campus repleta de imágenes de Marte tomadas por los vehículos orbitadores Viking. Su intención inicial era pasar 15 o 20 minutos mirando las fotos. Pero, según nos explica, «salí de esa sala cuatro horas más tarde, sabiendo con exactitud lo que quería hacer el resto de mi vida».

Había encontrado el lienzo en blanco que buscaba. Mucho después de salir del edificio, su mente seguía dando vueltas a las imágenes de la superficie marciana. «No entendía lo que veía en ellas, pero lo bonito era que nadie lo entendía. Eso era lo que me atraía». Esa atracción por lo desconocido llevó a Squyres a trabajar como profesor en Cornell. Incluso después de más de tres décadas navegando por lo desconocido dice que «todavía no he superado ese subidón, esa sensación de emoción que se produce al ver algo que nadie ha visto antes».

Pero no solo los astrónomos disfrutan de lo desconocido. Tomemos como ejemplo a otro Steve. Al principio de cada escena de una de sus películas, Steven Spielberg se halla inmerso en una enorme incertidumbre. Él mismo lo explica: «Cada vez que empiezo una nueva escena, estoy nervioso. No sé lo que voy a pensar al escuchar los diálogos, no sé lo que voy a decir a los actores, no sé dónde voy a poner la cámara».[30] En la misma situación, otros podrían entrar en pánico, pero Spielberg lo describe como «la mejor sensación del mundo». Porque sabe que solo unas condiciones de tremenda incertidumbre sacan lo mejor de su creatividad.

Todos los avances de la ciencia —sea espacial, cinematográfica o en tu ámbito de trabajo [pon aquí lo que corresponda]— tienen lugar en cuartos oscuros. Sin embargo, la mayoría de la gente tiene miedo a la oscuridad. Y el pánico empieza a cundir en el momento en que abandonamos la comodidad de la luz; entonces llenamos esas habitaciones oscuras con nuestros peores temores y hacemos acopio de provisiones a la espera del apocalipsis.

Pero la incertidumbre rara vez produce una explosión nuclear; más bien conduce a la alegría, al descubrimiento y al desarrollo del potencial. La incertidumbre implica hacer cosas que nadie ha hecho antes y descubrir otras que, al menos por un instante, ninguna otra persona ha visto. En resumen, la vida nos da más cuando tratamos a la incertidumbre como a una amiga y no como a una enemiga.

Además, la mayoría de los cuartos oscuros tienen puertas de doble sentido. Con esto quiero decir que muchas de nuestras excursiones a lo desconocido son reversibles. Como afirma el magnate empresarial Richard Branson: «Puedes cruzar el umbral, ver cómo te sientes y regresar al otro lado si la cosa no funciona».[31] Solo hay que dejar la puerta abierta. Este fue el enfoque de Branson cuando lanzó su aerolínea, Virgin Atlantic. Su acuerdo con Boeing le permitía devolver el primer avión que comprara si la compañía no «despegaba». Así, Branson convirtió lo que parecía una puerta de un solo sentido en una de doble sentido, es decir, que podía salir si no le gustaba lo que veía allí dentro.

Caminar, sin embargo, no es el símil más adecuado. Los expertos en la incertidumbre no solo entran en los cuartos oscuros, sino que bailan en ellos. Y no me refiero a esos incómodos bailes de las fiestas de instituto en los que mantienes una estricta separación mínima de tu pareja mientras intentas entablar conversación; no, su baile se parece más al tango: elegante, íntimo e incómodo y maravillosamente cercano; ellos saben que la mejor manera de encontrar la luz no es rechazar la incertidumbre, sino caer en sus brazos. Los expertos en la incertidumbre saben que un experimento con un resultado conocido no es, en absoluto, un experimento, y que revisar las mismas respuestas no es un avance. Porque si solo exploramos caminos trillados, si evitamos los juegos a los que no sabemos jugar, nos estancaremos. Solo cuando se baila en la oscuridad, solo cuando no se sabe dónde está el interruptor de la luz —o incluso *qué es* un interruptor de la luz— se puede empezar a avanzar.

Primero el caos, luego el progreso. Más tarde, cuando el baile se detiene, también lo hace el progreso.

La teoría del todo

Einstein bailó ese tango con la incertidumbre durante la mayor parte de su vida:[32] llevó a cabo imaginativos experimentos, formuló preguntas que nunca antes se le habían ocurrido a ningún ser humano y desveló los más profundos misterios del universo.

Sin embargo, más adelante en su carrera empezó a buscar cada vez con mayor ahínco la certeza. Le molestaba que hubiera dos conjuntos de leyes para explicar el funcionamiento del universo: la teoría de la relatividad para los objetos muy grandes y la mecánica cuántica para los muy pequeños. Él quería dar unidad a esta discordancia y crear un único, coherente y bello grupo de ecuaciones que lo rigiera en su conjunto: una teoría del todo.

A Einstein le irritaba en especial la incertidumbre de la mecánica cuántica. Como explica el escritor científico Jim Baggott: «La física anterior a la cuántica siempre había consistido en hacer esto y obtener aquello, [pero] la nueva mecánica cuántica parecía decir que, cuando hacemos esto, obtenemos aquello solo con una cierta probabilidad» (incluso entonces, bajo ciertas circunstancias, «podríamos obtener lo otro»).[33] Pero Einstein era un autoproclamado «fanático creyente» de que una teoría unificada resolvería la incertidumbre y le garantizaría no enfrentarse a lo que él llamaba «*Evil Quanta*»[34] (algo así como los «cuantos malignos o diabólicos»).

Pero cuanto más se aferraba Einstein a una teoría unificada más se le escapaban las respuestas. Al final, en la búsqueda de la certeza perdió su capacidad de asombro y dejó de hacer esos experimentos de «mente abierta» que habían caracterizado gran parte de su trabajo previo.[35]

Pero ya he comentado que la búsqueda de certezas en un mundo de incertidumbre es una característica humana. Todo el mundo anhela los absolutos, la acción-reacción y las relaciones nítidas de causa-efecto en las que A conduce de manera inexorable a B. En nuestras hipótesis (y en nuestras presentaciones de PowerPoint), una variable produce un resultado en línea recta. No hay curvas ni fracciones que enturbien esas aguas.

Pero la realidad, como suele ocurrir, tiene muchos más matices. Al inicio de su carrera, Einstein empleó la fórmula «me parece» al proponer que la luz estaba formada por protones;[36] Charles Darwin introdujo su teoría de la evolución con un «creo»;[37] Michael Faraday habló de la «vacilación» que experimentó al descubrir los campos magnéticos;[38] cuando Kennedy se comprometió a llevar a un hombre a la Luna, reconoció que estábamos dando un salto hacia lo desconocido. Como explicó al público estadounidense: «Esto es, en cierto modo, un acto de fe y de imaginación, porque ahora mismo no sabemos qué beneficios nos aguardan».

Todas estas afirmaciones no son adecuadas para los discursos huecos y grandilocuentes, pero poseen la virtud de tener más probabilidades de acertar.

Feynman explica que «el conocimiento científico es un conjunto de afirmaciones con distintos grados de certeza: algunas muy inseguras, otras casi seguras, ninguna *absolutamente* cierta».[39] Cuando los científicos afirman algo, «la cuestión no es si es si aquello es verdadero o falso, sino la probabilidad de que sea verdadero o falso». En otras palabras, en la ciencia se rechazan los absolutos en favor de los rangos y se institucionaliza la incertidumbre. Las respuestas científicas se dan en forma de aproximaciones y modelos bañados de misterio y complejidad; hay márgenes de error e intervalos de confianza; lo que se presenta como un hecho —como en el caso del meteorito marciano— con frecuencia es solo una probabilidad.

En realidad, me reconforta que no haya una teoría del todo, *la* respuesta definitiva a cada pregunta que se hace. Porque las teorías y los caminos son múltiples: hay más de una forma correcta de aterrizar en Marte o de estructurar este libro (como sigo repitiéndome), o más de una estrategia adecuada para hacer crecer tu negocio.

El caso es que, al buscar la certeza, Einstein se interpuso en su propio camino. Pero también es cierto que con su búsqueda de una teoría del todo pudo haberse adelantado a su tiempo. Y es que hoy en día muchos científicos han tomado el testigo y continúan las pesquisas de Einstein acerca de una idea central que unifique nuestros conocimientos sobre las leyes físicas. Algunos de estos esfuerzos son prometedores, pero aún no han dado frutos. Cualquier avance futuro se producirá cuando los científicos acepten la incertidumbre y presten mucha más atención a uno de los principales motores del progreso: las anomalías.

Es curioso

William Herschel fue un compositor del siglo XVIII nacido en Alemania y que más tarde emigró a Inglaterra.[40] Enseguida se dio a conocer como un músico versátil que tocaba con soltura el piano, el violonchelo y el violín, y llegó a componer 24 sinfonías. Pero fue otra composición —no de tipo musical— la que eclipsaría la carrera musical de Herschel.

A Herschel le fascinaban las matemáticas y, al carecer de formación universitaria, recurrió a los libros en busca de respuestas. Así, devoraba volúmenes sobre trigonometría, óptica, mecánica…, y mi favorito, el *Astronomy Explained Upon Sir Isaac Newton's Principles, and Made Easy to Those Who Have Not Studied Mathematics*, de James Ferguson. Era la versión del siglo XVIII de *Astronomía para dummies*.

También leyó libros en los que se explicaba cómo fabricar telescopios y pidió a un fabricante de espejos local que le enseñara a hacerse uno. De este modo, Herschel se puso a montar telescopios puliendo espejos durante 16 horas al día y haciendo moldes con estiércol y paja.

El 13 de marzo de 1781, Herschel estaba en el patio trasero de su casa mirando por su telescopio casero y buscando en el cielo estrellas dobles —las que aparecen una junto a otra—. De pronto vio en la constelación de Tauro, cerca de su frontera con Géminis, un objeto peculiar que parecía fuera de lugar. Intrigado por la anomalía, Herschel volvió a dirigir su telescopio al objeto unas noches más tarde y se dio cuenta de que se había desplazado con respecto a las estrellas del fondo. «Es un cometa, porque ha cambiado de lugar», escribió.[41]

Pero la corazonada inicial de Herschel era errónea: ese objeto no podía ser un cometa.

En aquella época se pensaba que Saturno marcaba el límite exterior de nuestro sistema solar; es decir, que no había planetas más allá de él. Pero el descubrimiento de Herschel demostró que aquello era erróneo. Él encendió de nuevo el interruptor de la luz en el extremo del sistema solar conocido y, con ello, duplicó su tamaño. El «cometa» de Herschel resultó ser un nuevo planeta que más tarde se llamaría Urano, en honor al dios del cielo.

Pero Urano era un planeta rebelde: se aceleraba y se ralentizaba de forma irregular; se negaba a cooperar con las leyes de la gravedad de Newton, que predecían con exactitud el movimiento en todas partes, desde los objetos aquí en la Tierra hasta las trayectorias de los planetas en el espacio.[42]

Esta anomalía llevó al matemático francés Urbain Le Verrier a especular sobre la existencia de otro planeta adicional situado más allá de Saturno. Aquel, conjeturó Le Verrier, podría estar tirando de Urano y, dependiendo de sus respectivas ubicaciones, hacerlo hacia delante y acelerarlo, o hacia atrás y ralentizarlo. De este modo, y sirviéndose solo de las matemáticas —nada más que con «la punta de su pluma», como dijo su contemporáneo François Arago—, Le Verrier encontró otro planeta, Neptuno, que fue observado más tarde a un grado de distancia de donde él predijo que estaría.[43] La sorprendente coincidencia se produjo gracias a un conjunto de leyes escritas por Newton casi 160 años antes.

Con el descubrimiento de Neptuno se pensó que las leyes de Newton reinaban incluso en los confines de nuestro sistema solar. Sin embargo, parecía haber un problema con un planeta más cercano: Mercurio. Este se negaba a ajustarse a las expectativas desviándose de la órbita predicha por las leyes de Newton. Habría sido fácil descartar este defecto como una anomalía —una excepción que confirma la regla—, sobre todo porque Mercurio parecía ser el único planeta en el que las leyes de Newton se quedaban cortas e, incluso entonces, solo un poco cortas.

Pero esta pequeña anomalía ocultaba en realidad un gran fallo en las leyes de Newton. Einstein aprovechó ese fallo para elaborar una nueva teoría que predecía con exactitud la órbita de Mercurio. Con el fin de describir la gravedad, Newton se había basado en un modelo aproximado que decía que «las cosas se atraen entre sí».[44] El de Einstein, en cambio, era más complejo: «Las cosas deforman el espacio y el tiempo».[45] Para entender lo que quería decir Einstein imaginemos que ponemos una bola de bolos y unas bolas de billar en una cama elástica.[46] La pesada bola de bolos curvaría la tela, haciendo que las bolas de billar, más ligeras, se movieran hacia ella. Según Einstein, la gravedad funciona de la misma manera: deforma el tejido del espacio y el tiempo. Es decir, cuanto más cerca se esté de la enorme «bola de bolos» que es el Sol —y Mercurio es el planeta más próximo a él—, más fuerte será la deformación del espacio y el tiempo, y mayor la desviación respecto de las leyes de Newton.

Lo que muestran estos ejemplos es que el camino hacia el interruptor de la luz comienza con uno que se «apaga» en tu mente cuando detectas una anomalía. Pero no estamos hechos para detectar anomalías. Desde la más tierna infancia nos enseñan a situar las cosas en una de dos categorías: buenas y malas. Cepillarse los dientes y lavarse las manos son cosas buenas; los extraños que se ofrecen a llevarte en una furgoneta blanca son malos. Como señala T. C. Chamberlin: «De lo bueno, el niño no espera nada más que lo bueno; de lo malo, nada más que lo malo. Esperar un acto bueno de lo malo o un acto malo de lo bueno está radicalmente en desacuerdo con los procesos cognitivos de la infancia».[47] Esto es así porque creemos, como dice Asimov, que «todo lo que no es perfecta y completamente correcto es total e igualmente erróneo».[48]

Esta simplificación excesiva nos ayuda a dar sentido al mundo cuando somos pequeños. Pero luego, al madurar, no superamos esta teoría engañosa y vamos por ahí intentando meter clavijas cuadradas en agujeros redondos y clasificando las cosas —y a las personas— en categorías, para crear la satisfactoria (pero engañosa) ilusión de haber devuelto el orden a un mundo desordenado.

Y las anomalías distorsionan esta imagen limpia de lo bueno y lo malo, lo correcto y lo incorrecto. La vida ya es bastante exigente sin la incertidumbre, así que esta la eliminamos ignorando la anomalía. Nos convencemos de que dicha anomalía debe de ser un valor extremo o un error de medida, así que fingimos que no existe.

Por supuesto, esta actitud tiene un coste enorme. El físico y filósofo Thomas Kuhn lo explica así: «El descubrimiento no se produce cuando algo va bien, sino cuando algo va mal, cuando hay una novedad que va en contra de lo que se esperaba».[49] Por su parte, Asimov es famoso por negar que «¡Eureka!» sea la expresión más emocionante de la ciencia. Él señaló que, más bien, el desarrollo científico suele empezar cuando alguien se da cuenta de una anomalía y dice: «Vaya, es curioso…».[50] En este sentido, el descubrimiento de la mecánica cuántica, los rayos X, el ADN, el oxígeno y la penicilina, entre otras cosas, se produjo cuando los científicos aceptaron las anomalías en lugar de ignorarlas.[51]

El hijo menor de Einstein, Eduard, le preguntó una vez por qué era famoso. En su respuesta, Einstein mencionó su capacidad para detectar anomalías que otros pasan por alto: «Cuando un escarabajo ciego se arrastra por la superficie de una rama curva, no se da cuenta de que el camino que ha recorrido es, en efecto, curvo», le explicó refiriéndose de manera implícita a su teoría de la relatividad. «Yo tuve la suerte de notar lo que el escarabajo no notó».[52]

Pero la suerte, parafraseando a Louis Pasteur, favorece a la gente preparada. Solo al prestar atención a los indicios sutiles —hay algo que no encaja en los datos, la explicación parece superficial, la observación no se ajusta a la teoría— el viejo paradigma puede dar paso al nuevo.

Como veremos en la siguiente sección, igual que la aceptación de la incertidumbre conduce al progreso, el propio progreso genera incertidumbre, ya que un descubrimiento pone en duda otro.

Ser «plutonizado»

Cuando se trata de descubrir planetas, los astrónomos aficionados tienen la costumbre de adelantarse a los expertos.

En la década de 1920, un agricultor de Kansas de 20 años llamado Clyde Tombaugh se dedicaba a fabricar telescopios en su tiempo libre, puliendo sus lentes y espejos de forma muy parecida a la de Herschel más de un siglo antes.[53] Clyde dirigía sus telescopios caseros a Marte y Júpiter y hacía dibujos de ellos. Tombaugh sabía que el Observatorio Lowell de Arizona estaba trabajando en astronomía planetaria, así que, por mero capricho, les envió sus dibujos. Y los astrónomos de Lowell quedaron tan impresionados que le ofrecieron un trabajo.

El 18 de febrero de 1930, cuando comparaba fotografías del cielo, Tombaugh captó un punto borroso que se desplazaba de un lado a otro. Resultó ser un planeta situado más allá de Neptuno, muy lejos del Sol, por lo que recibió el nombre del dios romano del inframundo oscuro: Plutón.

Pero algo fallaba: el tamaño calculado del recién coronado planeta disminuía. En 1955, los astrónomos pensaban que Plutón tenía una masa similar a la de la Tierra; trece años más tarde, en 1968, nuevas observaciones mostraron que pesaba alrededor de un 20% de la masa de la Tierra. Plutón siguió reduciéndose hasta 1978, cuando los cálculos mostraron que ya era un peso pluma: su masa se estimó en solo un 0,2% de la masa de la Tierra. Por tanto, Plutón había sido declarado planeta de forma prematura, a pesar de ser mucho más pequeño que los demás de su categoría.

Otros acontecimientos también empezaron a poner en duda el estatus de Plutón. Por ejemplo, los astrónomos siguieron encontrando objetos redondos más allá de Neptuno, y más o menos del mismo tamaño que Plutón. Sin embargo, no se los llamó planetas, y el único motivo fue que Plutón era ligeramente más grande que ellos.

Este punto de referencia arbitrario se mantuvo hasta un descubrimiento ocurrido en octubre de 2003: el de un nuevo planeta que se creía más grande que Plutón. Así pues, nuestro sistema solar tenía un décimo miembro, situado en su borde exterior, al que se llamó Eris en honor al dios de la discordia y las luchas.[54]

Pero Eris no tardó en hacer honor a su nombre y comenzó a causar importantes conflictos. Antes de su descubrimiento los astrónomos no se habían molestado en definir el término *planeta*, pero Eris los obligó a hacerlo, porque tuvieron que decidir si lo era. La tarea recayó en la Unión Astronómica Internacional, que designa y clasifica los objetos del cielo. En una reunión ordinaria celebrada en 2006, sus miembros votaron la definición de planeta... y ni Plutón ni Eris se ajustaban a ella. Así, con una simple votación, destronaron a Plutón; y la cultura, la historia, los libros de texto, el perro de Mickey Mouse y un sinfín de mnemotecnias planetarias (como *My Very Educated Mother Just Served Us Nine Pizzas**) se fueron al garete.

La cobertura informativa de la noticia hizo parecer que un grupo de malintencionados astrónomos había apuntado con un rayo láser al planeta enano favorito de todo el mundo y lo había expulsado del cielo de un disparo.[55] Mike Brown, profesor de Caltech que lideró el esfuerzo por degradar a Plutón, tampoco ayudó mucho. «Plutón está muerto», declaró a la prensa con la misma gravedad que el presidente Barack Obama al anunciar el asesinato de Osama bin Laden.[56]

* Se trata de una regla mnemotécnica para recordar el nombre de los nueve planetas: Mercury, Venus, Earth, Mars, Jupiter, Saturn, Uranus, Neptune, Pluto. En español existe la siguiente frase equivalente: «Mi Vieja Tía Marta Jamás Supo Untar Nada en el Pan» (Mercurio, Venus, Tierra, Marte, Júpiter, Saturno, Urano, Neptuno, Plutón) (N. de la T.).

A partir de ahí surgieron auténticos aullidos de indignación por parte de miles de fans de Plutón... que no se habían dado cuenta de que lo eran hasta que el planeta fue degradado. Empezaron a llover las peticiones online[57] y la American Dialect Society eligió por votación *plutoed* como su palabra del año en 2006.[58] Este término significa «degradar o devaluar a alguien o algo». Ahora una nueva mnemotecnia planetaria resumía muy bien el sentimiento popular imperante: *Mean Very Evil Men Just Shortened Up Nature* (que se podría traducir como «los hombres malvados reducen la naturaleza»).[59]

Políticos de varios estados de los Estados Unidos consideraron que la degradación de Plutón merecía una acción legislativa urgente. Por ejemplo, el Senado de Illinois, indignado, aprobó una resolución en la que afirmaba que Plutón había sido «injustamente degradado».[60] Por su parte, la Cámara de Representantes de Nuevo México optó por hacer un mayor alarde al declarar que «cuando Plutón pase por los excelentes cielos nocturnos de Nuevo México, será declarado planeta».[61]

Y es que Plutón era fundamental para el orden del cosmos tal y como lo conocíamos. Ese número finito e invariable de planetas aportaba cierta seguridad a la vasta incertidumbre del universo. Era algo tangible, que se podía enseñar en la escuela y que los profesores podían evaluar en los exámenes oficiales. Pero, de la noche a la mañana, el universo se movió bajo nuestros pies: si Plutón no era un planeta —algo que habíamos dado por sentado durante más de setenta años—, entonces ¿cuántas cosas más se podían discutir?

No obstante, quienes prorrumpieron en tales gritos de injusticia cósmica obviaron un hecho crucial: Plutón no fue el primer objeto de nuestro sistema solar en ser degradado, ni la reacción contra esta degradación cósmica fue la primera de este tipo.

No, ese honor lo ostentaba nuestro propio planeta. Porque cuando todo el mundo pensaba que la Tierra era el centro del escenario cósmico llegó Copérnico y la relegó a mero planeta de un plumazo. «Los movimientos que nos parecen propios del Sol —escribió Copérnico—

no provienen de él, sino de la Tierra y de nuestra órbita, con la que giramos alrededor del Sol como cualquier otro planeta».

Como cualquier otro planeta. Es decir, no éramos especiales; no éramos el centro de todo. Éramos ordinarios. Por supuesto, el descubrimiento de Copérnico, igual que la degradación de Plutón, sacudió el sentido de certidumbre de la gente y su lugar en el universo. Como resultado, la teoría copernicana fue desterrada durante casi un siglo.

En el divertidísimo libro de Douglas Adams *Guía del autoestopista galáctico* se le pide al superordenador Deep Thought (Pensamiento Profundo) la «respuesta a la pregunta definitiva sobre la vida, el universo y todo lo demás». Después de siete millones y medio de «pensamientos profundos», el aparato escupe una respuesta clara pero sin sentido: «42». Aunque los fans del libro han intentado atribuir algún significado simbólico a este número, creo que no lo hay. Adams se limitaba a burlarse de cómo los humanos ansían la certeza y se aferran a ella.

Al final resultó que el número de planetas —nueve— era tan irrelevante como el 42 del libro. Para los astrónomos todo eso es mera rutina. A la ciencia no le importan los sentimientos, las emociones o los apegos irracionales a los planetas. Por supuesto, hubo disidentes dentro de la comunidad astronómica, pero la mayoría asumió el cambio. La lógica se impuso a la emoción, se estableció un nuevo estándar y el 9 pasó a ser un 8. Fin de la historia.

En cuanto al «asesino» de Plutón, Mike Brown, él consideraba la degradación de este planeta como una oportunidad educativa más que una fuente de resentimiento. La historia de Plutón, en su opinión, permitiría a los profesores explicar por qué en la ciencia, como en la vida, el camino hacia la respuesta correcta rara vez es recto.

En este sentido, el origen de la palabra *planeta* lo deja claro: deriva de un término griego que significa «errante». Los antiguos griegos miraban al cielo y veían objetos que se movían, en contra de las posiciones relativamente fijas de las estrellas. Por tanto, los llamaron errantes.[62]

Y, como los planetas, la ciencia deambula: la agitación precede al progreso, y el progreso genera más agitación. Ralph Waldo Emerson manifestó: «La gente desea estar asentada, [pero] solo hay esperanza para ellos en la medida en que están intranquilos».[63] En otras palabras, quienes se aferran al pasado se quedan atrás cuando el mundo avanza.

Como muestra la historia de Plutón, las personas tendemos a considerar la incertidumbre —por muy favorable que esta sea— como algo alarmante. Pero la clave para sentirse bien con ella es averiguar qué es de verdad alarmante y qué no lo es. Y para ello hay que jugar al «cucú tras»*.

Un juego de alto riesgo: el cucú tras

Imagina que te sientas sobre un cohete con la potencia explosiva de una pequeña bomba nuclear, pero sin saber si funcionará.

Los astronautas llaman a esto «un martes cualquiera».

Al cohete Atlas, que envió al espacio a los astronautas del Mercury, se lo temía por demasiado endeble. «Los cohetes Atlas estallaban un día sí y otro no en Cabo Cañaveral» —recuerda el exastronauta Jim Lovell, que más tarde sería el comandante de la malograda misión Apolo 13—. «Parecía un método muy rápido para tener una carrera corta. Así que acepté el trabajo».[64] Hablando también del cohete Atlas, Wernher von Braun —un antiguo nazi que más tarde fue uno de los principales arquitectos del programa espacial estadounidense— comentó: «¿John Glenn va a montar en ese artilugio? Deberían darle una medalla solo por subirse a él, sin necesidad de despegar».[65] En aquella época se sabía tan poco sobre el impacto de los vuelos espaciales sobre el cuerpo humano que a Glenn se le ordenó leer una tabla optométrica cada 20 minutos por temor a que la ingravidez distorsionara su visión. Así que, si te preguntas

* Versión para bebés del conocido juego del escondite. En inglés se llama *peekaboo* (N. de la T.).

cómo fue para Glenn orbitar alrededor de la Tierra, «fue como visitar al oculista», bromea la autora Mary Roach.[66]

En la cultura popular, los astronautas como Lovell y Glenn son representados como un grupo de fanáticos que asumen riesgos y tienen las agallas suficientes para subirse sin mayor problema a un peligroso cohete. Bien, sería un buen argumento teatral, pero induce a error. Los astronautas mantienen la calma no porque gocen de unos nervios sobrehumanos, sino porque han dominado el arte de usar el conocimiento para reducir la incertidumbre. Así, como explica el astronauta Chris Hadfield: «Para mantener la calma en una situación de alto estrés y alto riesgo todo lo que necesitas es conocimiento. Si estás obligado a enfrentarte a la perspectiva del fracaso, estudiarla, diseccionarla, desmenuzar sus componentes y consecuencias funciona de verdad».[67]

Incluso cuando viajaban sentados sobre un cohete endeble, muchos de los primeros astronautas sentían que tenían el control, y lo sentían porque habían participado personalmente en el diseño de la nave. Pero también sabían lo que no sabían, lo que debía causarles preocupación y lo que debían ignorar. Y reconocer estas incertidumbres fue el primer paso para resolverlas. Una vez que los científicos determinaron, por ejemplo, que no sabían si la microgravedad afectaría a la vista, pidieron a Glenn que se llevara una tabla optométrica al espacio.

Este enfoque tiene otra ventaja. Si averiguamos tanto lo que sabemos como lo que no sabemos, entonces seremos capaces de contener la incertidumbre y de reducir el miedo asociado a ella. Como señala Caroline Webb: «Cuantos más límites pongamos a la incertidumbre, más manejable le parecerá a nuestro cerebro la ambigüedad restante».[68]

Y así es como llegamos al cucú tras. La afición a este juego es universal: se cree que existe alguna versión en casi todas las culturas.[69] El idioma es diferente, pero «el ritmo, la dinámica y el placer compartido» son los mismos.[70] El juego consiste en que una cara conocida aparece y luego desaparece tras las manos de alguien. El bebé se queda sentado, desconcertado y ligeramente alarmado, preguntándose qué está pasando. Pero entonces las manos se separan, revelando de nuevo el rostro y devolviendo el orden al mundo. A continuación, se produce una carcajada.

Pero no hay risas —o, al menos, no en la misma medida— cuando se introduce más incertidumbre.[71] En un estudio al respecto, los bebés sonreían menos cuando aparecía una persona diferente y no la misma de antes. La sonrisa también disminuía cuando volvía a aparecer la misma persona, pero en un lugar diferente. Incluso bebés de tan solo seis meses tenían ciertas expectativas de certeza en cuanto a la identidad y la ubicación de la persona; cuando estas variables cambiaban de manera inesperada, también lo hacía el disfrute de los bebés.

Del mismo modo, el conocimiento transforma una situación incierta en un juego de cucú tras. Sí, de acuerdo, las misiones espaciales no son ninguna broma —hay vidas en juego—, pero los astronautas contienen la incertidumbre del mismo modo que los bebés: averiguando quién aparecerá cuando se abran las manos.

En otras palabras, la incertidumbre de la que disfrutamos —como bebés o como astronautas— es del tipo «seguro». Nos encantan los safaris de lejos, nos encanta hacer cábalas sobre el destino de los personajes de *Stranger Things* o leer el último libro de Stephen King desde la comodidad del sofá. Al final, el misterio se resolverá y la máscara del asesino caerá. Pero cuando no sabemos quién es el asesino ni cómo termina la historia, cuando el acorde queda suspendido sin el *crescendo* final —como en las series *Perdidos* o *Los Soprano*, que terminaron sin una conclusión clara—... entonces nos hierve la sangre.

En otras palabras, cuando la incertidumbre carece de límites el malestar se agudiza. Dejar que los difusos miedos de un futuro incierto se acumulen en la cabeza sube al máximo el volumen del drama. Hadfield dice: «El miedo proviene de no saber qué esperar y de sentir que no tienes ningún control sobre lo que va a suceder. Cuando te sientes impotente tienes mucho más miedo del que tendrías si conocieras los hechos. Si no sabes de qué alarmarte, todo es alarmante».

De modo que, para determinar por qué hay que alarmarse, lo mejor es hacer caso a la eterna sabiduría del maestro Yoda: «Hay que nombrar el miedo antes de desterrarlo».[72] En mi caso, he descubierto que hay que hacerlo incluso por escrito, con papel y lápiz (o bolígrafo, si te gusta la tecnología). Así, pregúntate: ¿cuál es el peor escenario posible? Y ¿qué probabilidad hay de que se produzca, teniendo en cuenta lo que sé?

Es bien sabido que poner por escrito tus preocupaciones e incertidumbres —lo que sabes y lo que no sabes— las disipa. Una vez que levantas el velo y sustituyes las incógnitas desconocidas por incógnitas conocidas, las derrotas. Cuando veas tus miedos sin sus máscaras descubrirás que la sensación de incertidumbre es mucho peor que aquello a lo que temías. También te darás cuenta de que, con seguridad, las cosas que más te importan seguirán estando ahí, pase lo que pase.

Y no olvides el lado positivo. Además de considerar el peor escenario posible, pregúntate también qué es lo mejor que puede pasar. Nuestros pensamientos negativos resuenan mucho más que los positivos. El cerebro, parafraseando al psicólogo Rick Hanson, es como velcro para lo negativo y teflón para lo positivo. Así que, a menos que consideres el mejor escenario junto con el peor, tu cerebro te dirigirá hacia el sendero en apariencia más seguro: la inacción. Pero como dice un proverbio chino: «Muchos pasos en falso diste al quedarte quieto. Es más probable que des el primer paso hacia lo desconocido si al final te espera la proverbial olla de oro».

Tras determinar qué es aquello por lo que de verdad merece la pena alarmarse, ya puedes tomar medidas para reducir los riesgos recurriendo a dos jugadas del manual de la ciencia espacial: las redundancias y los márgenes de seguridad. Vayamos con ellas.

Por qué las redundancias no son redundantes

En la vida cotidiana, la palabra *redundancia* tiene un matiz peyorativo, [73] pero en la ciencia espacial puede significar la diferencia entre el éxito y el fracaso, la vida y la muerte. Porque la redundancia en el sector aeroespacial se refiere a una copia de seguridad creada para evitar un único punto de fallo que pueda poner en peligro toda la misión. Las naves espaciales están diseñadas para funcionar incluso cuando las cosas van mal, para fallar sin fallar. Es la misma razón por la que los coches llevan una rueda de repuesto y un freno de emergencia; así, si se pincha una rueda o los frenos funcionan mal, el suplente saltará del banquillo.

Por ejemplo, el cohete Falcon 9 de SpaceX tiene nueve motores (como su propio nombre indica). Estos motores están lo bastante aislados entre sí para que la nave espacial pueda completar su misión incluso si uno de ellos falla.[74] Es importante destacar que los motores están diseñados para fallar de forma «elegante», sin arriesgar otros componentes ni poner en peligro la misión. Así fue como, durante el lanzamiento de un Falcon 9 en 2012, cuando uno de los motores se averió en pleno vuelo los otros ocho siguieron rugiendo. El ordenador de a bordo se limitó a apagar el motor defectuoso y ajustó la trayectoria del cohete para tener en cuenta ese fallo. Y este siguió ascendiendo y puso su carga en órbita.[75]

Los ordenadores de las naves espaciales también se benefician de la redundancia. Ya en la Tierra los equipos informáticos se averían o se quedan colgados a cada momento, de modo que las probabilidades de fallo aumentan en el estresante entorno del espacio, lleno de vibraciones, choques, corrientes eléctricas cambiantes y fluctuación de temperatura.[76] Por eso los ordenadores del transbordador espacial eran cuádruples, es decir, había cuatro equipos a bordo ejecutando el mismo *software*. Los cuatro «votaban» de forma individual lo que debían hacer mediante un sistema de mayoría.[77] Si uno de los ordenadores fallaba y empezaba a soltar tonterías, podía ser superado en número de votos por los otros tres (sí, amigos, la ciencia de cohetes es mucho más democrática de lo que imaginábais).

Pero para que las redundancias funcionen deben hacerlo de forma independiente. Es decir, tener cuatro ordenadores en un transbordador espacial suena maravilloso, pero, como todos ellos ejecutan el mismo *software*, un solo fallo en este último podría bloquear al mismo tiempo los cuatro equipos. Por eso el transbordador incluía un quinto sistema de vuelo de reserva, cargado con un *software* diferente que había sido programado por un subcontratista distinto de los otros cuatro. Por tanto, si un error del *software* genérico bloquease los cuatro ordenadores primarios idénticos, el sistema de reserva entraría en acción para devolver la nave a la Tierra.

Ahora bien, aunque la redundancia es una buena póliza de seguros, también obedece a la ley de los rendimientos decrecientes. Esto significa que, a partir de cierto punto, la acumulación de redundancias adicionales aumenta de manera innecesaria la complejidad, el peso y el coste. Es decir, claro que un Boeing 747 podría tener 24 motores en vez de 4, pero habría que pagar 10.000 dólares por viajar en un asiento de clase turista (y uno muy estrecho) de Los Ángeles a San Francisco.

Asimismo, una redundancia excesiva puede ser contraproducente y mermar la fiabilidad en lugar de mejorarla. Porque las redundancias añaden puntos de fallo adicionales. Un ejemplo de esto sería el siguiente: si los motores del 747 no están bien aislados, la explosión de uno de ellos podría destruir los demás, un riesgo que aumenta con cada motor adicional. Fue precisamente esta posibilidad la que llevó a Boeing a incluir solo dos motores —y no cuatro— en el 777, tras llegar a la conclusión de que así se reduciría el riesgo de accidentes.[78] Y, como veremos en un capítulo posterior, la aparente seguridad que proporciona la redundancia puede conducir a la gente a tomar decisiones como mínimo poco rigurosas. Porque se puede suponer —de forma errónea— que incluso si algo va mal hay un mecanismo de seguridad. En otras palabras, la redundancia nunca puede sustituir a un buen diseño.

Piensa en ello: ¿dónde están las redundancias en tu propia vida? ¿Dónde está el freno de emergencia o la rueda de repuesto en tu empresa? ¿Cómo afrontarías la pérdida de un valioso miembro de tu equipo, de un proveedor clave o de un cliente importante? ¿Qué harás si perdéis una fuente de ingresos en tu hogar? Cualquier sistema debe estar diseñado para funcionar aunque falle uno de sus componentes.

Márgenes de seguridad

Además de incluir redundancias, los científicos espaciales abordan la incertidumbre incorporando márgenes de seguridad. Por ejemplo, fabrican naves más fuertes de lo que en apariencia es necesario o hacen el aislamiento térmico más grueso de lo requerido. Estos márgenes de seguridad protegen la nave en caso de que el incierto entorno del espacio resulte más hostil de lo esperado.

A medida que aumenta lo que está en juego, también deben incrementarse los márgenes de seguridad. ¿Es alta la probabilidad de fracaso? Y, si el fracaso se produce, ¿será costoso? Volviendo a nuestro debate anterior, ¿la puerta es de un solo sentido o de dos? Si se toman decisiones irreversibles (en un solo sentido), entonces hay que buscar márgenes de seguridad más altos.

El caso es que las decisiones que tomamos para las naves espaciales son, en su mayoría, irreversibles: una vez lanzada la nave al espacio no hay posibilidad de recuperar el *hardware*. Así que las herramientas que metemos allí deben ser versátiles, como las puertas de doble sentido.

Volvamos por un momento al proyecto Mars Exploration Rovers, que envió dos vehículos exploradores, Spirit y Opportunity, al planeta rojo en 2003. Había una gran incertidumbre sobre lo que encontraríamos al aterrizar.

Así que adoptamos un enfoque de navaja suiza: al planificar las operaciones en Marte pusimos una variedad de herramientas en los vehículos y los hicimos tan flexibles y capaces como fue posible. Disponían de cámaras para observar la superficie, espectrómetros para analizar la composición del suelo y las rocas, una cámara de imágenes microscópicas para obtener vistas cercanas y una herramienta de pulido que funcionaba como un martillo para horadar las rocas.[79] También podíamos conducir nuestro explorador para que se desplazara —aunque con una lentitud exasperante: a unos dos metros por día— e inspeccionara diferentes lugares.

Teníamos una idea de lo que encontrarían en los puntos de aterrizaje de los dos vehículos, ya que habíamos visto instantáneas de esas regiones tomadas por los orbitadores marcianos. Pero resultó que nuestras expectativas eran «total, completa y absolutamente erróneas», como dice Steve Squyres.[80] Así que aprendimos a usar las herramientas de los vehículos para resolver los problemas que nos planteaba Marte en lugar de los que esperábamos encontrar allí.

En otras palabras: si las herramientas existentes a bordo de la nave espacial son lo bastante versátiles, entonces podrán asumir funciones que vayan mucho más allá del uso previsto. Por ejemplo, cuando la rueda delantera derecha del Spirit falló en marzo de 2006, los navegadores condujeron el vehículo marcha atrás durante el resto de su vida útil.[81] Y cuando un problema mecánico dejó inservible el taladro del Curiosity, un explorador de Marte, los ingenieros inventaron una nueva forma de perforar empleando las partes aún funcionales del vehículo;[82] tras probar con éxito la nueva técnica de perforación en la Tierra con un explorador gemelo, enviaron instrucciones al Curiosity para que lo probara en Marte. Funcionó a la perfección.

El mismo enfoque salvó a los astronautas de la misión Apolo 13 a la Luna. Un tanque de oxígeno explotó cerca del satélite, agotando con ello la energía y el suministro de oxígeno en el módulo de mando. Así que los tres astronautas tuvieron que salir de él y entrar en el módulo lunar, utilizándolo como bote salvavidas para volver a casa. Pero el módulo lunar —esa pequeña nave espacial con forma de araña, diseñada solo para transportar a dos astronautas entre la superficie de la Luna y la nave espacial en órbita— se llenó enseguida, hasta alcanzar niveles peligrosos, del dióxido de carbono que los tres hombres inhalaban y exhalaban. En el módulo de mando había unos botes cuadrados para absorber el dióxido de carbono, pero no encajaban en el sistema de filtración redondo del módulo lunar. Con ayuda terrestre, los astronautas idearon una forma de encajar una clavija cuadrada en un agujero redondo sirviéndose de calcetines de tubo y cinta adhesiva, entre otros objetos imprevistos.[83]

De este tipo de «anécdotas» podemos extraer enseñanzas importantes. Cuando nos enfrentamos a la incertidumbre solemos poner excusas para no empezar a actuar: «No estoy cualificado»; «No me siento preparada»; «No tengo los contactos adecuados»; «No dispongo de suficiente tiempo»… Es decir, no echamos a andar hasta dar con un enfoque que nos garantice que aquello funcionará (y es preferible que venga acompañado de satisfacción laboral y un salario de seis cifras).

Pero la certeza absoluta es una utopía. En la vida real tenemos que basar nuestras opiniones en información imperfecta y hacer esa importante llamada con datos incompletos. Squyres admite que «no sabíamos lo que estábamos haciendo cuando aterrizamos [en Marte]. ¿Cómo puedes saber lo que haces cuando nadie lo ha hecho antes?». Y, en realidad, si nuestro equipo hubiera aplazado la misión hasta que las opciones se presentaran con perfecta claridad —hasta que tuviéramos información exacta sobre los puntos de aterrizaje para poder diseñar el conjunto ideal de herramientas para ellos— nunca habríamos llegado a Marte; seguro que otro equipo, dispuesto a bailar un tango con la incertidumbre, nos habría adelantado y habría llegado antes a meta.

El camino, como dice el poeta místico Rumi, no aparece hasta que echas a andar. William Herschel lo hizo, empezó a pulir espejos y a leer libros de astronomía para *dummies*, aunque no tenía ni idea de que descubriría Urano. Andrew Wiles echó a andar cuando, siendo un adolescente, tomó un libro sobre el último teorema de Fermat sin saber a dónde lo llevaría su curiosidad. Steve Squyres, por su parte, echó a andar en busca de su lienzo en blanco, aunque ignoraba que eso algún día lo llevaría a Marte.

Así pues, el secreto es emprender la marcha antes de ver un camino claro.

Echa a andar aunque haya ruedas atascadas, taladros rotos y tanques de oxígeno que explotan.

Ponte en marcha, porque puedes aprender a dar marcha atrás si una rueda se atasca, o usar cinta adhesiva para impedir la catástrofe.

Echa a andar y, a medida que te acostumbres a hacerlo, observa cómo desaparece tu miedo a los lugares oscuros.

Da el primer paso, porque, como dice la primera ley de Newton, los objetos en movimiento tienden a permanecer en movimiento: una vez que te pongas en marcha, seguirás andando.

Echa a andar, porque tus pequeños pasos acabarán siendo grandes zancadas, como las de un gigante.

Muévete y, si eso te ayuda, lleva contigo una bolsa de cacahuetes para que te dé suerte.

Inicia el viaje, no porque sea fácil, sino justo porque no lo es.

Echa a andar... porque eso es la única manera de avanzar.

Visita **ozanvarol.com/rocket** para descargarte cuadernillos de ejercicios, retos y ejemplos que te ayudarán a poner en práctica las estrategias analizadas en este capítulo.

2

RAZONA A PARTIR DE LOS PRINCIPIOS BÁSICOS

El ingrediente responsable de toda innovación revolucionaria

La originalidad consiste en volver al origen.

ANTONI GAUDÍ

LA MAYORÍA DE EMPRESARIOS de Silicon Valley no tienen en su vocabulario la expresión «sorpresa desagradable».

Pero justo eso es lo que experimentó Elon Musk al ir a comprar cohetes para enviar una nave espacial a Marte. En el mercado estadounidense, el precio de dos cohetes ascendía a la friolera de 130 millones de dólares;[1] y eso solo por el vehículo de lanzamiento. Es decir, el precio no incluía la nave espacial ni su carga útil; esas cosas incrementaban aún más el coste.

Así que Musk pensó en probar suerte en Rusia. Viajó varias veces para comprar misiles balísticos intercontinentales fuera de servicio (sin las cabezas nucleares). En sus reuniones con funcionarios rusos, bañadas en vodka, brindaba cada dos minutos («¡Por el espacio!», «¡Por Estados Unidos!», «¡Por los Estados Unidos en el espacio!»). Pero para Musk los vítores se transformaron en abucheos cuando los rusos le dijeron que cada misil le costaría 20 millones de dólares. Y, por muy rico que fuera Musk, el coste de los cohetes encarecía demasiado la puesta en marcha de su empresa espacial. Así que supo que tenía que hacer algo diferente.

Desde su infancia, este sudafricano ha seguido una trayectoria de transformaciones, conquistando un sector tras otro a voluntad. A los doce años programó y vendió su primer videojuego; a los 17 emigró a Canadá y, más tarde, a Estados Unidos para especializarse en Física y en Administración y Dirección de Empresas en la Universidad de Pensilvania; luego abandonó un programa de doctorado en Stanford para crear una empresa con su hermano, Kimbal. Esta compañía, Zip2, fue uno de los primeros proveedores de guías urbanas online. En aquella época, como no podía permitirse pagar el alquiler de un apartamento, Elon Musk dormía en un futón en su oficina y se duchaba en la sede local de la Asociación de Jóvenes Cristianos.

En 1999, cuando tenía 28 años, vendió Zip2 a Compaq y se convirtió en multimillonario. A continuación, reunió sus fichas y las puso en una nueva mesa; es decir, tomó sus beneficios de Zip2 para crear X.com, un banco online que luego pasó a llamarse PayPal. Más tarde, cuando PayPal fue adquirida por eBay, Musk salió de allí con 165 millones de dólares en el bolsillo.

Meses antes de que se cerrara el acuerdo, Musk ya estaba en una playa de Río de Janeiro. Pero no se hallaba planeando su jubilación ni hojeando la última novela de Dan Brown; no, su lectura de playa era *Fundamentals of Rocket Propulsion*. El tipo de PayPal tenía el propósito de transformarse... en el tipo de los cohetes.

En sus mejores tiempos, la industria espacial era la cumbre de la innovación. Pero cuando Musk se planteó entrar en el negocio las empresas aeroespaciales estaban ya irremediablemente ancladas en el pasado. El del espacio es ese raro sector relacionado con la tecnología que viola la ley de Moore —el principio que lleva el nombre del cofundador de Intel, Gordon Moore— según la cual la potencia de los ordenadores se desarrolla de forma exponencial, duplicándose cada dos años. Es decir, un ordenador que en la década de 1970 habría ocupado una habitación entera ahora cabe en el bolsillo y tiene mucha más potencia de cálculo. Pero la tecnología de los cohetes se resiste, como digo, a la ley de Moore. Musk dice que «dormimos tranquilos sabiendo que el *software* del año que viene será mejor que el de este año, [pero] el coste de los cohetes va subiendo cada año».[2]

Él no fue el primero en detectar esta tendencia, pero sí fue de los primeros en hacer algo al respecto.

Este gran emprendedor fundó SpaceX —forma abreviada de referirse a Space Exploration Technologies— con el osado objetivo de colonizar Marte y transformar a la humanidad en una especie multiplanetaria. Pero los profundos bolsillos de Musk no lo eran tanto como para comprar cohetes en los mercados estadounidense o ruso. Se dirigió también a los inversores de capital riesgo, pero era difícil convencerlos. «El espacio está muy lejos de la zona de confort de casi todos los inversores de capital riesgo de la Tierra», explicó Musk. No obstante, se negó a que sus amigos invirtieran en la idea, porque creía que solo tenía un 10 % de posibilidades de éxito.

Musk estaba a punto de rendirse cuando se dio cuenta de que su planteamiento había sido profundamente erróneo. Pero, en vez de hacerlo, decidió volver a los principios básicos, el tema de este capítulo.

Antes de explicar cómo funciona el razonamiento de los principios básicos, exploraremos dos de sus obstáculos. En las próximas páginas aprenderás por qué el conocimiento puede ser un vicio en lugar de una virtud y cómo un ingeniero de caminos del Imperio romano acabó determinando la anchura del transbordador espacial de la NASA. Descubrirás, también, las reglas invisibles que te frenan y aprenderás a deshacerte de ellas. Te explicaré de qué modo un gigante farmacéutico y el Ejército de los Estados Unidos usan la misma estrategia para defenderse de las amenazas, y por qué «matar» tu negocio puede ser la mejor manera de salvarlo. Por último, analizaremos por qué restar, y no sumar, es la clave de la innovación, y cómo un modelo mental te puede ayudar a simplificar tu vida. Al final de este capítulo te ofreceré algunas estrategias para poner en práctica el razonamiento de los principios básicos y aplicarlo a tu propia vida.

Siempre lo hemos hecho así

Una de mis películas favoritas, *Desmadre a la americana*, comienza con la cámara acercándose a una estatua de Emil Faber, el fundador de la universidad donde se desarrolla el film. En la estatua hay inscrita una cita absolutamente obvia del falso Faber: «El saber es bueno». La cita es, claro, una parodia a los fundadores de universidades de la vida real, quienes se sentían obligados a incluir un lema inspirador junto al nombre de la institución. Pero, dejando a un lado la burla, Faber tiene razón y (al menos en mi caso) está predicando ante un converso: yo me gano la vida como trabajador del conocimiento.

No obstante, las mismas cualidades que hacen del saber una virtud pueden convertirlo en un vicio. Porque el conocimiento da forma; también informa; y crea marcos, etiquetas, categorías y lentes a través de las cuales vemos el mundo. Actúa, en definitiva, como una bruma, un filtro de Instagram y una especie de métrica bajo la que vivimos la vida. Estas estructuras son tremendamente difíciles de rechazar, y por una buena razón: son útiles; nos proporcionan atajos cognitivos para dar sentido al mundo. En resumen, nos hacen ser personas más eficientes y productivas.

Pero, si no tenemos cuidado, también pueden distorsionar nuestra visión. Si sabemos, por ejemplo, que el precio de mercado de los cohetes está por las nubes, asumiremos que solo los Gobiernos y las megacorporaciones, con acceso exclusivo a grandes sumas de dinero, pueden fabricarlos. En otras palabras: sin saberlo, el conocimiento puede llevarnos a ser esclavos de las convenciones; y las ideas convencionales, sin duda, producen resultados convencionales.

Cuando empecé a dar clase me pareció extraño que los estudiantes de mi facultad de Derecho tuvieran que cursar en primero Procedimiento Penal, una asignatura difícil que requiere una sólida base en otros temas. Un día, durante el almuerzo, le pedí a un colega mayor que yo que me lo explicara. Él bajó el periódico que estaba hojeando y comentó con desdén: «Siempre lo hemos hecho así». Es decir, hace décadas alguien decidió estructurar el plan de estudios de esta manera, y esa era una razón suficiente para mantenerlo. Desde entonces, nadie había levantado la mano para preguntar por qué o por qué no.

El *statu quo* es un superimán. La gente está predispuesta a que las cosas sean como podrían ser, pero encuentra comodidad en lo que es. Si te queda alguna duda sobre nuestra obsesión por el *statu quo* echa un vistazo a todas estas frases hechas y refranes que hemos dedicado al objetivo de evitar el cambio: «Si no está roto, no lo arregles»; «No menees el barco en tiempos de calma»; «No cambies de caballo en medio del río»; «Más vale lo malo conocido que lo bueno por conocer»; o el más contundente: «A lo hecho, pecho»*.

La inmovilidad conlleva un inmenso poder, incluso en sectores tan avanzados como el de los cohetes. Este fenómenos se denomina «ruta de la dependencia»: lo que hemos hecho antes determina lo que hacemos después.

He aquí un ejemplo: la anchura de los motores que propulsan el transbordador espacial —una de las máquinas más complejas que ha creado la humanidad— fue determinada hace más de 2000 años por un ingeniero de caminos romano.[3] Sí, has leído bien. Los motores tenían una anchura de 143,51 cm porque ese era el ancho de la vía ferroviaria que los llevaría de Utah a Florida. A su vez, la anchura de esa vía se basaba en la de las vías de tranvía en Inglaterra. Y el ancho de estas,

* Las dos últimas son expresiones sin equivalencia en español (N del T.).

a su vez, se basaba en el de las calzadas construidas por los romanos: 143,51 cm (4 pies y 8,5 pulgadas).

Veamos otro ejemplo: la disposición del teclado que usa la mayoría de la gente fue diseñada para ser ineficiente. Antes de la distribución actual, las máquinas de escribir se atascaban si se escribía demasiado rápido, de manera que la disposición *qwerty* (llamada así por las seis primeras letras del teclado) se creó de forma específica para reducir la velocidad de escritura y evitar el bloqueo mecánico de las teclas. Además, por motivos de *marketing*, las letras que componen la palabra *typewriter* (máquina de escribir, en inglés) se situaron en la línea superior para que los vendedores pudieran mostrar el funcionamiento de la máquina tecleando con rapidez el nombre de la marca (¡pruébalo!).

Por supuesto, el bloqueo mecánico de las teclas ya no es un problema. Tampoco existe la necesidad de teclear a máquina lo más rápido posible. Sin embargo, a pesar de la disponibilidad de diseños mucho más eficientes y ergonómicos, la disposición *qwerty* sigue siendo dominante.

El motivo reside, en parte, en el hecho que el cambio puede ser costoso. Sustituir la disposición *qwerty* por una alternativa, por ejemplo, nos obligaría a aprender a escribir en un teclado desde cero (aunque hay gente que ha hecho el cambio y afirman que vale la pena el esfuerzo). Y también, en ocasiones, las cosas cambian a peor. Pero la mayoría de las veces nos quedamos con lo que viene por defecto, incluso cuando los beneficios del cambio superan con creces sus costes.

Los intereses creados son otro factor que refuerza el *statu quo*. Así, los altos ejecutivos de las empresas de la lista Fortune 500 rehúyen la innovación porque su remuneración está ligada a resultados trimestrales, es decir, a corto plazo, y estos pueden verse alterados al abrir nuevos caminos. En este sentido, Upton Sinclair dijo: «Es difícil conseguir que un hombre entienda algo cuando su salario depende de que no lo entienda».

Si fueras un criador de caballos en Detroit a principios del siglo XX habrías asumido que tu competencia eran otros criadores que conseguían caballos más fuertes y rápidos. Si dirigieras una empresa de taxis hace diez años habrías asumido que tu competencia eran otras empresas de taxis. Si ahora mismo coordinas la seguridad de un aeropuerto, supones que la principal amenaza vendrá de un tipo con una bomba en el zapato, así que «resuelves» el problema del terrorismo haciendo que todo el mundo se quite los zapatos.

En cada uno de esos casos, el pasado ahoga el futuro. Y la calma se mantiene, sí; pero solo hasta que chocas contra un iceberg.

La investigación ha demostrado que, a medida que envejecemos, nuestras reglas son cada vez más estrictas;[4] los acontecimientos empiezan a parecerse; los días se repiten. Regurgitamos las mismas frases hechas, seguimos con el mismo trabajo, hablamos con la misma gente, vemos los mismos programas y mantenemos las mismas líneas de productos. Es como si leyéramos libros de aventuras que siempre tienen el mismo final.

Utilizando otro símil: cuanto más profundas sean las huellas en la nieve, más difícil será salir de ellas. Es decir, una forma establecida de hacer las cosas puede bloquear la puerta de salida. Robert Louis Stevenson escribió: «Cuando se construye una carretera, es un fenómeno extraño verla concentrar el tráfico, ver como cada año, a medida que avanza, hay más y más gente que camina por ella, y otros se levantan para repararla y conservarla, y mantenerla viva».[5]

Del mismo modo tratamos nuestros procesos y rutinas, como carreteras que acumulan tráfico. Un estudio de 2011 hecho sobre más de cien empresas estadounidenses y europeas mostró que «en los últimos quince años, la cantidad de procedimientos, pasos, estructuras de interfaz, órganos de coordinación y necesidad de aprobación de decisiones en cada una de esas empresas ha aumentado entre un 50% y un 350%».[6]

Y este es el problema. Que el proceso, por definición, es retrospectivo, es decir, se desarrolla en respuesta a los problemas de ayer. Pero si lo tratamos como un compromiso sagrado, si no lo cuestionamos, puede impedir el avance. Y con el tiempo nuestras «arterias» organizativas se obstruyen a base de procedimientos obsoletos.

Acatar tales procedimientos se convierte entonces en la referencia para el éxito. Jeff Bezos ha dicho: «No es tan raro oír a un líder poco veterano defender un mal resultado con palabras del tipo: "Bueno, hemos seguido el procedimiento". [...] Pero, si no prestas atención, el procedimiento puede convertirse en la finalidad». De todas maneras, no necesitas tirar a la basura tus procedimientos y declarar una guerra en el seno de tu empresa. Más bien debes tomar la costumbre de preguntarte, como hace Bezos: «¿Somos los dueños del procedimiento o el procedimiento es nuestro dueño?».[7]

Por tanto, cuando sea necesario debemos desaprender lo que sabemos y volver a empezar. Por eso Andrew Wiles —el matemático que resolvió el centenario último teorema de Fermat— dijo: «Es malo tener demasiada buena memoria si quieres ser matemático. Tienes que olvidar la forma en que abordaste [el problema] la vez anterior».[8]

Al final, Emil Faber tenía razón: el conocimiento es bueno. Pero el conocimiento debe informar, no limitar. El conocimiento debe iluminar, no oscurecer. Solo a través de la evolución de nuestros saberes podremos enfocar el futuro.

En cualquier caso, la tiranía de nuestros conocimientos es solo una parte del problema. Nuestras limitaciones se deben no solo a lo que hemos hecho en el pasado, sino también a lo que hicieron otros.

Lo hacen así

Los seres humanos estamos programados genéticamente para seguir al rebaño. Hace miles de años, la obediencia a la tribu era esencial para la supervivencia. Si alguien no se plegaba a ella se le condenaba al ostracismo, se le rechazaba o, peor aún, se le daba por muerto.

En cambio, en el mundo moderno la mayoría anhela destacar, salirse del rebaño. Solemos creer que tenemos gustos distintos y una visión del mundo diferente a la de la población general. Podemos admitir que nos interesan las preferencias de los demás, pero sostenemos que nuestras decisiones son propias.

Bien, pues la investigación demuestra justo lo contrario. Por ejemplo, en un estudio llevado a cabo con una muestra representativa de la población se preguntó a los participantes sobre un documental que habían visto. Las preguntas fueron del tipo: «¿Cuántos policías había cuando detuvieron a la mujer? ¿De qué color era su vestido?».[9] Cada cual hizo la prueba por su cuenta y no vio las respuestas del resto. Unos días más tarde, volvieron al laboratorio para someterse a una nueva prueba. Esta vez se les mostraron las respuestas de los demás participantes. Pero los investigadores introdujeron una variable: manipularon de forma intencionada algunas de ellas para que fueran falsas.

Alrededor del 70% de las veces, los participantes cambiaron sus respuestas correctas y se adhirieron a las erróneas dadas por el resto del grupo. Incluso después de que los investigadores les dijeran que tales respuestas eran erróneas, la influencia social era tan poderosa que cerca del 40% de los participantes se quedaron con las respuestas equivocadas en esa segunda prueba.

Y es que resistirse a esta predisposición al conformismo provoca, literalmente, angustia emocional. Un estudio neurológico demostró que el inconformismo activa la amígdala y produce lo que los autores describen como «dolor por independencia».[10]

Para evitar este dolor hablamos de boquilla sobre ser originales, pero nos transformamos en subproductos de los comportamientos de otras personas. Es como ese proverbio chino que dice que «un perro ladra a algo y otros cien ladran a ese ladrido».

De la misma manera, las empresas plantan su pararrayos donde cayó el último rayo y esperan que vuelva a caer allí. Esto funcionó una vez, así que hagámoslo de nuevo. Y otra vez, y otra vez. Vamos a lanzar la misma campaña de *marketing*, a utilizar la misma fórmula que ese libro romántico superventas y a rodar la decimoséptima secuela de *Fast and Furious*. Sobre todo en condiciones de incertidumbre, tendemos a «copiar y pegar» de nuestros colegas y de la competencia, asumiendo que saben algo que nosotros no sabemos.

Esta estrategia puede funcionar a corto plazo, pero a largo plazo es la receta perfecta para el desastre. Porque los vientos de la moda son inconstantes y las tendencias son transitorias. Además, con el tiempo la imitación hace que el original quede obsoleto; y el mismo camino que llevó a la gloria a una persona puede causar una catástrofe a otra. Y viceversa. Por ejemplo, Friendster y Myspace desaparecieron del mapa, pero el valor de mercado de Facebook superaba el medio billón de dólares a mediados de 2019.

No cabe duda de que es muy valioso aprender lo que otros han dominado. La imitación, después de todo, es nuestra primera maestra. A través de modelos aprendemos prácticamente todo: a caminar, a atarnos los zapatos y muchas más cosas. Por menos de 20 dólares, un libro puede enseñarte lo que a otra persona le llevó toda la vida averiguar. Pero hay una diferencia fundamental entre el aprendizaje y la imitación ciega.

Lo que quiero decir es que no se puede copiar y pegar el camino de otros hacia el éxito. No puedes dejar tus estudios en el Reed College, apuntarte a clases de caligrafía, tomar un poco de LSD, iniciarte en el budismo zen, montar una tienda en el garaje de tus padres... y confiar en fundar la próxima Apple. Como dijo Warren Buffett: «Las cinco palabras más peligrosas en los negocios son "Todo el mundo lo hace"». Este enfoque de «repetirlo todo como un papagayo» genera una carrera cuya meta es un centro del círculo demasiado abarrotado, aunque haya mucha menos competencia en los bordes. En este sentido, Astro Teller, director de X, la fábrica de «imposibles» de Google, dice que «cuando tratas de mejorar las técnicas existentes te embarcas en una competición de inteligencia con todos los que vinieron antes que tú. Y esa no es una buena competición para participar».[11]

Musk se vio en un principio inmerso en esa lucha cuando quiso comprar cohetes. Su forma de pensar estaba contaminada por lo que otros habían hecho en el pasado. Así que decidió volver a su formación en física y razonar desde los principios básicos.

Unas palabras sobre Musk antes de continuar. He descubierto que su nombre genera opiniones extrañamente radicales. Hay gente que lo ve como el Iron Man de la vida real, el hombre más interesante del mundo, un empresario con corazón que está haciendo más que nadie para que la humanidad pueda avanzar. En cambio, otros lo describen como un diletante de Silicon Valley cuyas empresas «salvamundos» coquetean con demasiada frecuencia con el desastre, y un *showman* que se autocomplace con historias sobre el futuro desde su cuenta de Twitter (mientras se mete en líos con los organismos reguladores).

No pertenezco a ninguno de esos bandos; creo que hacemos un flaco favor a Musk si lo vilipendiamos o lo idolatramos. Pero también nos perjudicamos a nosotros mismos si no aprendemos de su manera de emplear el razonamiento de los principios básicos para poner patas arriba numerosos sectores, haciendo con ello realidad sus sueños.

Volver a los principios básicos

El origen del razonamiento basado en los principios básicos se atribuye a Aristóteles, que lo definió como «la primera base a partir de la cual se conoce algo».[12] Mucho más tarde, el filósofo y científico francés René Descartes lo describió como un acto de duda sistemática de todo lo que se puede dudar, hasta quedarse con las verdades incuestionables.[13] Es decir, en lugar de considerar el *statu quo* como una certeza absoluta, se le da un machetazo. Y, en lugar de dejar que tu visión original —o la de los demás— marque el rumbo a seguir, abandonas toda lealtad hacia ella y te abres paso entre los supuestos existentes como en una selva, hasta que solo queden los componentes fundamentales.

Todo lo demás es negociable.

El razonamiento de los principios básicos te permite ver el enfoque aparentemente obvio que se esconde delante de tus narices. El filósofo Arthur Schopenhauer dijo: «El talento da en un blanco en el que nadie más puede dar, [pero] el genio da en un blanco que nadie más puede ver». Es decir, cuando apliques este tipo de razonamiento pasarás de ser un grupo de versiones, que toca canciones ajenas, a ser un artista que aborda el minucioso trabajo de crear algo nuevo; y de lo que el autor James Carse llama «un músico finito», alguien que toca *dentro de* unos límites, a un músico infinito, alguien que toca *con* los límites.

Al volver de Rusia con las manos vacías, Musk tuvo una revelación. Tratando de comprar los cohetes de otros se dio cuenta de que estaba siendo como un grupo de versiones. En el vuelo de vuelta a casa, Musk le dijo a Jim Cantrell, un consultor aeroespacial que lo acompañaba: «Creo que podemos fabricar un cohete nosotros mismos».[14] Entonces le mostró a Cantrell una hoja de cálculo con sus estimaciones. Cantrell recuerda que «lo miré y dije: "Que me parta un rayo, por eso has tomado prestados todos mis libros [de cohetes]"».

Tiempo después, Musk explicó lo siguiente en una entrevista: «Suelo enfocar las cosas desde el marco de la física. La física te enseña a razonar a partir de los principios básicos, más que por analogía» (es decir, copiando a otros con pocas diferencias).

Para Musk, emplear los principios básicos significaba empezar con las leyes de la física y preguntarse qué se necesita para mandar un cohete al espacio. Así, redujo el cohete a sus componentes más pequeños, a sus materias primas. «¿De qué está hecho un cohete? De aleaciones de aluminio de calidad aeroespacial, más algo de titanio, cobre y fibra de carbono. Luego me pregunté cuál sería el valor de esos materiales en el mercado de materias primas. Y resultó que el coste de los materiales de un cohete era de alrededor del 2% del precio final, lo que es una auténtica locura».

Semejante disparidad de precios se debe, al menos en parte, a la cultura de la subcontratación en la industria espacial. Las empresas aeroespaciales contratan a empresas que, a su vez, subcontratan a otras. Como el propio Musk explicó: «Hay que bajar cuatro o cinco niveles para encontrar a alguien que de verdad haga algo útil: cortar metal o dar forma a los átomos».

Así que decidió cortar él mismo el metal y fabricar sus cohetes de última generación desde cero. Si recorres los pasillos de las fábricas de SpaceX verás que hay gente que hace de todo, desde soldar titanio hasta montar los ordenadores de a bordo. Más o menos el 80% de los componentes de los cohetes de SpaceX se fabrican internamente. Esto da a la empresa un mayor control sobre el coste, la calidad y el ritmo de la producción. Y así, con pocos proveedores externos, SpaceX puede pasar de la idea a la ejecución en un tiempo récord.

Veamos un ejemplo de las ventajas de esta forma de producción: Tom Mueller, jefe del Departamento de Propulsión de SpaceX, pidió una vez a un proveedor que fabricara una válvula de motor. «Me dijeron que costaría un cuarto de millón de dólares y que tardaría un año en fabricarse», recuerda Mueller. Él respondió: «No, la necesitamos para este verano y por mucho menos dinero». El representante del proveedor dijo: «Vale, pues buena suerte», y se marchó. Así que el equipo de Mueller fabricó la válvula por su cuenta y a un coste mínimo. Cuando el proveedor llamó a Mueller durante el verano para preguntarle si SpaceX seguía necesitando la válvula, este respondió: «La hemos fabricado, la hemos terminado, la hemos probado y la vamos a hacer volar».[15] Mike Horkachuck, el enlace de la NASA con SpaceX, se sorprendió al ver como el enfoque de Mueller imperaba en toda la empresa: «Era algo nunca visto, porque los ingenieros de la NASA no suelen hablar del coste de una pieza al tomar decisiones de diseño».[16]

SpaceX también ha sido creativa a la hora de conseguir materias primas. Por ejemplo, uno de sus empleados compró en eBay por 25.000 dólares un teodolito —un instrumento de medición para seguir y alinear cohetes—, y lo hizo tras darse cuenta de que uno nuevo costaba demasiado. Otro trabajador adquirió una gigantesca pieza de metal en un desguace industrial para fabricar un carenado, el cono que protege el cohete en la punta. Y es que los componentes baratos y usados, si se prueban y obtienen una buena calificación, pueden funcionar tan bien como los nuevos, que son mucho más caros.

SpaceX también reutilizó piezas de otros sectores. Así, en vez de usar costosos equipos para fabricar asas para las escotillas, la empresa recurrió a piezas de los típicos pestillos de baño. También, en lugar de diseñar caros arneses a medida para los astronautas empleó cinturones de seguridad de coches de carreras, que son más cómodos y económicos. Y en vez de ordenadores de a bordo especiales, que cuestan hasta un millón de dólares, el primer cohete de SpaceX instaló el mismo tipo de ordenador que se había usado en un cajero automático, por 5000 dólares. En comparación con el coste total de una nave espacial, estos recortes pueden parecer poca cosa, pero Musk dice que «cuando los sumas, la diferencia es enorme».

Muchos de estos componentes más baratos tienen la ventaja adicional de ser más fiables. Consideremos, por ejemplo, los inyectores de combustible empleados en los cohetes de SpaceX. La mayoría de los motores de cohetes tienen un diseño de cabezal de ducha en el que varios inyectores rocían el combustible en la cámara de combustión del cohete. SpaceX usa el llamado motor de pivote, de un solo inyector, que parece la boquilla de una manguera de jardín. Este motor, menos costoso, también es menos propenso a generar inestabilidad en la combustión, que puede causar lo que los científicos de cohetes llaman «un rápido desmontaje no programado» o lo que los profanos llamarían «una explosión».

El razonamiento de los principios básicos llevó a SpaceX a cuestionar otro supuesto muy arraigado en la ciencia espacial.[17] Durante décadas, la mayoría de los cohetes que propulsaron naves al espacio exterior no podían reutilizarse, ya que se hundían en el océano o se quemaban en la atmósfera una vez puesta en órbita su carga. Por tanto, había que fabricar un cohete nuevo. Sería el equivalente cósmico de quemar el avión al final de cada vuelo comercial. El coste de un cohete moderno es más o menos el mismo que el de un Boeing 737, pero volar en un 737 es mucho más barato porque, a diferencia de los cohetes, los aviones vuelan una y otra vez.

La solución es obvia: hacer lo mismo con los cohetes. Por eso algunas partes del transbordador espacial de la NASA eran reutilizables. Por ejemplo, los cohetes impulsores sólidos que ponían el transbordador en órbita se separaban después de la nave y caían en paracaídas al océano Atlántico para ser recogidos y reparados. Y la propia nave que transportaba a los astronautas también planeaba de vuelta a la Tierra después de cada misión para ser reciclada en futuros vuelos.

Pero para que el reciclaje de cohetes tenga sentido (desde el punto de vista económico) debe ser lo más rápido y completo posible. En este contexto, rápido significa que las piezas reutilizables requieran un mínimo de análisis y reacondicionamiento después de la misión. Es decir, que tras una rápida inspección y recarga de combustible el cohete debería poder despegar, de forma similar a la inspección y carga de combustible de un avión al final de un viaje. Y con la reutilización completa todos los componentes de la nave espacial son reciclables, por lo que no se desecha ningún *hardware*.

Sin embargo, en el caso del transbordador espacial la reutilización no era ni rápida ni completa. El coste de la inspección y el reacondicionamiento era escandalosamente alto, sobre todo teniendo en cuenta la escasa frecuencia de vuelo del transbordador. El reacondicionamiento requería «más de 1,2 millones de procedimientos diferentes», lo que llevaba meses y costaba más que un transbordador nuevo.[18]

Si en una situación como esta se razonara por analogía, se concluiría que las naves espaciales reutilizables son una mala idea. *No funcionó para la NASA, así que no funcionará para nosotros*. Pero este razonamiento es erróneo, ya que los argumentos en contra del reciclaje se basan en un único caso de estudio: el del transbordador espacial. Sin embargo, el problema residía en el propio transbordador, no se podía generalizar a todas las naves espaciales reutilizables.

Los cohetes funcionan por partes que se apilan unas sobre otras. El Falcon 9 de SpaceX tiene dos partes: la primera consta de catorce pisos de altura y nueve motores. Después de que esta primera luche contra la gravedad y propulse la nave desde la plataforma de lanzamiento hacia el espacio, se separa y cae, dejando que la segunda tome el relevo. La segunda parte, que solo lleva un motor, arranca y sigue empujando la nave hacia arriba. La primera parte del Falcon 9 es la más cara, ya que representa alrededor del 70 % del coste total de la misión. Es decir, que incluso si solo esa pudiera recuperarse y reutilizarse de un modo eficaz ya se ahorraría mucho dinero.

Pero la recuperación y el reciclaje no son cuestiones sencillas. La primera parte debe separarse de la nave, dar una vuelta de campana, volver a encender tres de sus motores para reducir la velocidad, encontrar el camino hacia una plataforma de aterrizaje en la Tierra y posar con suavidad su gigantesco cuerpo en posición vertical sobre el suelo. Según una nota de prensa de SpaceX, esta hazaña es como mantener en equilibrio «un palo de escoba de plástico sobre la mano en medio de un huracán».[19]

En diciembre de 2015, la primera parte de un cohete Falcon 9 completó con éxito un aterrizaje vertical en tierra firme tras poner su carga en órbita. Blue Origin, la empresa de vuelos espaciales de Jeff Bezos, también logró aterrizar la parte de refuerzo reutilizable de su cohete New Shepard tras enviarlo al espacio. Desde entonces, ambas empresas han reacondicionado y reciclado numerosas partes de cohetes recuperadas y las han enviado de nuevo al espacio como si fueran coches de segunda mano que acaban de pasar la ITV. Es decir, lo que antes se consideraba una idea descabellada va camino de ser mera rutina.

Las innovaciones derivadas de usar el razonamiento de los principios básicos permitieron a Blue Origin y SpaceX reducir de forma drástica el coste de los vuelos espaciales. Por ejemplo, cuando SpaceX comience a transportar a astronautas de la NASA a la Estación Espacial Internacional se prevé que cada vuelo cueste 133 millones de dólares a los contribuyentes, menos de un tercio de los 450 millones que suponía el lanzamiento del transbordador espacial en el pasado.

SpaceX y Blue Origin tenían algo a su favor: eran nuevas en el sector, por lo que gozaban de la ventaja de escribir en una hoja en blanco. No había ideas ni prácticas preestablecidas, ni tampoco componentes heredados. Así, sin el lastre de su pasado, podían dejar que los principios básicos fueran los responsables del diseño de los cohetes.

La mayoría no podemos permitirnos ese lujo; nos influyen de forma inevitable tanto lo que conocemos como los caminos recorridos por quienes nos precedieron. Y escapar de tales hábitos y prejuicios es complicado, sobre todo cuando nos resultan invisibles.

Cómo te frenan las reglas invisibles

La escritora Elizabeth Gilbert cuenta la fábula de un gran santón que hacía meditaciones guiadas con sus seguidores.[20] Justo cuando estos entraban en su momento zen se veían interrumpidos por un gato que «se paseaba por el templo maullando y ronroneando y molestando a todo el mundo». Al santón se le ocurrió una solución sencilla: atar al gato a un poste durante las sesiones de meditación. Esta solución se convirtió enseguida en un ritual: primero atar el gato al poste y, después, meditar.

Cuando el gato murió (por causas naturales) se produjo una crisis religiosa. ¿Qué debían hacer los seguidores? ¿Cómo podrían meditar sin atar al gato al poste?

Esta historia ilustra lo que yo llamo «reglas invisibles»: hábitos y comportamientos que añaden rigidez de manera innecesaria hasta convertirse en reglas. No son como las reglas escritas, que son visibles, figuran ahí, en los procedimientos operativos estándar, y como tales pueden modificarse o eliminarse.

Y aunque las reglas escritas, como ya hemos visto, pueden ejercer una enorme resistencia al cambio, las invisibles son aún más obstinadas. Son los «asesinos silenciosos» que limitan nuestro pensamiento sin que seamos conscientes de ello. Nos hacen ser una rata atrapada en una «caja de

Skinner» —la famosa cámara de condicionamiento operante—, presionando la misma palanca una y otra vez; excepto por el hecho de que la caja la diseñamos nosotros y somos libres de aventurarnos a salir de ella en cualquier momento. En otras palabras: somos capaces de meditar sin el gato, pero no nos damos cuenta.

Luego, además, lo empeoramos defendiendo esas limitaciones autoimpuestas. Decimos que podríamos hacer las cosas de otra manera, pero es que la cadena de distribución, el *software*, el presupuesto, nuestras habilidades, nuestra formación, lo que sea, no lo permite. Como reza el dicho: defiende tus limitaciones y las conservarás.

Alan Alda dijo, en una cita que se suele atribuir por error a Asimov: «Tus creencias asumidas son tus ventanas al mundo. Límpialas de vez en cuando o la luz no entrará».[21] Piénsalo bien: ¿qué es, en tu mundo, el gato de la fábula de la meditación? ¿Qué vestigio innecesario del pasado nubla tu mente y frena tu avance? ¿Qué asumes que debes hacer solo porque todo el mundo a tu alrededor lo hace? ¿Puedes cuestionar esta asunción y sustituirla por algo mejor?

Asumíamos que a un restaurante le hacían falta mesas, una cocina estable y un local. El cuestionamiento de estas asunciones nos dio las *food trucks*. Creíamos que para alquilar vídeos eran necesarios recargos por demora y tiendas físicas. El cuestionamiento de estas creencias nos llevó a Netflix. Asumíamos que se necesitaban préstamos bancarios o financiación de capital riesgo para lanzar un nuevo producto. El desafío a esa idea establecida posibilitó Kickstarter e Indiegogo.

Está claro que no se puede ir por la vida cuestionando cada cosa que se hace. Las rutinas nos libran de los miles de agotadoras decisiones diarias que de otro modo tendríamos que tomar. Por ejemplo, en mi caso todos los días almuerzo lo mismo y voy al trabajo por el mismo camino. También suelo razonar por analogía y copiar las decisiones de otras personas en cuanto a moda, música y diseño de interiores (mi salón, de hecho, parece una página del catálogo de Crate & Barrel).

En otras palabras, el razonamiento de los principios básicos debe desplegarse donde más importe. Así, para limpiar la humedad acumulada en esas áreas de tu parabrisas mental y sacar a la luz las reglas invisibles que gobiernan tu vida, prueba a pasar un día cuestionando tus creencias asumidas. Con cada compromiso, cada presunción, cada partida presupuestaria, pregúntate: «¿Y si esto no fuera cierto?»; «¿Por qué lo hago así?»; «¿Puedo deshacerme de ello o sustituirlo por algo mejor?».

Y ten cuidado si se te ocurren múltiples razones para quedarte con algo. El autor y académico Nassim Nicholas Taleb hace la siguiente observación: «Al invocar más de una razón estás tratando de convencerte de hacer algo».[22]

En vez de eso, recurre a evidencias actuales, no pasadas. Muchas de nuestras reglas invisibles se desarrollaron en respuesta a problemas que ya no existen (como el gato de la fábula de la meditación), pero la respuesta inmunitaria persiste mucho tiempo después de que el patógeno haya desaparecido.

La mejor manera de poner al descubierto las reglas invisibles es quebrantarlas. Corre hacia una meta que no crees poder alcanzar; pide un aumento de sueldo que piensas que no te mereces; preséntate al proceso de selección para un puesto que está fuera de tus posibilidades.

Al final verás que es posible meditar sin el gato.

El razonamiento de los principios básicos no sirve solo para encontrar las «materias primas» de un producto o de un procedimiento —ya sea un cohete o tu ritual de meditación— y construir algo nuevo a partir de ellas. También puedes utilizarlo para hallar esos componentes dentro de ti y fabricar tu nuevo yo. Esto, a su vez, requiere que arriesgues tu prestigio.

Por qué deberías arriesgar tu prestigio

Cuando Steve Martin empezó a hacer monólogos había una fórmula contrastada para contar chistes:[23] todos tenían un final pésimo. He aquí un ejemplo relacionado con la ciencia espacial:

PREGUNTA: ¿Cómo organiza la NASA una fiesta de empresa?
RESPUESTA: La *planetan**.

Pero Martin no estaba satisfecho con la fórmula estándar. Le molestaba que la risa que seguía a un chiste fuera a menudo automática. Como los perros de Pavlov, que salivaban al oír una campana, el público se reía de forma instintiva al oír el chiste. Es más, si no producía risas el cómico se quedaba parado, avergonzado, porque sabía que su chiste había fracasado. Martin pensaba que esa era una forma terrible de hacer comedia, tanto para el cómico como para el público.

Así que volvió a los principios básicos y se preguntó: *¿qué pasaría si no hubiera remates? ¿Y si creaba tensión y no la liberaba?* Es decir, en lugar de confirmar las expectativas del público decidió frustrarlas, porque creía que, sin ese remate, la risa final sería más fuerte. El público se reiría cuando decidiera hacerlo, sin ser provocado mediante un truco.

¿Qué hizo entonces? Lo que hacen todos los grandes científicos de cohetes: probó su idea. Una noche subió al escenario y anunció al público que iba a hacer el truco de «la nariz en el micrófono». Así que puso con cuidado la nariz en el micrófono, dio un paso atrás y dijo: «Muchas gracias».

No hubo remate. El público se quedó en silencio, asombrado por el alejamiento de Martin de la comedia convencional. Pero la risa llegó cuando se dieron cuenta de lo que había hecho. Su objetivo era dejar al público «incapaz de describir lo que le había hecho reír. En otras palabras, como el involuntario mareo que experimentan los amigos íntimos que conectan con el sentido de humor del otro, hay que vivirlo».

La respuesta inicial al enfoque de los principios básicos de Martin fue el ridículo. Un crítico, basándose en el perfecto manual del cómico, escribió: «A este supuesto "cómico" habría que decirle que los chistes se

* En realidad, es un juego de palabras que tiene más sentido en inglés: «*Question: How does NASA organize a company party? Answer: They planet*». Donde *planet* (planetar) debería haber sido *planned* (planear/planificar) (N. de la T.)

supone que deben tener un remate». Otro describió a Martin como «el error de contratación más grave de la historia de Los Ángeles».

Sin embargo, ese gravísimo error de contratación se convirtió enseguida en el más rentable. El público y la crítica acabaron poniéndose al día y Martin llegó a ser una leyenda de la comedia.

Pero entonces hizo algo inimaginable: lo dejó.

Se dio cuenta de que había logrado todo lo posible como cómico. Si hubiera continuado, sus innovaciones habrían sido apenas pequeñas desviaciones del *statu quo*. Así que, para salvar su arte, lo abandonó.

Y es que la destrucción, como nos recuerdan los Red Hot Chili Peppers en *Californication*, también genera creación. Así, en vez de marchitarse, la carrera de Martin floreció. Tras dejar de hacer monólogos actuó en innumerables películas, grabó discos y escribió libros y guiones; ganó un Emmy, un Grammy y un premio American Comedy. Y en cada etapa aprendió, desaprendió y reaprendió.

Sé de primera mano lo difícil que es hacer lo que hizo Steve Martin. Cuando empecé mi blog y mi pódcast, aventurándome a escribir artículos académicos de temática jurídica, un buen amigo y colega (profesor de derecho) me advirtió: «Estás arruinando tu prestigio académico».

Su comentario me recordó un verso de un poema de Dawna Markova: «Elijo arriesgar mi trascendencia; vivir para que lo que vino a mí como semilla vaya al siguiente como flor».[24] Lo que vengo a decir es que cuando nos miramos al espejo nos contamos una historia; una sobre quiénes somos y quiénes no somos, y sobre lo que debemos y no debemos hacer.

Nos decimos que somos un «académico serio», y los académicos serios no escriben en un blog ni graban un pódcast para el gran público. Del mismo modo, nos decimos que somos un «cómico serio», y los cómicos serios no abandonan su próspera carrera de monologuista. Nos decimos que somos un «empresario serio», y los empresarios serios no invierten su patrimonio en una arriesgada aventura espacial con escasas posibilidades de éxito.

Porque hay certezas en la historia; la historia nos hace sentir importantes y adquirir seguridad, nos hace sentir bienvenidos. Nos conecta con los académicos, cómicos y empresarios serios que nos precedieron.

Pero, haciéndolo así, en vez de moldear la historia, ella nos moldea. Y con el tiempo la historia llega a ser nuestra identidad. No cambiamos la historia, porque cambiarla significaría cambiar lo que somos. Tememos perder todo lo que nos ha costado tanto construir, que los demás se rían… y hacer el ridículo.

Sin embargo, como todas las demás, la historia de tu trayectoria es solo eso: una historia, una narración, un cuento. Y si no te gusta puedes cambiarla. Mejor aún, puedes desecharla y escribir una nueva. La escritora Anaïs Nin dijo: «Para cambiar de piel, para evolucionar hacia nuevos ciclos hay que aprender a descartar».[25]

Steve Jobs se vio obligado en 1985 a marcharse de Apple, la empresa que había cofundado. Aunque el despido le dolió en su momento, echando la vista atrás dijo que fue «lo mejor que me pudo pasar». Y fue así porque lo liberó de su propia trayectoria y lo obligó a volver a los principios básicos. «La losa del éxito fue sustituida por la ligereza de volver a ser un principiante. Me dio libertad para entrar en uno de los períodos más creativos de mi vida», dice Jobs.[26] El bagaje de su propio prestigio percibido ya no podía retenerlo. Su viaje creativo lo llevó a fundar la empresa informática NeXT y a entrar en Pixar, lo que generó, a su vez, éxito y riqueza para esta productora cinematográfica. Luego, en 1997, volvió a Apple para lanzar una serie de productos revolucionarios, como el iPod y el iPhone.

A mí mismo me resultó angustioso ignorar el consejo del bienintencionado amigo que me advirtió que no me aventurara a escribir para el gran público. Hubo momentos de tremenda duda a lo largo del camino, cuando pensé que había tomado la decisión equivocada o que tal vez debería haber seguido mi trayectoria previa. Pero, si lo hubiera hecho, tú no estarías leyendo este libro.

Y el caso es que cuando no actuamos —porque nos aferramos a la ilusión de nuestro prestigio— los riesgos son mucho mayores. Solo saliendo de donde estamos podemos llegar a donde queremos ir. Henry Miller dijo que «hay que estar carbonizado y mineralizado para impulsarte hacia arriba a partir del último denominador común del yo».[27]

Así que cuando arriesgues tu prestigio no cambiarás lo que eres; al contrario, lo descubrirás. Cuando las cenizas y el desorden se asienten, algo maravilloso saldrá de ahí.

Y hubo un restaurante que siguió esta premisa al pie de la letra.

Hambre de destrucción*

En 2005, el chef Grant Achatz y su socio Nick Kokonas fundaron el restaurante Alinea en Chicago y gracias a ello crearon una de las mejores experiencias culinarias del mundo. «Traspasé los límites de la locura para demostrarle al mundo lo que se puede hacer con la comida», dice Achatz.[28] La llama de Alinea iluminó enseguida el mundo gastronómico. A lo largo de treinta platos, el restaurante deleitaba a sus comensales con una vivencia descrita como un «espectáculo de magia comestible» que seguía resonando en la mente y en las papilas gustativas mucho después de finalizar.

Alinea ha sido aclamado en todo el mundo y ha recibido casi todos los premios que puede recibir un restaurante. En 2011 se convirtió en uno de los dos primeros locales de Chicago —y uno de los nueve de Estados Unidos— en obtener las codiciadas tres estrellas Michelin. Su décimo año, 2015, fue el más rentable.

Así que había que celebrarlo. Pero, tratándose de Alinea, una fiesta convencional no serviría. Kokonas tenía en mente otro tipo de fiesta: una con bolas de derribo.

* Hace referencia al título del álbum de la banda de rock Gun's'Roses, *Appetite for Destruction*, publicado en 1987 (N.de la T.).

En una entrevista, Kokonas recordaba haber disfrutado de una gran comida en un famoso restaurante y volver unos años después y sentirse decepcionado. «Es el mismo lugar, es la misma silla, es la misma comida más o menos. ¿Por qué está tan mal? ¿Soy yo? ¿He cambiado? ¿O es que el mundo está cambiando?». Por supuesto, se trataba de ambas cosas.

Kokonas lo explica así: «Si tienes un negocio de éxito es mucho más difícil cambiarlo». La inercia para mantener el rumbo es demasiado fuerte, sobre todo cuando se está en la cima. Y lo más difícil es hacer cambios graduales. Por eso, de vez en cuando hay que destruirlo todo y reconstruirlo».

Tomando esta idea al pie de la letra, a Kokonas y su socio cocinero, Achatz, se les despertó el «hambre de destrucción»: decidieron tirarse por un precipicio creativo y destriparon el restaurante, de dentro afuera. Alinea cerró cinco meses y tanto el edificio como el menú sufrieron una transformación colosal. Tales cambios hicieron desaparecer «la atmósfera esterilizada e hipercontrolada que antes hacía parecer a Alinea el quirófano más placentero del mundo», dijo un crítico gastronómico.[29] El nuevo restaurante ofrece la misma excelencia gastronómica, pero añadiendo una buena dosis de diversión y juego.

Los expertos han bautizado el nuevo local como Alinea 2.0. Pero Kokonas y Achatz lo siguen llamando Alinea. Porque puede haber sido destruido y reconstruido, pero su identidad —y el compromiso subyacente de sus fundadores con el razonamiento de los principios básicos— no ha cambiado.

Este es un punto importante: la destrucción, en sí misma, no es suficiente si no va acompañada de un compromiso con el proceso de razonamiento correcto. «Si se derriba una fábrica, pero se deja en pie la mentalidad que la construyó, esa mentalidad simplemente dará lugar a otra fábrica», explica Robert Pirsig en *Zen and the Art of Motorcycle Maintenance*. «Si una revolución derroca a un gobierno autoritario, pero los patrones ideológicos que lo llevaron al poder quedan intactos, entonces esos patrones se repetirán».[30] En definitiva, a menos que se modifiquen los patrones de pensamiento subyacentes se puede esperar más de lo mismo, con independencia de las veces que se celebre una fiesta con unas cuantas bolas de derribo.

En este sentido, para cambiar los patrones de pensamiento subyacentes es necesario contratar a las personas adecuadas. A la hora de entrevistar a posibles miembros del equipo, Kokonas dice que «no quiero a gente con veinte años de experiencia en restaurantes». Demasiado bagaje puede suponer trabas al razonamiento de los principios básicos. A él le preocupa que los empleados veteranos vean un restaurante y piensen en manteles blancos.

Si se trata de transformar un sector, tiene todo el sentido buscar el talento fuera de él. Ahí es donde se encuentra la gente que no está cegada por las reglas invisibles —los manteles blancos— que limitan su pensamiento. En sus inicios, SpaceX solía contratar a gente de los sectores automovilístico y de la telefonía móvil, ámbitos en los que las tecnologías cambian a toda velocidad, lo que exige un aprendizaje y una adaptación rápidos, el sello de quien razona en función de los principios básicos.

....

AL FINAL, LO QUE ES MARAVILLOSO tanto de Steve Martin como de Alinea es que dieron un golpe de timón cuando estaban en la cima de su carrera. Pero la mayoría de la gente no es capaz de hacer eso. Al contrario, cuando las cosas van bien nos acomodamos en el *statu quo* en vez de ponerlo patas arriba.

Pero volver a los principios básicos es más fácil de lo que supones. Si no puedes usar una bola de demolición real... siempre puedes probar con una hipotética.

Llegué como una bola de demolición

La historia de Kenneth Frazier es la quintaesencia de los Estados Unidos. Hijo de un conserje, Frazier se crio en un barrio obrero de Filadelfia y llegó a lo más alto tras graduarse en la Penn State y luego en la Facultad de Derecho de Harvard: entonces se incorporó al gigante farmacéutico Merck como asesor corporativo y acabó siendo su director general.[31]

Como la mayoría de los ejecutivos, él quería promover la innovación en Merck. Pero a diferencia de ellos, que se limitan a pedir a sus trabajadores que innoven, les pidió que hicieran algo que no habían hecho antes: destruir Merck. Frazier instó a los ejecutivos de la empresa a ponerse en la piel de la competencia e idear estrategias para dejar a Merck fuera del negocio. A continuación, invirtieron los papeles, volvieron a ser empleados de Merck y pensaron cómo evitar esas amenazas.[32]

Este ejercicio se denomina «matar a la empresa». Como explica Lisa Bodell, la mente pensante que se lo inventó, «para crear la empresa del mañana hay que acabar con los malos hábitos, las lagunas y los inhibidores que existen en la actualidad».[33] Estos hábitos son difíciles de romper, porque con frecuencia adoptamos la misma perspectiva interna. Es como tratar de «psicoanalizarse», dice Bodell; estamos demasiado cerca de nuestros propios problemas y debilidades para evaluarlos de un modo objetivo.

El ejercicio de matar a la empresa obliga a cambiar de perspectiva y a interpretar el papel de un antagonista al que no le importan las normas, los hábitos y los procesos. Los participantes deben emplear el razonamiento de los principios básicos, utilizar nuevas conexiones neuronales y aportar ideas originales, que vayan más allá de los tópicos. Una cosa es decir: «Vamos a pensar fuera de la caja*», y otra cosa es salirse realmente de la caja y examinar la empresa o el producto desde el punto de vista de un competidor que intenta destruirlo. Así, al ver las propias debilidades desde fuera, es posible darse cuenta de que quizá estemos de pie en medio de las llamas. Es decir, la urgencia del cambio se hace evidente.

---

* *To think outside the box*, expresión que significa pensar diferente, de manera no convencional o desde una nueva perspectiva.

El Ejército estadounidense también usa una versión del ejercicio de matar a la empresa en los llamados «juegos de guerra». Se conoce como *red teaming* (equipo rojo), término que es un vestigio de la Guerra Fría. En los simulacros, el equipo rojo desempeña el papel del enemigo y busca la manera de desbaratar la misión del equipo azul. Los equipos rojos sacan a la luz los fallos de planificación y ejecución para que los problemas puedan solucionarse antes de que comience la misión. Como me explicó el comandante Patrick Lieneweg, que imparte seminarios sobre *red teaming*, este proceso desempeña un papel fundamental a la hora de mitigar el pensamiento grupal y jerárquico en el entorno militar: «Mejora la calidad del razonamiento cuestionando las ideas predominantes, poniendo a prueba los supuestos y formulando preguntas críticas».

Bezos sigue un enfoque similar en Amazon.[34] Cuando los libros electrónicos empezaron a amenazar el negocio de libros físicos de su empresa, él aceptó el reto y le dijo a un miembro de su equipo: «Quiero que actúes como si tu labor fuera dejar sin empleo a todos los que venden libros»; incluida la propia Amazon, claro. El modelo de negocio que generó este ejercicio acabó llevando a Amazon a la cima del mercado de los libros electrónicos.

También apliqué una versión del ejercicio de matar a la empresa en mis clases de Derecho. Al abordar los regímenes autoritarios, yo solía enseñar a mi alumnado que los dictadores modernos han abandonado las tácticas abiertamente represivas de sus predecesores. Ahora suelen llegar al poder mediante elecciones democráticas y luego erosionan la democracia a través de medios que parecen legítimos. Es decir, ocultan las tácticas autoritarias bajo la apariencia de una democracia.

Aunque advertía a mis estudiantes que ningún país —incluido Estados Unidos— es inmune a estas amenazas, percibí que mis palabras no les calaban; daban por sentado que las tomas de posesión autoritarias solo se producen en tierras lejanas y atrasadas, en países plagados de corrupción e incompetencia y en naciones cuyo nombre termina en «-stán».

Así que decidí ser pícaro.

Me deshice de mis apuntes y pedí a mis alumnos que hicieran un experimento mental: asumir el papel de un aspirante a dictador e imaginar formas de cargarse la democracia en Estados Unidos. A continuación, cambiaron de papel y pensaron medidas para protegerse de esas amenazas.

Y es que la cuestión es la siguiente: cuando hablamos en abstracto de «proteger la democracia», la urgencia de hacerlo no está clara. Después de todo, el sistema democrático de Estados Unidos ha demostrado una enorme resistencia. Pero cuando nos ponemos en la piel de un dictador y diseñamos estrategias para erosionar esa democracia, entonces los puntos débiles se revelan. Por tanto, solo cuando nos damos cuenta de la fragilidad del sistema reconocemos la necesidad de protegerlo.

El ejercicio de matar a la empresa no es útil solo para las megacorporaciones o las aulas de Derecho. Puedes emplear variaciones del mismo en tu vida, haciéndote preguntas como las siguientes:

- ¿Por qué mi jefe podría ignorarme para un ascenso?
- ¿Qué justifica que esta empresa no me contrate?
- ¿Por qué los clientes toman la decisión correcta al comprar a la competencia?

Evita responder como lo harías a esa terrible pregunta típica de entrevista de trabajo: «Háblame de tus puntos débiles», porque esa actitud tiende a potenciar la humildad («Trabajo demasiado»). En vez de eso, ponte en la piel de quienes podrían rechazar tu promoción, negarse a contratarte o comprar a la competencia. Y pregúntate: «¿Por qué lo hacen?».

Te quedará claro que no es porque sean estúpidos, porque ellos se equivoquen y tú tengas razón. Es porque ven algo que tú no ves, creen algo que tú no crees. Y no puedes cambiar esa visión del mundo o esa creencia haciendo las mismas jugadas, sacadas del mismo manual de siempre. Luego, una vez que hayas encontrado buenas respuestas a estas preguntas, cambia de perspectiva y busca formas de defenderte contra esas amenazas potenciales.

Pero no siempre se necesita una bola de demolición real o hipotética para volver a los principios básicos. A veces basta... con una navaja.

La navaja de Ockham

Cuenta la leyenda que la NASA invirtió una década y millones de dólares en desarrollar un bolígrafo que funcionara en gravedad cero y a temperaturas extremas. Los soviéticos utilizaron un lápiz.

La historia del «material de escritura» es en realidad una leyenda urbana.[35] Las puntas de los lápices tienen la maldita costumbre de romperse y acabar en cualquier recoveco, y esto puede no ser un problema en la Tierra, pero sí en una nave espacial, donde quizá se caigan en un dispositivo fundamental para la misión o acaben pegándose al globo ocular de un astronauta.

Pero la moraleja de esta historia sigue vigente. Como dijo Einstein, todo debe hacerse «lo más simple y lo menos posible».[36] Este principio se conoce como el de la navaja de Ockham. El nombre, lo admito, es desafortunado, suena a película de terror barata. Pero en realidad es un modelo mental que lleva el nombre de Guillermo de Ockham, un filósofo del siglo XIV. Este modelo suele presentarse como una regla: la solución más sencilla a un problema es la correcta.

No obstante, esta descripción popular es errónea, porque el de la navaja de Ockham es un principio rector, no una regla rígida. Vamos, que no se trata de preferir lo simple a toda costa, sino de preferirlo en igualdad de condiciones. Carl Sagan lo expresó muy bien: «Cuando te enfrentas a dos hipótesis que explican los datos igual de bien, [debes] elegir la más sencilla».[37] En otras palabras, «cuando oigas los cascos piensa en caballos, no en unicornios».[38]

La navaja de Ockham elimina el desorden que muchas veces obstaculiza el razonamiento de los principios básicos. Las teorías más elegantes se basan en el menor número de supuestos. Y las soluciones más inteligentes, como afirma el científico de cohetes David Murray, «usan el menor número de componentes para resolver el mayor número de problemas».[39]

Esto significa que lo simple es sofisticado. Las leyes del movimiento de Newton, por ejemplo, son poéticas en su simplicidad. Su tercera ley dice: para cada acción hay una reacción igual y opuesta. Siglos antes de la llegada de los vuelos humanos, esta sencilla ley ya explicaba cómo llegan los cohetes al espacio: la masa de su combustible desciende y el cohete sube.

Peter Attia me lo explicó así: «Cuanto más entendemos algo, menos complicado resulta. Esta es la clásica enseñanza de Richard Feynman». Attia es un ingeniero mecánico reconvertido en médico; se trata de un reputado experto en mejorar la salud y alargar la vida de las personas. También me dijo que si lees un estudio médico «y ves palabras como multifacético, multifactorial, complejo, para explicar la comprensión actual», los autores están diciendo básicamente que todavía no saben de qué diablos están hablando. Pero una vez que entendemos la causa de una enfermedad o una epidemia, «tiende a ser simple, y no multifactorial».[40]

Lo simple también tiene menos posibilidades de error. Las cosas complejas se rompen con más facilidad. Este principio es tan cierto en la ciencia de cohetes como en los negocios, la programación informática y las relaciones personales. Cada vez que se introduce complejidad en un sistema, se incluye otro aspecto que puede fallar. Como señaló el director de seguridad del Apolo 8, la nave tenía 5,6 millones de piezas y «aunque todas funcionaran con una fiabilidad del 99,9 %, cabía esperar 5600 fallos».[41]

Por otro lado, la simplicidad también reduce los costes. El cohete Atlas V —que ha llevado al espacio muchos objetos, incluidos satélites militares y vehículos para la exploración de Marte— utiliza hasta tres tipos de motores para las distintas etapas del vuelo.[42] Esta complejidad incrementa los gastos. Musk explica que «ya de primeras, acabas de triplicar tus costes de fábrica y todos tus costes operativos».

En cambio, el Falcon 9 de SpaceX tiene dos partes del mismo diámetro, así como idénticos motores fabricados con la misma aleación de aluminio y litio. Esta simplicidad permite un gran volumen de producción a un coste menor, al tiempo que aumenta la fiabilidad. Además, a diferencia de otras empresas aeroespaciales que fabrican sus vehículos en vertical —en la misma posición en la que se lanzan—, SpaceX los ensambla en horizontal.[43] Esta orientación permite a la empresa tener un almacén normal, no un rascacielos; por no hablar de los problemas de seguridad que conlleva que los trabajadores estén colgando a 60 pies de altura mientras fabrican un cohete. Musk señala que «cada decisión la hemos tomado teniendo en cuenta la simplicidad. Si tienes menos componentes, hay menos cosas que puedan fallar y menos cosas que comprar».[44]

Los rusos adoptaron un enfoque similar para la lanzadera Soyuz, que transporta tripulación y carga a la Estación Espacial Internacional. La Soyuz se considera más fiable que el transbordador espacial de la NASA, en parte porque es un «vehículo mucho más sencillo de manejar», señala el astronauta Chris Hadfield.[45] Otro cosmonauta, Paolo Nespoli, lo explica así: «Podríamos aprender mucho de los rusos; porque, a veces, cuando se hace menos, menos es mejor».[46]

En resumen, el ruido en cualquier sistema —ya sea un cohete, una empresa o tu currículum— reduce su valor. Existe la tentación de añadir siempre más, pero cuanto más alta es la torre de Jenga* más frágil se vuelve. El economista E. F. Schumacher dijo una vez, en una cita que se suele atribuir por error a Einstein, que «cualquier tonto inteligente puede hacer las cosas más grandes y más complejas; [pero] hace falta un toque de genialidad y mucho valor para avanzar en dirección contraria».[47]

* Se refiere al juego de habilidad que consiste en ir retirando bloques de la mitad de una torre para colocarlos arriba sin que la torre se caiga (N. de la T.).

En lo que respecta a la ciencia de cohetes, Natalya Bailey, de 33 años, fundadora y consejera delegada de la empresa aeroespacial Accion, está a la cabeza de este «movimiento en dirección contraria». De niña, se tumbaba en un trampolín frente a la casa familiar en Newberg (Oregón) y contemplaba las estrellas. Una vez, entre la habitual colección de astros parpadeantes, Bailey vio unas luces sólidas que se movían por el cielo. Más tarde se enteró de que se trataba de partes inutilizadas de cohetes. «Eso me dejó boquiabierta», me dijo Bailey.

Aquella soñadora del trampolín decidió al final sacarse un grado en Ingeniería Aeroespacial y un doctorado en Propulsión Espacial. Durante su formación, se interesó por los cohetes que usan energía eléctrica para propulsarse. «Todos los cohetes funcionan según el mismo principio: lanzar cosas por la parte de atrás empuja la nave hacia adelante», me explicó Bailey, refiriéndose a la tercera ley del movimiento de Newton. En los cohetes químicos tradicionales, esas «cosas» son gases calientes. Pero en un motor eléctrico son iones, moléculas con carga eléctrica.

Los cohetes químicos funcionan bien para poner en órbita una nave espacial, porque producen mucho empuje con rapidez. La propulsión eléctrica, por el contrario, es mucho más lenta, pero es de diez a cien veces más eficiente desde el punto de vista energético. La electricidad también es más segura, ya que no requiere propulsores tóxicos ni tanques presurizados.[48] Como parte de su tesis doctoral, Bailey empezó a diseñar pequeños motores de propulsión eléctrica. Esa investigación se convirtió en la base de la empresa aeroespacial que cofundó, Accion, llamada así por un amuleto que aparece en los libros de Harry Potter.

Los motores de Accion arrancan una vez que se ha puesto el satélite en órbita. Son del tamaño de una baraja de cartas y pueden propulsar satélites del tamaño de un frigorífico y moverlos mientras flotan orbitando. Equipados con estos motores, los satélites permanecen más tiempo en órbita y evitan colisionar con los casi 18.000 trozos de chatarra fabricada por el ser humano que rodean el planeta.[49] Pero esta tecnología de Accion también es capaz de propulsar naves espaciales a otros planetas; se puede utilizar un motor y un sistema de combustible del tamaño de una caja de zapatos en lugar de tanques gigantes, y llevar una nave hasta Marte una vez que esté en la órbita terrestre.[50]

Bailey es como sus motores: humilde y discreta, pero con una gran fuerza. Lo que SpaceX y Blue Origin hacen por los cohetes, Bailey y su equipo de Accion lo hacen por los satélites que esos cohetes llevan al espacio.

Como muestran estos ejemplos, lo simple puede ser muy poderoso. Pero no hay que confundir lo simple con lo fácil. Como dice la cita atribuida a muchas celebridades: «Si hubiera tenido más tiempo, habría escrito una carta más corta». Es decir, admiramos la sencillez de las leyes de Newton y de los motores de Accion, pero no vemos los desordenados y complejos antecedentes que estos científicos tuvieron que depurar con tremendo esfuerzo.[51]

La física obliga a los científicos espaciales a usar la navaja de Ockham. Esto es así porque el peso y el espacio son factores muy importantes en el diseño de las naves espaciales: cuanto más pesada es la nave, más cara es su concepción y lanzamiento. De modo que los científicos de cohetes tienen que preguntarse una y otra vez: ¿cómo podemos hacer que esto encaje en aquello? Al final, consiguen el ajuste perfecto eliminando la basura, llevando el sistema a sus mínimos irreductibles y haciendo todo lo más sencillo posible sin poner en peligro la misión.

Piénsalo: si quieres elevarte debes soltar lastre. Puedes tomar el ejemplo, una vez más, de Alinea. Achatz explica que, cuando él y Kokonas abrieron el restaurante, «uno de nuestros caminos creativos consistía en mirar un plato sobre el papel o delante de nosotros y preguntarnos: "¿Qué más? ¿Qué más podemos hacer? ¿Qué más podemos añadir? ¿Qué podemos añadir para mejorarlo?"».[52] Pero con el tiempo invirtieron su enfoque. Achatz dice: «Ahora nos preguntamos todo el tiempo qué podemos quitar». Miguel Ángel abordó la escultura de la misma manera. Y lo explicó así: «El escultor llega a su fin quitando lo que es superfluo».[53]

Imagínate un futuro con los excesos eliminados de tu plato. ¿Qué aspecto tiene ese plato? Pregúntate, como lo haría un director general innovador, qué pasaría si no hubiera contratado a esta persona, instalado este equipo, implantado este proceso, comprado este negocio o seguido esta estrategia. ¿Harías lo mismo que estás haciendo hoy?.[54]

Ahora bien, como todos los objetos afilados, la navaja de Ockham puede cortar en ambos sentidos. Con esto quiero decir que en algunos casos la solución compleja conducirá a un mejor resultado. En otras palabras: no utilices la navaja de Ockham para dar validez a ese natural anhelo humano de simplicidad frente a los matices y la complejidad. No confundas una solución sencilla, como advertía H. L. Mencken, con una que sea «ordenada, plausible... y errónea».[55] Aunque busques la simplificación, manten la mente abierta a nuevos hechos que compliquen las cosas. Como dijo el matemático y filósofo inglés Alfred North Whitehead: «Busca la simplicidad y desconfía de ella».[56]

Porque cortar es completar un todo. Restar es sumar. Limitar es liberar.

Las ventajas de cortar —de volver al origen para encontrar el original— deberían recordarte que lo que necesitas no está ahí fuera, esperando a ser descubierto en el manual de un rival o en la historia de vida de un referente. Qué va, ya cuentas con ello.

Ahora, una vez que hayas regresado a los principios básicos —eliminando las asunciones y los procesos que entorpecen tu razonamiento—, es el momento de dar rienda suelta al instrumento más complejo e innovador que tienes a tu disposición: tu propia mente.

Visita **ozanvarol.com/rocket** para descargarte cuadernillos de ejercicios, retos y ejemplos que te ayudarán a poner en práctica las estrategias analizadas en este capítulo.

3

PON TU MENTE EN MARCHA

Cómo avanzar con experimentos mentales

Cuando me examino a mí mismo y mis métodos de razonamiento llego a la conclusión de que el don de la fantasía ha significado para mí más que mi talento para absorber conocimientos positivos.

ALBERT EINSTEIN

«¿QUÉ PASARÍA SI PERSIGUIERA un rayo de luz?».[1] Un Albert Einstein de 16 años se planteó esta pregunta tras salir huyendo de su poco imaginativa escuela alemana, que hacía hincapié en la memorización en detrimento del pensamiento creativo. Su destino fue una escuela suiza reformista, fundada atendiendo a los principios de Johann Heinrich Pestalozzi, que defendía el aprendizaje a través de la visualización.

Mientras estudiaba allí, Einstein puso en práctica los principios de Pestalozzi y se visualizó a sí mismo persiguiendo un rayo de luz. Creía que si lograba alcanzarlo observaría un rayo de luz congelado. Esta creencia, que entraba en conflicto con las ecuaciones de Maxwell sobre las oscilaciones de los campos electromagnéticos, provocó en Einstein lo que describió como «tensión psíquica». La resolución de esta tensión psíquica le llevó una década y al final dio lugar a la teoría especial de la relatividad.

Fue otra pregunta la que más tarde resultó en la teoría general de la relatividad: ¿una persona en caída libre en una cámara cerrada siente su propio peso?

Esta pregunta —que Einstein calificó más tarde como «el pensamiento más feliz de mi vida»— se le ocurrió mientras soñaba despierto en su escritorio de una oficina de patentes suiza. Ese trabajo lo había entrenado bien en el desarrollo de la imaginación, ya que, para evaluar las solicitudes de patentes, tenía que imaginarse cómo funcionaría cada invento en la práctica. Así, al hacer este nuevo experimento mental llegó a la conclusión de que el hombre en caída libre *no* sentiría su propio peso, sino que pensaría que estaba flotando en gravedad cero. Esta conclusión, a su vez, lo condujo a otro gran descubrimiento: la gravedad y la aceleración son lo mismo.

Einstein atribuye a estos experimentos mentales (o lo que él habría llamado *Gedankenexperimente*) casi todos sus avances. A lo largo de su vida, visualizó «rayos y trenes en movimiento, ascensores acelerados y pintores que caen, escarabajos ciegos bidimensionales que se arrastran por ramas curvas», entre muchas otras cosas.[2] Así, jugando con su mente, Einstein puso en entredicho supuestos arraigados de la física y se consolidó como una de las figuras científicas más populares en el imaginario colectivo.

Este capítulo trata sobre el poder de los experimentos mentales. En él descubrirás por qué la clave para alimentar tu creatividad es no hacer nada en absoluto, y cómo la mayoría de los entornos laborales sabotean, en vez de fomentar, el potencial creativo de las personas. Aprenderás también por qué debes comparar manzanas y naranjas, y qué hizo que Newton fuera el menos preferido entre los profesores de su universidad. Así mismo, te revelaré cómo la simple pregunta de una niña de ocho años hizo nacer a una autora superventas y qué tienen en común una revolucionaria zapatilla para correr y una de las mejores canciones de rock de todos los tiempos. Por el camino conocerás a personas dedicadas a la ciencia, la música y los negocios que han utilizado una técnica llamada «juego combinatorio» para producir obras rompedoras, y aprenderás a aplicarla en tu propia vida.

El laboratorio de la mente

Aunque la cultura popular los asocia con Einstein, los experimentos mentales se remontan al menos a los antiguos griegos. Desde entonces se han extendido por todas las disciplinas y han generado avances en la filosofía, la física, la biología, la economía y otros muchos campos; han propulsado cohetes, derrocado gobiernos, desarrollado la biología evolutiva, desvelado misterios del cosmos y creado empresas innovadoras.

Los experimentos mentales generan un universo paralelo en el que las cosas funcionan de forma diferente. Como explica el filósofo Kendall Walton, nos obligan a «imaginar mundos ficticios específicos, como tipos de configuraciones situacionales que cuando se ejecutan, se llevan a cabo o simplemente se imaginan conducen a resultados específicos».[3] Es decir, a través de los experimentos mentales trascendemos el pensamiento cotidiano y evolucionamos de observadores pasivos a agentes activos en nuestra realidad.[4]

Dicho de forma sencilla: si el cerebro tuviera cola, los experimentos mentales la harían moverse.

No existen recetas para llevarlos a cabo ni hay ningún manual donde se puedan consultar. Y esto es así porque las fórmulas y las reglas son, por definición, opuestas al razonamiento de los principios básicos, por lo que cada experimento mental bien elaborado es único a su manera. En este capítulo te ayudaré a crear las condiciones adecuadas para hacer tus propios experimentos mentales, pero mi intención es guiarte, no limitarte.

Nos imaginamos a los científicos como una especie de cerebritos que investigan con microscopios de última generación en laboratorios iluminados con fluorescentes. Pero para muchos científicos el laboratorio de la mente es mucho más importante que el del mundo físico. Porque, igual que los cohetes disparan las naves espaciales, los experimentos mentales disparan nuestras neuronas.

Pensemos en Nikola Tesla, el famoso inventor serboestadounidense. Sus experimentos mentales potenciaron su imaginación, lo que dio lugar a que diseñara el sistema de corriente alterna que ahora impulsa nuestras vidas.[5] Tesla fabricó y probó sus inventos en su mente. Él mismo lo explicaba así: «Antes de hacer un boceto en papel, toda la idea se elabora en la mente. No me precipito en el trabajo real. Cuando tengo una idea, empiezo enseguida a fabricarla en mi imaginación. La modifico, introduzco mejoras y hago funcionar el aparato en mi mente. Me es indiferente probar una turbina en la cabeza o en mi taller».[6]

Leonardo da Vinci hacía lo mismo; era famoso por usar cuadernos de notas para llevar a cabo experimentos mentales esbozando varios diseños de ingeniería que formulaba en su mente —desde máquinas voladoras hasta iglesias— en lugar de fabricarlos de verdad.[7]

Vamos a detenernos aquí un momento. Aunque suene chocante, sí, podemos generar avances solo pensando; sin Google, sin libros de autoayuda, sin grupos de discusión ni encuestas, sin consejos de un autoproclamado «mentor personal» o de un costoso consultor; nada de copiar a la competencia. En realidad, esta búsqueda externa de respuestas impide funcionar al razonamiento de los principios básicos, ya que centra la atención en cómo *son* las cosas y no en como *podrían ser*.

Los experimentos mentales toman esta investigación externa y hacen de ella algo interno: solo tú y tu imaginación. Einstein dijo: «El pensamiento puro puede captar la realidad».[8] Dicho de otro modo, las ideas pueden refutar un argumento, mostrar por qué funcionará o no funcionará algo e iluminar el camino a seguir; y todo ello sin un solo experimento físico.

Considera este ejemplo: en un mundo sin resistencia al aire, si se dejan caer a la vez una bola de bolos pesada y una pelota de baloncesto ligera desde la misma altura, ¿cuál de ellas golpearía primero el suelo? Aristóteles creía que el objeto pesado caería más rápido que el más ligero. Esta teoría persistió durante dos milenios, hasta que un científico italiano llamado Galileo Galilei entró en escena. Galileo era un inadaptado en un mundo de conformistas. Él puso en cuestión el dogma tiránico en diversas disciplinas, y el más famoso de tales desafíos fue su defensa del heliocentrismo, que situaba al Sol (y no a la Tierra) en el centro de nuestro sistema solar.

Galileo también se enfrentó a la teoría de Aristóteles. El italiano no creía que la aceleración aumentara con la masa, así que subió a la Torre de Pisa, dejó caer dos objetos de distinto peso y se rio con gusto poniéndole motes a Aristóteles cuando ambos objetos cayeron al suelo al mismo tiempo.

Lo que pasa es que... no lo hizo.

Todo este episodio fue en realidad un mito fabricado por el primer biógrafo de Galileo. La mayoría de los historiadores contemporáneos están de acuerdo en que Galileo hizo un experimento mental, no físico: imaginó que una pesada bala de cañón y una ligera bala de mosquete se encadenaban para formar un sistema único y combinado que se dejaba caer al mismo tiempo.[9] Así, si Aristóteles tuviera razón, el sistema unido debería caer más rápido que la bala de cañón sola, porque la combinación pesa más. Pero también significaría que la bala de mosquete en el sistema unido debería caer más despacio que la bala de cañón. En otras palabras, si la teoría de Aristóteles fuera correcta, la bala de mosquete debería actuar como un freno en el sistema combinado, haciendo que este cayera más despacio que la bala de cañón sola.

Ambas afirmaciones no pueden ser ciertas, es decir, el sistema acoplado no puede caer a la vez más rápido y más lento que la pesada bala de cañón por sí sola. Por tanto, el experimento mental revela una contradicción en la teoría de Aristóteles y la refuta. Así, solo con el pensamiento y sin gastar un céntimo, una teoría venerada fue desestimada y dio paso a una nueva.

Siglos más tarde, el experimento mental de Galileo se puso a prueba en la Luna. En 1971, durante la misión Apolo 15, el astronauta David Scott dejó caer un martillo y una pluma desde la misma altura mientras estaba de pie en la superficie lunar. Ambos cayeron a la misma velocidad y golpearon el suelo al mismo tiempo. El informe científico oficial describió el resultado como «tranquilizador», teniendo en cuenta «el número de espectadores que presenciaron el experimento y el hecho de que el viaje de vuelta a casa se basaba sobre todo en la validez de la teoría particular que se estaba probando».[10]

La curiosidad es un ingrediente básico en cualquier experimento mental. Es lo que llevó a Galileo a plantear el suyo y a Scott a probar la validez de este en la superficie lunar. Sin embargo, para gran parte de la sociedad la curiosidad no es una gran virtud, sino un hábito peligroso.

La curiosidad mató al gato... de Schrödinger

¿Puede un gato estar vivo y muerto al mismo tiempo? Esta fue la pregunta que se hizo el físico austriaco Erwin Schrödinger a través de un famoso experimento mental.[11] Su objetivo era ampliar los límites de lo que se conoce como la interpretación de Copenhague de la mecánica cuántica. Según esta interpretación, las partículas cuánticas (como los átomos) existen en una combinación —o superposición— de diferentes estados. Dicho de otro modo, una partícula cuántica puede estar en dos estados o en dos lugares a la vez. Sólo cuando alguien observa la partícula, esta se desplaza a uno de los muchos estados posibles.

Schrödinger tomó la interpretación de Copenhague y la aplicó a un gato. En su experimento mental, se coloca a un gato dentro de una caja sellada, con un frasco de veneno que se liberará de modo aleatorio cuando una sustancia radiactiva dentro de la caja se descomponga. Si se acepta la interpretación de Copenhague, antes de que se abra la caja el gato está en una superposición: está vivo y muerto a la vez. Solo cuando alguien abre la caja el gato muere en una de estas dos realidades.

Este resultado, por supuesto, es muy contradictorio, pero es que el objetivo del experimento mental de Schrödinger era precisamente contradecir, cuestionar y refutar la interpretación de Copenhague llevándola a sus extremos lógicos.

Hay otra conclusión más de este experimento mental: no fue el veneno lo que mató al gato; fue el acto de observación curiosa, de no ocuparse de sus propios asuntos, de abrir la caja para ver lo que hay dentro, de la misma manera que un niño abre a escondidas sus regalos la noche de Navidad.

Hay un dicho que tiene mucho que ver con esta idea: «La curiosidad mató al gato». O como dicen los rusos con mucho más dramatismo: «A la curiosa Bárbara le quitaron la nariz en el mercado».[12]

Estos modismos, según la siempre fiable Wikipedia, se «utilizan para advertir de los peligros de la investigación o la experimentación innecesaria». La curiosidad, en los gatos o en los mercaderes rusos, no es solo molesta o inconveniente. Las personas que hacen preguntas o plantean experimentos mentales no son solo alborotadores molestos que no se conforman con el *statu quo*: son gente francamente peligrosa. Como señalaron el famoso productor de Hollywood Brian Grazer y su colega Charles Fishman: «El niño que se siente libre de preguntar por qué el cielo es azul se transforma en el adulto que hace preguntas más perturbadoras: ¿por qué yo soy el siervo y tú el rey? ¿De verdad gira el Sol alrededor de la Tierra? ¿Por qué las personas de piel oscura son esclavas y las de piel clara son sus amas?».[13]

También evitamos la curiosidad porque supone admitir la ignorancia. Es decir, formular una pregunta o plantear un experimento mental implica que no sabemos la respuesta, y eso es algo que poca gente está dispuesta a asumir. Por miedo a parecer estúpidos, damos por hecho que la mayoría de las preguntas son demasiado básicas para hacerlas, así que no las hacemos.

Además, en esta época de «moverse rápido y romper cosas» la curiosidad puede parecer un lujo. Con ese espíritu de «bandeja de entrada vacía» y un enfoque inflexible centrado en la prisa y la ejecución, las respuestas son eficientes, porque iluminan el camino y nos proporcionan el truco para pasar al siguiente ítem de la lista de tareas. Las preguntas, en cambio, son sumamente ineficaces; si no aportan respuestas inmediatas es poco probable que les hagamos un hueco en nuestras sobrecargadas agendas.

En el mejor de los casos hablamos de la curiosidad, pero solo de boquilla, mientras que, en la práctica, no la fomentamos en absoluto. Las empresas celebran un «Día de la Creatividad» para potenciar la innovación —con una presentación en PowerPoint y la contratación de un costoso orador—, pero vuelven a la normalidad los 364 días restantes. A los trabajadores se les dan recompensas por mantener el rumbo en lugar de cuestionarlo. Según una encuesta a empleados de 16 sectores, «aunque el 65 % admitió que la curiosidad era esencial para tener nuevas ideas, casi el mismo porcentaje se sentía incapaz de hacer preguntas en el trabajo».[14] Por otro lado, aunque el 84 % de las personas encuestadas afirmó que sus jefes fomentaban la curiosidad sobre el papel, el 60 % halló obstáculos para ponerla en práctica.

Es decir, en vez de hacer de la curiosidad la norma esperamos a que haya una crisis para ser curiosos: solo cuando te despiden empiezas a pensar en cambiar de carrera; y solo cuando tu negocio se ve amenazado por un competidor joven, valiente y hambriento reúnes a tu equipo para dedicar unas cuantas horas inútiles a pensar de forma creativa.

Lo que vengo a decir es que para obtener respuestas recurrimos a los mismos enfoques, a las mismas técnicas de lluvia de ideas y a las mismas conexiones neuronales anquilosadas. Así, no es de extrañar que las innovaciones resultantes no lo sean en absoluto. Serán, en el mejor de los casos, desviaciones insignificantes del *statu quo*. Si nos fijamos en cualquier empresa monstruosa o burocracia exagerada que se cae por su propio peso, hallaremos en ella una enquistada falta de curiosidad.

El miedo al resultado es otra de las razones para evitar la curiosidad. No hacemos preguntas difíciles cuando tememos lo que podamos encontrar (por eso la gente es reacia a ir al médico cuando teme el diagnóstico). Y, lo que es peor, tenemos miedo de no hallar nada en absoluto, de que nuestra investigación no nos lleve a ninguna parte, lo que convertiría todo este asunto del experimento mental en una gigantesca pérdida de tiempo.

También asumimos que este tipo de experimentos requiere una compleja gimnasia mental o incluso cierta inspiración divina. Y nos convencemos de que alguien mucho más inteligente ya habría planteado esa pregunta si mereciera la pena.

Pero todo eso no es verdad. En primer lugar, los genios no tienen el monopolio de los experimentos mentales. No se trata de que existan unos pocos elegidos, no hace falta tener la cabeza «electrificada» de Einstein para hacerlos. Aunque no lo parezca, cualquier persona tiene «alma investigadora», porque es depositaria de revelaciones ocultas en el subconsciente.

La investigación y la experimentación que parecen innecesarias son justo lo que necesitas para llegar a esas revelaciones. George Bernard Shaw dijo una vez: «Pocas personas piensan más de dos o tres veces al año. Yo me he forjado una reputación internacional pensando una o dos veces a la semana».[15] Como bien sabía Shaw, el ajetreo y la creatividad son términos opuestos; no se pueden generar avances mientras se limpia la bandeja de entrada del correo electrónico. Hay que cavar el pozo antes de tener sed y ser curioso *ahora,* no cuando se presenta una crisis.

Así que es posible que la curiosidad haya matado al gato de Schrödinger. Pero podría salvarte a ti.

Un jardín de infancia para toda la vida

«¿Por qué no puedo ver la foto ahora?».[16] Era 1943 y Edwin Land estaba de vacaciones con su familia en Santa Fe, Nuevo México. Land, cofundador de Polaroid y entusiasta de las cámaras, estaba haciendo fotos a su hija de tres años, Jennifer. Por aquel entonces no existía la fotografía instantánea; la película tenía que ser revelada y procesada en un cuarto oscuro antes de que las fotos vieran la luz del día, y esto implicaba un tiempo de respuesta de varios días. Aunque hay informes contradictorios sobre lo que ocurrió exactamente, según el relato popular fue una pregunta de la precoz Jennifer a su padre lo que cambió todo.

«¿Por qué no puedo ver la foto ahora?». Land se tomó a pecho esta pregunta. Pero se enfrentaba a una gran limitación: un enorme cuarto oscuro no cabía en una cámara tan pequeña. Entonces salió a dar un largo paseo para reflexionar sobre el problema y se le ocurrió un experimento: ¿qué pasaría si la cámara llevara un pequeño depósito que contuviera los productos químicos empleados para revelar la película en un cuarto oscuro? Esos productos químicos se extenderían sobre una película negativa y se liberarían sobre la capa positiva, lo que produciría la imagen final.

Se tardó varios años en perfeccionar la tecnología, pero aquel experimento mental acabó conduciendo a la invención de la fotografía instantánea. Con ese nuevo método ya solo pasarían segundos, no días, entre el clic del obturador y el hecho de tener la foto en tus manos.

Aunque los experimentos mentales no son algo natural para la mayoría de los adultos, sí que los dominamos en la infancia. Antes de que la vida nos abrumara con hechos, memorándums y respuestas correctas nos movía una curiosidad genuina: nos quedábamos contemplando el mundo, nos envolvía el asombro y no dábamos nada por sentado. Por suerte, ignorábamos que existían normas sociales y veíamos las cosas como en nuestro propio experimento mental. Nos acercábamos a la vida no con la creencia de que sabíamos (o debíamos saber) las respuestas, sino con el deseo de aprender, experimentar y absorber.

Uno de mis ejemplos favoritos es el de un maestro de jardín de infancia que se paseaba por el aula para supervisar el trabajo de los niños mientras hacían dibujos. «¿Qué estás dibujando?», le preguntó a una alumna. Ella respondió: «Estoy dibujando a Dios». El profesor se sorprendió ante semejante desviación del plan de estudios y le dijo: «Pero nadie sabe cómo es Dios». La niña respondió: «Lo sabrán dentro de un minuto».

Y es que los niños captan por intuición una verdad cósmica que se nos escapa a la mayoría de los adultos: todo es un juego, un gran y maravilloso juego. En el popular libro infantil *Harold y el lápiz color morado*, el protagonista, de cuatro años, tiene el poder de crear cosas con solo dibujarlas. No hay un camino por el que andar, así que dibuja un camino; no hay luna que ilumine su camino, así que dibuja la luna; como no hay árboles a los que subirse, dibuja un manzano. A lo largo de la historia, su imaginación hace que las cosas existan.[17]

Los experimentos mentales son tu particular campo de distorsión de la realidad, tu libro de «elige tu propia aventura», tu lápiz morado.

Del mismo modo, el lápiz morado era la herramienta científica favorita de Einstein, que la llevaba consigo incluso de adulto.[18] Como le dijo a un amigo en cierta ocasión en una carta: «Tú y yo nunca dejamos de ser como niños curiosos ante el gran misterio en el que hemos nacido».[19] Siglos antes (y solo supuestamente) Isaac Newton usó palabras similares al describirse a sí mismo como «un niño jugando en la orilla del mar... mientras el gran océano de la verdad estaba, todo por descubrir, ante mí».[20]

Aunque Einstein y Newton lograron conservar su curiosidad infantil, la mayor parte de la gente la acaba perdiendo. Nuestro sistema educativo conformista, destinado a formar obreros industriales, tiene parte de culpa (porque «nadie sabe cómo es Dios»). Nuestra curiosidad natural también es reprimida por madres y padres ocupados y bienintencionados que creen que lo importante ya está resuelto. Cualquiera puede imaginarse a un padre molesto en el lugar de Edwin Land, desechando la pregunta de su hija por absurda: «¡Paciencia, Jennifer! Aprende a esperar la foto». O a una madre ocupada, perdiéndose la genialidad del experimento de un Einstein de 16 años: «Vuelve a tu habitación, Albert, y deja de decir locuras».

Con el tiempo, cuando nos asentamos en la edad adulta, cuando los préstamos estudiantiles y las hipotecas empiezan a acumularse, nuestra curiosidad es sustituida por la complacencia y empezamos a considerar los impulsos inteligentes como una virtud y los lúdicos como un vicio.

Pero el juego y la inteligencia deben ser complementarios, no competir entre sí. Dicho de otro modo, el juego es un puente hacia la inteligencia. En su influyente artículo «The Technology of Foolishness» («La tecnología de la locura»), James March afirma que «el juego es una relajación deliberada y temporal de las reglas para explorar las posibilidades de reglas alternativas».[21] Él sostiene que los individuos y las organizaciones «necesitan formas de hacer las cosas para las que no tienen una buena razón. No siempre. No de forma habitual. Pero sí a veces». Solo adoptando una actitud lúdica hacia nuestras creencias podemos cuestionarlas y cambiarlas.

La palabra clave en un experimento mental es *experimento*. Es decir, no arriesgas; un experimento mental es como un suelo acolchado en el entorno controlado de tu mente: si no funciona, no pasa nada, no hay daños colaterales ni efectos secundarios. En la fase inicial no se pretende la aplicación —y mucho menos la perfección—, por lo que es menos probable que el experimento se vea obstaculizado por tus creencias, prejuicios y temores.

Ya hemos visto que recuperar nuestra curiosidad infantil puede fomentar la originalidad y, de hecho, hay muchas investigaciones que lo respaldan.[22] Sin embargo, que te pidan que pienses como un niño puede ser el equivalente a que te ordenen mantenerte seco en medio de una tormenta.

La buena noticia es que resulta posible recuperar la curiosidad infantil sin tener que volver a la infancia ni desarrollar el síndrome de Peter Pan. Reconectar con tu niño interior puede ser tan fácil como… fingir que tienes siete años. Parece extraño, pero funciona. En un estudio sobre este tema, cuando se pidió a los participantes que se vieran a sí mismos como niños de siete años con mucho tiempo libre se obtuvieron mejores resultados en las pruebas de pensamiento creativo.[23] Por esta razón, el

MIT Media Lab —que se dedica a «la mezcla y combinación poco convencional de áreas de investigación en apariencia dispares»— tiene un departamento llamado Lifelong Kindergarten (Jardín de Infancia para Toda la Vida).[24]

Y es que la mente es mucho más maleable de lo que suponemos. Si finges que tu vida es un eterno jardín de infancia... tu mente seguramente se lo crea.

....

LLEGADOS A ESTE PUNTO, te preguntarás si hacer experimentos mentales tiene sentido; porque si es más bien algo propio del juego infantil, entonces ¿para qué sirve? Es decir, si no puede llevarse a cabo, ¿qué lo distingue de la mera fantasía inútil?

El objetivo de un experimento mental no es encontrar la «respuesta correcta», al menos no al principio. No es como la clase de química del instituto, en la que el resultado de cada experimento estaba predeterminado, sin dejar lugar a la curiosidad o a las ideas inesperadas. Si no obtenías el resultado correcto, te quedabas en el laboratorio toqueteando los tubos de ensayo y los vasos de precipitados mientras tus compañeros salían al recreo. El objetivo del experimento mental de Einstein no era encontrar una forma de viajar junto a un rayo de luz; se trataba más bien de poner en marcha un proceso de indagación con la mente abierta que puede dar lugar —y con frecuencia lo ha hecho— a importantes e inesperados descubrimientos.

En otras palabras: un experimento mental —incluso uno que no lleve a ninguna parte— puede generar avances. Las fantasías, como señala Walter Isaacson, pueden ser «caminos hacia la realidad».[25] Es un poco como ir en coche de Nueva York a Hawai. ¿Imposible? Sí. ¿Se te ocurrirán nuevas e interesantes ideas por el camino, antes de llegar a la gigantesca limitación práctica que es el océano Pacífico? Por supuesto. El objetivo es sacarte del modo de piloto automático y mantener la mente abierta a las posibilidades.

Y recuerda que el experimento mental es el punto de partida, no el fin. Que el proceso es desordenado y no lineal. Y que la respuesta, como veremos en la siguiente sección, muchas veces llegará cuando menos te lo esperes.

Aburrirse más a menudo

No recordaba la última vez que me había aburrido.

Acababa de despertarme y agarré el teléfono para tomar mi dosis matinal de notificaciones digitales. Pero cuando estaba a punto de empezar a desplazarme por ellas tuve una revelación:

No recordaba la última vez que me había aburrido.

Junto con mi reproductor de VHS y las cintas de Bon Jovi, el aburrimiento era agua pasada. Atrás quedaron los días en que me quedaba en la cama por la mañana, aburridísimo, y soñaba despierto un rato antes de decidir levantarme y sumergirme en la realidad. Ya no me entretenía mientras esperaba a que me cortaran el pelo ni entablaba conversación con un desconocido en la cola de una cafetería.

A esas alturas consideraba que el aburrimiento —que podría definir como grandes espacios de tiempo no estructurados y sin distracciones— era algo que había que evitar; me evocaba recuerdos de reprimendas de mis profesores por soñar despierto. Para mí, el aburrimiento era un cóctel amargo de agitación, impaciencia y desesperación. Asumía que solo la gente aburrida se aburría, así que llenaba —no rellenaba— cada momento de mi día con actividad.

Sé que no soy el único. En un día normal, pasamos de una red social a otra, consultamos nuestro correo electrónico, nos ponemos al día con las noticias... todo ello en un lapso de 20 minutos. Y lo hacemos porque preferimos la seguridad de estas distracciones a la incertidumbre del aburrimiento (*no sé qué hacer conmigo mismo y prefiero no averiguarlo*). En una encuesta de 2017, alrededor del 80 % de los estadounidenses declararon que no pasaban ningún tiempo «relajándose o pensando».[26]

Durante los raros momentos de tranquilidad que tenemos nos sentimos casi culpables. Y cuando las notificaciones hacen sonar sus sirenas de cien decibelios para llamar nuestra atención nos vemos en la obligación de echar un vistazo furtivo para no perdernos nada. Así, en lugar de practicar el ataque pasamos la mayor parte del día —y de la vida— jugando a defender. Nos tranquilizamos con las mismas distracciones que, en última instancia, nos hacen sentir peor. Es decir, nuestras respuestas avivan el fuego en vez de apagarlo. Cada correo electrónico que enviamos genera aún más correos electrónicos; cada mensaje de Facebook y cada tuit nos da una razón para volver allí. Es como el castigo de Sísifo: nos condenamos a empujar sin cesar una roca por una colina imposible de remontar.

Sin embargo, preferimos esta tortura al aburrimiento. En un estudio de 2014, los investigadores condujeron a los participantes en edad universitaria a una habitación y les quitaron todas sus pertenencias.[27] Luego les pidieron que estuvieran a solas con sus pensamientos durante 15 minutos. Lo sé, 15 minutos, ¡caray! Pero por eso los investigadores les dieron a esos sujetos (que se habían criado con internet) una alternativa: si lo preferían, en lugar de perderse en sus pensamientos podían autoadministrarse una descarga eléctrica pulsando un botón. El 67 % de los hombres y el 25 % de las mujeres optaron por aplicarse una descarga eléctrica en vez de sentarse tranquilamente a pensar (incluida una persona que se aplicó la friolera de 190 descargas en esos 15 minutos).

Un resultado impactante, sin duda.

Esto nos hace ver que el aburrimiento se encuentra hoy en día en peligro de extinción. Pero este no es un hecho inocuo, al contrario: sin el aburrimiento, los músculos de la creatividad empiezan a atrofiarse por falta de uso. El biólogo E. O. Wilson dijo en una ocasión: «Nos ahogamos en información mientras nos morimos de hambre de sabiduría».[28] Si no nos damos tiempo para pensar —si no nos detenemos, entendemos y deliberamos— no podremos alcanzar la sabiduría ni tener nuevas ideas; acabaremos quedándonos siempre con la primera solución que se nos ocurra, en lugar de hacerlo con el problema. Pero es que los problemas que vale la pena resolver no ofrecen soluciones inmediatas. Como explica el autor William Deresiewicz: «Mi primer pensamiento nunca es el mejor. Mi primer pensamiento siempre es el de otra persona; siempre es lo que ya he oído sobre el tema, siempre pertenece al saber popular».[29]

Nos parece que postergamos la vida cuando nos aburrimos, pero es todo lo contrario. En un estudio, dos investigadores británicos analizaron décadas de investigación y llegaron a la conclusión de que el aburrimiento debería «reconocerse como una emoción humana legítima que puede ser fundamental para el aprendizaje y la creatividad».[30] Y es así porque caer en el aburrimiento permite al cerebro desconectar del mundo exterior y sintonizar con el interior. Este estado mental da rienda suelta al instrumento más complejo que conocemos, cambiando del modo de pensamiento centrado al difuso. Así, cuando la mente empieza a divagar y a soñar despierta, la red neuronal que el cerebro usa por defecto —y que, según algunos estudios, desempeña un papel clave en la creatividad— se conecta.[31]

Como dice el refrán: el silencio entre las notas es lo que hace la música.

Isaac Newton era «el profesor menos popular» de su universidad porque «se detenía en medio de una conferencia y hacía una pausa creativa que podía durar minutos», mientras sus alumnos esperaban que volviera a aterrizar.[32] Durante esa pausa no parecía ocurrir nada, pero las apariencias engañan: incluso cuando está parado, el cerebro sigue activo.[33] En este sentido, Alex Soojung-Kim Pang señala que «cuando miras al espacio tu cerebro consume solo un poco menos de energía que cuando resuelves ecuaciones diferenciales».[34]

Entonces, ¿a dónde va toda esa energía? Puede parecer que tu mente vaga de un tema irrelevante a otro, pero tu subconsciente está trabajando duro, consolidando recuerdos, haciendo asociaciones y casando lo nuevo con lo viejo para crear combinaciones novedosas.[35] Así que la expresión «mente inconsciente» es en realidad un insulto a una parte de nuestro cerebro que hace mucho trabajo entre bastidores.

Cuando nos quedamos quietos, lo que ocurre es que nos transformamos en un imán que atrae ideas. Por eso expresiones como «tener una revelación», «ver un destello de luz» o «experimentar un golpe de genialidad» se emplean con frecuencia para describir el momento eureka, que en griego significa «lo he encontrado». Las ideas parecen cobrar vida durante esos momentos de inactividad, no mientras trabajamos. Einstein soñaba despierto cuando tuvo la revelación —una persona en caída libre no siente su propio peso— que dio lugar a la teoría general de la relatividad. El físico danés Niels Bohr soñó literalmente con la estructura de un átomo cuando se imaginó a sí mismo «sentado en el Sol, con todos los planetas silbando alrededor en pequeñas cuerdas».[36] Y el famoso momento eureka de Arquímedes se supone que llegó mientras se relajaba tomando un baño.[37]

Hay un anuncio de televisión en el que unos cuantos ejecutivos se meten en una ducha en el trabajo. Uno de ellos pregunta: «¿Por qué nos reunimos en la ducha?». El jefe responde: «Bueno, en casa las ideas siempre se me ocurren en la ducha».[38]

Ese momento de la ducha es un tópico porque funciona. La solución al problema de un espejo defectuoso del telescopio espacial Hubble surgió en una de ellas. Este telescopio, lanzado al espacio en 1990 para tomar imágenes de alta resolución, sufría una visión borrosa debido a un defecto en un espejo. Para solucionarlo, los astronautas tuvieron que introducirse en el vientre del telescopio, tarea nada fácil teniendo en cuenta que giraba alrededor de la Tierra, a varios cientos de kilómetros de distancia de su superficie. El caso es que, estando alojado en un hotel alemán, el ingeniero de la NASA James Crocker se topó con un cabezal de ducha ajustable que se extendía o se retraía para adaptarse a diferentes alturas. Esta observación fue el momento de reflexión de Crocker. Entonces se le ocurrió una solución para hacer lo mismo con el Hubble, utilizando brazos automatizados que se extendían para llegar a las partes en apariencia inaccesibles del telescopio.[39]

Estas revelaciones parecen no suponer ningún esfuerzo, pero son el producto de un largo y lento proceso. Cualquier avance comienza con la formulación de una buena pregunta, continúa con un trabajo intenso sobre la respuesta y un estancamiento que puede durar días, semanas y, a veces, años. La investigación demuestra que los periodos de incubación —el tiempo que pasas en pleno bloqueo— potencian la capacidad para resolver problemas.[40]

Como hemos visto antes, Andrew Wiles llegó a ser una celebridad de las matemáticas tras demostrar el último teorema de Fermat. Y, según Wiles, el bloqueo forma «parte del proceso».[41] Pero «la gente no se acostumbra a eso, lo encuentran muy estresante», decía. Cuando se quedaba bloqueado —lo cual ocurría con bastante frecuencia—, se detenía, dejaba que su mente se relajara y se iba a dar un paseo por el lago. Él mismo explicaba que «caminar tiene un efecto muy positivo, ya que te encuentras en un estado de relajación, pero al mismo tiempo permites que el subconsciente trabaje».[42] En otras palabras, como bien sabía Wiles, una olla vigilada nunca hierve. A veces hay que alejarse del problema —literal y metafóricamente— para que llegue la respuesta.[43]

Un buen paseo forma parte del kit de herramientas de muchos científicos. Tesla inventó el motor de corriente alterna durante una caminata por el Városliget (el parque de la ciudad) de Budapest.[44] Por su parte, para reflexionar sobre problemas difíciles Darwin recorría un camino de grava llamado *sandwalk* cerca de su casa en Kent, e iba dando patadas a las piedras por el camino.[45] También el físico Werner Heisenberg formuló el principio de incertidumbre durante un paseo nocturno por un parque de Copenhague.[46] Llevaba dos años frustrado porque sus ecuaciones podían predecir el momento de una partícula cuántica, pero no su posición. Y entonces una noche tuvo una revelación: ¿y si no hubiera ningún problema con las ecuaciones? ¿Y si la incertidumbre fuera de verdad inherente a la naturaleza de las partículas cuánticas? Después de dar vueltas a esa pregunta durante mucho tiempo, Heisenberg acabó dando con la respuesta.

Algunos científicos recurren a la música para acceder a su subconsciente. Einstein, por ejemplo, tocaba el violín para descifrar la melodía del cosmos. Como recordaba un amigo suyo: «Solía tocar el violín en la cocina a altas horas de la noche, improvisando melodías mientras reflexionaba sobre problemas complicados. De repente, en medio de la música, anunciaba emocionado: "¡Ya lo tengo!". Como si se tratara de una inspiración, la respuesta al problema le llegaba con la música».[47]

Muchas personas creativas también practican la ociosidad para estimular el pensamiento original. El escritor Neil Gaiman, por ejemplo, explica que las ideas «surgen de la ensoñación, [vienen] de la deriva, de ese momento en el que simplemente estás sentado». Cuando la gente le pide consejo a Gaiman sobre cómo ser escritor, su respuesta es sencilla: «Abúrrete».[48] Stephen King está de acuerdo: «El aburrimiento puede ser algo muy bueno para alguien que tiene un bloqueo creativo».[49]

De hecho, fue aburrirse lo que llevó a una mujer llamada Joanne a lograr su primer contrato editorial. En 1990, su tren de Manchester a Londres sufrió un retraso de cuatro horas. Mientras esperaba le vino a la mente una historia «formada por completo» sobre un niño que asiste a una escuela de magia.[50] Ese retraso de cuatro horas acabó siendo una bendición para Joanne «J. K.» Rowling, cuya serie de Harry Potter ha cautivado a millones de personas en todo el mundo.

En cierto sentido, Rowling tuvo suerte, porque esa revelación le llegó antes de que existiera el Smartphone, así que no tuvo que enfrentarse a las notificaciones mientras esperaba el tren. Pero el resto de la gente también tiene que ser proactiva a la hora de introducir el aburrimiento en su vida. Bill Gates, por ejemplo, se va a una cabaña aislada en el noroeste del Pacífico para hacer retiros de siete días a los que él llama «semana del pensamiento» y dedica —en efecto, lo has adivinado— a pensar sin distracciones.[51] Por su parte, Phil Knight, el cofundador de Nike, tenía una silla en su salón destinada en exclusiva a soñar despierto.[52]

Siguiendo los pasos de estas grandes personas decidí romper con mi dependencia del teléfono y reavivar de forma proactiva mi antigua relación con el aburrimiento. Así que empecé a incluir, a propósito, cierta cantidad tiempo en mi jornada —una especie de modo avión— durante el cual me siento en mi sillón reclinable sin hacer nada más que pensar. También paso 20 minutos, cuatro días a la semana, en la sauna, con nada más que un bolígrafo y un papel en la mano. ¿Que ese es un lugar extraño para escribir? Sí. Pero algunas de mis mejores ideas de los últimos tiempos se me ocurrieron en ese entorno solitario y sofocante.

Parece tan sencillo... Un paseo por el parque, una ducha, sentarse en la sauna o en una silla para soñar despierto. Pero aquí no hay magia, al menos no en el sentido de Hogwarts. La magia es solo la intención de dedicar un tiempo a hacer una pausa y reflexionar, un momento de silencio interior que se oponga al caos contemporáneo. En la era de la gratificación instantánea, este hábito puede parecer un poco simplón e incluso decepcionante. Pero la creatividad suele llegar como un susurro, no como una explosión. De modo que hay que ser lo bastante paciente para perseguir el susurro y tener la suficiente receptividad para percibirlo cuando llega. Si convives con la pregunta el tiempo suficiente, «poco a poco, sin darte cuenta, algún día vivirás directamente en la respuesta», como escribió el poeta Rainer Maria Rilke.[53]

Por tanto, la próxima vez que oigas llegar al aburrimiento resiste la tentación de ponerte a tomar datos o hacer algo «productivo». Piensa que el aburrimiento quizá sea lo más productivo que puedas hacer.

Ah, y el aburrimiento tiene otro beneficio: permite a la mente vagar con libertad y establecer conexiones entre objetos diferentes; por ejemplo, una manzana y una naranja.

La comparación entre manzanas y naranjas

Muchas expresiones en inglés me han desconcertado desde que empecé a aprender el idioma en secundaria. Pero hay una que encabeza la lista: comparar manzanas y naranjas. La primera vez que la oí, ya en la universidad, me quedé paralizado: al fin y al cabo, es mucho más lo que las manzanas y las naranjas tienen en común que lo que las diferencia. (Llegados a este punto, querido lector, tal vez quieras mirar hacia otro lado: estoy a punto de comparar manzanas y naranjas). Bien, ambas son frutas, ambas son redondas, ambas tienen un ligero sabor ácido, ambas tienen más o menos el mismo tamaño. Y ambas crecen en los árboles.

Scott Sanford, del Centro de Investigación Ames de la NASA, llevó esta comparación un paso más allá: empleó la espectrometría de infrarrojos para comparar una manzana Granny Smith y una naranja navelina, y demostró que los espectros de ambas frutas son sorprendentemente similares. El estudio, titulado «Apples and Oranges: A Comparison» —«Manzanas y naranjas: una comparación»—, se publicó en la revista científica de corte satírico *Improbable Research*.[54]

No obstante, a pesar de las similitudes entre las manzanas y las naranjas, la expresión se ha asentado porque somos terribles para ver las conexiones entre cosas que parecen disímiles o no relacionadas. Es decir, porque en nuestra vida personal y también en la profesional nos limitamos a comparar manzanas con manzanas y naranjas con naranjas.

La especialización está de moda hoy en día. En el mundo anglosajón, un individuo generalista es el típico «aprendiz de todo, maestro de nada», como se dice en español. Los griegos, por su parte, advierten que una persona «que sabe muchos oficios vive en una casa vacía».[55] Y los coreanos creen que alguien «con doce talentos no tiene nada para cenar».[56] Es evidente que esta actitud general tiene un coste: impide la polinización cruzada de ideas de diferentes disciplinas. Lo normal es que nos quedemos en nuestra rama de humanidades o de ciencias, y que cerremos la mente a los conceptos del otro lado del pasillo. Así, si estudias Filología, ¿de qué te sirve la teoría cuántica? Si te dedicas a la ingeniería, ¿para qué molestarte en leer la *Odisea* de Homero? Si asistes a clases en la facultad de Medicina, ¿por qué aprender artes visuales?

Esta última cuestión fue objeto no hace mucho de un estudio de investigación.[57] 36 estudiantes de primero de Medicina fueron asignados al azar a uno de dos grupos. El primer grupo recibió seis clases en el Museo de Arte de Filadelfia sobre la observación, descripción e interpretación de obras de arte. Luego fueron comparados con un grupo de control que no asistió a dichas clases de arte. Pues bien, a diferencia del grupo de control, los miembros del grupo experimental (el de formación artística) mejoraron de forma significativa sus habilidades de observación —por ejemplo, en la interpretación de fotografías de enfermedades de la retina—, según las mediciones efectuadas al principio y al final del estudio. Este resultado sugiere que «la formación artística *por sí sola* puede ayudar a los estudiantes de Medicina a mejorar sus dotes de observación clínica».[58]

Porque resulta que la vida no transcurre en compartimentos estancos. Y hay poco que aprender de la comparación de cosas similares. El biólogo François Jacob dijo en una ocasión que «crear es recombinar».[59] Décadas después, Steve Jobs se hizo eco de esta idea al decir que «la creatividad consiste simplemente en conectar cosas. Cuando preguntas a los creativos cómo hicieron algo se sienten un poco culpables, porque no lo *hicieron*, solo *vieron* algo. [Es solo que] han tenido más experiencias o han pensado más en sus experiencias que otras personas».[60]

Dicho de otro modo, es más fácil «pensar fuera de la caja» cuando se manejan varias cajas.

Einstein llamó a esta idea «juego combinatorio», y creía que era la «característica esencial del pensamiento productivo».[61] El juego combinatorio requiere exponerse a un heterogéneo conjunto de ideas, ver lo similar en lo diferente y combinar y recombinar manzanas y naranjas hasta obtener una fruta nueva. Gracias a este enfoque, el «todo se convierte no solo en más que la suma de sus partes, sino en algo muy diferente», como explica el físico y premio Nobel Philip Anderson.[62]

Para facilitar esta polinización cruzada, los científicos de renombre suelen desarrollar diversos intereses. Galileo, por ejemplo, fue capaz de detectar la existencia de montañas y llanuras en la Luna, pero no porque tuviera un telescopio especialmente potente, sino porque su formación en pintura y dibujo le permitió comprender lo que representaban las regiones brillantes y oscuras de la Luna.[63] También la inspiración de Leonardo da Vinci para el arte y la tecnología venía de fuera, en su caso de la naturaleza. Este sabio se formó en temas tan diversos como «la placenta de un ternero, la mandíbula de un cocodrilo, la lengua de un pájaro carpintero, los músculos de una cara, la luz de la luna y los bordes de las sombras».[64] La inspiración de Einstein para la relatividad general provino del filósofo escocés del siglo XVIII David Hume, quien cuestionó por primera vez la naturaleza absoluta del espacio y el tiempo. En una carta de diciembre de 1915, Einstein escribió: «Es muy posible que sin estos estudios filosóficos [la relatividad] no hubiera llegado».[65] Einstein conoció la obra de Hume a través de un colectivo llamado Academia Olympia, en realidad un grupo de amigos dedicados al juego combinatorio que se reunían en Berna (Suiza) para discutir sobre física y filosofía.

Por su parte, para desarrollar la teoría de la evolución, Darwin se inspiró en dos campos muy diferentes: la geología y la economía. En *Elementos de geología*, Charles Lyell argumentó en la década de 1830 que las montañas, los ríos y los cañones se habían formado a través de un proceso lento y evolutivo que tuvo lugar a lo largo de eones, a medida que la erosión, el viento y la lluvia iban desgastando la Tierra. La teoría de Lyell se oponía a las corrientes de pensamiento tradicionales, que atribuían estos rasgos geológicos solo a catástrofes naturales (o sobrenaturales, como el diluvio universal de la Biblia).[66] Darwin leyó el libro de Lyell mientras navegaba en el Beagle y aplicó esa idea geológica a la biología. Como explica el científico David Murray, él sostenía que la materia orgánica «evoluciona igual que la materia inorgánica: con cambios minúsculos en cada descendiente que, con el tiempo, se acumulan para formar nuevos apéndices biológicos como ojos, manos o alas».[67] Darwin también se inspiró en el economista de finales del siglo XVIII Thomas Malthus. Este afirmaba que los seres humanos tienden a agotar recursos como los alimentos, creando así una competencia por la supervivencia que, pensaba Darwin, potencia el proceso evolutivo haciendo que sobrevivan las especies mejor adaptadas a su entorno.[68]

El juego combinatorio es también el sello de los grandes músicos. El reputado productor discográfico Rick Rubin suele aconsejar a sus grupos que no escuchen canciones pop mientras están inmersos en la producción de un álbum. «Es mejor que se inspiren en los mejores museos del mundo que en la lista *Billboard*».[69] Por ejemplo, la música de Iron Maiden combina improbables elementos de Shakespeare, la historia y el *heavy metal.* Y *Bohemian Rhapsody*, de Queen, considerada una de las mejores canciones de rock de todos los tiempos, es como un sándwich musical con una balada inicial, rock duro al final y ópera en medio.

David Bowie era otro maestro de la mezcla. Para escribir las letras de sus canciones usaba un programa informático hecho a medida y llamado Verbasizer.[70] Bowie tecleaba frases de diferentes fuentes —artículos de prensa, notas y cosas así— en el Verbasizer, el cual las dividía en palabras y las mezclaba y combinaba. Él mismo lo explicó así: «Lo que obtienes es un verdadero caleidoscopio de significados y temas y sustantivos y verbos que chocan entre sí». Estas combinaciones le servían de inspiración para las letras de sus canciones.

El juego combinatorio también ha dado lugar a muchas tecnologías revolucionarias. Sin ir más lejos, Larry Page y Sergey Brin tomaron una idea del mundo académico —la frecuencia con la que se cita un artículo indica su popularidad— y la aplicaron al motor de búsqueda para crear Google. Steve Jobs se inspiró en la caligrafía para crear múltiples tipos de letra y fuentes espaciadas de manera proporcional en el Macintosh. El cofundador de Netflix, Reed Hastings, se basó en el modelo de suscripción de su gimnasio: «Podías pagar 30 o 40 dólares al mes y hacer mucho o poco ejercicio, según quisieras».[71] Frustrado por los elevados gastos de penalización por demora en los que había incurrido al alquilar *Apolo 13*, Hastings decidió aplicar ese modelo al alquiler de vídeos.

Las primeras zapatillas de correr de Nike se inspiraron en un electrodoméstico de lo más común.[72] A principios de los años setenta, el entrenador de atletismo de la Universidad de Oregón, Bill Bowerman, buscaba unas zapatillas que funcionaran bien en diferentes superficies. En aquella época, los atletas de Bowerman usaban zapatillas con clavos metálicos, que carecían de la tracción adecuada y destruían la superficie de carrera.

Un domingo por la mañana, durante el desayuno, los ojos de Bowerman se posaron en una vieja gofrera que tenía en la cocina. Vio su patrón cuadriculado y pensó que dándole la vuelta podría hacer un zapato sin clavos. Así que se la llevó al garaje y empezó a fabricar moldes. Lo que salió de esos experimentos fue la Nike Waffle Trainer, una revolucionaria zapatilla con tracción de goma que proporcionaba un mejor agarre y se adaptaba a la superficie de carrera. La gofrera original de la cocina de Bowerman se encuentra ahora en una vitrina en la sede de Nike.

Como demuestran estos ejemplos, la revolución en un sector puede empezar con una idea de otro. En la mayoría de los casos, el ajuste no será perfecto, pero el mero hecho de comparar y combinar hará que surjan nuevas líneas de pensamiento.

Ahora bien, no podemos combinar ideas si no vemos las similitudes entre ellas. Se supone que el biólogo Thomas H. Huxley, después de leer *El origen de las especies*, dijo: «¡Qué estupidez [por mi parte] no haber pensado en eso!».[73] Dicho de otro modo, la conexión entre manzanas y naranjas parece obvia, pero solo a toro pasado. En la época de Darwin mucha gente había estudiado las especies. También muchos leían a Malthus y a Lyell, el economista y el geólogo que inspiraron a Darwin. Pero eran pocas las personas que estudiaban las especies, leían a Malthus, leían a Lyell y, además, podían establecer conexiones entre los tres campos.

Así pues, para conectar manzanas y naranjas primero hay que coleccionarlas. Cuanto más diversa sea tu colección, más interesante será tu resultado. Toma una revista o un libro sobre un tema del que no sepas nada; asiste a una conferencia de un ámbito diferente al tuyo; rodéate de personas de distintas profesiones, orígenes e intereses. En vez de hablar del tiempo y repetir trivialidades, pregunta cosas como: ¿qué es lo más interesante en lo que estás trabajando ahora? La próxima vez que tengas un bloqueo creativo, pregúntate: ¿qué otro sector se ha enfrentado antes a un problema como este? Por ejemplo, Johannes Gutenberg tenía un problema con la imprenta, así que se fijó en otros sectores, como la vinicultura y la producción de aceite de oliva, que empleaban una prensa de tornillo para extraer el jugo del fruto; luego aplicó ese mismo concepto e inició con ello la era de la comunicación de masas en Europa.

Las organizaciones también pueden seguir el ejemplo de Pixar, el estudio creativo responsable de numerosos éxitos de taquilla como *Toy Story* y *Buscando a Nemo*. Esta empresa anima a sus empleados a pasar hasta cuatro horas a la semana asistiendo a clases de su programa de desarrollo profesional en la Universidad Pixar: pintura, escultura, malabares, improvisación e incluso danza del vientre.[74] Aunque estas clases no tienen una relación directa con la realización de películas, en Pixar saben que la creatividad puede surgir de los sitios más insospechados. De modo que, si sigues coleccionando manzanas y naranjas y pasando tiempo con ellas, las ideas para crear nuevas frutas llegarán muy pronto.

El principio del juego combinatorio se aplica no solo a las ideas, sino también a las personas. Como veremos en la siguiente sección, cuando se combinan personas de diferentes disciplinas el resultado siempre es más que la suma de sus partes.

El mito del genio solitario

«Estos vehículos exploradores son tan complicados que nadie los entiende».

Esta afirmación puede parecer extraña viniendo de Steve Squyres, el investigador principal del proyecto Mars Exploration Rovers, de 2003. Él, como dije antes, coordinó al equipo responsable de diseñar los vehículos exploradores y los instrumentos de a bordo, y de hacerlos funcionar en la superficie marciana. Pero, incluso para Squyres, dichos vehículos son «demasiado complicados para que una sola persona pueda entenderlos del todo». Es decir, la comprensión no llega de forma individual, sino como parte del cerebro colectivo.

Solemos idealizar al genio solitario que se afana en su garaje, ya sea Bowerman jugueteando con su gofrera o Jobs fabricando el primer ordenador Apple. Claro, es una gran historia; pero como la mayoría de las historias es una representación engañosa del modo en que funcionan las cosas.

La creatividad óptima no se da de manera aislada. Los avances casi siempre implican un componente de colaboración. Newton dijo: «Si he visto más allá es porque me he subido a los hombros de gigantes». Estos gigantes vienen a la mesa de trabajo con diversas perspectivas, aportando sus propias manzanas y naranjas para que el cuerpo colectivo las compare y conecte.

El empresario y escritor Frans Johansson llama a este fenómeno «el efecto Médici», pues se refiere a la explosión creativa que se produjo en el siglo xv, cuando la acaudalada familia Médici reunió en Florencia a muchos grandes talentos procedentes de distintos ámbitos: científicos, poetas, escultores, filósofos, etc. Cuando estos individuos se conectaron, florecieron nuevas ideas, lo que preparó el camino para la llegada del Renacimiento (*Renaissance* en francés).[75]

De similar manera, una misión a Marte produce su propio efecto Médici al reunir a científicos e ingenieros para colaborar. Y es que, aunque estos dos grupos tienden a ser conectados en los relatos populares sobre la exploración espacial, en realidad pertenecen a tribus muy diferentes:[76] los científicos son esos idealistas, buscadores de la verdad, que tratan de entender cómo funciona el universo; los ingenieros, en cambio, son más pragmáticos. Estos últimos deben diseñar un *hardware* capaz de poner en práctica la visión de los científicos, al tiempo que se enfrentan a otras realidades mundanas como la existencia de plazos y presupuestos.

Y, claro, los polos opuestos no siempre se atraen. Así que en cada misión hay cierta tensión entre «los científicos idealistas y poco prácticos» y «los ingenieros obstinados y prácticos», como señala Squyres. En las buenas misiones, esta tensión se transforma en una especie de danza creativa que saca lo mejor de ambas disciplinas. Pero en las malas misiones «es un ácido que carcome la colaboración hasta que [esta] se pudre».[77]

La clave para que la relación funcione es el juego combinatorio: que los científicos aprendan algo de ingeniería y los ingenieros, algo de ciencia. Este enfoque era una prioridad para Squyres. «Si vinieras a una de nuestras sesiones diarias de planificación táctica, en las que tenemos a un equipo de una docena de científicos y una docena de ingenieros sentados juntos en una sala, podrías quedarte allí una hora y seguirías sin saber quiénes son los científicos y quiénes los ingenieros». Esto es así porque el equipo estaba tan bien compenetrado —unos y otros conocían bien el lenguaje y los objetivos del resto— que apenas se notaba la diferencia.

Se podría suponer que los entornos de trabajo modernos son el escenario ideal para este tipo de combinación: sentados en cubículos dentro de oficinas abiertas y con conexión permanente a través de tecnologías como el correo electrónico, las plataformas de trabajo colaborativo o los sistemas de videollamada, la mayoría de los trabajadores interactúan todo el tiempo. Tal vez sea el momento para un nuevo Renacimiento que se podría denominar «efecto Skype»*.

Pero no vayamos tan rápido, mejor consideremos primero el resultado de un estudio en el que los investigadores separaron a los participantes en tres grupos y les pidieron resolver un problema complejo.[78] El primer grupo trabajó aislado, el segundo estuvo en constante interacción y el tercero alternó entre la interacción y el aislamiento.

* En el original, «efecto Slack», haciendo referencia al sistema de mensajería instantánea para empresas que lleva ese nombre (N. de la T.).

El grupo con mejor rendimiento fue el tercero. Los investigadores observaron que «las pausas intermitentes en la interacción mejoran la inteligencia colectiva».[79] Es decir, la rotación entre ambos sistemas de trabajo incrementó la puntuación media del grupo y le permitió hallar las mejores soluciones con mayor frecuencia. Es importante destacar que tanto los participantes de bajo rendimiento como los de alto rendimiento de este grupo se beneficiaron de esa interacción intermitente. Estos resultados sugieren que el aprendizaje fluyó en ambas direcciones y que las conclusiones de cada persona fueron aportaciones para las demás.[80]

No obstante, la mayoría de los entornos de trabajo en la actualidad se asemejan más bien al del segundo grupo, de interacción constante, una disposición que no es óptima para la creatividad. Como muestra la investigación, la conexión es importante, pero también lo es el tiempo para la reflexión solitaria. Y es que el proceso creativo puede ser a veces embarazoso. Asimov dijo una vez: «Por cada nueva idea buena que tienes hay cien o diez mil ideas tontas, que naturalmente no te interesa mostrar a nadie».[81] Por tanto, cada persona debería poder cultivar ideas por su cuenta, reunirse para ponerlas en común con el grupo y luego volver a trabajar a solas, alternando siempre entre esas dos situaciones. El patrón es similar a los ciclos de concentración y aburrimiento que hemos visto antes.

Cuando se trata de potenciar la creatividad, la diversidad cognitiva —la combinación de cada versión particular de científicos e ingenieros— no debe ser solo una forma de hablar, porque es una necesidad. Sin embargo, existe otro nivel de diversidad cognitiva que se suele pasar por alto.

Mente de principiante

En la década de 1860, el sector de la seda en Francia estaba en peligro por una enfermedad de los gusanos de seda. El químico Jean-Baptiste Dumas instó a su antiguo alumno, Louis Pasteur, a trabajar en ello. Pero

Pasteur se mostró reticente. «Nunca he trabajado con gusanos de seda», protestó. Dumas respondió: «Tanto mejor».[82]

La mayoría de la gente no hace lo que hizo Dumas. Al contrario, de manera instintiva descartamos las opiniones de «aficionados» como Pasteur. «No saben de qué hablan», «No han asistido a las reuniones pertinentes», «No tienen la experiencia necesaria», «Están fuera de su elemento»...

Sin embargo, es justo por estas razones por lo que las opiniones externas tienen valor.

El razonamiento de los principios básicos que implica la respuesta de Dumas suele tener una relación inversa con la experiencia. Es decir, a diferencia de quienes están «dentro», cuya identidad o salario puede depender de lo establecido, quienes vienen «de fuera» no tienen ningún interés en el *statu quo*. En otras palabras: la corriente de pensamiento dominante es más fácil de ignorar cuando no se está asfixiado por ella.

Consideremos, por ejemplo, la teoría geológica de la deriva continental, que dice que los continentes eran una gran masa y se separaron con el tiempo. La teoría fue obra de Alfred Wegener, meteorólogo ajeno a la geología,[83] y en un principio fue declarada absurda por los expertos en geología, que suponían que los continentes eran estables, no se movían. El geólogo R. Thomas Chamberlain resumió ese sentimiento colectivo: «Si queremos creer en la hipótesis de Wegener tendremos que olvidar todo lo aprendido en los últimos setenta años y empezar de nuevo».[84] La teoría de Wegener ponía en peligro la reputación de los expertos en la materia, por lo que se mantuvieron firmes. Por razones similares, cuando Johannes Kepler descubrió que los planetas tenían órbitas elípticas y no circulares, Galileo se opuso. Y fue así porque, como señala el astrofísico Mario Livio: «Galileo seguía prisionero de los ideales estéticos de la antigüedad, los cuales suponían que las órbitas tenían que ser perfectamente simétricas».[85]

Por eso el secreto del éxito de Einstein fue escapar de la prisión intelectual en la que estaban atrapados otros físicos. Cuando publicó su artículo sobre la relatividad especial era un desconocido empleado de una oficina de patentes suiza. Y así, como profano respecto a la clase dirigente de la física, fue capaz de ir más allá del cuerpo de conocimientos existente, que en su caso era una perspectiva newtoniana que trataba el tiempo y el espacio como absolutos. Su revolucionario artículo, «On the Electrodynamics of Moving Bodies» («Sobre la electrodinámica de los cuerpos en movimiento») no se parece en nada al típico trabajo de física: solo menciona a un puñado de científicos y casi no contiene citas de trabajos previos, algo muy poco adecuado para los estándares académicos.[86] Pero es que, en el caso de Einstein, hacer la revolución significaba buscar más allá de las mejoras graduales sin verse limitado por los trabajos anteriores.

Hay otros ejemplos de esto. Por ejemplo, Musk llegó tarde a la ciencia de cohetes y aprendió leyendo manuales sobre el tema. Bezos se introdujo en el comercio minorista desde el mundo de las finanzas, y Hastings era desarrollador de *software* antes de cofundar Netflix. Y, justo por ser ajenos al sistema, estos *intrusos* estaban en mejor posición para verle los defectos y detectar qué procedimientos se habían quedado anticuados.

En el budismo zen, este principio se conoce como *shoshin*, «mente de principiante».[87] Como afirma el maestro zen Shunryu Suzuki: «En la mente del principiante hay muchas posibilidades; en la mente del experto hay pocas».[88] Por eso Wieden+Kennedy, la empresa de publicidad responsable de muchas de las campañas de mayor éxito de Nike, anima a sus trabajadores a «hacer el tonto todos los días»* y a abordar los problemas desde el punto de vista de un aprendiz.

Fue una principiante también la que llevó al éxito a una escritora. Cuando J. K. Rowling presentó un borrador del primer libro de Harry Potter a las editoriales, la opinión de estas fue unánime: no valía la pena ni imprimirlo. El manuscrito fue rechazado por numerosos sellos, hasta que acabó en la mesa de Nigel Newton, presidente de la editorial Bloomsbury.[89] Newton vio en él un potencial que sus rivales no fueron capaces de detectar.

* *Walk in stupid every morning*, en el original (N. de la T.).

Pero ¿cómo lo hizo? Su secreto fue su hija de ocho años, Alice, un ratón de biblioteca[90] que literalmente devoró la muestra del libro que le dejó su padre y le insistió para que le diera más: «Papá, esto es mucho mejor que cualquier otra cosa». El entusiasmo de Alice convenció a su padre para extender un cheque de 2500 libras esterlinas a Rowling, como mísero anticipo por los derechos de publicación de su libro. El resto es historia.

Pero, en definitiva, lo que proporcionó a Newton esa ventaja multimillonaria fue su voluntad de contar con la opinión de su hija, ajena al sector editorial pero miembro del público objetivo del libro.

Esto no quiere decir que todas las ideas originales se les ocurran a principiantes. Al contrario, la experiencia es valiosa en la generación de ideas, pero los expertos no deberían trabajar aislados del todo —maldita idealización del genio solitario—, pues también se benefician de periodos intermitentes de colaboración, sobre todo cuando en esta participan algunos aficionados.

....

YA HEMOS VISTO que no es necesario ser un genio ilustrado para diseñar experimentos mentales. Todo lo que te hace falta es el deseo de coleccionar manzanas y naranjas, la paciencia para instalarte en el aburrimiento mientras tu subconsciente las compara y conecta, y la voluntad de exponer tus nuevas frutas a los demás, ya sean estos los miembros de tu equipo de ingeniería o tu hija de ocho años.

Bien, ahora que nos sentimos más cómodos con los experimentos mentales, es hora de subir el volumen de la imaginación y poner rumbo a la Luna.

Visita **ozanvarol.com/rocket** para descargarte cuadernillos de ejercicios, retos y ejemplos que te ayudarán a poner en práctica las estrategias analizadas en este capítulo.

4

EL PENSAMIENTO IMPOSIBLE

La ciencia y el negocio de lo imposible

ALICIA —Es inútil intentarlo. No se puede creer en cosas imposibles.
REINA BLANCA —Me atrevo a decir que no has practicado mucho. Cuando tenía tu edad, lo hacía media hora al día. A veces creía en hasta seis cosas imposibles antes del desayuno.

LEWIS CARROLL, *A través del espejo*

CHARLES NIMMO ERA UNA opción poco probable para ser sujeto de prueba.[1]

Un buen día, un criador de ovejas de la pequeña localidad de Leeston (Nueva Zelanda) se ofreció voluntario para participar en un proyecto secreto que implicaba hacer volar un objeto asimismo secreto. Durante los vuelos de prueba previos, en California y Kentucky, dicho objeto había sido confundido por numerosos observadores con un OVNI. La CNN dio cuenta del fenómeno, que también generó algunos titulares en la prensa local: «Un misterioso objeto en el cielo cautiva a los lugareños», publicó el *Appalachian News-Express*.[2]

Nimmo es una de los más de 4000 millones de personas en el mundo sin acceso a una tecnología que damos por sentada: internet de alta velocidad. Internet es algo tan revolucionario como la electricidad; una vez enchufado, da energía a tu vida. Según un estudio de Deloitte, proporcionar una buena conexión a internet en África, América Latina y Asia «generaría más de dos billones de dólares de PIB adicionales».[3] Esto es así porque el acceso a internet puede sacar a la gente de la pobreza, salvar vidas y, en el caso de Nimmo, proporcionar una información sobre el tiempo que es crucial para un ganadero de ovejas. El bueno de Charles, por ejemplo, necesita saber cuándo estarán secas sus ovejas para poder «mecharlas», un término técnico que significa esquilar la lana del trasero de una oveja.

Pero dar luz al mundo mediante una conexión a internet barata y fiable no es fácil; hacerlo vía satélite es caro y genera señales débiles, con un importante retraso en la transmisión, dada la distancia que debe recorrer la señal hasta y desde un satélite en la órbita terrestre. Por su parte, las torres de telefonía móvil suelen ofrecer un alcance limitado y no tienen sentido desde el punto de vista económico para muchas zonas rurales y poco pobladas, incluso en países desarrollados como Nueva Zelanda. Además, los accidentes geográficos, como montañas y selvas, impiden muchas veces que la señal llegue a su destino.

Volviendo al principio, Nimmo fue el primer sujeto de prueba de un osado proyecto destinado a revertir esta situación, que afecta a gran parte del planeta. El proyecto es obra de X, antes conocida como Google X. Esta empresa, notoriamente secreta, se dedica a investigar y desarrollar tecnologías de vanguardia. Es decir, X no innova *para* Google, sino que será la responsable que crear el próximo Google.

Así, para resolver el acuciante problema del acceso global a internet, los conocidos como «*Xers*» diseñaron un experimento muy loco. Se preguntaron: ¿y si usamos globos?

Imaginaron globos del tamaño de una pista de tenis y con forma de medusa gigante, flotando en la estratosfera, a unos 60.000 pies de altura, por encima de las nubes y del tráfico aéreo. Llevarían a bordo pequeños ordenadores en cajas de poliestireno, alimentados por energía solar, para transmitir señales de internet a tierra.

Quizá te preguntes por qué aparece en este libro una historia sobre globos, una tecnología bastante primitiva. Al fin y al cabo, volar en globo no tiene que ver con la ciencia espacial. De hecho, «es mucho más difícil que la ciencia de cohetes», dice un antiguo *Xer*. Es así porque, como los globos son empujados con facilidad por los vientos, hay que dirigirlos como un velero para captar las corrientes de aire adecuadas. También es difícil lograr una conexión fiable al estar los globos en constante movimiento.

La solución de X a este problema fue fabricar una red de globos que funcionaran juntos, como una cadena, y garantizaran así la señal: cuando uno se iba, otro ocupaba su lugar. Los globos se mantendrían en el aire varios meses antes de aterrizar para ser reciclados.

Este disparatado proyecto tuvo un nombre igual de disparatado: Proyecto Loon. Después de dar acceso a internet a Nimmo, el ganadero de ovejas, y de llevar a cabo otras misiones de prueba, los globos Loon llegaron a volar más de 30 millones de millas. Cuando unas catastróficas inundaciones asolaron Perú a principios de 2017, los globos acudieron al rescate. Las inundaciones afectaron a cientos de miles de personas y dejaron fuera de servicio la red de comunicaciones de todo el país. Pero en menos de 72 horas el Proyecto Loon apareció en escena y dio señal a decenas de miles de peruanos.[4] Ese mismo año, cuando el huracán María devastó Puerto Rico, Loon distribuyó ayuda en forma de internet a través de repetidores-globo en las zonas más afectadas de la isla.[5]

Loon fue uno de esos llamados «imposibles», una tecnología innovadora que aporta una solución radical a un problema enorme. Este capítulo trata sobre el poder del pensamiento imposible, responsable de proyectos tan atrevidos como Loon. A lo largo de las siguientes páginas analizaremos por qué algunos de los mayores logros de la historia se basan en el pensamiento imposible. También te explicaré por qué deberías actuar más como una mosca y menos como una abeja, y por qué es mejor que caces antílopes en lugar de ratones. Descubrirás, asimismo, cómo el uso de una sola palabra puede fomentar la creatividad, qué debes hacer primero al enfrentarte a un objetivo arriesgado y por qué trazar un camino hacia el futuro a menudo implica retroceder.

El poder del pensamiento imposible

La Luna es nuestra amiga más antigua; nos ha hecho compañía durante gran parte de la existencia de la Tierra. Como señala Robert Kurson, «ha controlado las mareas, ha guiado a los perdidos, ha iluminado las cosechas, ha inspirado a poetas y amantes, ha hablado con los niños».[6] Y, desde que nuestros antepasados miraron por primera vez hacia arriba, la Luna nos ha tentado, apelando al instinto primario de explorar más allá de nuestro hogar. Pero durante la mayor parte de nuestra existencia también ha sido un imposible, algo muy lejos de nuestro alcance.

Cuando el presidente Kennedy pronunció el discurso con el que comienza este libro —en el que miraba al futuro y elegía la Luna como nuestra nueva frontera— parecía esperar un milagro. El presidente pidió a su nación «que hiciera lo que la mayoría de la gente consideraba imposible, incluido yo», como recordaba más tarde el astronauta del Apolo Gene Cernan.[7] La promesa de llevar a un ser humano a la Luna en menos de una década era tan increíble, recuerda Robert Curl, un profesor de la Universidad de Rice que estaba entre el público en aquel discurso de Kennedy, «que salí maravillado de que lo propusiera en serio».[8]

El famoso director de vuelos de la NASA, Gene Kranz —interpretado por Ed Harris en la película *Apolo 13*—, también quedó sorprendido por la osada promesa de Kennedy.[9] Para Kranz y sus colegas de la NASA, «que habían visto a sus cohetes desplomarse, girar fuera de control o explotar, la idea de llevar a un hombre a la Luna parecía demasiado ambiciosa».[10] Pero Kennedy era muy consciente de las dificultades que tenía por delante. Y dijo: «Elegimos ir a la Luna en esta década y hacer el resto de cosas no porque sean fáciles, sino justo porque son difíciles». Simplemente se negó a dejar que la realidad tomara las riendas del futuro de su país.

Este fue el primer *moonshot** literal de la humanidad. Pero los seres humanos ya habían realizado otros imposibles desde mucho antes de que Neil Armstrong y Buzz Aldrin pisaran la Luna. Cuando nuestros antepasados abrieron una senda hacia cualquier rincón desconocido de la Tierra realizaron un imposible. Los descubridores del fuego, los inventores de la rueda, los constructores de las pirámides, los fabricantes de automóviles... todos ellos lograron un imposible. Los esclavos también parecían pedir la luna cuando luchaban por su libertad, las mujeres por votar y los refugiados por llegar a costas lejanas en busca de una vida mejor.

En realidad, somos una especie de «hacedores de imposibles», aunque lo hemos olvidado en gran medida.

Y he aquí que los imposibles te obligan a razonar a partir de los principios básicos. Si tu objetivo es mejorar un 1 %, puedes trabajar dentro del *statu quo*; pero si pretendes mejorar diez veces más, entonces hay que cargarse el *statu quo*. La búsqueda de un objetivo ambicioso te sitúa en otra liga —y muchas veces incluso en otro deporte— diferente a la de tu competencia, lo que hace que las jugadas y rutinas establecidas se vuelvan inútiles.

Te pondré un ejemplo:[11] si tu objetivo es mejorar la seguridad de los coches, puedes introducir mejoras graduales en el diseño de un determinado modelo de vehículo para proteger mejor la vida humana en caso de accidente. Pero si el objetivo es acabar con los accidentes deberías empezar con una pizarra en blanco y cuestionar todos los supuestos, incluido el hecho de que haya un ser humano al volante. Este enfoque de los principios básicos allana el camino para la llegada de los vehículos autónomos.

Consideremos también los planes de SpaceX. Si el objetivo de esta empresa fuera solo poner satélites en la órbita terrestre, no habría habido

---

* Se podría traducir como «pedir la luna» (N. de la T.).

motivo para hacer las cosas de forma diferente: habrían confiado en la misma tecnología que la NASA lleva manejando desde los años sesenta. En realidad, no tiene mucho sentido reducir el coste de los lanzamientos de cohetes hasta una décima parte, como SpaceX está en camino de lograr… a menos que el objetivo sea un imposible. Por tanto, la ambición de colonizar Marte obligó a SpaceX a emplear el razonamiento de los principios básicos y a dinamitar el *statu quo*.

Los estrategas políticos James Carville y Paul Begala cuentan una interesante historia sobre la elección a la que se enfrenta un león cuando decide cazar un ratón o un antílope. Ellos lo explican así: «Un león es capaz de capturar, matar y comerse un ratón de campo. Pero resulta que la energía necesaria para hacerlo excede el contenido calórico del propio ratón». Los antílopes, en cambio, son animales mucho más grandes, por lo que «requieren más velocidad y fuerza para capturarlos», si bien, una vez capturado, un antílope puede proporcionar alimento al león para varios días.[12]

Esta historia, como habrás adivinado, es una metáfora de la vida. La mayoría de la gente se dedica a cazar ratones en vez de antílopes. Y lo hacemos porque pensamos que el ratón es algo seguro y el antílope, un imposible. Los ratones están por todas partes; los antílopes son escasos. Además, todo el mundo a nuestro alrededor está ocupado cazando ratones, por lo que suponemos que si nos decidimos por los antílopes podemos fracasar y pasar hambre.

Por esta regla de tres, no emprendemos un nuevo negocio porque pensamos que no tenemos lo que hay que tener. Dudamos a la hora de solicitar un ascenso, dando por hecho que alguien mucho más competente lo conseguirá. No pedimos salir a alguien si nos parece que esa persona está fuera de nuestro alcance. En general, jugamos para no perder en vez de para ganar. Esto tiene mucho que ver con lo que escribió el psicólogo Abraham Maslow en 1933: «La historia de la raza humana es la historia de hombres y mujeres que se han vendido por menos de lo que valen».[13]

Si Kennedy hubiera tenido esta mentalidad su discurso habría sido muy diferente (y mucho más aburrido). Podría haber dicho algo así como: «Elegimos poner a los humanos en la órbita de la Tierra y hacer que den vueltas y más vueltas no porque sea un reto, sino porque es factible, dado lo que tenemos» (que, por cierto, es justo lo que la NASA decidió hacer en la década de 1980. Más adelante hablaremos de ello).

La moraleja del mito de Ícaro es que hay que tener miras bajas. El padre de Ícaro, el artesano Dédalo, fabricó unas alas de cera para que él y su hijo escapasen de la isla de Creta. Dédalo le advirtió al chico que siguiera su trayectoria y que no volara demasiado cerca del Sol. Tal vez sepas lo que ocurrió después: Ícaro ignoró las advertencias de su padre y se acercó mucho al Sol, sus alas se derritieron y enviaron a Ícaro, en una caída fatal, al fondo del mar.

Las lecciones de este mito son muy claras: los que se elevan derriten sus alas y mueren. En cambio, los que siguen el camino marcado y obedecen las normas escapan de la isla y sobreviven.

Pero, como explica Seth Godin en su libro *El engaño de Ícaro*, hay una segunda parte de este mito, una que tal vez no hayas oído. Además de decirle a Ícaro que no volara demasiado alto, Dédalo también le pidió que no volara demasiado *bajo*, porque el agua destruiría sus alas.[14]

Fue un buen consejo, porque la altitud, como te dirá cualquier piloto, es tu amiga: si el motor se apaga cuando vuelas a gran altura tienes opciones para planear hasta un lugar seguro. Pero a baja altitud tus posibilidades de vuelo —como las de la vida— son más limitadas.

Siguiendo con este símil, las empresas que vuelan a mayor altura tienden a obtener mejores resultados. Shane Snow resume la investigación al respecto en *Smartcuts*: «De 2001 a 2011, una inversión en las 50 marcas más idealistas —las que optan por el objetivo más alto y no solo por los beneficios más discretos— habría sido un 400 % más rentable que las acciones de un fondo del índice S&P».[15] ¿Por qué? Pues porque los imposibles desafían a la naturaleza humana y atraen a más inversores. De este modo, burlándose de las limitadas ambiciones de la mayoría de las empresas de Silicon Valley, el manifiesto de Founders Fund —una destacada compañía de capital riesgo— reza así: «Queríamos coches voladores, pero tenemos 140 caracteres».[16] Esta empresa se convirtió en el primer inversor externo en los proyectos imposibles de SpaceX.

Los imposibles también son imanes para el talento. Por eso SpaceX y Blue Origin han podido reclutar a los mejores científicos espaciales de las empresas tradicionales del sector y hacerlos trabajar las 24 horas del día en ambiciosos proyectos de ingeniería. El argumento de Musk era que los ingenieros «tendrían libertad para hacer su trabajo (fabricar un cohete) en lugar de asistir a reuniones eternas, esperando meses a que una solicitud de piezas se abra camino a través de la burocracia o defendiéndose de los ataques políticos internos».[17]

Quizá pienses que es fácil para los multimillonarios de internet crear una empresa espacial. O que fue fácil para Kennedy pedir la luna cuando el Congreso había destinado miles de millones de dólares para vencer a los soviéticos en la carrera espacial. Seguro que es fácil para X, respaldada por el poder económico de Google, embarcarse en ideas extravagantes como el Proyecto Loon. En cambio, es insostenible perseguir imposibles cuando se tiene un negocio que mantener a flote, una hipoteca que pagar y miembros de un consejo directivo a los que complacer.

Esta es una objeción que Astro Teller —el capitán de los imposibles en X (sí, esa es la denominación de su cargo)— oye con frecuencia. «De alguna manera, la sociedad ha desarrollado esta noción de que hay que tener mucho dinero para ser valiente», dice. Pero él no se lo cree: «Asumir riesgos positivos e inteligentes es algo que cualquiera puede hacer, ya sea en un equipo de 5 personas o en una empresa de 50.000».[18] Bezos estaría de acuerdo. «Si hay un 10% de probabilidades de obtener una recompensa cien veces mayor, hay que apostar por ello siempre», escribió en la carta anual de Amazon a sus accionistas en 2015. Pero la mayoría de la gente no hace apuestas que tengan siquiera un 50% de posibilidades de éxito, con independencia de la recompensa potencial.

Es cierto, algunos imposibles *son* demasiado poco prácticos para materializarse en un futuro próximo, si es que alguna vez lo hacen. Pero tampoco es necesario que todos los proyectos imposibles despeguen. Siempre que en tu catálogo de ideas haya un equilibrio —y que no lo apuestes todo a una sola—, un gran éxito compensará aquellas que es mejor dejar para las novelas y las películas. Bezos sostiene que «si haces suficientes apuestas, y las haces con la suficiente antelación, ninguna de ellas pondrá en riesgo a la empresa».[19]

La cuestión es la siguiente: el obstáculo para embarcarte en un proyecto imposible no es financiero ni práctico, sino mental. En su libro *La magia de pensar en grande*, David Schwartz dice: «No hay mucha gente que crea que puede mover montañas. Así que no mucha gente lo hace».[20] Insisto, pues, en que la principal barrera para los imposibles está en la cabeza, y la refuerzan décadas de condicionamiento social. Nos han convencido para creer que volar bajo es más seguro que volar alto, que actuar por inercia es mejor que remontar el vuelo y que los sueños pequeños son más sabios que los imposibles.

Así, nuestras expectativas transforman la realidad y se convierten en profecías autocumplidas. Lo que uno busca es su techo: si buscas la mediocridad, la obtendrás, en el mejor de los casos. No siempre puedes conseguir lo que quieres, como nos recuerdan los Rolling Stones*. Pero si corriges el rumbo en dirección a la Luna y no al suelo te elevarás mucho más. «Si te pones metas ridículamente altas y fracasas, habrás fracasado por encima del éxito de los demás», dice James Cameron, el cineasta responsable de éxitos de taquilla como *Terminator* y *Titanic*.[21]

La mayoría nos abstenemos de iniciar proyectos imposibles porque suponemos que no tenemos la capacidad suficiente para ello. Creemos que el tipo de personas que pueden volar alto tienen mejores alas, unas

* Hace referencia al tema *You Can't Always Gat What You Want*, de la banda británica (N. de la T.).

resistentes al calor. Michelle Obama destruyó este mito en una entrevista de 2018, donde explicó lo siguiente: «He estado, probablemente, en todas las reuniones de poder que puedas imaginar; he trabajado en ONG, en fundaciones, en grandes corporaciones, he formado parte de consejos de administración de empresas, he asistido a cumbres del G8, me he sentado en la sede de la ONU [y ¿sabes qué?]: no son tan inteligentes».[22]

«No son tan inteligentes». Es decir, solo saben lo que la mayoría de la gente nunca ha llegado a aprender: que hay mucha menos competencia por los antílopes. El resto de la gente está muy ocupada cazando ratones en el mismo territorio abarrotado, ese que se mengua a toda velocidad. Esto significa que no puedes permitirte el lujo de *no* probar tu imposible. Si esperas demasiado, si sigues persiguiendo márgenes de negocio cada vez más pequeños a un coste cada vez mayor, alguien tomará la iniciativa antes que tú y te dejará sin trabajo o hará que tu negocio quede obsoleto.

Porque la historia que elegimos contarnos sobre nuestras capacidades es solo eso: una elección. Y, como cualquier otra elección, podemos cambiarla. Por tanto, hasta que no superemos nuestros límites cognitivos y ampliemos las fronteras de lo que consideramos práctico no podremos desvelar las reglas invisibles que nos frenan. Te aseguro que es muy beneficioso dar un paso adelante, incluso cuando —o sobre todo cuando— la realidad no está en sintonía con lo que imaginas. Consuélate pensando que los cálculos de Dédalo eran erróneos.

El aire se enfría —no se calienta— a medida que asciendes, así que tus alas no se derretirán. Si persigues lo extraordinario te elevarás por encima de las rancias conexiones neuronales que dominan el pensamiento ordinario. Y, si perseveras —y aprendes de los inevitables fracasos que se producirán—, acabarán creciéndote las alas que necesitas para volar.

Hacer crecer esas alas requiere una estrategia llamada «pensamiento divergente», de la que te hablaré en la siguiente sección.

Abraza lo inverosímil

Imagina una botella de cristal con la base apuntando hacia una luz. Si introduces media docena de abejas y moscas en la botella, ¿qué especie saldrá primero?

La mayoría de la gente asume que lo harían las abejas. Al fin y al cabo, son famosas por su inteligencia: pueden aprender tareas muy complejas —como levantar o deslizar un tapón para acceder a una solución de azúcar en un laboratorio— y también enseñar lo que han aprendido a otras abejas.[23]

Pero cuando se trata de encontrar la salida de la botella..., ahí la inteligencia de las abejas se interpone en su camino. Porque las abejas adoran la luz. Así que seguirán chocando contra la base de la botella —de donde viene la luz— hasta morir de agotamiento o de hambre. En cambio, las moscas hacen caso omiso a «la llamada de la luz», como cuenta Maurice Maeterlinck en *La vida de las abejas*; ellas revolotean salvajemente de un lado a otro hasta que tropiezan, en el otro extremo de la botella, con la abertura que les devuelve la libertad.[24]

Las moscas y las abejas representan, respectivamente, lo que se conoce como pensamiento divergente y convergente: las moscas son las pensadoras divergentes, que revolotean en libertad hasta encontrar la salida; las abejas son las convergentes, porque se centran en el camino de salida que parece más obvio, mediante un comportamiento que al final es su perdición.

El pensamiento divergente es una forma de generar diferentes ideas de forma abierta y fluida, como las moscas que rebotan en una botella de cristal. Mientras lo ponemos en práctica no pensamos en limitaciones, posibilidades o presupuestos; nos limitamos a lanzar ideas, con total apertura a lo que se nos presente; nos convertimos en optimistas en el sentido en el que el físico David Deutsch define el término: alguien que cree que cualquier cosa permitida por las leyes de la física es factible.[25] El objetivo es producir una avalancha de opciones —tanto buenas como malas— y no juzgarlas de forma prematura ni limitarlas o decantarse por alguna de ellas.

En las fases iniciales de la formación de ideas, «el racionalista puro no tiene cabida», dijo el físico Max Planck. El descubrimiento, como también explicó Einstein, «no es un trabajo para el pensamiento lógico, aunque el producto final esté confeccionado de forma lógica».[26] Para activar el pensamiento divergente debes «apagar» al pensador racional que hay en ti, a la parte responsable de tus comportamientos adultos, por lo demás seguros y beneficiosos. Así que deja a un lado las hojas de cálculo y da rienda suelta a tu cerebro; investiga lo absurdo; mira más allá de donde te alcanza la vista; difumina la línea entre la fantasía y la realidad.

La investigación demuestra que el pensamiento divergente es un puente hacia la creatividad. Y lo es porque potencia la capacidad humana para descubrir soluciones innovadoras y hacer nuevas asociaciones. En otras palabras, permite comparar y conectar manzanas y naranjas.[27]

Consideremos el estudio de tres profesores de la Escuela de Negocios de Harvard, que plantearon a sus participantes un difícil reto ético:[28] una situación en la que la elección ética no era obvia. Asignaron a los participantes a uno de dos grupos. A los miembros de uno les preguntaron: «¿Qué *deberías* hacer?». A los del otro: «¿Qué *podrías* hacer?». El grupo «debería» se centró en las soluciones más obvias —que muchas veces no son las mejores—, pero el grupo «podría» mantuvo la mente abierta y generó una gama más amplia de enfoques posibles. Estos investigadores lo explican así: «La gente suele beneficiarse de una mentalidad de "podría", que implica una exploración más amplia de posibles soluciones antes de tomar una decisión final». Otro estudio similar llegó a la misma conclusión. En él, los participantes a los que se les dijo: «El objeto A *podría* ser un juguete para masticar de perro» (en vez de: «El objeto A *es* un juguete para masticar de perro») generaron una mayor variedad de usos para el juguete.[29]

Por supuesto, es tentador saltarse el pensamiento divergente y recurrir al convergente: evaluar lo que es fácil, lo que es probable, lo que es factible. El pensamiento convergente es como hacer un examen tipo test, con respuestas de opción múltiple: eliges de un menú limitado y predeterminado, no puedes escribir una nueva respuesta. Es decir, asumes, como hicieron las abejas, que solo hay una salida: volar hacia la luz. Como señala Justin Berg, profesor de empresariales en Stanford: «El pensamiento convergente por sí solo es peligroso, porque te basas en exclusiva en el pasado. [Pero] Lo que tendrá éxito en el futuro puede no parecerse a lo que tuvo éxito en el pasado».[30]

Para contrastar esta hipótesis, Berg puso en marcha un estudio sobre los artistas del Cirque du Soleil.[31] En él evaluó el papel que desempeñan los creadores, que producen ideas para nuevos números de circo, y los directores, que deciden si se incluyen en los espectáculos. Y descubrió que los gestores ofrecían un rendimiento pésimo a la hora de predecir el éxito de los nuevos números de circo: se basaban demasiado en el pensamiento convergente y preferían lo convencional a lo novedoso. Por su parte, los creadores, aunque sobrestimaban las posibilidades de sus propias ideas, eran mucho más precisos que los directores al juzgar las de los nuevos números de sus compañeros. Su capacidad para pensar de forma divergente, junto con el hecho de tomar distancia de las ideas, les dio una ventaja significativa.

Ahora bien, el pensamiento divergente *no* implica tener ideas felices, esparcir un poco de polvo de hadas y verlas echar a volar. Al contrario, hace falta que al idealismo lo siga el pragmatismo del pensamiento convergente. El historiador de la ciencia Steve Johnson lo explica así: «El proceso creativo no es un estado, sino la capacidad de moverse entre diferentes estados mentales».[32] Recordemos que el ciclo entre momentos de soledad y momentos de colaboración crea el ambiente óptimo para la creatividad. Pues aquí la idea es similar: hay que alternar entre la mentalidad de mosca y la de abeja, pero hay que hacer las cosas en el orden correcto. Primero, generar ideas antes de empezar a evaluarlas y eliminarlas. Porque si se acorta el proceso de acumulación —si se empieza enseguida a pensar en las consecuencias— se corre el riesgo de obstaculizar la creatividad.

Todo el mundo ha estado alguna vez en una reunión así: gente está sentada en torno a una gran mesa, con tazas de café tibio medio vacías esparcidas por ahí, para «aportar ideas» y «explorar opciones». Pero en lugar de considerar ideas todos se dedican a rechazarlas. «Ya lo hemos intentado antes», «No tenemos presupuesto», «La dirección nunca lo aprobaría»... De ese modo, la generación de ideas se detiene incluso antes de empezar. Y, como resultado, en vez de intentar algo nuevo se acaba haciendo lo mismo que ayer. El objetivo debe ser resistir la tendencia a activar el pensamiento convergente mediante la típica actitud de «esto no se puede hacer». En su lugar, hay que empezar con una mentalidad divergente: «Esto *podría hacerse* si...».

En realidad, sabemos muy poco sobre el funcionamiento del cerebro. Aun así, hay teorías que postulan que la generación de ideas y su evaluación tienen lugar en diferentes partes del cerebro.[33] Por ejemplo, unos investigadores de la Universidad de Haifa utilizaron una máquina de resonancia magnética funcional (fMRI) para evaluar cuánto oxígeno consumen las distintas partes del cerebro durante las tareas creativas. Ellos descubrieron que los individuos más creativos tenían una menor actividad en las secciones del cerebro asociadas a la evaluación.[34]

Así, debido a las diferencias entre la generación y la evaluación de ideas, muchos escritores separan la fase de redacción de la de corrección, ya que la redacción es más adecuada para el pensamiento divergente y la edición, para el convergente. Durante mi investigación para este libro, recopilé grandes cantidades de información de cualquier fuente que pudiera encontrar. En otras palabras, adopté una definición amplia del término *relevante,* pecando de exceso de inclusión y rebotando de un lado a otro de la botella. Apliqué un enfoque similar a la hora de escribir el primer borrador —sin dar demasiadas vueltas a cuestiones como la estructura, la ortografía o la gramática—: me limité a escribir una frase cutre tras otra. Es decir, mi proceso de redacción inicial, parafraseando a la autora Shannon Hale, fue como echar arena en una caja para poder construir después un castillo. Solo en la fase de revisión activé el pensamiento convergente y me centré en construir un castillo con sentido a partir de la arena que había recogido (gran parte de la cual, por cierto, la tuve que tirar). Pero cuando solo hay una hoja en blanco es mejor mantener la mente abierta y no dejar que la construcción del castillo predomine sobre la recogida de arena.

Comenzar con el pensamiento divergente también es importante porque, en las etapas iniciales de la formación de ideas, es difícil juzgar lo que es útil y lo que no. Cuando Benjamín Franklin estaba viendo despegar el primer globo aerostático con seres humanos a bordo, en 1783, alguien le preguntó: «¿De qué sirve volar?». Se dice que Franklin respondió: «Es un niño que acaba de nacer, no se puede saber qué llegará a ser».[35] Dejando a un lado el milagro que en sí supone volar, ¿quién podía imaginar en el siglo XVIII que los globos se usarían algún día para llevar una tecnología mágica llamada internet a los confines del planeta?

Avancemos de nuevo hasta el siglo XXI. En solo una década, el pensamiento divergente produjo tres formas muy diferentes de aterrizar en Marte, en tres misiones. Los Mars Exploration Rovers, lanzados en 2003, usaron vehículos envueltos en bolsas de aire; y la misión Phoenix, lanzada en 2008, empleó un módulo de aterrizaje con patas.[36] Pero estos mecanismos no servirían para el Curiosity, un vehículo de una tonelada —más parecido a un Humvee— lanzado en 2011 con una carga útil diez veces superior a la de los vehículos anteriores.[37] Para que semejante mamotreto aterrizara con suavidad en la superficie marciana, el equipo le colocó a la espalda una mochila propulsora de ocho motores; está bajó el vehículo a la superficie, se separó de él, volvió a acelerar y se estrelló a varios cientos de metros del primer punto. Aquel sistema de aterrizaje parecía «algo como lo que Wile E. Coyote podría montar con los productos de la compañía ACME», como lo describe el ingeniero de la NASA Adam Steltzner.

Jaime Waydo, que coordinó el diseño del sistema de movilidad del Curiosity, es partidaria de las soluciones imaginativas. Como ella misma me contó: «Me preocupa que estemos programando a la gente para que haga lo más seguro. Porque las respuestas seguras nunca cambiarán el mundo».

Esta tendencia en apostar por lo que parece imposible se remonta a los primeros años escolares de Waydo. Su profesor de Matemáticas, impresionado por la perspicacia de Waydo para esta materia y las ciencias en general, le dijo que debería pensar en estudiar para ser ingeniera. «¿La ingeniería no es algo que hacen los hombres?», le preguntó Waydo. «Cuando mi madre fue a la universidad, podía ser profesora o psicóloga, ya que eso era lo que hacían las mujeres. En su generación había roles profesionales muy claros para las mujeres».

Pero su profesor de Matemáticas la animó a obviar ese histórico desequilibrio en la ingeniería y a perseguir lo que le parecía un «imposible de género». Al final, ella se licenció en Ingeniería Mecánica y Aeroespacial, y luego aceptó un trabajo en el Laboratorio de Propulsión a Reacción de la NASA, para diseñar exploradores marcianos. De este modo se sumó al creciente número de mujeres que recorrían los pasillos de los centros de investigación de ciencia de cohetes, hasta entonces repletos de hombres.

Por tanto, a quienes sientan la tentación de ir a lo seguro —asumiendo que la luz señala la única salida de la botella— Waydo les aconseja tener en cuenta la recompensa. Porque arriesgarse con grandes ideas —como usar una mochila propulsora para posar un Humvee en Marte o seguir una carrera profesional que desafíe los estereotipos— es más fácil cuando la recompensa potencial es grande. En el caso del Curiosity, «es que tenemos un Humvee circulando por Marte, explorándolo y desvelando los secretos del sistema solar», dice Waydo. ¿Y para ella cuál es recompensa? Bueno, contribuyó a llevar tres robots a Marte y más tarde fabricó coches autónomos, logros que trascienden a Waydo para beneficiar a todas las personas que tienen limitada su movilidad.

Si todavía te cuesta activar esos músculos del pensamiento divergente, incluso con la recompensa en mente, la siguiente sección te facilitará una mochila propulsora que puedes usar para potenciar tu propia visión.

Sacudir el cerebro

Hubo un tipo que se hizo famoso en los años setenta por levantar pesas. Puede que hayas oído hablar de él, que hayas visto alguna de sus películas... o que incluso haya sido gobernador de tu estado.

El mayor obstáculo para alcanzar un gran nivel muscular gracias al entrenamiento con pesas, según Arnold Schwarzenegger, «es que el cuerpo se adapta muy rápido. Haz la misma secuencia de levantamientos todos los días y aunque sigas añadiendo peso verás que el crecimiento muscular se ralentiza y luego se detiene; los músculos se vuelven muy eficientes a la hora de desarrollar la secuencia que esperan».[38]

En otras palabras, los músculos tienen memoria. Tras seguir una rutina monótona, empiezan a pensar: «Sé exactamente lo que me vas a hacer pasar hoy. Te subirás a la cinta de correr y correrás 30 minutos, con un margen de error de 3 minutos. Todos los lunes, harás pesas en banco y flexiones de brazos. Te tengo fichado y puedo gestionarlo». Así que la solución de Schwarzenegger para el estancamiento fue dar un *shock* a los músculos: hacer ejercicios de diferentes tipos, con distintas repeticiones y pesos, a los que sus músculos aún no se habían acostumbrado.[39]

La conclusión que podemos sacar de esto es: lo regular te hace vulnerable. Lo irregular te hace ágil.

El cerebro funciona de la misma manera. Si se deja a su aire, la mente busca la ruta más fácil; el orden y la previsibilidad se interponen en el camino de la creatividad.[40] Por eso tenemos que provocar y sacudir nuestras mentes del mismo modo que Schwarzenegger sacudió sus músculos.

Y es que la neuroplasticidad es algo real. Tus neuronas, igual que tus músculos, pueden reconectarse y crecer gracias a la incomodidad. Como explica Norman Doidge, uno de los mayores expertos en neuroplasticidad, el cerebro puede «cambiar su propia estructura y función en respuesta a la actividad y la experiencia mental».[41] Es decir, a través de repeticiones y series, los experimentos mentales y el pensamiento imposible obligan a nuestra mente a superar el ritmo cotidiano.

Por eso, *imposible* era el mejor cumplido que le podían hacer al físico ganador del Nobel Richard Feynman. Para Feynman, *imposible* no significaba inalcanzable o ridículo,[42] sino más bien: «¡Vaya! Aquí hay algo sorprendente que contradice lo que normalmente esperaríamos que fuera cierto. Merece la pena tratar de entenderlo». Michio Kaku, coautor de la teoría de cuerdas, estaría de acuerdo, pues dice: «Lo que solemos considerar imposible no son más que problemas de ingeniería. No hay ninguna ley de la física que impida resolverlos». [43]

La investigación apoya la existencia de un vínculo entre las contradicciones cognitivas y la creatividad. Cuando nos exponemos a lo que los psicólogos llaman una «amenaza de significado» —algo que no tiene sentido—, la sensación de desorientación resultante puede llevarnos a buscar el significado y la asociación en otra parte.[44] Como señalan Adam Morgan y Mark Barden, las ideas que parecen contradictorias «nos confunden lo suficiente como para empezar a establecer nuevas sinapsis».[45] En un estudio al respecto, la lectura de un cuento absurdo de Franz Kafka, acompañado de ilustraciones igualmente absurdas, aumentó la capacidad de los participantes para reconocer patrones novedosos (en otras palabras, conectar manzanas y naranjas).[46]

Una forma de sorprender a tu cerebro y generar ideas descabelladas es preguntarte cómo sería una solución de ciencia ficción. Porque la ficción nos transporta a una realidad muy distinta de la nuestra sin necesidad de levantarnos del sofá. Julio Verne dijo una vez: «Todo lo que un hombre puede imaginar, otro hombre puede hacerlo realidad».[47] El propio experimento mental que dio lugar a la difusión de internet a través de repetidores-globo, en el Proyecto Loon, parece sacado de *La vuelta al mundo en ochenta días*, de Verne. Y otros libros de este autor, en concreto *Veinte mil leguas de viaje submarino* y *Robur el conquistador*, inspiraron a los inventores del submarino y el helicóptero.[48] Por su parte, Robert Goddard, que inventó el primer cohete de combustible líquido, quedó fascinado por *La guerra de los mundos*, de H. G. Wells, una novela sobre una invasión marciana, y decidió dedicar su vida a hacer posibles los vuelos espaciales. Y el autor de ciencia ficción Neal Stephenson fue uno de los primeros trabajadores de Blue Origin, de Bezos. A Stephenson se le encomendó la tarea de imaginar formas de viajar al espacio sin cohetes convencionales (algunas de sus ideas implicaban el uso de ascensores espaciales y láseres que propulsaran la nave).[49]

Pero el pensamiento de ciencia ficción no está reservado solo a los grandes inventos. Por ejemplo, hubo una empresa que fabricaba piezas para aviones[50] y cuyo proceso de inspección era innecesariamente largo, sobre todo porque insertar de forma correcta una cámara de vídeo en una pieza les llevaba siete horas. Un auxiliar administrativo de la compañía, inspirado por la película *Minority Report*, planteó un experimento mental: ¿por qué no enviamos una araña robótica a la pieza, como en la película? El jefe del departamento de tecnología se quedó intrigado; probó la idea y aquello funcionó de forma espectacular. Al final, esa sencilla solución redujo el tiempo de inspección en un 85 %.

Musk, de hecho, atribuye a los libros de Asimov el mérito de haber estimulado su pensamiento sobre el futuro (hasta el punto de que SpaceX presentó la *Trilogía de la Fundación*, de este autor, a bordo del vehículo Falcon Heavy en febrero de 2018). En la serie de la Fundación, un visionario llamado Hari Seldon prevé las edades oscuras que acechan a la humanidad e idea un plan para colonizar planetas lejanos. Musk dice que «lo que aprendí de eso» es que los humanos deben «prolongar la civilización, minimizar la probabilidad de una edad oscura y reducir la duración de esta, si la hay».[51]

Las personas que, como Musk, insisten en hacer realidad la ciencia ficción son tachadas de poco razonables. Y Musk pone sin duda de su parte para potenciar esa imagen: cada vez que abre la boca da una razón para dudar de él. El consultor aeroespacial Jim Cantrell, al recordar sus primeros encuentros, dice que pensaba que Musk estaba loco.[52] Cuando Musk empezó a plantearse una misión a Marte, llamó a Cantrell de improviso, se presentó ante él como un multimillonario de internet y le habló de sus planes para crear una «especie multiplanetaria». Le propuso ir a su casa en su *jet* privado, pero Cantrell dijo que no. «A decir verdad, prefería reunirme con él en un lugar donde no pudiera llevar un arma». Así que se encontraron en la sala de un aeropuerto de Salt Lake City. Y allí Cantrell pensó que por muy descabellada que sonara la visión de Musk era demasiado tentadora. Así que le dijo: «De acuerdo, Elon, formemos un equipo y veamos cuánto va a costar esto».[53]

Tom Mueller, uno de los primeros trabajadores de SpaceX, ha experimentado con frecuencia la misma reacción ante Musk. «Hubo momentos en los que pensé que [Musk] estaba loco», dice. Cuando se conocieron, Mueller era un científico de cohetes frustrado que trabajaba en TRW, una gran empresa aeroespacial que luego fue adquirida por Northrop Grumman. Allí sentía que sus ideas sobre el diseño de motores se ahogaban entre tanta burocracia, así que empezó a diseñarlos en su garaje.[54] Musk visitó a Mueller y le preguntó si podría fabricar un motor de cohete barato pero fiable para SpaceX.[55] «¿Cuánto crees que podemos bajar el coste de un motor?», preguntó Musk. Mueller respondió: «Oh, probablemente un tercio». Musk dijo: «Necesitamos que sea diez veces menor». Mueller pensó que aquello era pura fantasía. «Pero al final… ¡nos aproximamos bastante a esa cifra!».[56]

Si pretendes «dejar huella en el universo*» debes ser lo bastante irracional como para pensar que eres capaz de entrometerte con lo que sucede en él. ¿No es razonable? *Universe-denter* es el nombre que se le da en inglés a quien hace algo que no entendemos. Unos cuantos siglos atrás era el colmo de la sinrazón afirmar que la Tierra era redonda y no plana, o que giraba alrededor del Sol y no al revés. Cuando Goddard sugirió que los cohetes podían funcionar en el vacío del espacio, el *New York Times* lo ridiculizó así en un editorial de 1920: «Ese profesor Goddard, con su "cátedra" en el Clark College… parece carecer de los conocimientos que se aprenden en el instituto». (El periódico publicó más tarde una disculpa a Goddard).

* *Universe-denter* en el original (N. de la T.).

¿La promesa de Kennedy de llegar a la Luna en menos de una década? Imposible. ¿Los intentos de Marie Curie de superar las barreras de género en la ciencia? Descabellados. ¿La visión de Nikola Tesla de un sistema inalámbrico para transmitir información? Ciencia ficción.

Con frecuencia, nuestras metas no son lo bastante inalcanzables. Si la gente quiere reírse de tu aparente ingenuidad o llamarte irracional, presume de ello, lúcelo como una medalla. Sam Altman dijo que «la mayoría de las personas de gran éxito han acertado sobre el futuro, al menos una vez, cuando la gente pensaba que estaban equivocadas. Si no, se habrían enfrentado a una competencia mucho mayor».[57] Dicho de otro modo, el hazmerreír de hoy es el visionario de mañana. Tú serás quien se ría cuando cruces la línea de meta.

No obstante, sacudir el cerebro pensando lo imposible no implica dejar de considerar los aspectos prácticos. Una vez que tengamos nuestras ideas descabelladas, podemos contrastarlas con la realidad pasando del pensamiento divergente al convergente, del idealismo al pragmatismo. En las dos próximas secciones aprenderemos de la experiencia de dos empresas que han asumido esta mentalidad.

El negocio de los imposibles

El diseño de proyectos lunares para X no estaba en la agenda de Obi Felten cuando recibió una llamada de Astro Teller, director general de X. Felten es una especie de mujer del Renacimiento moderna, una polímata que se siente tan cómoda hablando de *hardware* con los ingenieros como elaborando un plan de *marketing*. Se crio en Berlín y vio caer el muro. Estudió en Oxford y se licenció en Filosofía y Psicología. Más tarde se incorporó a Google como directora de Marketing de Consumo para Europa, Oriente Medio y África.[58] Y, cuando estaba en la cima del *marketing*, una llamada de Teller lo cambió todo.

En aquella conversación, Teller le explicó a Felten los atrevidos proyectos que X estaba incubando, como los coches autoconducidos o la difusión de internet a través de repetidores-globo. Ella le respondió con preguntas que Teller no había oído jamás: «¿Es legal lo que estáis haciendo? ¿Habéis hablado de ello con algún Gobierno u organismo regulador? ¿Vais a colaborar con otras empresas? ¿Tenéis un plan de negocio?».[59]

Teller no tenía respuestas a todo eso. «Oh, nadie piensa de verdad en ninguno de esos problemas. Somos ingenieros y científicos, solo nos planteamos cómo hacer volar los globos».

Así que Felten se incorporó a la empresa para ocuparse de pensar en los problemas prácticos. Porque puede que X sea una fábrica de imposibles, pero sigue siendo una fábrica. Es decir, debe fabricar productos rentables. Felten me explicó que «cuando llegué, X era un lugar increíble, lleno de frikis muy muy muy frikis, la mayoría de los cuales nunca había lanzado un producto al mercado».[60]

La verdad es que los idealistas puros no suelen ser grandes empresarios. Pensemos en Tesla, uno de los mayores inventores de todos los tiempos. Larry Page, cofundador de Google, dice que la suya «es una historia muy triste. No pudo comercializar nada, apenas pudo financiar su propia investigación».[61] Así, aunque Tesla —al que Edison llamaba, de forma peyorativa, «poeta de la ciencia»— dejó un legado de 300 patentes, murió sin dinero, en un hotel de Nueva York.[62] Reflexionando sobre esta historia, Page sostiene que «debes lograr que [tu invento] llegue al mundo; tienes que producir, [y] ganar dinero con ello».

Así pues, para que los inventos de X llegasen al mundo real, Felten fue nombrada «jefa de la preparación de los imposibles para el mundo real» (sí, ese es su verdadero cargo). Durante su primer año en X dirigió el área de *marketing* de la empresa, creó los equipos de relaciones legales y gubernamentales y redactó el primer plan de negocio de Loon.[63]

Cuando X empieza a dar vueltas a las ideas relacionadas con los imposibles, predomina el pensamiento divergente. Felten me contó que «en las primeras etapas de la generación de idea el pensamiento de ciencia ficción tiene un gran valor. Si no desafía las leyes de la física, cualquier idea es potencialmente válida».[64]

Estas ideas son cultivadas por un equipo multidisciplinar de polímatas predispuestos al juego combinatorio. Dice Felten que «las mejores ideas provienen de grandes equipos, no de grandes individuos».[65] Además, X ha llevado la diversidad cognitiva a otro nivel; en su plantilla hay bomberos y costureras, concertistas y diplomáticos, políticos y periodistas. Se puede encontrar a un ingeniero aeroespacial trabajando con un diseñador de moda o a un militar veterano de operaciones especiales discutiendo ideas con un experto en láser.[66]

X quiere lograr que el pensamiento imposible sea la nueva norma. Para ello, la empresa pretende entrenar la musculatura mental de su equipo. Uno de los ejercicios que practican es la «tormenta de ideas malas», algo que puede parecer extraño —al fin y al cabo, ¿por qué perder el tiempo con malas ideas?— si no se tienen en cuenta las razones de X, que explica Teller: «No se puede llegar a las buenas ideas sin pasar mucho tiempo calentando la creatividad con un montón de ideas malas. Una idea terrible suele ser prima de una buena, y vecina de una excelente».[67]

Luego, a medida que las ideas de posibles proyectos descienden por el embudo, el pensamiento divergente se transforma en convergente. Esa primera etapa, en la que las ideas descabelladas chocan con la realidad, se llama evaluación rápida. El trabajo del equipo de evaluación rápida no solo consiste en generar ideas descabelladas, sino también en descartarlas antes de que X empiece a invertir dinero y recursos en ellas. En esta fase, como explica Phil Watson, trabajador de X, «lo primero que nos preguntamos es: ¿esta idea es factible con la tecnología que estará disponible a corto plazo, y aborda la parte correcta de un problema real?».[68] Solo unas pocas de esas ideas —las que logran el «equilibrio adecuado entre osadía y viabilidad»— sobreviven a la evaluación rápida y pasan a la siguiente fase.[69]

Cuando la idea de facilitar la conexión a internet a través de repetidores-globo entró en la fase de evaluación rápida, sus perspectivas de futuro parecían sombrías. Cliff Biffle, de X, cuenta que «pensé que podría demostrar muy rápido que era imposible. Pero fracasé por completo. Fue bastante molesto».[70] Y es que, por muy radical que fuera la solución, Biffle se dio cuenta de que era factible.

Una vez que la idea sobrevive a la evaluación rápida, diferentes equipos dirigidos por Felten y otros colegas recogen el testigo. Estos departamentos toman esas tecnologías de ciencia ficción y sientan las bases para transformarlas en negocios rentables que resuelvan problemas del mundo real. Según Felten, «en el plazo de un año, o bien reducíamos el riesgo del proyecto hasta un punto en el que estuviéramos preparados para desarrollarlo, o bien lo rechazábamos».[71]

Durante este proceso de reducción de riesgos, la red de globos aerostáticos del Proyecto Loon demostró su valía. Las pruebas preliminares —llamadas oficialmente «pruebas Ícaro», por el ambicioso objetivo del equipo de volar alto— parecían prometedoras.[72] Pero había un problema: lo mismo que las alas de Ícaro se derretían a gran altura, los globos se desinflaban en cinco días, un plazo muy inferior al previsto de cien días. Parecían sufrir el mismo tipo de fuga que hace que un globo común se desinfle de forma lamentable al día siguiente de la fiesta de cumpleaños. El equipo —que en ese momento se llamaba Dédalo, por el padre artesano de Ícaro— trabajó muy duro para hallar una solución. En ese momento compararon manzanas y naranjas tomando ideas de otros sectores en los que las fugas también son un factor relevante. Por ejemplo, examinaron el modo en que la industria alimentaria fabrica las bolsas de patatas fritas y las tripas para salchichas.[73] Al final resolvieron el problema y sobrevivieron a los demás intentos de los *Xers* de demostrar que el proyecto era imposible.

Los proyectos, como Loon, que sobreviven a este riguroso proceso de eliminación de riesgos se gradúan en X —los miembros de esos equipos obtienen diplomas reales por ello— y se convierten en empresas independientes. Entre las «graduadas» de X hay empresas que producen coches autónomos, drones o lentes de contacto que miden los niveles de glucosa en sangre. Todas estas ideas parecían ciencia ficción hasta que X logró el equilibrio adecuado entre idealismo y pragmatismo... y las hizo realidad.

En otra empresa de la que ya te he hablado, SpaceX, dos líderes representan estas dos perspectivas de idealismo y pragmatismo. Musk, con sus ideas lunares lanzadas con profusión desde su cuenta de Twitter, es el idealista que da la cara, el cantante de la banda. Sin embargo, entre bastidores hay otra persona que tiene el dificilísimo trabajo de tomar las ideas descabelladas de Musk y hacer de ellas negocios viables. Su nombre es Gwynne Shotwell; es la presidenta y directora del departamento de Operaciones de SpaceX. Shotwell decidió ser ingeniera cuando, de adolescente, asistió a un evento de la Sociedad de Mujeres Ingenieras.[74] Durante una mesa redonda, quedó impresionada por una ingeniera mecánica que tenía una empresa en la que desarrollaban materiales de construcción respetuosos con el medio ambiente. Aquella ponente acabó llevándola a la senda de la ingeniería.

Ahora, más de tres décadas después, Shotwell está en la cima de su disciplina como responsable de operaciones de SpaceX. Entre otras cosas, ella sirve de «puente entre Elon y el personal», dice Hans Koenigsmann, trabajador de SpaceX.[75] «Elon dice que vayamos a Marte y ella responde: "Vale, ¿qué necesitamos para conseguirlo?"». Para financiar ese sueño tan poco convencional de colonizar Marte, Shotwell viaja por todo el mundo buscando oportunidades convencionales para poner en órbita cargas comerciales. En sus comienzos, SpaceX firmó varios contratos, por valor de miles de millones de dólares, con operadores de satélites. Estos contratos son los que continúan pagando las facturas mientras SpaceX trabaja en su objetivo de llevar seres humanos a Marte.

Pero queda otra cuestión importante: incluso si llegamos a Marte, ¿cómo nos asentaremos allí? Entre otras cosas, nuestros colonos marcianos tendrán que extraer materias primas y hielo, e incluso construir túneles y hábitats subterráneos para protegerse de la radiación a largo plazo.[76]

Y claro, para hacer posible la excavación de túneles en Marte primero tenemos que perfeccionarla en la Tierra. Eso, a su vez, requerirá el tipo adecuado de tecnología de perforación del tipo adecuado de empresa de perforación.

Una empresa aburrida

Todo el mundo sabe que el tráfico en Los Ángeles es terrible. Dependiendo del momento del día, puedes estar horas con el coche parado en medio de un atasco, contemplando seriamente la posibilidad de pasar el resto de tu vida en la autopista 405.[77]

Si fueras el típico urbanista responsable de desatascar las arterias de Los Ángeles, te harías las preguntas obvias: ¿cómo podemos animar a la gente a utilizar la bicicleta o el transporte público? ¿Cómo construimos más carreteras? ¿Cómo creamos un carril específico para coches compartidos, de modo que se reduzca el tráfico en las horas punta?

Pero esas preguntas no resolverán el problema; como mucho, supondrán cierta mejora. Esto es así porque, si las analizamos con detenimiento, descubriremos que carecen del razonamiento de los principios básicos. Y es que todas operan bajo una suposición implícita: el tráfico es un problema bidimensional que requiere una solución también bidimensional.

Sin embargo, en lugar de quedarse en dos dimensiones, The Boring Company (La Empresa Aburrida; sí, ese es su nombre real) formuló un experimento mental: ¿y si nos planteamos una tercera dimensión y vamos por encima o por debajo del suelo? En la práctica, esto implicaría la existencia de coches voladores, o bien la posibilidad de conducir por túneles subterráneos.

Si has visto la película *Regreso al futuro* tantas veces como yo, los coches voladores parecen la opción obvia de la ciencia ficción («¿Carreteras? ¡A donde vamos no necesitamos carreteras!»).[78]

Pero, por muy glamurosos que parezcan, los coches voladores tienen ciertos inconvenientes: generan mucho ruido, pueden verse obstaculizados por las condiciones meteorológicas y provocar ansiedad entre los peatones terrestres... por la posible colisión entre un coche volador y una cabeza humana.

En cambio, los túneles subterráneos son resistentes a la intemperie e invisibles para los peatones de la superficie. Además de que, si se hacen a la suficiente profundidad, su construcción y funcionamiento generan un ruido apenas perceptible desde fuera. Por otro lado, y en contra de la creencia popular, los túneles son de los lugares más seguros cuando se produce un terremoto: protegen a sus ocupantes de la caída de escombros y, a diferencia de las estructuras de superficie, se mueven con el suelo cuando este tiembla. Asimismo, por un túnel subterráneo se puede ir desde Westwood (California) hasta el Aeropuerto Internacional de Los Ángeles —una distancia de unos 15 km— en menos de 6 minutos, en vez de los 60 minutos que cuesta ir en hora punta al aire libre.

Pero el problema es el siguiente: la excavación de túneles es muy muy cara, a razón de cientos de millones de dólares por kilómetro.[79] Así que esta limitación, por sí sola, puede hacer que el proyecto resulte prohibitivo desde el punto de vista económico.

Hagamos aquí una pausa. De acuerdo, hemos empezado con el pensamiento divergente (¿cómo generar una solución tridimensional a los atascos?) y nos hemos permitido explorar esta fantasía sin pensar en sus limitaciones prácticas. Ahora cambiaremos al pensamiento convergente y nos ocuparemos, por fin, del tema financiero.

Para que los túneles sean asequibles, el coste de construir cada uno de ellos tiene que reducirse *a una décima parte,* lo que a su vez requiere que las tuneladoras sean mucho más eficientes. En la actualidad, estas máquinas son 14 veces más lentas que un caracol, en gran medida porque la tecnología de perforación de túneles no ha mejorado mucho en los últimos 50 años. The Boring Company cuenta con varias ideas para vencer al caracol: aumentar la potencia de las máquinas, mejorar la eficiencia de las operaciones para reducir el tiempo de inactividad y eliminar a los operadores humanos mediante la automatización de las máquinas. La empresa también planea reciclar la tierra excavada para construir las estructuras de los túneles, lo que ahorraría dinero y reduciría el uso de hormigón, que a su vez disminuiría el impacto medioambiental de la obra.

En 2018, el Ayuntamiento de Chicago seleccionó a The Boring Company para negociar en exclusiva con ella la construcción de un túnel de 18 millas entre el Aeropuerto Internacional O'Hare y el centro de la ciudad.[80] Si se hace el túnel, se espera que el viaje dure 12 minutos; es decir, será tres a cuatro veces más rápido que los métodos de transporte existentes y costará la mitad que yendo en taxi. Más tarde, Las Vegas hizo lo propio y adjudicó a esta empresa el contrato para construir un túnel bajo su centro de convenciones.[81]

El tiempo dirá si The Boring Company gana su carrera contra el caracol. Los proyectos de la empresa están plagados de retos de ingeniería y posibles complicaciones derivadas de las traicioneras condiciones geográficas. Pero sus proyectos tampoco tienen por qué funcionar; incluso si fracasan es probable que generen mejoras en un sector que lleva décadas estancado. Es decir, tomarán lo que era aburrido y lo convertirán en algo emocionante.

....

A los románticos soñadores no se les conoce precisamente por su constancia. Una cosa es prometer la luna en una presentación de PowerPoint y otra muy distinta, cumplirlo. Antoine de Saint Exupéry dijo en una ocasión: «En cuanto al futuro, tu misión no es preverlo, sino hacerlo posible».[82] Dicho de otro modo, por muy creativa que sea tu idea, al final tendrás que sacar a la Shotwell que llevas dentro para fundamentar tu visión y averiguar cómo ponerla en práctica, cómo llegar a esa situación futura. Y para llegar al futuro muchas veces hay que retroceder desde él usando una estrategia poco conocida que se llama «retrospectiva» (*backcasting*).

Regreso al futuro

Para la mayoría de la gente, planificar el futuro significa hacer estimaciones. En las empresas se revisan la oferta y la demanda actuales de recursos y se extrapolan a los próximos meses o años. En la vida personal, las capacidades actuales sirven de guía para suponer lo que se podría llegar a hacer o a ser.

Pero la estimación, por definición, no parte de los principios básicos. Con ella miramos por el retrovisor y a la materia prima que tenemos delante, en lugar de contemplar las posibilidades venideras. Es decir, cuando hacemos estimaciones nos preguntamos qué podemos hacer con lo que tenemos. Y muchas veces el propio *statu quo* forma parte del problema. Ese pronóstico toma todos nuestros prejuicios y suposiciones y los proyecta hacia el futuro. Al hacerlo, restringe de modo artificial nuestra visión de lo que es factible, dadas las circunstancias actuales.

En cambio, la retrospectiva invierte ese guion: en vez de prever el futuro, pretende determinar cómo alcanzar un futuro imaginado. Dice Alan Kay que «la mejor manera de predecir el futuro es inventarlo».[83] Así, en vez de dejar que nuestros recursos orienten la visión, la retrospectiva hace que nuestra visión oriente los recursos.

De este modo, al echar la vista atrás tomamos nuestra ambición e introducimos pasos procesables: visualizamos nuestro trabajo ideal y trazamos una hoja de ruta para llegar a él; imaginamos el producto perfecto y nos preguntamos qué hace falta para fabricarlo. Solo cuando te enfrentes a la perspectiva real de esbozar un plan para el éxito —ahora, no después— te verás en la obligación de separar la realidad de la ficción.

La retrospectiva facilitó el primer intento de llegar a la Luna. La NASA comenzó con el resultado de llevar a seres humanos en la Luna y trabajó hacia atrás determinando los pasos necesarios para lograrlo: primero, hacer despegar un cohete; luego, poner a una persona en órbita alrededor de la Tierra; después, hacer un paseo espacial; más tarde, acoplarse con un vehículo objetivo en órbita terrestre; y enviar una nave espacial tripulada a la Luna para rodearla y volver. Solo después de haber completado estos pasos se intentó un alunizaje.

Amazon adopta una perspectiva similar en sus productos.[84] Los «amazonianos» escriben comunicados de prensa internos para referirse a productos que aún no existen. Cada comunicado funciona como un experimento mental: es la visión inicial de una idea innovadora. En el documento se describe el «problema del cliente, cómo fallan las soluciones actuales (internas o externas) y de qué manera arrasará el nuevo producto con las soluciones existentes». A continuación, el comunicado se presenta a la empresa con el mismo entusiasmo que acompaña al lanzamiento público de un producto acabado. «Solo financiamos cosas que podemos articular de forma nítida», explica Jeff Wilke, de Amazon.

Esta articulación es nítida hasta tal punto que los comunicados de prensa incluyen una lista de seis páginas de hipotéticas preguntas frecuentes de los clientes. Este ejercicio obliga al equipo de expertos de Amazon a ponerse en la piel de quienes no lo son y ver el producto desde su perspectiva; los obliga a plantear preguntas «estúpidas» y a darles respuesta incluso antes de que el producto se fabrique.

Por tanto, mediante la retrospectiva Amazon puede hacer una evaluación barata de esas ideas. Así lo explica Ian McAllister, de Amazon: «Insistir sobre un comunicado de prensa es mucho menos costoso que hacerlo sobre el propio producto (¡y más rápido!)». La retrospectiva también permite a Amazon centrarse en su objetivo final: la satisfacción del cliente. Al redactar esos comunicados, la empresa no trabaja hacia atrás a partir de un producto terminado, sino desde un cliente satisfecho. Para ello, incluye el testimonio de un hipotético cliente que habla maravillas del producto. Pero tampoco es un ejercicio de autoengaño que dé por sentado que el producto va a entusiasmar a todos los clientes. Al redactar sus notas de prensa, los empleados de Amazon también se preguntan: ¿qué es lo que más decepcionará a los clientes en la primera versión de la oferta?

Ese comunicado de prensa, una vez escrito, no se archiva; sirve de guía al equipo durante todo el proceso de desarrollo. En cada etapa, se preguntan: ¿estamos haciendo lo que decía la nota de prensa? Si la respuesta es no, se hace una pausa y se reflexiona. Cualquier desviación significativa de la trayectoria inicial puede requerir una corrección del rumbo.

Sin embargo, es igual de importante no tomarse el comunicado de prensa como si fuera la Biblia. Lo explica muy bien el empresario y escritor Derek Sivers: «Los sueños detallados te impiden ver nuevos métodos».[85] Y es que los detalles de tu comunicado de prensa pueden quedarse desfasados muy pronto, a medida que el mundo cambia. Esos aspectos obsoletos no deben tapar la visión general. En otras palabras, no mantengas el rumbo solo por mantenerlo.

Al hacernos mirar con detenimiento el camino hacia un destino, la retrospectiva también nos proporciona un aleccionador contraste con la realidad. Dicho de otro modo, solemos enamorarnos de un destino, pero no del camino: no queremos escalar una montaña, sino haberla escalado; no queremos escribir un libro, sino haberlo escrito.

En cambio, la retrospectiva te hace fijarte en el camino. Si quieres escalar una montaña te imaginarás entrenando con la mochila puesta, haciendo senderismo a gran altura para acostumbrarte a un entorno con poco oxígeno, subiendo escaleras para fortalecer los músculos y corriendo para mejorar la resistencia. Si quieres escribir un libro, te imaginarás frente a tu ordenador, todos los días durante dos años, tecleando una palabra torpe tras otra, redactando un espantoso borrador de capítulo tras otro, puliendo, retocando y volviendo a retocar —aunque no te apetezca—, sin obtener reconocimiento ni elogios.

Si al hacer este ejercicio la idea te parece una tortura, entonces deja de hacerlo. Pero si algo de todo ello te parece extrañamente divertido —como lo es para mí escribir—, entonces, por supuesto, hazlo. Gracias a esta reorientación también te condicionas para obtener un valor intrínseco del proceso, en lugar de perseguir solo los resultados.

Una vez que tengas tu hoja de ruta es el momento de aplicar la estrategia del mono primero.

El mono primero

Te acaban de encargar un proyecto especialmente ambicioso en el trabajo. Tu jefe te dice que tienes que conseguir que un mono se suba a un pedestal y recite pasajes de Shakespeare. ¿Cómo empiezas?

Si eres como la mayoría de la gente, empezarás por fabricar un pedestal. Como señala Teller, en algún momento «el jefe se va a pasar por aquí y te va a pedir que lo pongas al día, y tú quieres poder mostrarle algo que no sea una larga lista de razones por las que enseñar a un mono a hablar es muy *muy* difícil». Preferirías que tu jefe te diera una palmadita en la espalda y te dijera: «¡Eh, bonito pedestal, buen trabajo!».[86] Así que fabricas el pedestal y esperas a que un mono capaz de recitar a Shakespeare se materialice como por ensalmo.

Pero ahí está el problema: fabricar el pedestal es la parte fácil. Teller dice que «siempre se puede hacer el pedestal. Todo el riesgo y el aprendizaje proviene del durísimo trabajo de entrenar primero al mono».[87] Es decir, si el proyecto tiene un talón de Aquiles —si no se puede entrenar al mono para que hable, y mucho menos para que recite a Shakespeare— hay que saberlo desde el principio.

Además, cuanto más tiempo dediques al pedestal, más difícil te será renunciar a los objetivos sin sentido. Esto se conoce como la «falacia de los costes irrecuperables». Los seres humanos sentimos un apego irracional a nuestras inversiones. Cuanto más invertimos en tiempo, esfuerzo o dinero, más difícil nos resulta cambiar de rumbo: seguimos leyendo un libro terrible porque ya hemos dedicado una hora a leer los primeros capítulos; o mantenemos una relación disfuncional porque llevamos ocho meses con esa persona.

Así que, para contrarrestar la falacia de los costes irrecuperables, pon el mono en primer lugar: aborda antes que nada la parte más difícil de lo imposible. Empezar por el mono garantiza que tu iniciativa tendrá una buena oportunidad de ser viable *antes* de que hayas invertido grandes cantidades de recursos en el proyecto.

La actitud de «el mono primero» implica el desarrollo de un conjunto de «indicadores de muerte», como los llama X: un conjunto de criterios de «sí» o «no» para determinar cuándo seguir adelante y cuándo tirar la toalla.[88] Esos criterios deben definirse al principio —cuando se goza de una relativa lucidez—, antes de que las inversiones emocionales y financieras puedan desencadenar la falacia de los costes irrecuperables y nublar el juicio.

Este planteamiento hizo fracasar un proyecto llamado Foghorn en X.[89] La empresa parecía prometedora al principio: un miembro de X había leído un artículo sobre un método para extraer el dióxido de carbono del agua del mar y convertirlo en un combustible líquido y asequible que podría sustituir a la gasolina. La tecnología parecía sacada de una película de ciencia ficción, así que X —fiel a su estilo— la aceptó.

Antes de empezar a transformar la ficción en realidad, los miembros del equipo Foghorn fijaron un indicador de eliminación. En aquel momento, la gasolina costaba 8 dólares por galón en los mercados más caros. El equipo se propuso, en un plazo de cinco años, producir el equivalente a un galón de gasolina a 5 dólares, dejando espacio para un cierto margen de beneficio y otros gastos.

Pero resultó que aquella tecnología era el pedestal: el equipo descubrió que era hasta cierto punto fácil convertir el agua de mar en combustible. Pero el mono era el coste: el proceso era caro, sobre todo ante el descenso de los precios de la gasolina. Cuando los miembros del equipo comprendieron que el proyecto no sobreviviría a los criterios de muerte decidieron cerrarlo. La directora del proyecto, Kathy Hannun, comentó que, aunque la decisión fue dolorosa, «el sólido modelo tecnoeconómico que desarrollamos al principio de la investigación hizo evidente que era lo que había que hacer».

Ya hemos visto que es mucho más seguro fabricar un pedestal que conseguir que un mono hable. No sabemos cómo entrenar a un mono, pero sí sabemos hacer pedestales, así que los hacemos. Y nos pasamos la vida haciendo lo que mejor sabemos hacer —escribiendo correos electrónicos, asistiendo a reuniones interminables— en vez de abordar la parte más difícil de un proyecto.

Ahora bien, la fabricación de pedestales no está del todo injustificada. Al fin y al cabo, el proyecto requiere que el mono se suba a un pedestal, por lo que montarlo nos da la satisfacción de «hacer algo» y obtener una cierta sensación de progreso mientras posponemos lo inevitable. Todo este trabajo parece productivo, pero no lo es. Hemos fabricado un hermoso pedestal, pero el mono sigue sin hablar.

La cuestión es que lo fácil con frecuencia no es importante, mientras que lo importante no suele ser fácil.

Al final, tenemos dos opciones: o seguimos fabricando pedestales y esperamos a que aparezca un mono mágico recitando a Shakespeare (*spoiler*: no existen los monos mágicos), o bien nos centramos en lo importante y no en lo fácil, e intentamos enseñar a ese mono a hablar, sílaba a sílaba.

....

HAY UNA ESCENA al principio de la película *Apolo 13* en la que Jim Lovell, el comandante de apoyo de la misión Apolo 11, observa con admiración a Armstrong y Aldrin dar sus primeros pasos en la superficie lunar. Y Lovell dice: «No es un milagro. Simplemente decidimos ir».

A eso me refiero: no se trata de un optimismo sin límites, una actitud según la cual si soñamos a lo grande el Eagle se materializará por arte de magia en la base Tranquility. Se trata más bien de una combinación de optimismo y pragmatismo: la osadía que mezcla los sueños con un plan paso a paso para convertir en realidad lo que parece irracional. George Bernard Shaw dijo una vez: «El hombre racional se adapta al mundo, [pero] el irracional persiste en tratar de adaptar el mundo a sí mismo. Por lo tanto, todo el progreso depende del hombre irracional».[90]

Ese es mi imposible para ti: sé más irracional. Los avances, después de todo, solo son lógicos, racionales, en perspectiva. «El día antes de un gran avance, este es solo una idea descabellada», dice el ingeniero aeroespacial Burt Rutan, que diseñó la primera nave financiada con fondos privados que llegó al espacio.[91] Es decir, si nos limitamos a lo que es posible con lo que tenemos, nunca alcanzaremos la velocidad de escape ni crearemos un futuro que merezca la pena.

Al final, todos los imposibles son irrealizables.

Hasta que te decides a hacerlo.

Visita **ozanvarol.com/rocket** para descargarte cuadernillos de ejercicios, retos y ejemplos que te ayudarán a poner en práctica las estrategias analizadas en este capítulo.

SEGUNDA ETAPA

ACELERACIÓN

En esta segunda etapa del libro aprenderás a potenciar las ideas que generaste en la primera. Descubrirás cómo replantear las preguntas para obtener mejores respuestas, por qué equivocarse es el camino hacia lo correcto y cómo hacer pruebas y experimentar igual que un científico espacial para asegurarte de que tu idea tiene la mejor pista de aterrizaje.

5

¿Y SI ENVIAMOS DOS VEHÍCULOS EXPLORADORES EN LUGAR DE UNO?

Cómo reformular las preguntas para obtener mejores respuestas

Un problema bien definido es un problema medio resuelto.

ANÓNIMO

Aterrizar en Marte es como ejecutar una coreografía cósmica perfecta.[1] «Si algo no funciona bien, se acabó el juego», explicó el ingeniero de la NASA Tom Rivellini.[2]

Por un lado, Marte es un objetivo que se mueve muy rápido. Dependiendo de su alineación con la Tierra, el planeta rojo está a entre 35 y 250 millones de millas de distancia, orbitando alrededor del Sol a más de 50.000 millas por hora.[3] Así que aterrizar en un punto concreto y en un momento determinado requiere algo así como acertar en el centro de una diana interplanetaria.

Pero la parte más peligrosa de este viaje no son los seis meses que suele tardar una nave en ir de la Tierra a Marte cuando los dos planetas están más cerca el uno del otro; más bien son los seis minutos de terror al final del trayecto, cuando la nave se aproxima, desciende y (con suerte) aterriza en la superficie marciana.

Durante el viaje, el típico módulo de aterrizaje en Marte descansa dentro de una carcasa de dos partes —una especie de capullo—, con un escudo térmico delante y otro similar en el lado opuesto. Cuando la nave entra en contacto con la atmósfera marciana, atraviesa el espacio a más de 16 veces la velocidad del sonido. En unos seis minutos debe reducir su velocidad desde las 12.000 millas por hora para aterrizar con seguridad. A medida que la nave atraviesa la atmósfera, la temperatura en el exterior sube a más de 1400 °C (más o menos 2600 °F). El escudo térmico evita que la nave estalle cuando la fricción atmosférica reduce la velocidad a unos 1000 km/h.

Pero eso sigue siendo ir muy rápido. A unos diez kilómetros de la superficie, la nave despliega un paracaídas supersónico y lanza el escudo térmico. Pero el paracaídas no es suficiente para frenarla. La atmósfera marciana es delgada —su densidad es inferior al 1 % de la atmósfera terrestre— y los paracaídas funcionan creando resistencia con las moléculas de aire. Cuantas menos moléculas, menos resistencia. Como resultado, un paracaídas puede reducir la velocidad a solo unos 320 km/h; se necesita algo más para seguir reduciendo, de modo que la nave no choque contra la superficie a la velocidad de un coche de carreras.

En 1999, cuando empecé a trabajar en el equipo de operaciones de lo que más tarde sería la misión Mars Exploration Rovers, ese «algo más» era un aterrizador de tres patas con motores de cohete. Lo que estaba previsto era que, después de la intervención del paracaídas, el módulo de aterrizaje desplegase las tres patas amortiguadoras, que se habían guardado plegadas durante el viaje. A continuación, el módulo encendería sus cohetes y, con ayuda de un radar, bajaría a la superficie para aterrizar de forma suave y estable sobre sus tres patas.

Esa era la teoría. Pero había un problema práctico: el Mars Polar Lander de 1999, que utilizó este sistema de aterrizaje, tuvo una muerte instantánea. Una junta de revisión de la NASA concluyó que era probable que hubiera caído en picado a la superficie tras un apagado prematuro de los motores de sus cohetes.

Desde nuestro punto de vista, este accidente supuso un reto importante; teníamos previsto emplear el mismo sistema de aterrizaje que el Mars Polar Lander... y acababa de fallar de forma espectacular. Por tanto, nuestra misión se quedó en tierra.

Al principio nos hicimos las preguntas obvias: ¿cómo innovar en el diseño defectuoso del Mars Polar Lander? ¿Cómo diseñar mejor un aterrizador de tres patas para garantizar un aterrizaje suave? Pero estas preguntas, como ahora veremos, no eran las correctas.

Este capítulo trata sobre la importancia de buscar una pregunta mejor, en lugar de una respuesta mejor. En la primera parte del libro («Lanzamiento») aprendiste a razonar a partir de los principios básicos y a prender la mecha de tu reflexión mediante los experimentos mentales y la realización de imposibles para generar soluciones radicales a problemas espinosos. Pero a menudo la pregunta que formulamos en un principio no es la mejor posible, ni el primer problema que identificamos es el ideal para ser abordado.

En este capítulo, pues, aprenderemos cómo resistirnos al enfoque inicial de nuestras preguntas y descubriremos la importancia de detectar —no de resolver— el problema correcto. Conocerás las dos preguntas sencillas (en apariencia) que salvaron la misión Mars Exploration Rovers y la estrategia de la que Amazon se sirvió para crear su división más rentable. Te explicaré lo que puedes aprender de un reto en el que la mayoría de los estudiantes de Stanford han fracasado y por qué los grandes jugadores de ajedrez obtienen malos resultados cuando ven una jugada conocida en el tablero. También entenderás por qué la misma pregunta nos proporcionó una tecnología innovadora que usamos todos los días, revolucionó un evento olímpico y dio lugar a una innovadora campaña de *marketing*.

La sentencia antes que el veredicto

La forma en que la mayoría de la gente resuelve los problemas me recuerda a una escena de *Alicia en el país de las maravillas* en la que el Bribón de Corazones está siendo juzgado por un supuesto robo de tartas. Después de presentar las pruebas, el Rey de Corazones, que preside como juez, dice: «Que el jurado considere su veredicto». La impaciente Reina de Corazones interrumpe y replica: «¡No, no! Primero la sentencia. El veredicto después».

De la misma manera, al resolver los problemas de forma instintiva queremos identificar las respuestas cuanto antes y, en lugar de generar hipótesis prudentes, ofrecemos conclusiones temerarias. En lugar de reconocer que los problemas tienen múltiples causas nos quedamos con la primera que se nos ocurre. Los médicos asumen que han dado con el diagnóstico correcto porque lo basan en los síntomas que han visto en el pasado. Y en las salas de juntas de millones de empresas, los ejecutivos, deseosos de parecer resolutivos, se precipitan para ser los primeros en dar la respuesta correcta al problema.

Pero este enfoque pone el carro delante del caballo o la sentencia antes del veredicto. Cuando nos lanzamos enseguida al «modo de respuesta» acabamos centrándonos en el problema equivocado. Al darnos prisa por identificar soluciones —porque nos hemos enamorado de nuestro diagnóstico— la respuesta inicial tapa otras mejores que están a la vista. Cuando la sentencia se anuncia primero, el veredicto es siempre el mismo: culpable. La dificultad reside, como dijo John Maynard Keynes, «no en las nuevas ideas, sino en escapar de las viejas».[4]

Si estamos familiarizados con un problema y creemos tener la respuesta correcta, dejamos de ver alternativas. Esta tendencia se conoce como «efecto Einstellung». En alemán, *einstellung* significa «conjunto», y en este contexto el término se refiere a una actitud mental fija: el enfoque inicial de la pregunta —y la respuesta inicial— se mantienen.

El efecto Einstellung es, en parte, un vestigio de nuestro sistema educativo, en el que se nos enseña a resolver problemas, no a replantearlos. Los problemas se plantean —más bien se imponen— a los estudiantes en forma de conjuntos de problemas —y la expresión «conjunto de problemas» deja claro este enfoque— ya establecidos, y el trabajo de cada estudiante es resolverlos, no modificarlos ni cuestionarlos. Así, un problema típico manifiesta «todas sus restricciones, toda su información dada, de forma exhaustiva y por adelantado», como explica el profesor de secundaria Dan Meyer.[5] A continuación, el alumnado toma ese problema preempaquetado y preaprobado y lo introduce en una fórmula que previamente ha memorizado, la cual, a su vez, escupe la respuesta correcta.

Pero este enfoque está muy desconectado de la realidad. En nuestra vida adulta, los problemas no se nos presentan formados del todo; al contrario, tenemos que encontrarlos, definirlos y redefinirlos por nuestra cuenta. Pero, una vez que detectamos un problema, nuestro condicionamiento educativo entra en acción y nos lanza al modo de respuesta en vez de que nos preguntemos si hay un problema mejor que resolver. Y, aunque de boquilla defendemos la importancia de dar con el problema adecuado, volvemos a usar las mismas tácticas que nos han fallado en el pasado.

Con el paso del tiempo, nos transformamos en un martillo y cada problema parece un clavo. En una encuesta a 106 altos ejecutivos de 91 empresas en 17 países, el 85 % estaba de acuerdo o muy de acuerdo en que sus empresas eran deficientes en la definición de problemas, y que esta debilidad, a su vez, generaba costes significativos.[6] En otro estudio, realizado por el experto en gestión Paul Nutt, se halló que los fracasos empresariales se producen en parte porque los problemas no se definen de manera correcta.[7] Por ejemplo, cuando las empresas detectan un problema publicitario buscan una solución publicitaria y excluyen sin motivo las demás posibilidades. En el estudio citado, los directivos consideraron más de una alternativa en menos del 20% de sus decisiones. Este entorno es, pues, hostil a la innovación. Nutt concluyó que «las soluciones preconcebidas y la búsqueda limitada de opciones son recetas para el fracaso».[8]

Consideremos otro estudio en el que se asignó a jugadores de ajedrez de nivel experto a uno de dos grupos y se les dio un problema de ajedrez para resolver:[9] se pidió a los jugadores que lograran el jaque mate con el menor número de movimientos posible. Para el primer grupo, el tablero contenía dos soluciones: (1) era conocida por cualquier ajedrecista experto y permitía hacer jaque mate en cinco movimientos y (2) era menos conocida, pero mejor, porque lograba el mate en tres movimientos.

Lo sorprendente es que muchos expertos del primer grupo no hallaron la mejor solución. Los investigadores siguieron los movimientos oculares de los jugadores y descubrieron que pasaban gran parte del tiempo rastreando la solución conocida en el tablero. Incluso cuando decían estar buscando alternativas, no podían apartar los ojos de lo que conocían. Es decir, una vez vista la solución conocida —el martillo para su clavo— su rendimiento se reducía de forma significativa, con una desviación típica de 3.

Para el segundo grupo de jugadores los investigadores cambiaron la configuración del tablero, de modo que la solución conocida ya no estuviera disponible, solo la óptima. Bien, pues todos la encontraron. Por tanto, los resultados confirmaron una afirmación atribuida a varios campeones mundiales de ajedrez: «Cuando veas una buena jugada, no la hagas enseguida, busca una mejor».

En nuestro caso, cuando el efecto Einstellung se interponga —cuando no podamos ver la mejor jugada— la solución es cambiar la definición del problema cuestionando la pregunta.

Cuestionar la pregunta

Mark Adler supone la excepción a todos los estereotipos de los ingenieros: es un tipo encantador y carismático, siempre con un par de gafas de sol colgando del cuello, vestigio de sus años de estudios en la soleada Florida; se ríe a menudo, pero también tiene un fuerte trasfondo de intensidad; en su tiempo libre, pilota avionetas y practica buceo; y habla tan rápido como piensa: mi entrevista con él duró más de una hora y, como mucho, le hice tres preguntas.

Cuando el Mars Polar Lander se estrelló en 1999, Adler era ingeniero en el Laboratorio de Propulsión a Reacción de la NASA. Recordemos que nuestra misión a Marte fue cancelada porque pensábamos usar el mismo sistema de aterrizaje de tres patas que el de el Mars Polar Lander. En aquel momento, todos los participantes en nuestra misión —excepto Adler— sufríamos el efecto Einstellung: como los expertos jugadores de ajedrez, nos centramos en la solución conocida del tablero, que en nuestro caso era el aterrizador de tres patas.

Pero a Adler se le ocurrió un problema mejor que resolver. Cuando le pregunté por su proceso de razonamiento me dijo que había sido «muy muy simple». Según Adler, nuestro problema no era el módulo de aterrizaje, sino la gravedad. Estábamos preocupados por la pregunta obvia: ¿cómo diseñar un módulo de aterrizaje de tres patas mejor? En cambio, Adler dio un paso atrás y preguntó: ¿cómo vencer la gravedad y hacer aterrizar a nuestro explorador de forma segura en Marte? Y es que la fuerza que hace caer la manzana del árbol también provoca infelices encuentros entre una nave espacial y la superficie marciana, a menos que se haga algo para amortiguar la caída.

La solución de Adler fue descartar el diseño del módulo de aterrizaje de tres patas. En su lugar, propuso utilizar bolsas de aire (airbags) gigantes con nuestro vehículo dentro del módulo de aterrizaje. Estos globos se inflarían poco antes del impacto con la superficie marciana. Así, amortiguado por estas enormes uvas blancas, el robot geólogo se soltaría desde una altura de unos 10 m, golpearía la superficie y rebotaría unas treinta o cuarenta veces antes de posarse.[10]

Sí, los globos eran bastos. De acuerdo, eran muy feos. Pero funcionaban. Los globos aerostáticos habían hecho aterrizar con éxito la nave

Pathfinder en Marte en 1997, así que Adler sabía que «podían funcionar porque ya habían funcionado antes».

De modo que llevó su propuesta a Dan McCleese, científico jefe del JPL para la exploración de Marte, y le preguntó por qué no se estaba considerando esa solución. McCleese dijo: «Porque no hay ningún paladín para eso». Así que Adler decidió ser su defensor. Presentó la idea a algunos de los mejores miembros del JPL y los hizo partícipes de ella. En menos de cuatro semanas —un tiempo récord para planificar una misión— trazaron un plan empleando el sistema de aterrizaje del Pathfinder. Y la propuesta acabó haciéndose realidad: la NASA seleccionó el diseño de Adler, sobre todo, porque era el que tenía más probabilidades de llevar la nave a Marte de forma segura.

«Toda respuesta tiene una pregunta que la reclama», dice el profesor de la Escuela de Negocios de Harvard Clayton Christensen.[11] La respuesta suele estar incrustada en la propia pregunta, por lo que enfocar bien esta resulta crucial para la solución. Charles Darwin estaría de acuerdo. Una vez escribió en una carta a un amigo: «Echando la vista atrás, creo que era más difícil ver cuáles eran los problemas que resolverlos».[12]

Te pido que pienses en las preguntas como si fueran diferentes objetivos de una cámara de fotos. Si le pones un gran angular, captarás toda la escena. Si le pones un objetivo zoom, obtendrás un primer plano de una mariposa. «Lo que observamos no es la naturaleza en sí misma, sino la naturaleza expuesta a nuestro método de interrogación», dijo Werner Heisenberg, el cerebro responsable del principio de incertidumbre de la mecánica cuántica.[13] Por lo tanto, cuando reformulamos una pregunta, cuando cambiamos nuestro método de interrogación, tenemos el poder de cambiar las respuestas.

La literatura de investigación apoya esta conclusión. Un metaanálisis a partir de 55 años de investigación sobre la detección de problemas en numerosas disciplinas halló una relación positiva y significativa entre el enfoque del problema y la creatividad.[14] En un famoso estudio, Jacob

Getzels y Mihaly Csikszentmihalyi descubrieron que los estudiantes de arte más creativos pasaban más tiempo en la fase de preparación y descubrimiento que sus compañeros menos creativos.[15] Pero la búsqueda de problemas, según estos investigadores, no termina con la etapa de preparación; incluso después de pasar tiempo viendo el problema desde diferentes ángulos, los individuos más creativos mantienen la mente abierta cuando entran en la fase de solución y están preparados para hacer cambios en su definición inicial del problema. De la misma manera, en nuestra misión a Marte Adler fue como los estudiantes de arte más creativos, ya que dedicó más tiempo que el resto a formular el problema y vio una cuestión que los demás habíamos pasado por alto. Pero lo que ocurrió después ni siquiera Adler podía preverlo.

La réplica

En muchos sentidos, Marte es el planeta hermano de la Tierra: es el siguiente en la línea del Sol; sus estaciones, así como su periodo de rotación y la inclinación de su eje son similares a los nuestros; y, aunque ahora es frío y desolado, en el pasado fue más cálido y húmedo, y hay evidencias de que el agua fluyó por su superficie.

Estas características hacen de Marte uno de los pocos lugares de nuestro sistema solar donde podría haber existido —incluso prosperado— la vida extraterrestre. Así que después de la última misión Apolo a la Luna en 1972, Marte parecía, naturalmente, la próxima frontera. Las sondas Mariner, una serie de naves espaciales lanzadas entre 1962 y 1973, ya habían tomado fotos del planeta rojo desde su órbita.[16] Era el momento de bajar a la superficie. Si los astronautas de la NASA hubieran podido hacer lo que Armstrong y Aldrin —ponerse un traje espacial y desembarcar en Marte con martillos, palas y rastrillos para recoger muestras— lo habrían hecho. Pero, desde la perspectiva de la NASA, esa opción no era económicamente viable. Así que se hizo lo siguiente: en lugar de geólogos humanos, envió geólogos robóticos.

El primer intento de la NASA de aterrizar en Marte se produjo en 1975 con el lanzamiento de la misión Viking. Bautizada con el nombre de los exploradores nórdicos, esta misión envió a Marte dos sondas espaciales idénticas, denominadas (de forma poco imaginativa) *Viking 1* y *Viking 2*.[17] Cada sonda contenía un orbitador, diseñado para analizar el planeta desde la órbita marciana, y un módulo de aterrizaje para estudiar su superficie. Una vez que las naves llegaron a Marte, los orbitadores pasaron algún tiempo explorando lugares adecuados para el aterrizaje. Localizados estos, los módulos de aterrizaje se separaron de los orbitadores y descendieron hacia la superficie.

El módulo *Viking 1* aterrizó el 20 de julio de 1976 —siete años después de que el *Eagle* se posara en la base Tranquility— y fue seguido por el *Viking 2* en septiembre del mismo año. Diseñados para durar 90 días, ambos módulos de aterrizaje superaron con creces su garantía: el *Viking 1* llevó a cabo actividades científicas durante más de seis años y el *Viking 2*, casi cuatro, transmitiendo decenas de miles de imágenes a la Tierra.[18]

Algunas de estas imágenes salpicaban la entrada del edificio de Ciencias Espaciales de Cornell, donde pasé gran parte de mi vida de estudiante. Y una enorme sonrisa aparecía automáticamente en mi cara al pasar ante ellas cada día, de camino a mi lugar de trabajo en el cuarto piso, en la sala de Marte. Si existiera un montaje de mi vida universitaria, las imágenes de los Vikings ocuparían un lugar destacado en él.

En algún momento del año 2000 yo andaba ocupado diseñando escenarios de operaciones en la sala de Marte, simulando lo que sucedería cuando nuestro explorador aterrizara en el planeta rojo. Esto fue después de que la brillante idea de Adler de los airbags hubiera resucitado la misión. Aquel día oí el inconfundible sonido de las botas de Steve Squyres acercándose a nosotros por el pasillo. Él, que era mi jefe y el investigador principal de nuestra misión, entró en la sala y anunció que acababa de hablar por teléfono con Scott Hubbard, que estaba en la sede de la NASA.

Cuando se trata de plantear los peores escenarios, mi imaginación es particularmente vívida. Así que los pensamientos pesimistas empezaron a repicar de inmediato en mi cabeza. ¿Qué había salido mal esta vez? ¿Nos habían vuelto a cancelar la misión?

Pero las noticias no eran malas. Hubbard era el responsable de reconducir el programa de exploración de Marte de la NASA tras el accidente del Mars Polar Lander. Acababa de salir de una reunión con el administrador, Dan Goldin, quien le había pedido que transmitiera a Squyres una simple pregunta.

«¿Puedes fabricar dos?», le había preguntado Hubbard a Squyres por teléfono.

Squyres respondió: «¿Dos qué?».

Y, Hubbard, a su vez: «Dos cargas útiles».

Estupefacto, Squyres replicó: «¿Para qué quieres dos cargas útiles?».

«Para dos vehículos», concluyó Hubbard.[19]

Era una pregunta sencilla que nadie había pensado formular antes: ¿podemos enviar dos exploradores en lugar de uno? Tras el accidente del Mars Polar Lander nos habíamos centrado en el problema de nuestro módulo de aterrizaje y lo habíamos sustituido por el diseño del airbag de Adler. Pero el riesgo no se limitaba al sistema de aterrizaje; cualquier factor azaroso podía destruir la nave mientras viajaba casi 40 millones de millas a través del espacio exterior y aterrizaba en una superficie marciana llena de rocas de aspecto aterrador y azotada por fuertes vientos.

La solución de Goldin a semejante incertidumbre fue una estrategia que ya hemos visto antes en el libro: introducir una redundancia. Es decir, en lugar de poner todos los huevos en la cesta de una nave y cruzar los dedos para que no ocurriera nada malo por el camino, decidimos enviar dos vehículos exploradores en vez de uno. Así, aunque uno fallara el otro podría llegar. Además, gracias a las economía de escala, el coste del segundo vehículo sería muy bajo. Una vez que Goldin propuso la idea, Adler y otro ingeniero del JPL, Barry Goldstein, dispusieron de 45 minutos para calcular ese coste: los dos vehículos saldrían por 665 millones de dólares, lo que suponía un 50% más que los 440 millones que costaría uno.[20] La NASA consiguió el dinero extra y nos dio luz verde.

Y, así de fácil, nuestro vehículo dio a luz a una réplica*.

En esta ocasión, la NASA decidió ser más creativa y convocó un concurso de nombres para los exploradores: escolares de todo el país podían presentar sus sugerencias en una redacción.[21] La ganadora, entre 10.000 propuestas, fue Sofi Collins, una estudiante de 3° de Arizona, que nació en Siberia y vivió en un orfanato hasta que fue adoptada por una familia estadounidense. En su redacción, describiendo aquel orfanato, escribió: «Era oscuro, frío y solitario. Por la noche miraba el cielo brillante y me sentía mejor. Soñaba que podía volar allí. En Estados Unidos puedo hacer realidad todos mis sueños. Gracias por el "Espíritu" y la "Oportunidad"».

El principal objetivo científico de los recién bautizados vehículos Spirit y Opportunity era determinar si Marte había sido alguna vez capaz de albergar vida. Y, dado que el agua es un ingrediente crucial para la vida tal y como la conocemos, queríamos ir donde el agua hubiera ido antes. El doble de vehículos también significaba el doble de ciencia: dos exploradores podrían analizar dos puntos muy diferentes del planeta. Así, si uno de esos lugares era un fiasco desde el punto de vista científico, el otro podría sacarnos las castañas del fuego.[22]

Para el Opportunity elegimos Meridiani Planum, una llanura cercana al ecuador marciano. La zona parecía prometedora, porque su composición química —en concreto, la presencia de un mineral llamado hematita— sugería que allí había habido agua. Además, Meridiani Planum es uno de los «lugares más tranquilos, llanos y menos ventosos» del planeta rojo, el equivalente marciano a un aparcamiento gigante.[23] En términos de lugares de aterrizaje, sería difícil encontrar uno más seguro.

Y, puesto que Opportunity se dirigiría a un lugar rico en componentes químicos, elegimos Gusev, un lugar de aterrizaje propicio por su

* *Doppelganger*, en el original (N. de la T.).

topografía, para Spirit. Situado en el lado opuesto del planeta a Meridiani, Gusev es un gigantesco cráter con un cauce visible. Los científicos sospechaban que ese canal había sido esculpido por el agua en algún momento del pasado, y que el cráter albergó un lago. Pero Gusev era ligeramente más arriesgado desde el punto de vista del aterrizaje: allí había vientos más fuertes y mayor densidad de roca que en Meridiani. Pero con dos disparos a puerta podíamos permitirnos un poco más de riesgo en uno de ellos.

Spirit fue el primero en llegar a Marte.[24] Una vez que la nave tocó la atmósfera, las cosas se desarrollaron según lo previsto: el paracaídas se desplegó; el escudo térmico se desprendió; los airbags se inflaron y, a continuación, se produjeron muchos rebotes y caídas en la superficie marciana hasta que el módulo de aterrizaje se detuvo. Las dudas que quedaban sobre si el diseño de los airbags de Adler funcionaría se esfumaron en cuanto empezaron a llegar las primeras fotos de Marte. Después de años de ver fotos de Gusev tomadas desde la órbita, fue surrealista contemplar, por primera vez, el interior del cráter en todo su esplendor de alta resolución.

Pero la emoción inicial empezó a decaer cuando nuestro grupo se puso a analizar las imágenes en detalle. Sí, estábamos a salvo en Marte, y sí, ese logro nos situaba entre el escaso grupo de misiones que habían aterrizado con éxito allí. Pero, aparte del hecho de estar viendo Marte, lo que veíamos era poco emocionante; las imágenes del explorador se parecían mucho a las tomadas por los aterrizadores Viking que estaban colgadas en el Edificio de Ciencias Espaciales como decoración: rocas similares, perspectivas similares, estructura similar… todo similar.

No obstante, este suspiro científico inicial se convertiría más tarde en una explosión cuando el Spirit comenzó a recorrer el terreno y llegó a *Columbia* Hills, una cadena de picos a tres kilómetros del lugar de aterrizaje. Los picos recibieron el nombre de los siete astronautas que perecieron en el desastre del transbordador espacial *Columbia*, un año antes de nuestro aterrizaje. En esas colinas, el Spirit acabaría encontrando goethita, un mineral que solo se forma en el agua, lo que indica con claridad que Marte tuvo alguna vez actividad acuática en su superficie.

Tres semanas después, el gemelo de Spirit, Opportunity, aterrizó en Marte; y Meridiani Planum, su lugar de aterrizaje, no se parecía a nada que hubiéramos visto antes. En todas las fotos que se habían tomado hasta entonces de la superficie marciana aparecían trozos de roca esparcidos por la superficie. Pero donde aterrizó el Opportunity no había rocas. Cuando el explorador comenzó a transmitir a la Tierra sus primeras fotos de la zona, el equipo de apoyo de la misión en el JPL se echó a reír y a llorar al mismo tiempo. El director de la misión, Chris Lewicki, pidió a Squyres un rápido resumen científico de lo que estaban viendo en pantalla. Pero a Squyres se le hizo un nudo en la garganta; pulsó lentamente el interruptor de sus auriculares y dijo: «Santo cielo. Lo siento, es que estoy alucinado con esto».

Lo que estaban viendo era un afloramiento de roca madre justo delante del vehículo. ¿Y por qué algo tan tonto como un lecho de roca dejaría a un científico sin palabras? Pues porque un lecho de roca expuesto y estratificado es lo más parecido a un viaje en el tiempo. Es como un libro de historia: nos muestra con exactitud lo que ocurrió hace mucho mucho tiempo en este planeta tan tan lejano. De modo que, a diferencia del Spirit —que tuvo que escalar una montaña, literal y figuradamente, para encontrar datos científicos interesantes—, el Opportunity recibió los secretos en bandeja de plata (o, en este caso, en lecho de roca). Todos los grandes descubrimientos de Opportunity se produjeron en las primeras seis semanas de la misión, gracias a su oportuno lugar de aterrizaje, que fue posible a su vez gracias a nuestra decisión de enviar dos vehículos exploradores.

Squyres no se dio cuenta entonces, pero sus comentarios —incluida la frase «¡santo cielo!»*— se difundieron por todo el mundo y despertaron

* *Holy smokes*, en el original. Se traduce literalmente como «humo sagrado» o «humo misterioso».

el interés de un periodista de Seúl (Corea del Sur) que escribía para el diario *Munhwa Ilbo*. El periodista escribió la historia del histórico aterrizaje de Opportunity en Marte y la resumió con el siguiente titular: «El segundo explorador de Marte aterriza y ve un *humo misterioso*». Como comentó otro periodista coreano, fue una suerte que Squyres no dijera «¡santo Dios!»*.

Al igual que sus «abuelos vikingos», nuestros exploradores fueron diseñados para funcionar durante 90 días, pero sobrevivieron a sus antecesores: el Spirit duró más de seis años hasta que se atascó en suelo blando. Al final perdió la comunicación con la Tierra al llegar el invierno y privar a sus paneles solares de su fuente de energía. Se celebró una fiesta despedida para el Spirit, con brindis y encendidos elogios hacia un vehículo explorador que había escalado montañas (actividad para la que no fue diseñado) y se enfrentó a intensas tormentas de polvo.[25]

Opportunity —u *Oppy*, como lo llamamos cariñosamente— siguió funcionando hasta junio de 2018, cuando una gigantesca tormenta de polvo cubrió los paneles solares del vehículo, dejándolo sin energía. Los funcionarios de la NASA enviaron cientos de comandos pidiendo a *Oppy* que llamara a casa, sin éxito. En febrero de 2019, Opportunity fue declarado oficialmente muerto —tras más de 14 años de vida útil, prevista para 90 días—; hasta entonces había hecho un trayecto récord de 28 millas por el planeta rojo.[26]

¡Santo cielo!, vaya que sí.

Al final, dos preguntas que replanteaban los problemas acabaron propiciando una de las misiones interplanetarias más exitosas de todos los tiempos: ¿qué pasaría si utilizáramos bolsas de aire en lugar de un módulo de aterrizaje de tres patas? ¿Y si enviáramos dos vehículos en lugar de uno?

Estas cuestiones pueden parecer obvias, pero solo lo fueron *a posteriori*. Y ¿cómo hacer lo que hicieron Adler y Goldin, y ver el problema

* *Holy cow*, en el original. Se traduce literalmente como «vaca sagrada».

desde una perspectiva que otros no ven? Un posible enfoque consiste en distinguir entre dos conceptos —estrategia y táctica— que con frecuencia se confunden. Para entender esta distinción digamos adiós a Marte (por ahora) y viajemos a Nepal.

Estrategia y táctica

A los bebés que nacen demasiado pronto —antes de que se desarrollen del todo ciertos órganos clave— se los llama «prematuros». Más o menos un millón de bebés prematuros mueren de hipotermia cada año en el mundo.[27] Como nacen con muy poca grasa corporal, les resulta difícil controlar su temperatura.[28] Para ellos, la temperatura ambiente puede ser como para nosotros el agua helada.

En los países desarrollados, la solución es meter al bebé en una incubadora, un receptáculo del tamaño de una cuna estándar que lo mantiene caliente mientras su cuerpo termina de desarrollarse.[29] Las incubadoras originales eran aparatos bastante sencillos, pero con el tiempo se les han ido añadiendo todo tipo de adminículos: ahora disponen de aberturas para los brazos que permiten manipular al bebé desde fuera, dispositivos de soporte vital, como ventiladores, y reguladores de humedad.[30] Pero estas mejoras tecnológicas también supusieron un incremento del coste: una incubadora moderna cuesta entre 20.000 y 40.000 dólares, precio que no incluye la electricidad necesaria para su funcionamiento. En consecuencia, las incubadoras son difíciles de encontrar en muchos países en vías de desarrollo, y el resultado de ello es un gran número muertes evitables de recién nacidos.

Cuatro estudiantes de posgrado de la Universidad de Stanford se propusieron afrontar este reto en 2008 y fabricar incubadoras más baratas.[31] Se inscribieron en un curso llamado Design for Extreme Affordability, en el que los estudiantes «aprenden a diseñar productos y servicios que cambiarán la vida de los ciudadanos más pobres del mundo».[32]

Además, en lugar de innovar desde la comodidad de Silicon Valley, el equipo decidió hacer trabajo de campo y viajó a Katmandú, la capital de Nepal, para sumergirse en el día a día de una unidad neonatal; querían observar cómo usaban las incubadoras en esos hospitales para diseñar equipos más baratos que funcionaran bien con las condiciones locales.

Pero les aguardaba una sorpresa: las incubadoras de aquellos hospitales acumulaban polvo en sus almacenes. Y parte del problema era la falta de experiencia técnica: suelen ser aparatos difíciles de manejar. Además, la inmensa mayoría de los bebés prematuros de Nepal nacen en zonas rurales, con lo cual nunca llegarán a un hospital.

El problema, por tanto, no era la falta de incubadoras en los hospitales, sino más bien la falta de calentadores para bebés accesibles en zonas rurales sin acceso a hospitales o, de hecho, sin un suministro eléctrico fiable. Así que la solución convencional —enviar más incubadoras a los hospitales o rebajar su coste— no serviría de nada.

A la luz de esta experiencia, el equipo de Stanford replanteó el problema. Los bebés prematuros no necesitaban incubadoras, sino calor. Por supuesto, otras características de las incubadoras modernas, como los monitores de ritmo cardíaco, resultaban útiles, pero el reto más importante —el que tendría el mayor impacto— era mantener al bebé caliente mientras sus órganos se desarrollaban. Y ese dispositivo para proporcionar calor tenía que ser barato e intuitivo, para que pudiera ser utilizado por un padre probablemente analfabeto, en un entorno rural y sin un suministro eléctrico constante.

El resultado fue el calentador para bebés Embrace («el Abrazo»). Es un pequeño y ligero saco de dormir que envuelve al bebé. Una bolsa de PCM*—que es un tipo de cera muy innovadora— mantiene al bebé a la temperatura adecuada hasta cuatro horas. El calentador se puede «recargar» en solo unos minutos metiéndolo en agua hirviendo. Y, en comparación con el precio de entre 20.000 y 40.000 dólares de una incubadora

* Siglas en inglés de *Phase-Change Material* (N. de la T.).

tradicional, el Embrace es muchísimo más barato: solo cuesta 25 dólares. Solo en 2019, este producto asequible y fiable ha abrazado a cientos de miles de bebés prematuros en más de veinte países.

Muchas veces nos enamoramos de nuestra solución favorita y luego definimos el problema como la ausencia de esa solución: «El problema es que necesitamos un mejor aterrizador de tres patas»; «El problema es que no tenemos suficientes incubadoras». En cada caso, buscamos la tecnología por la tecnología y nos perdemos el bosque por los árboles, el fin por el medio, el fondo por la forma. Es decir, este enfoque confunde la táctica con la estrategia. Aunque tales términos se emplean a menudo de forma indistinta, se refieren a conceptos diferentes. Una estrategia es un plan para alcanzar un objetivo; las tácticas, en cambio, son las acciones que se llevan a cabo para aplicar la estrategia.

Así pues, con frecuencia perdemos de vista la estrategia, nos fijamos en las tácticas y las herramientas y nos volvemos dependientes de ellas. Pero las herramientas, como nos recuerda el escritor Neil Gaiman, «pueden ser la más sutil de las trampas».[33] Que tengas un martillo delante no significa que sea la herramienta adecuada para el trabajo que debes hacer. Solo cuando se abre el foco y se determina cuál es la estrategia más amplia se puede renunciar a una táctica defectuosa.

Para encontrar la estrategia, pregúntate: ¿qué problema resolverá esta táctica? Esta pregunta requiere huir del qué y el cómo y centrarse en el porqué. El módulo de aterrizaje de tres patas era una táctica, y aterrizar con seguridad en Marte era la estrategia. La incubadora era una táctica, y salvar a los bebés prematuros era la estrategia. Si tienes problemas para abrir el foco, llama a personas ajenas a la conversación. Porque quienes no suelen usan martillos tienen menos probabilidades de distraerse con el martillo que tienes delante.

Una vez identificada la estrategia, resulta más fácil jugar con diferentes tácticas. Es decir, si se plantea el problema de forma más amplia, no como un simple módulo de aterrizaje defectuoso, los airbags pueden ser una alternativa mejor. Y si se plantea el problema de forma más amplia, como el riesgo que supone aterrizar en Marte, enviar dos vehículos en lugar de uno disminuye ese riesgo y aumenta el potencial beneficio.

Peter Attia, médico y reconocido experto en longevidad humana, es un as en eso de distinguir entre estrategia y táctica. Le pregunté qué hace cuando los pacientes acuden a él buscando las «respuestas correctas» a preguntas como: «¿Qué dieta debo seguir? ¿Debo tomar estatinas si tengo el colesterol alto?», etc. Su respuesta fue: «Por lo general, no dejo que los pacientes se fijen en la táctica, sino que intento volver a focalizarlos en la estrategia. Cuando la gente busca las "respuestas correctas" casi siempre se hace preguntas tácticas. En cambio, centrarse en la estrategia permite ser mucho más flexible con la táctica». Para Attia, el uso de una estatina es «una cuestión táctica que está al servicio de la estrategia mucho más amplia» de retrasar la muerte por aterosclerosis.[34]

Para mostrar a su alumnado la diferencia entre estrategia y táctica, Tina Seelig, jefa de estudios del Programa de Empresas Tecnológicas de Stanford, emplea lo que ella llama «el reto de los cinco dólares».[35] Los estudiantes se distribuyen en equipos y cada uno recibe cinco dólares. El objetivo es ganar la mayor cantidad de dinero posible en dos horas y luego hacer una presentación de tres minutos a la clase sobre lo que han conseguido.

Si fueras alguien de esa clase, ¿qué harías?

Las respuestas típicas serían usar esos cinco dólares para comprar recursos que permitan montar un puesto improvisado de lavado de coches o de venta de limonada, o bien invertir en un billete de lotería. Pero los equipos que siguen estos caminos tan típicos tienden a quedar los últimos de la clase.

Porque los equipos que ganan más dinero no se gastan los cinco dólares; se dan cuenta de que ese dinero es un recurso de distracción y sin valor.

Así que lo ignoran y lo que hacen es replantear el problema abriendo el foco: ¿qué podemos hacer para ganar dinero si empezamos sin un céntimo? Uno de los equipos ganó muchísimo (varios cientos de dólares en solo dos horas) haciendo reservas en diferentes restaurantes muy populares y vendiéndoselas luego a quienes no querían esperar.

Pero el equipo que ganó más dinero enfocó el problema de forma diferente: sus miembros comprendieron que ni los cinco dólares ni el plazo de dos horas eran los activos más valiosos de que disponían; su mayor recurso eran los tres minutos de presentación ante un público cautivo (sus compañeros de clase de Stanford); así que vendieron esos tres minutos a una empresa interesada en contratar a estudiantes de esta universidad y se llevaron 650 dólares.

¿Cuál sería la táctica de los cinco dólares en tu propia vida? ¿Cómo puedes ignorarla y centrarte en el plazo de dos horas? O, mejor aún, ¿cómo detectar esos tres minutos, lo más valioso de tu arsenal? Una vez que pases del qué al porqué —esto es, una vez que enfoques el problema en términos de lo que tratas de hacer en lugar de en tu solución favorita— descubrirás otras posibilidades más allá del estrecho marco inicial.

Además, igual que se pueden reformular las preguntas para generar mejores respuestas, también es posible reformular objetos, productos, habilidades y otros recursos para darles un uso más creativo. Pero para ello hay que «pensar fuera de la caja»; en este caso, de la caja de chinchetas.

Pensar «fuera de la caja» de chinchetas

¿Para qué sirve un barómetro?

Si crees que la única respuesta es *medir la presión*, piénsalo de nuevo.

El profesor de ciencias Alexander Calandra —defensor a ultranza de los métodos de enseñanza poco ortodoxos— escribió una vez un relato corto titulado «Angels on a pin» («Ángeles sobre un alfiler»).[36] En él, un colega le pide a Calandra que sea árbitro en una disputa entre él y un estudiante sobre una pregunta de un examen de física. El profesor cree que el alumno merece un cero, pero el estudiante exige una buena nota.

La pregunta era la siguiente: «Muestre cómo es posible determinar la altura de un edificio con la ayuda de un barómetro». La respuesta convencional está clara: se toman medidas de presión con el barómetro en la planta más alta del edificio y en la planta baja, y se usa la diferencia para calcular la altura.

Pero la respuesta del estudiante no fue esa, sino: «Llévate el barómetro a la planta más alta del edificio, átale una cuerda larga, bájalo hasta la calle y luego súbelo y mide la cuerda. La longitud de la cuerda será la altura del edificio».

La respuesta es, en efecto, correcta. Pero supone una desviación de la norma, porque no es lo que el profesor había enseñado en clase: el camino esperado hacia el resultado esperado. Se supone que un barómetro debe medir la presión, no servir de peso improvisado para una cuerda.

La historia del barómetro es un buen ejemplo de fijación funcional. Como explica el psicólogo Karl Duncker, este concepto se refiere al «bloqueo mental contra el uso de un objeto de una manera nueva que se requiere para resolver un problema». Porque, además de tratar los problemas y las preguntas como algo inamovible, hacemos lo mismo con las herramientas. En otras palabras, una vez que aprendemos que un barómetro mide la presión, nos cerramos a ver otros usos para él. Igual que los jugadores de ajedrez, cuyos ojos se dirigen a la solución conocida en el tablero, nuestras mentes se fijan en la función que conocemos.

Quizá el ejemplo más famoso de fijación funcional sea el problema de las velas, de Duncker. Este investigador diseñó un experimento cuyos participantes se sentaban en una mesa adyacente a una pared y recibían una vela, unas cerillas y una caja de chinchetas. Duncker les pidió que buscaran la forma de fijar la vela a la pared para que la cera no goteara sobre la mesa. La mayoría probó una de estas dos soluciones: utilizar las chinchetas para fijar la vela a la pared o fundir el lateral de la vela con una cerilla para pegarla a la pared.

Pero ninguna de ellas funciona. Y estos participantes fracasaron en parte porque se centraron en las funciones convencionales de los objetos: las chinchetas sirven para clavar cosas; las cajas sirven para guardar cosas.

En cambio, quienes tuvieron éxito dejaron de lado la función convencional de la caja y la usaron como plataforma para apoyar la vela. A continuación, fijaron la caja a la pared con chinchetas.

Todo el mundo se enfrenta tarde o temprano a variaciones del problema de las velas en su vida personal y profesional. Y la gente suele hacer lo mismo que los participantes que fracasaron en el experimento de Duncker: ver la caja como un contenedor, no como una plataforma.

Pero ¿cómo nos podemos entrenar para pensar fuera de la caja de chinchetas? ¿Cómo es posible ver los productos o los servicios que ofrecemos desde una perspectiva diferente? ¿Cómo tomar nuestras habilidades en un ámbito y ser capaces de aplicarlas a otro?

En un estudio para el Ejército de los Estados Unidos, Robert Adamson intentó responder a estas preguntas.[37] Para ello, replicó el experimento de la vela de Duncker, pero dándole una vuelta de tuerca: distribuyó a los participantes en dos grupos y modificó ligeramente la configuración de cada uno. De este modo, los resultados del segundo grupo superaron con creces los del primero: solo el 41 % de los miembros del primer grupo resolvió el rompecabezas, frente al 86 % del segundo.

¿Qué explica esta gran diferencia en los resultados? Pues que en el primer grupo los tres materiales —la vela, las cerillas y las chinchetas— se presentaron dentro de sendas cajas. Estas personas vieron que las cajas se utilizaban como contenedores y, en consecuencia, experimentaron una aguda fijación funcional: les resultaba mucho más difícil emplear la caja para otra cosa que no fuera almacenar objetos.

Pero en el segundo grupo los útiles estaban en la mesa junto a las cajas, no dentro de ellas. Así, con los objetos fuera de las cajas, los participantes podían ver estas con más facilidad como posibles soportes para la vela. Las conclusiones, por tanto, fueron similares a las del estudio con los jugadores de ajedrez; en ambos casos, el rendimiento mejoraba cuando se eliminaba la solución conocida.

La fijación funcional surge de un conjunto de teorías que tenemos sobre lo que se supone que hacen una caja o un barómetro. Podemos minimizarla sacando la navaja de Ockham —que hemos visto antes en este libro— y «recortando» nuestras creencias asumidas sobre la herramienta. En otras palabras: si no supieras lo que sabes, ¿qué más podrías hacer con ella? Esto puede ser tan sencillo como bloquear su uso obvio: sacar los materiales de la caja (como se hizo en el estudio de Adamson), eliminar la solución conocida del tablero de ajedrez o utilizar el barómetro para cualquier cosa que no sea medir la presión.

El juego combinatorio también ayuda. Puedes inspirarte en cómo se usan los objetos en otros campos. Por ejemplo, los airbags que permitieron aterrizar a los vehículos de mi equipo en Marte utilizaron un mecanismo idéntico al que amortigua una colisión con el volante en un accidente de coche. Y el mismo tejido de los trajes para astronautas es el que emplean en el proyecto Embrace para fabricar un saquito de dormir que controla la temperatura de los bebés.[38] George de Mestral inventó el velcro después de ver sus pantalones cubiertos de espinas tras un paseo.[39] Él examinó las espinas con un microscopio y detectó una forma de gancho que emuló para crear el cierre de «gancho y bucle» llamado Velcro, con un lado rígido como las espinas y el otro liso como sus pantalones.

También es útil separar la función de la apariencia. Cuando miramos un objeto, tendemos a ver su función: pensamos que un barómetro sirve para medir la presión, un martillo para clavar y una caja para guardar objetos. Pero esta inercia hacia la función también obstaculiza la innovación. Si somos capaces de mirar más allá de la función, hacia la apariencia, podremos descubrir otras maneras de utilizar el producto, el servicio o la tecnología. Por ejemplo, si vemos el típico barómetro simplemente como un objeto redondo, comprenderemos que también puede usarse como un peso; si vemos una caja como una plataforma plana con lados, también nos servirá como soporte.

En un estudio sobre esta cuestión se distribuyó a los participantes en dos grupos y se les pidió que resolvieran ocho problemas de percepción —incluido el de la vela— que requerían superar la fijación funcional.[40] El grupo de control no recibió ningún entrenamiento. Al otro grupo se le enseñó a usar descripciones sin función de los objetos; por ejemplo, en lugar de decir «la clavija de un enchufe eléctrico» tenían que describirla como «una pieza metálica delgada y rectangular». El grupo que recibió la formación resolvió un 67 % más de problemas que los demás participantes.

El paso de la función a la apariencia también es útil para replantear qué recursos posees. Consideremos, por ejemplo, el desarrollo de Amazon Web Services (AWS).[41] Cuando Amazon pasó de ser una librería online a una tienda de «todo», creó una inmensa infraestructura electrónica que incluía almacenamiento y bases de datos. La empresa se dio cuenta de que esa infraestructura no valía solo como recurso interno; también podía venderse a otras empresas como servicio en la nube, para utilizarlo como almacenamiento, red y bases de datos. AWS acabó siendo la gallina de los huevos de oro para Amazon, puesto que generó unos 17.000 millones de dólares de ingresos en 2017, más que la división minorista de la compañía.[42]

Luego, Amazon volvió a replantear el uso de la caja de chinchetas con su compra de Whole Foods Market. Esta adquisición desconcertó a mucha gente. ¿Por qué el gigante de internet compraba una cadena de tiendas de comestibles en crisis? Una de las respuestas es la reformulación de las tiendas físicas de Whole Foods Market: en lugar de verlas solo como establecimientos dedicados a la venta de alimentación, Amazon las consideró potenciales centros de distribución, situados en núcleos urbanos con alta densidad de población. Estos centros permitirían la entrega rápida de productos a los clientes de Amazon Prime.[43]

En ambos casos, Amazon ha mirado más allá de la función y se ha centrado en la apariencia. La función de las tiendas de Whole Foods era vender comestibles, pero las tiendas adoptaron la forma de un enorme sistema de almacenes con refrigeración que podía reutilizarse para la distribución. En cuanto a la función de la infraestructura informática de Amazon, era en principio el soporte interno, pero su apariencia —la de un enorme centro de datos— podía proporcionar un servicio muy rentable a empresas como Netflix y Airbnb.

Si, aun así, te cuesta pasar de la función a la apariencia y ver la caja de chinchetas como una plataforma para velas, existe otro enfoque que puedes probar: invertir la caja.

¿Y si hacemos lo contrario?

El viernes 4 de octubre de 1957, la Unión Soviética lanzó el *Sputnik*, el primer satélite artificial en órbita terrestre.[44] En ruso, este término significa «compañero de viaje». El *Sputnik* orbitaba la Tierra más o menos cada 98 minutos. Si dudabas de que la humanidad había creado su propia luna, podías salir a la calle con unos prismáticos después de la puesta de sol y verlo sobrevolar nuestro planeta.

Y no solo se podía ver el *Sputnik*, también oírlo. Por aquel entonces, dos jóvenes físicos llamados William Guier y George Weiffenbach trabajaban en el Laboratorio de Física Aplicada Johns Hopkins, en Maryland,[45] y tenían curiosidad por saber si las señales de microondas emitidas por el *Sputnik* podían ser recibidas en la Tierra. En cuestión de horas, Guier y Weiffenbach habían localizado una serie de señales procedentes del satélite.

Bip. Bip. Bip.

Esta firma fácilmente detectable no fue un descuido de los soviéticos. Maestros de la propaganda, habían diseñado a propósito el *Sputnik* para que emitiera una señal que pudiera ser captada con facilidad por cualquier persona con una radio de onda corta.

Bip. Bip. Bip.

Mientras Guier y Weiffenbach escuchaban la «emisión roja», se dieron cuenta de que podían usar esa señal para calcular la velocidad y la trayectoria del *Sputnik*. Porque, al igual que la sirena de una ambulancia que pasa zumbando disminuye su tono, los pitidos del *Sputnik* cambiaban a medida que el satélite se alejaba de la ubicación de los científicos.

A partir de este fenómeno —llamado efecto Doppler— los dos hombres trazaron la trayectoria completa del satélite ruso.

El lanzamiento del *Sputnik* provocó asombro a los estadounidenses, pero también una cierta ansiedad. «Si los rusos pueden lanzar una "Luna" de 184 libras en un patrón predeterminado a 560 millas de distancia en el espacio —decía un editorial en el *Chicago Daily News*—, no queda lejos el día en que puedan lanzar una bomba nuclear sobre un objetivo predeterminado en casi cualquier lugar de la superficie de la Tierra».[46]

A Frank McClure también le sorprendió el *Sputnik*, pero por una razón diferente. McClure era entonces subdirector del Laboratorio de Física Aplicada. Él llamó a Guier y Weiffenbach a su despacho y les hizo una simple pregunta: «¿Podéis hacer lo contrario?». Es decir, si eran capaces de calcular la trayectoria desconocida de un satélite a partir de una ubicación conocida en la Tierra, ¿podrían encontrar una ubicación desconocida en la Tierra sirviéndose de la ubicación conocida de un satélite?

Esta pregunta puede parecer un embrollo teórico, pero McClure tenía en mente una aplicación muy práctica. En aquella época, el Ejército estaba desarrollando misiles nucleares para lanzarlos desde submarinos. Pero había un problema: para atacar un lugar preciso con un misil nuclear, los militares tenían que conocer la ubicación exacta del lugar de lanzamiento. En el caso de los submarinos nucleares que surcaban el océano Pacífico, se desconocía su ubicación exacta. De ahí la pregunta: ¿se puede descubrir la ubicación desconocida de nuestros submarinos a través de la ubicación conocida de un satélite que enviaremos al espacio?

La respuesta fue un sí rotundo. Solo tres años después del lanzamiento del *Sputnik*, Estados Unidos puso en práctica este experimento mental y lanzó cinco satélites en órbita para guiar a sus submarinos nucleares. Aunque en su momento se llamó sistema Transit, el nombre se cambió en la década de 1980 y ha llegado a ser un término cotidiano: el sistema de posicionamiento global o GPS.

El enfoque de McClure ilustra una poderosa forma de replantear las cuestiones: tomar una idea y darle la vuelta. Este método se remonta al menos al siglo XIX, cuando el matemático alemán Carl Jacobi introdujo la idea con una potente máxima: «Invertir, siempre invertir» (*Man muss immer umkehren*).[47]

Michael Faraday aplicó este principio para generar uno de los mayores descubrimientos científicos de todos los tiempos. En 1820, Hans Christian Ørsted —que acuñó el término «experimento mental»— descubrió la conexión entre la electricidad y el magnetismo al observar que la aguja de una brújula se desviaba al pasar por encima de ella un cable portador de corriente eléctrica.

Más tarde llegó Faraday e invirtió el experimento de Ørsted: en lugar de pasar un cable con corriente eléctrica sobre un imán, pasó un imán alrededor de una bobina de cable. Esto generó una corriente eléctrica que aumentaba cuanto más rápido se hacía girar el imán. El experimento de inversión de Faraday dio paso a las modernas centrales hidroeléctricas y nucleares, que utilizan una turbina magnética que genera electricidad haciendo girar un cable.[48]

Esta máxima es aplicable a todas las disciplinas. Por ejemplo, en la biología, Darwin adoptó el mismo lema de inversión.[49] Mientras otros biólogos de campo buscaban las diferencias entre las especies, él buscaba las similitudes. Comparó, por ejemplo, el ala de un pájaro con la mano de un humano. Esta exploración de similitudes entre especies *a priori* muy diferentes culminó en la teoría de la evolución.

Pero el poder de la inversión va mucho más allá de la ciencia. Por citar un ejemplo empresarial, la marca de ropa Patagonia invirtió una de las mejores prácticas del sector en una campaña publicitaria de 2011.[50] Esta compañía se preguntó: «En lugar de decirle a la gente que nos compre, ¿qué tal si le decimos que no lo haga?». El resultado fue un anuncio a toda página en el *New York Times* que se publicó el Black Friday —el viernes siguiente al Día de Acción de Gracias en Estados Unidos, cuando la gente acude en masa a las tiendas para aprovechar los grandes descuentos de la temporada de compras navideñas—. El anuncio mostraba una chaqueta Patagonia con el titular «No compre esta chaqueta».

Gracias a este anuncio, Patagonia se convirtió en «el único minorista del país que pedía a la gente que comprara menos en el Black Friday».[51] El anuncio funcionó, en parte, porque apoyaba la misión de Patagonia de reducir el consumo y disminuir el impacto medioambiental. Pero, de forma paradójica, también acabó mejorando los resultados de la empresa, al atraer a clientes que compartían esa mentalidad.

En el atletismo, la inversión de la corriente tradicional de pensamiento le valió a Dick Fosbury una medalla de oro olímpica.[52] En aquel momento, si se hubiera conocido a Fosbury en persona no se habría pensado que era un atleta: era torpe, flaco y alto, y con un importante problema de acné del que no parecía poder librarse. Cuando Fosbury se entrenaba para ser saltador de altura, los atletas empleaban una técnica llamada «método de salto a horcajadas»*, consistente en saltar bocabajo sobre la barra. En aquella época, este método se consideraba impecable; no era necesario experimentar ni inventar nada.

Pero el método *straddle* nunca le funcionó a Fosbury. En su segundo año de instituto, su rendimiento era de nivel medio. Así que, durante un viaje en autobús a una competición de atletismo, Fosbury decidió hacer algo al respecto. El reglamento permitía a los atletas saltar la barra como quisieran, siempre que lo hicieran con un pie. Es decir, el método de salto *straddle* era una mera táctica, pero la estrategia consistía en sobrevolar el listón. Por tanto, en lugar de saltar bocabajo Fosbury hizo lo contrario, saltó de espaldas.

En un principio, su forma de actuar fue motivo de burla. Un periódico lo llamó «el saltador de altura más perezoso del mundo»[53] y muchos aficionados se rieron de él porque pasaba la barra igual que un pez sobrevuela una barca.

Pero las risas trocaron en vítores cuando Fosbury demostró que sus críticos se equivocaban y se llevó a casa la medalla de oro en los Juegos Olímpicos de 1968 haciendo justo lo contrario de lo que hacían los

* *Straddle*, en el original (N. de la T.).

demás. El conocido como Fosbury Flop o Técnica Fosbury es ahora el método estándar en las competiciones de salto de altura de los Juegos Olímpicos. Fosbury volvió a casa con su nombre en todas las portadas y salió en directo en *The Tonight Show*, donde enseñó a Johnny Carson a hacer el Fosbury Flop.

El «emprendedor en serie» Rod Drury llama a este enfoque «la teoría George Costanza de la gestión»[54] por un episodio de *Seinfeld* en el que Costanza se propone mejorar su vida haciendo lo contrario de lo que había hecho antes. Drury, que fundó y dirigió la empresa de *software* de contabilidad Xero, superaba a sus competidores, mucho más grandes, preguntándose: ¿qué es justo lo contrario de lo que un administrativo cualquiera esperaría que hiciéramos? Tras hacerse esta pregunta en 2005, su empresa apostó por una plataforma basada en la nube cuando todos sus competidores seguían anclados en las aplicaciones de escritorio.[55]

Y es que Drury conoce un secreto que se les escapa a muchos líderes empresariales: la fruta que cuelga de las ramas bajas del árbol ya ha sido recogida. Es decir, no se puede vencer a un competidor más fuerte copiándolo, pero sí haciendo lo contrario de lo que él hace.

Así, en lugar de adoptar una práctica común o el estándar del sector, replantea la cuestión: ¿y si hiciera lo contrario? Incluso si no lo llevas a cabo, el simple proceso de pensar en lo contrario te hará cuestionar tus creencias y te sacará de tu perspectiva actual.

....

EN DEFINITIVA, LA PRÓXIMA vez que tengas la tentación de resolver un problema, intenta primero plantearlo correctamente. Plantéate: ¿estoy haciendo la pregunta correcta? Si cambiara mi perspectiva, ¿cómo cambiaría el problema? ¿Cómo puedo formular la pregunta en términos de estrategia, en lugar de táctica? ¿Cómo puedo dar la vuelta a la caja de chinchetas y ver este recurso en términos de su apariencia y no de su función? Por lo tanto, ¿y si hacemos todo lo contrario?

Los avances, en contra del saber popular, no suelen partir de una respuesta inteligente, sino de una pregunta inteligente.

Visita **ozanvarol.com/rocket** para descargarte cuadernillos de ejercicios, retos y ejemplos que te ayudarán a poner en práctica las estrategias analizadas en este capítulo.

6

EL PODER DE LOS CAMBIOS

Cómo detectar la verdad y tomar decisiones más inteligentes

Es un error fundamental teorizar antes de tener datos. Sin darse cuenta, uno empieza a tergiversar los hechos para adaptarlos a las teorías, en lugar de que las teorías se adapten a los hechos.

SHERLOCK HOLMES

MARTE ES UN MAESTRO del engaño.[1] Desde los orígenes de la humanidad, el planeta rojo nos ha estado observando como una de las luces más brillantes del cielo nocturno. Por su tonalidad rojiza puede parecer cálido, acogedor e incluso hospitalario para el observador desprevenido.

Pero no lo es. Marte es un lugar hostil, no solo porque la temperatura media de su superficie es de –63 °C (–81 °F); tampoco porque es más seco que los desiertos más áridos de la Tierra, ni porque sufre intensas tormentas de polvo que abarcan zonas del tamaño de un continente.[2]

Marte nos resulta hostil sobre todo porque alberga el mayor cementerio de naves espaciales.

Cuando empecé a trabajar en el equipo de operaciones del proyecto Mars Exploration Rovers, dos de cada tres misiones enviadas allí habían fracasado. De modo que aprendí enseguida que el planeta rojo no iba a desplegar ninguna alfombra roja para nosotros. Todo lo contrario, al entrar en la atmósfera marciana seríamos recibidos por lo que se ha dado en llamar el «demonio galáctico», un monstruo marciano ficticio que se alimenta de las naves espaciales terrícolas.

El 23 de septiembre de 1999, el Mars Climate Orbiter se convirtió en la última víctima del demonio galáctico. El orbitador fue diseñado para ser la primera nave espacial que estudiara el clima de otro planeta desde su órbita. La noche en la que llegó a Marte, me apiñé con los demás miembros del equipo de Mars Exploration Rovers en Cornell para ver la tele de la NASA conteniendo la respiración. No se trataba de nuestro bebé, pero el éxito de este dependía en gran medida del orbitador, ya que sería nuestro principal repetidor de radio en Marte: comunicaría nuestras órdenes a los vehículos exploradores en la superficie y nos enviaría sus respuestas. Era nuestro *walkie-talkie*.

El orbitador arribó a Marte como se esperaba. El siguiente paso fue la operación de inserción orbital: el equipo de navegación encendió el motor principal del orbitador para reducir su velocidad y ponerlo en órbita alrededor del planeta rojo. Cuando la nave pasó por detrás de Marte, su señal de radio fue bloqueada por el planeta y desapareció, como estaba previsto. Así que esperamos, junto con los ingenieros del control de la misión, a que la señal volviera a aparecer cuando la nave estuviera de nuevo a la vista.

Pero no lo hizo. A medida que el reloj avanzaba sin que tuviéramos señales del orbitador, el ambiente en la sala cambió con rapidez y de forma inquietante. Acabábamos de perder a nuestro *walkie-talkie*.

No existen obituarios para las naves devoradas por el demonio galáctico, pero, si los hubiera, el del Mars Climate Orbiter diría algo así como: «Una nave espacial perfectamente sana, manejada por algunos de los científicos espaciales más inteligentes del mundo, fue enviada a la atmósfera marciana, donde sufrió una muerte horrible».

La moraleja de esto es que, si tu objetivo es poner una nave en la órbita de Marte, debes mantenerla a salvo por encima de la atmósfera. A bajas altitudes, la atmósfera se vuelve hostil: la nave puede quemarse tras chocar demasiado fuerte contra ella o atravesarla y rebotar en el interminable abismo del espacio. El orbitador estaba programado para entrar en órbita a una altura segura de 150 km sobre la superficie. Pero, en lugar de ello, entró en Marte a una altitud de solo 57 km dentro de la atmósfera.

Un comunicado de prensa de la NASA atribuyó ese desfase de casi cien kilómetros a un «presunto error de navegación».[3] Pero en menos de una semana quedó claro que aquello era el eufemismo de la década para la agencia espacial. Una nave de 193 millones de dólares se había perdido porque los científicos que trabajaban en la misión vieron lo que querían ver, en lugar de ver lo que tenían delante.

En el capítulo anterior hemos visto cómo refinar y reformular las ideas que generaste en la primera parte del libro —«Lanzamiento»— haciendo mejores preguntas y encontrando mejores problemas. En este, tomaremos esas ideas pulidas y aprenderemos a ponerlas a prueba. Te revelaré el contenido del kit de herramientas del científico de cohetes para detectar fallos en la toma de decisiones, eliminar la información errónea y hallar los errores antes de que deriven en catástrofe. Descubrirás la prueba de una inteligencia superior y la pregunta que te permitirá resolver mucho mejor los problemas. Te explicaré por qué un simple cambio de vocabulario puede hacer tu mente más flexible, y lo que puedes aprender de un rompecabezas básico que el 80 % de la gente no logra resolver. Analizaremos los beneficios de cambiar nuestra errónea costumbre de convencer a los demás de que tenemos razón por la acertada actitud de autoconvencernos de que nos equivocamos.

Los hechos no cambian las mentes

Como antiguo científico, he sido entrenado para confiar en los hechos. Durante años, cuando intentaba convencer a alguien respaldaba mis argumentos con datos sólidos, fríos e irrefutables, y esperaba resultados inmediatos. Ahogar a la otra persona con hechos, suponía, es la mejor manera de demostrar que el cambio climático es real, que la lucha contra las drogas ha fracasado o que la estrategia empresarial adoptada por tu jefe, reacio al riesgo y carente de imaginación, no está funcionando.

Pero he acabado descubriendo un problema esencial con este enfoque: no funciona.

La mente no sigue a los hechos. Los hechos, como dijo John Adams, son tercos, pero nuestras mentes lo son aún más. La duda no siempre se resuelve ante los hechos, ni siquiera para los más ilustrados, por muy creíbles y convincentes que sean tales hechos. Y es que el mismo cerebro que hace posible el pensamiento racional también sesga los juicios e introduce dobleces subjetivas.

Nuestra tendencia a juzgar de forma parcial se debe en parte al sesgo de confirmación, consistente en infravalorar las pruebas que contradicen nuestras creencias y sobrevalorar las que las confirman. «Es algo desconcertante —señala Robert Pirsig—. La verdad llama a la puerta y tú dices: "Vete, estoy buscando la verdad"; y se va».[4]

Hay que reconocer que por muy maravilloso que sea internet ha reforzado nuestras peores tendencias. Ahora aceptamos como verdad el primer resultado de Google que confirme nuestras creencias, incluso si aparece en la página doce de los resultados de búsqueda. No buscamos múltiples referencias ni filtramos la información de baja calidad; pasamos con rapidez de «esto me parece correcto» a «esto es cierto».

Esto es así porque confirmar nuestras teorías nos hace sentir bien. Vamos, que recibimos un golpe de dopamina cada vez que se nos da la razón. En cambio, oír opiniones contrarias es una experiencia realmente desagradable, hasta el punto de que la gente rechaza dinero en efectivo con tal de permanecer en su burbuja ideológica. Fue lo que se demostró en un estudio con más de 200 estadounidenses, donde alrededor de dos tercios de los participantes rechazaron la oportunidad de ganar dinero extra escuchando los argumentos de la otra parte sobre el matrimonio entre personas del mismo sexo.[5] Y no lo hicieron porque ya supieran lo que pensaba la otra parte; no, estos participantes explicaron a los investigadores que escuchar opiniones contrarias les resultaría demasiado frustrante e incómodo. Eso sí, los resultados fueron neutros desde el punto de vista ideológico: las personas de ambos bandos eran igual de propensas a rechazar el dinero si había que escuchar a la otra parte.

Cuando nos aislamos de los argumentos contrarios, nuestras opiniones se solidifican y cada vez es más difícil cuestionar los patrones de pensamiento establecidos. Los directivos de empresas con una conducta agresiva y mediocre permanecen contratados porque interpretamos los hechos de forma que confirmen el acierto de nuestra decisión inicial de contratarlos, los médicos continúan proclamando los perjuicios del colesterol en la dieta a pesar de las investigaciones recientes que no se muestran tan contundentes, los estudiantes universitarios mantienen sus postulados incluso cuando éstos violan las leyes de la física.

Recordemos que fue Galileo quien descubrió, mediante un experimento mental, que los objetos de diferentes masas caen a la misma velocidad en el vacío. Bien, pues en un estudio se preguntó a un grupo de universitarios si creían que los objetos más pesados caían más rápido que los más ligeros.[6] Tras anotar sus respuestas, los participantes observaron una demostración en la que un objeto de metal y otro de plástico del mismo tamaño se dejaban caer desde la misma altura en el vacío. Aunque ambos cayeron a la misma velocidad, los estudiantes que creían que el metal caería más rápido eran más propensos a informar de que, en efecto, así sucedía.

En otro estudio, los investigadores enviaron a más de 1700 padres una de cuatro posibles campañas destinadas a aumentar las tasas de vacunación contra el sarampión, las paperas y la rubeola (SPR).[7] Estas campañas, que eran réplicas casi textuales de las creadas por las autoridades federales, adoptaban diferentes enfoques. Por ejemplo, una ofrecía información textual que refutaba la hipótesis de la relación entre la vacuna y el autismo, mientras que otra mostraba imágenes de niños que habían desarrollado enfermedades que podrían haberse evitado con la vacuna. El objetivo del estudio era determinar qué tipo de campaña sería más eficaz para vencer la reticencia de los padres a vacunar a sus hijos.

De forma sorprendente, ninguna de ellas funcionó. En el caso de los padres con una actitud menos favorable hacia las vacunas, las campañas resultaron, de hecho, contraproducentes: los volvieron *menos* propensos a vacunar a sus hijos. Para los padres que ya eran reticentes, la campaña basada en el miedo —con imágenes terribles de niños que sufrían sarampión— aumentó, paradójicamente, la creencia de que la triple vírica causa autismo. Las imágenes podrían haber logrado que los padres más preocupados pensaran en otros peligros para sus criaturas, pero lo que hicieron fue asociar esos peligros a las vacunas. «La mejor respuesta a las falsas creencias —concluyeron, pues, los investigadores— no es necesariamente proporcionar información correcta».

Tal vez pienses que las evidencias no pueden triunfar sobre las emociones en un caso así, pero que eso no ocurrirá con los científicos de cohetes, esa clase de personas brillantes y racionales a las que se les confían costosas naves espaciales porque han sido entrenadas para hacer juicios sólidos basados en datos objetivos. Sin embargo, como veremos en la siguiente sección, incluso los científicos de cohetes pueden tener dificultades para pensar... como un científico de cohetes.

Algo curioso está pasando

Con un Smartphone en la mayoría de los bolsillos, los problemas de navegación son en gran medida cosa del pasado. Se acabaron los días en los que bajábamos la ventanilla del coche para pedir indicaciones a un desconocido de aspecto fiable y, si esas indicaciones nos desviaban, pedíamos a otros desconocidos que nos corrigieran el rumbo. Ahora nos limitamos a introducir nuestro destino en el dispositivo móvil y obtenemos de manera instantánea una descripción de la ruta.

Sin embargo, la forma de navegar de una nave espacial interplanetaria se parece más a la conducción tradicional. No hay ventanillas que bajar, pero durante el lanzamiento y el posterior vuelo la nave detecta imprecisiones en su trayectoria. Se trata de inexactitudes previsibles, por lo que el equipo de navegación programa maniobras de corrección de la trayectoria, encendiendo los motores de la nave para asegurarse de que se mantiene en la ruta, lo que equivale a preguntar a otros por la dirección durante el trayecto.

Para el Mars Climate Orbiter, el grupo de ingenieros responsables de la navegación en el JPL planificó cuatro maniobras de corrección de trayectoria.[8] Pero durante la cuarta maniobra, que tuvo lugar más o menos dos meses antes de la llegada de la nave a Marte, ocurrió algo extraño. Los datos recogidos tras el encendido mostraron que la altitud de la nave sería inferior a la esperada cuando entrara en la órbita marciana. La deriva descendente era sutil, pero palpable y continua: a medida que la nave se acercaba a Marte, de forma inexplicable, seguía bajando.

Algunas predicciones se desviaban hasta 70 km del objetivo. Sin embargo, los «controladores seguían actuando como si creyeran que actuaban con un margen de precisión de 10 km».[9] Esta discrepancia de 70 km, según un experto, «debería haber hecho que la gente pusiera el grito en el cielo. Esto te dice que no tienes ni idea de dónde está tu nave y que, por tanto, tu trayectoria tiene una probabilidad remota de cruzar la atmósfera del planeta».[10] Aun así, los controladores asumieron que el error estaba en el *software* de navegación, no en la trayectoria de la nave, donde en apariencia seguía siendo mínimo —lo cual, en la jerga de la ciencia de cohetes, significa «como se esperaba»—.

No obstante, en el JPL se rumoreaba que no todo iba bien con el orbitador. Una o dos semanas antes de la entrada programada de este en la órbita marciana, Mark Adler se puso en contacto con el equipo para ver cómo iban las cosas (quizá recuerdes a Adler de un capítulo anterior:

es el ingeniero del JPL al que se le ocurrió la idea del airbag para los Mars Exploration Rovers). Bien, pues recibió la misma respuesta críptica: «Algo raro está pasando». Pero los controladores parecían confiados. «Se solucionará por sí solo», le dijeron.

Aunque solo había cuatro maniobras de corrección de trayectoria previstas, quedaba la posibilidad de añadir una quinta, pero los miembros del equipo decidieron pasar del tema. Seguían creyendo que la nave entraría en Marte a una altitud segura, a pesar de que los datos prácticamente gritaban lo contrario.

Lo que al final ocurrió con el orbitador me retrotrae a mi clase de física en el instituto. Nuestra profesora nos calificaba con cero puntos por una respuesta de examen que careciera de unidades de medida. No tenía piedad: aunque la respuesta fuera correcta, suspendíamos si escribíamos «150» en lugar de «150 m». Yo era bastante dejado con las unidades de medida y no entendía por qué eran tan importantes... hasta que supe del error de navegación que mató al Mars Climate Orbiter.

Resulta que Lockheed Martin, responsable de la fabricación del orbitador, utilizaba el sistema inglés de libras-pulgada, pero el JPL, que se ocupaba de hacerlo navegar, empleaba el sistema métrico. Cuando Lockheed programó una pieza de *software* de trayectoria, los ingenieros del JPL asumieron —de manera incorrecta, resultó ser— que los números estaban en newtons, la unidad métrica de fuerza. Una libra de fuerza equivale a 4,45 newtons, por lo que todas las medidas relevantes estaban desfasadas por un factor de más de cuatro. En definitiva, lo que pasó fue que JPL y Lockheed Martin hablaban idiomas diferentes y ninguno de los dos equipos se dio cuenta del problema, porque ambos olvidaron incluir las unidades de medida.

Dicho de otro modo: todos estos científicos espaciales habrían suspendido Física en mi instituto.

Pero atribuir esta catástrofe de 193 millones de dólares a la incapacidad de la NASA para la física de secundaria o al inexplicable uso por parte de Lockheed Martin del arcaico sistema de libras-pulgada sería simplificar demasiado el asunto. Los científicos espaciales que trabajaron en el proyecto fueron víctimas de los mismos prejuicios que alejan a todos los seres humanos del pensamiento racional. «La gente a veces comete errores», explicó el coordinador adjunto de la NASA, Edward Weiler, tras el accidente del orbitador. «El problema aquí no fue el error, sino el fracaso de la ingeniería de sistemas de la NASA, y de los controles y equilibrios en nuestros procesos para detectar el error. Por eso perdimos la nave». Es decir, había una brecha —que no se detectó— entre la historia que contaban los datos y la que se contaban a sí mismos los científicos de cohetes.

Nadie viene equipado con un chip de pensamiento crítico que disminuya la tendencia humana a dejar que las creencias personales distorsionen los hechos. Independientemente de cuál sea tu grado de inteligencia, esta frase de Feynman es válida: «El primer principio es que no debes engañarte a ti mismo, y tú eres la persona más fácil de engañar».[11]

Así que, en lugar de renegar de su configuración genética, los científicos han diseñado un conjunto de herramientas para corregir esa inclinación demasiado humana a autoengañarse. No obstante, estas herramientas no son solo para ellos; más bien se trata de un conjunto de tácticas —maniobras de corrección de la trayectoria— que todo el mundo puede manejar para poner a prueba sus ideas y detectar la verdad.

Comenzaremos a ver esto en un ámbito insólito —una obra de ficción— que ofrece una visión muy fiel del conjunto de herramientas de pensamiento crítico del científico: una escena de la película *Contact*.

El caso contra las opiniones

Atardece en el desierto de Nuevo México. El personaje de Jodie Foster, Ellie Arroway, es una científica que busca vida extraterrestre. Está tumbada encima de su coche, con las antenas blancas en forma de plato del Very Large Array girando en el fondo. Arroway tiene los ojos cerrados, los auriculares puestos y está desconectada del resto del mundo. Está escuchando las señales de radio del espacio exterior, esperando la llamada de E. T.

Justo cuando se está acomodando, una señal fuerte y rítmica se eleva por encima del ruido cósmico y la hace despertar. «Mierda», suelta. Sube al coche, empieza a gritar coordenadas e instrucciones a sus compañeros de trabajo por un *walkie-talkie* y regresa a toda velocidad a la oficina.

Una vez que Arroway llega, el equipo entra en acción moviendo el equipamiento, girando los mandos, comprobando las frecuencias y tecleando cosas en diferentes ordenadores.

—¡Demuestra que soy una mentirosa, Fish! —grita Arroway a su colega Fisher.

Fisher comienza entonces a hilar varias hipótesis alternativas sobre el origen de la señal. «Podría ser el AWACS de Kirkland el que nos interfiere», dice, refiriéndose al Sistema de Control y Alerta Aérea (AWACS, por sus siglas en inglés). Pero el estado del AWACS es negativo, así que se descarta. Otras posibles fuentes también están marcadas. «El NORAD no está rastreando ningún espía en este vector», afirma Fisher, refiriéndose al Mando de Defensa Aeroespacial Norteamericano (NORAD, por sus siglas en inglés), antes de añadir que el transbordador espacial Endeavor también está en modo de reposo. A continuación, Arroway comprueba el FUDD —Dispositivo de Detección de Seguimiento (FUDD, por sus siglas en inglés)—, utilizado para confirmar que la señal procede del espacio y no de la Tierra. Una vez comprobado el origen espacial, besa la pantalla del ordenador y dice: «¡Gracias, Elmer!», deleitando con ello a todos los fans de los Looney Tunes.[12]

Algo más tarde se determina la fuente de la señal: es la estrella Vega. Pero, en lugar de conformarse con la respuesta, el equipo pasa enseguida a demostrar que esta hipótesis es errónea: Vega está demasiado cerca, es demasiado joven para haber desarrollado vida inteligente y ha sido escaneada un montón de veces antes, con resultados negativos.

Pero la señal es inconfundible. Pronto se dan cuenta de que consiste en una secuencia de números primos, un claro signo de inteligencia. Por un momento, Arroway se plantea hacerla pública, pero luego lo reconsidera. Sabe que el descubrimiento tiene que ser confirmado de forma independiente y replicado por otros científicos. La señal podría ser una farsa, un fallo, un engaño… Cualquier cosa podría haber llevado a su equipo por el camino equivocado.

Así que lanza la pregunta al mundo. Como la hipótesis Vega se está imponiendo con rapidez en Estados Unidos, llama a un colega del Observatorio Parks, en Nueva Gales del Sur (Australia), donde cuentan con un radiotelescopio. El australiano confirma la señal.

—¿Ya tienes una ubicación de la fuente? —pregunta Arroway, sin revelar sus propios hallazgos.

—Lo ponemos justo en el medio —responde. Tras una breve pausa que parece durar minutos, añade—: Vega.

Arroway se aparta de su ordenador para reponerse de la impresión.

—¿A quién llamamos ahora? —pregunta un compañero de trabajo.

—A todo el mundo —dice Arroway.

....

ESTA ESCENA —QUE ANALIZAREMOS en el resto de este capítulo— está basada en una novela de Carl Sagan, cuyo toque científico es inconfundible. Sí, el director de la película, Robert Zemeckis, se tomó algunas libertades científicas. La más evidente es que los científicos no captan señales de radio en sus auriculares en medio del desierto, sino que usan ordenadores («Tuve que tomarme una licencia aquí —explicó Zemeckis—. Es solo una imagen romántica»).[13] Pero, por lo demás, las incursiones en el romanticismo cinematográfico son escasas en esta escena.

Lo primero que hay que destacar es lo que Arroway no hace. Incluso cuando oye una señal clara que parece ser muestra de vida inteligente se abstiene de opinar enseguida sobre lo que podría significar.

Desde una perspectiva científica, las opiniones presentan varios problemas. En primer lugar, son pegajosas; cada vez que nos formamos una opinión —esa propia e ingeniosa idea— tendemos a enamoramos de ella, sobre todo cuando la declaramos en público a través de un megáfono real o virtual. Por tanto, para evitar cambiar de opinión nos retorceremos en posturas que ni los yoguis más experimentados pueden mantener.

Con el tiempo, las creencias comienzan a mezclarse con la propia identidad. Es decir, tu creencia en el CrossFit te convierte en un «CrossFitter»; tu creencia en el cambio climático te convierte en un ecologista y tu creencia en la alimentación primal te convierte en un paleo. Y, cuando tus creencias y tu identidad son una misma cosa, cambiar de opinión significa modificar tu identidad, por lo que los desacuerdos suelen derivar en combates a muerte existenciales.

Por ello, al principio de su investigación los científicos se abstienen de emitir opiniones. En su lugar, formulan una hipótesis de trabajo. Es decir, la clave es que se está «trabajando», que hay una tarea en curso, que no es definitiva; esto significa que la hipótesis puede modificarse o rechazarse en función de los hechos.

Lo que intento decir es que se defienden las opiniones, pero se prueban las hipótesis de trabajo. La prueba se hace, como explica el geólogo y educador T. C. Chamberlin: «no por el bien de la hipótesis, sino por el bien de los hechos».[14] Algunas hipótesis maduran hasta convertirse en teorías, pero muchas otras no.

En mis primeros años en el mundo académico ignoré todos los consejos que estoy desgranando aquí. Trataba mis trabajos como opiniones finales en lugar de como hipótesis de trabajo. Cuando alguien cuestionaba una de mis opiniones durante una presentación académica, me ponía a la defensiva; el ritmo cardíaco se me disparaba, me ponía tenso y mi respuesta reflejaba la molestia que me causaban la pregunta y quien la había formulado.

Entonces regresé a mi formación científica y empecé a replantear mis opiniones como hipótesis de trabajo. Y cambié mi vocabulario para reflejar este cambio mental. En las conferencias, en lugar de decir «Yo sostengo...», empecé a decir cosas como: «Este artículo plantea una hipótesis...».

En mi caso, este sutil giro verbal engañó a mi mente para que separara mis argumentos de mi identidad personal. Es evidente que era yo quien proponía las ideas, pero una vez que salían de mi cuerpo cobraban vida propia; se transformaban en cosas separadas y abstractas que podía ver con cierta objetividad. Ya no era algo personal, era una hipótesis de trabajo que, simplemente, necesitaba más trabajo.

Pero incluso una hipótesis de trabajo es una especie de hijo intelectual que puede generar apego. Un remedio para esto, como veremos en la siguiente sección, es tener varios hijos.

Una familia de hipótesis

Los radiotelescopios se emplean no solo para buscar vida extraterrestre, como en *Contact*, sino también para hacer llamadas telefónicas de larga distancia (interplanetarias) a las naves espaciales que viajan por nuestro sistema solar.[15] La Red del Espacio Profundo —una combinación de tres gigantescos conjuntos de antenas de radio— sirve de centro de conexiones. Las estaciones de seguimiento están repartidas de forma equidistante por todo el mundo: en Goldstone (California), cerca de Madrid (España) y cerca de Canberra (Australia). Así, cuando la Tierra gira y una estación pierde la señal, la siguiente recoge el testigo.

El 3 de diciembre de 1999, la estación de Madrid seguía al Mars Polar Lander mientras este se dirigía a la superficie marciana la noche en que estaba programado su aterrizaje. El módulo de aterrizaje llegaba a Marte unos meses después de la vergonzosa pérdida del Mars Climate Orbiter por el desajuste de las unidades de medida. Por tanto, esta era la oportunidad de la NASA para salvar la cara.

Hacia las 11:55, hora del Pacífico, el módulo de aterrizaje entró en la atmósfera marciana e inició su descenso. Como estaba previsto, la estación de Madrid perdió la señal. Si todo iba según lo previsto, la estación Goldstone volvería a captarla a las 12:39 *p. m.*

Pero las 12:39 *p. m.* llegaron y pasaron sin que el módulo de aterrizaje dijera nada. La búsqueda de señal continuó durante varios días y los ingenieros enviaron órdenes una y otra vez al módulo de aterrizaje. Sus llamadas no fueron devueltas.

Justo cuando la NASA estaba a punto de dar por desaparecido el módulo de aterrizaje ocurrió algo extraño. El 4 de enero de 2000, tras un mes de silencio por parte del módulo, un radiotelescopio extremadamente sensible de la Universidad de Stanford captó una señal procedente de Marte. «Era el equivalente en radiofrecuencia a un silbido», explicó Ivan Linscott, investigador asociado de Stanford.[16] Ese silbido tenía las características exactas que cabría esperar de una señal del Mars Polar Lander. Para verificar su origen, los científicos le pidieron a la nave que enviara una especie de señales de humo encendiendo y apagando su «radio en una secuencia distintiva».[17] La nave pareció obedecer. Los científicos recibieron la señal de humo y anunciaron, como el doctor Frankenstein, que la nave estaba viva.

Excepto que… no era cierto. Aquella señal resultó ser una casualidad. Los científicos de Stanford experimentaron un fenómeno conocido como «no lo habría visto si no lo hubiera creído».[18] Los radiotelescopios de los Países Bajos y el Reino Unido intentaron localizar la señal, pero no pudieron replicar los resultados de Stanford.

Este problema fue diagnosticado por Francis Bacon hace casi cuatro siglos: «El peculiar y perpetuo error del entendimiento humano es que se conmueve y excita más con lo afirmativo que con lo negativo».[19] Esto es, la técnica de búsqueda de Stanford se diseñó para detectar las señales del Mars Polar Lander. Era una señal que los miembros del equipo esperaban —no, deseaban— captar. Y eso fue justo lo que captaron.

Además, esos científicos estaban emocionalmente vinculados a la supervivencia del módulo de aterrizaje. «Es como tener a un ser querido desaparecido en combate», explicó John Callas, investigador del JPL.[20] De modo que, desesperados por creer que el módulo de aterrizaje seguía vivo, llegaron a la conclusión de que lo estaba.

Pero no era, ni mucho menos, la primera vez que los científicos eran engañados por señales imaginarias procedentes de Marte. Tesla también informó de la detección de mensajes del planeta rojo que consistían en una «repetición regular de números», similar al patrón de números primos de Arroway, originarios de Vega. Tesla interpretó estos números como una «extraordinaria evidencia experimental» de vida inteligente en Marte.[21]

Ninguno de estos científicos estaba tratando de engañar al público de manera intencionada. Sus conclusiones se basaban en su interpretación de unos datos aparentemente objetivos. Entonces, ¿cómo es posible que vieran algo estas personas tan brillantes si no había nada?

La explicación es que una hipótesis —aunque sea una hipótesis de trabajo— sigue siendo un hijo intelectual. Como explica Chamberlin, la hipótesis «se hace cada vez más querida [por su autor], de modo que, mientras es aparentemente provisional, sigue siendo amorosamente provisional, y no imparcialmente provisional. De ser un niño malcriado pasa con facilidad a ser una amo y señor, y de ese modo conduce a su autor hacia donde quiera».[22]

Por tanto, cuando partimos de una sola hipótesis y seguimos adelante con la primera idea que se nos ocurre, es mucho más fácil que esa hipótesis llegue a ser nuestro amo; porque nos ancla y nos ciega ante las alternativas. Como dijo el escritor Robertson Davies: «El ojo solo ve lo que la mente está preparada para comprender».[23] Es decir, si la mente anticipa una sola respuesta —que el Mars Polar Lander puede estar vivo—, eso verá el ojo.

Así que siempre, antes de formular una hipótesis de trabajo, pregúntate: ¿cuáles son mis ideas preconcebidas? ¿Qué creo que es cierto? Pregúntate también si realmente quieres que esa hipótesis sea correcta y, si es así, ten cuidado. Ten mucho cuidado. Porque, como en la vida, si te gusta alguien tenderás a pasar por alto sus defectos; detectarás señales de un interés amoroso —o de una nave espacial— incluso cuando no se esté enviando ninguna.

Para asegurarte de que no te enamoras de una sola hipótesis, genera varias. De este modo se reduce el apego a cualquiera de ellas y se hace más difícil decantarse enseguida por una. Con esta estrategia, como explica Chamberlin, el científico se convierte en «el padre de una familia de hipótesis y, por su relación paternal con todas, se le prohíbe centrar sus afectos de forma indebida en alguna».[24]

Lo ideal, además, es que las hipótesis entren en conflicto entre sí. F. Scott Fitzgerald dijo una vez: «La prueba de una inteligencia superior es la capacidad para mantener dos ideas opuestas en la mente al mismo tiempo y conservar la capacidad de funcionar».[25] Es decir, este enfoque no es fácil; incluso los científicos pueden tener dificultades para albergar múltiples puntos de vista sin que les explote la cabeza. Durante siglos, la comunidad científica estuvo dividida en dos bandos: unos creían que la luz era una partícula, como las motas de polvo, y otros sostenían que era una onda, como las del agua. Bueno, pues resultó que ambos bandos tenían razón (o no, según se mire): la luz está a caballo entre estas dos categorías y presenta las propiedades de una partícula y de una onda.

El Gran Colisionador de Hadrones es un acelerador de partículas de 17 millas que hace chocar partículas subatómicas llamadas hadrones. Su colisión ha sido descrita como «menos una colisión y más una sinfonía».[26] Cuando los hadrones colisionan se deslizan entre sí y «sus componentes fundamentales pasan tan cerca que pueden hablar entre ellos».[27] Si esta sinfonía se desarrolla de la forma correcta, los hadrones que colisionan «pueden arrancar campos ocultos profundos que entonarán su propia melodía en respuesta, produciendo a su vez nuevas partículas».[28]

Las hipótesis múltiples bailan de la misma manera. Si puedes mantener pensamientos contradictorios en tu cabeza y dejar que dancen juntos, producirán una sinfonía que extraerá notas adicionales «en forma de nuevas ideas», muy superiores a las originales.

Pero ¿cómo generar ideas conflictivas? ¿Cómo encontrar la contramelodía de la melodía? Una posibilidad es buscar activamente lo que falta.

¿Qué falta?

El director, de 27 años, tenía un gran problema entre manos:[29] Bruce, la estrella de su película, implicaba mucho mantenimiento incluso para los estándares de Hollywood. Bruce era un tiburón mecánico, bautizado así con cariño por el abogado del director. Pero el tiburón no era capaz de hacer la única cosa para la que fue fabricado: nadar. En su primer día de rodaje, se hundió hasta el fondo. Al cabo de una semana, su motor eléctrico se averió. Incluso después de un buen día Bruce «tenía que ser vaciado, fregado y repintado» para estar listo de nuevo para el rodaje. Vamos, que requería una clase de mimos que rara vez se concede a las estrellas de cine.

El director hizo entonces lo que cualquiera desearía poder hacer con un actor demasiado exigente y de bajo rendimiento: despidió al tiburón. «No tuve más remedio que pensar en cómo contar la historia sin él», explicó. Al enfrentarse a esta importante limitación, se preguntó: ¿qué haría Hitchcock en una situación como esta? La respuesta le llegó en forma de golpe de inspiración que lo ayudó a transformar un obstáculo en apariencia insuperable en una oportunidad de éxito.

En la escena inicial de la película, Chrissie decide darse un chapuzón a la luz de la luna. Mientras está nadando, de repente es arrastrada bajo el agua y se ve que tiran de ella mientras jadea y grita pidiendo ayuda. La atención se centra en Chrissie, el villano no aparece por ninguna parte. Es decir, el monstruo se deja en exclusiva a la imaginación del público, que no ve bien al tiburón hasta el tercer acto. Esta omisión acaba produciendo un estado constante de ansiedad en el público, una sensación que se ve reforzada por el ominoso tema musical (*da-dum... da-dum... da-dum-da-dum-da-dum*).

La película, como habrás adivinado, era *Tiburón*, y su director no era otro que un joven Steven Spielberg. Incluso al principio de su carrera, Spielberg sabía lo que muchos de nosotros no somos capaces de reconocer: que lo que no vemos puede dar más miedo que lo que vemos.

Desde una perspectiva humana, no todos los hechos son iguales; tendemos a centrarnos en los que tenemos delante y a descuidar otros que pueden quedar en un punto ciego.

Ese punto ciego se debe, en parte, a nuestra programación genética. Como explica el psicólogo Robert Cialdini, «es más fácil registrar la presencia de algo que su ausencia».[30] En otras palabras: estamos programados para responder a las señales obvias: el traqueteo en la oscuridad, el olor a gasolina, la visión del humo, el chirrido de los neumáticos. En esas situaciones, las pupilas se dilatan, el corazón empieza a bombear más rápido y se libera adrenalina. La mente se concentra en la amenaza potencial y filtra todos los demás estímulos. Estos mecanismos son esenciales para la supervivencia, pero también sustituyen a otras operaciones y nos hacen perder datos cruciales. En un famoso estudio, los investigadores filmaron a un grupo de seis personas —la mitad con camisetas blancas y la otra mitad con camisetas negras— pasándose una pelota de baloncesto. Las instrucciones eran sencillas (me atrevo a decir que no estaban al nivel de la ciencia espacial): «Cuenta cuántas veces los jugadores que van de blanco se pasan la pelota». Más o menos a los diez segundos de película, una persona con un disfraz de gorila entraba lentamente en el encuadre, se detenía de forma llamativa en medio de los jugadores, miraba a cámara, se golpeaba el pecho mientras los jugadores seguían pasándose el balón a su alrededor y luego salía de plano. No se trataba, pues, de una interrupción sutil: parecía imposible pasar por alto al gorila.[31] Sin embargo, la mitad de los participantes no lo vieron en absoluto. Estaban tan preocupados por contar los pases que ignoraron al gorila, como al elefante en la cacharrería.[32]

Pero, en contra del saber popular, lo que no ves o no sabes puede perjudicarte. Porque el abogado principiante no ve el argumento legal ganador; el médico mediocre pasa por alto el diagnóstico correcto; quien tiene cierta práctica conduciendo no detecta todos los peligros potenciales de la carretera.

Al centrarnos en los hechos que tenemos delante no lo hacemos suficiente —o en absoluto— con los que faltan. Así que cuando esos hechos centrales reclamen tu atención debes preguntarte: ¿qué no estoy viendo? ¿Qué hecho debería estar presente, pero no lo está? Sigue el ejemplo de los científicos de *Contact*; ellos se preguntaron repetidas veces qué podían estar pasando por alto: la señal podría haber venido del AWACS, del NORAD o del transbordador espacial Endeavor.

En cambio, los científicos que trabajaban en el Mars Climate Orbiter se olvidaron de formular estas preguntas. Una fuerza invisible seguía tirando del orbitador —igual que tiraba de Chrissie— y lo arrastraba hacia abajo mientras nadaba por el océano cósmico. Pero el tiburón, que era el desajuste en las unidades de medida, permanecía oculto. Y, a pesar de las señales de alarma, nadie levantó la mano y preguntó: ¿nos estamos perdiendo algo?

Una especie de autopsia efectuada tras el accidente del orbitador abogaba por que los miembros del equipo adoptaran «un enfoque propio de Sherlock Holmes y una disposición de bulldog para husmear en indicios extraños».[33] El equipo había elaborado una teoría sin reunir todos los hechos —lo que, si conoces a Holmes, es el peor error que puede cometer un investigador— y luego se negó a que los hechos la perturbaran.

Otro caso en el que buscar los hechos ocultos es fundamental sucede en el relato de misterio titulado «Estrella de plata», en el que Holmes desvela que el robo del caballo se hizo desde dentro de las instalaciones al centrarse en lo que falta:

> Gregory (detective de Scotland Yard) —¿Hay algún otro punto sobre el que quiera llamar mi atención?
> Holmes —Sobre el curioso incidente del perro a medianoche.
> Gregory —El perro no hizo nada a medianoche.
> Holmes —Ese fue el curioso incidente.[34]

El perro que custodiaba la propiedad no había ladrado, por lo que Holmes llegó a la conclusión de que el ladrón no podía ser el desconocido que la policía se había apresurado a detener.

Así que la próxima vez que tengas la tentación, mi querido Watson, de anunciar una conclusión haz lo que sueles hacer al volante: no te limites a confiar en los peligros visibles por los espejos retrovisores y por los laterales del coche; pregúntate: ¿qué falta? Y, cuando creas que has agotado todas las posibilidades, sigue preguntándote: ¿qué más? Haz un esfuerzo por girar una y otra vez la cabeza y comprobar, de nuevo, el ángulo muerto.

Te sorprenderá encontrar tiburones al acecho.

....

HALLAR LO QUE FALTA y aprovechar esa información para generar múltiples hipótesis es útil, pero tampoco garantiza la objetividad. Sin quererlo, puedes otorgar el beneficio de la duda a uno de tus vástagos intelectuales que ha llegado a casa pasado el toque de queda, pero castigar a los demás por la misma ofensa. Por eso, después de haber dado a luz a múltiples hijos intelectuales hay que hacer lo impensable: matarlos.

Destruye a tus criaturas intelectuales

Supón que un investigador entra en una habitación y te da estos tres números: 2, 4 y 6. Te dice que los números siguen una patrón sencillo; tu tarea consiste en descubrirlo proponiendo diferentes cadenas de tres números, ante las que el investigador te dirá si se ajustan al patrón. Dispones de tantos intentos como quieras y no hay límite de tiempo.

Inténtalo. ¿Cuál crees que es el patrón?

Para la mayoría de los participantes reales, el experimento se desarrolló de dos maneras: el sujeto A dijo «4, 6, 8» y el investigador respondió: «Sí, cumple el patrón». El sujeto dijo entonces: «6, 8, 10». El investigador contestó: «También cumple el patrón». Tras la aprobación de varias cadenas más de números, el sujeto A declaró que el patrón era «intervalos crecientes de dos».

En cambio, el sujeto B empezó con «3, 6, 9». El investigador respondió: «Sí, cumple el patrón». El sujeto dijo entonces: «4, 8, 12». La respuesta del investigador fue: «También cumple el patrón». Una vez que el sujeto B probó con varias cadenas más de números que se ajustaban al patrón, su respuesta fue que este era «múltiplos del primer número».

Para su sorpresa, ambos participantes se equivocaron.

Resulta que el patrón era «números en orden creciente». Es decir, las cadenas numéricas que tanto A como B habían dado se ajustaban al patrón, pero este era diferente del que ellos tenían en mente.

Si tú tampoco has acertado el patrón, no te preocupes, te doy la bienvenida al club. Solo una de cada cinco personas que participaron en el estudio pudo identificarlo en su primer intento.

Pero ¿cuál es el secreto para resolver este acertijo? ¿Qué distingue a los participantes con éxito de quienes no lo tienen? Pues que los segundos creyeron detectar el patrón desde el principio y propusieron cadenas de números que confirmaban su creencia. Así, si pensaban que era «intervalos crecientes de dos», generaban cadenas como 8, 10, 12 o 20, 22, 24. A medida que el investigador validaba cada nueva cadena, los sujetos iban confiando cada vez más en su brillante corazonada inicial y asumían que iban por buen camino. Es decir, estaban demasiado ocupados tratando de encontrar números que se ajustaran a lo que creían que era el patrón correcto, en lugar de descubrir el patrón en sí.

En cambio, quienes tuvieron éxito habían adoptado el enfoque opuesto: en lugar de intentar demostrar que tenían razón generando cadenas que confirmaran su hipótesis, trataron de refutarla. Por ejemplo, si pensaban que el patrón era «intervalos crecientes de dos», decían «3, 2, 1». Esa cadena no seguía el patrón. Bien, entonces podían decir: «2, 4, 10», que es una cadena que, según el investigador, sí se ajustaba al patrón, pero no al que la mayoría de los participantes suponía correcto.

El juego de los números, como habrás adivinado, es un microcosmos de la vida. Porque nuestro instinto nos lleva a querer demostrar todo el tiempo que tenemos razón. Cada *sí* nos hace sentir bien; cada *sí* nos hace mantenernos firmes en lo que creemos que sabemos; cada *sí* nos concede una estrellita y nos aporta un subidón de dopamina.

Pero es cada *no* lo que nos acerca un poco más a la verdad. Porque cada *no* proporciona mucha más información que un sí. Dicho de otro modo, el progreso solo se produce cuando generamos resultados negativos al tratar de refutar, en lugar de confirmar, nuestra corazonada inicial.

El objetivo de demostrar que te equivocas no es sentirte bien, sino asegurarte de que tu nave no se estrelle, tu negocio no se venga abajo o tu salud no se resienta. Cada vez que validamos lo que creemos saber estrechamos nuestra visión e ignoramos posibilidades alternativas, del mismo modo que cada asentimiento del investigador llevó a los participantes a centrarse más en la hipótesis equivocada.

El estudio de los números procede de un experimento más amplio del psicólogo cognitivo Peter Cathcart Wason, que acuñó el término «sesgo de confirmación».[35] Wason estaba interesado en explorar lo que Karl Popper había denominado «falsabilidad», que significa que las hipótesis científicas deben poder demostrarse erróneas.[36]

Consideremos, por ejemplo, la siguiente afirmación: «Todas las palomas son blancas». Es, por supuesto, refutable: si encuentras una paloma negra, marrón o amarilla habrás demostrado que la hipótesis es errónea, de forma parecida a como una cadena de números no conformes puede falsear tu corazonada inicial en el estudio de los números.

En otras palabras: nunca se demuestra que una teoría científica sea correcta, simplemente no se demuestra que esté equivocada. Solo cuando los científicos se esfuerzan —pero fracasan— en refutar sus ideas pueden empezar a confiar en ellas. E incluso después de que una teoría sea aceptada, a menudo surgen nuevos hechos que exigen el perfeccionamiento o el rechazo total del *statu quo*.

«Nada en el mundo físico parece ser constante o permanente —dijo el físico Alan Lightman—. Las estrellas se consumen. Los átomos se desintegran. Las especies evolucionan. El movimiento es relativo».[37] Lo mismo ocurre con los hechos; la mayoría de ellos tiene una vida limitada. Lo que se nos recomienda este año se desaconseja al siguiente.

La historia de la ciencia, como señala el médico y escritor Chris Kresser, «es la historia de la mayoría de los científicos que se equivocan en la mayoría de las cosas la mayor parte del tiempo».[38] Las ideas de Aristóteles fueron refutadas por las de Galileo, las cuales fueron sustituidas por las de Newton, y estas fueron modificadas por Einstein. Y la propia teoría de la relatividad de Einstein se vino abajo en el nivel subatómico, en el imperceptible terreno de las partículas diminutas como los quarks, los gluones y los hadrones, donde ahora rige la teoría cuántica de campos. Estábamos seguros de cada uno de estos hechos... hasta que dejamos de estarlo. El «hoy sí, mañana no» de la ciencia es simplemente su «ritmo natural», afirma Gary Taubes.[39]

Aunque los científicos dedican su vida a rebatir sus propias ideas, este modo de operar va en contra del propio comportamiento humano. En política, por ejemplo, la coherencia triunfa sobre el acierto. Cuando los políticos admiten que han cambiado de opinión —porque los hechos han cambiado o porque un argumento mejor los ha convencido— son castigados por la oposición. Se les arrastra por el barro por ser incoherentes, indecisos y, en general, incapaces de ser la persona de convicciones firmes adecuada para un cargo electo.

Así, para la mayoría de los políticos la afirmación «este argumento es irrefutable» es una virtud. Pero para los científicos es un defecto. Si no hay forma de poner a prueba una hipótesis científica y refutarla, es en esencia inútil. Como explica Sagan: «Hay que dar a los escépticos la oportunidad de seguir tu razonamiento, de replicar tus experimentos y ver si obtienen el mismo resultado».[40]

Consideremos, por ejemplo, la «hipótesis de simulación», planteada por primera vez por el filósofo Nick Bostrom y popularizada más tarde por Elon Musk. Esta hipótesis dice que somos pequeñas criaturas que viven en una simulación informática controlada por poderes más inteligentes.[41] Pero esta hipótesis no es refutable: si somos como los personajes del videojuego *Los Sims* no podemos obtener información sobre nuestro mundo desde fuera de él. En consecuencia, nunca podremos demostrar que nuestro mundo no es solo una ilusión.

La refutación es lo que separa la ciencia de la seudociencia. Por tanto, cuando mantenemos a raya los argumentos contrarios mediante otros no rebatibles e impedimos que el resto de la gente cuestione nuestras creencias, la desinformación triunfa.

Una vez que hayamos formulado hipótesis refutables debemos seguir la senda de los participantes que tuvieron éxito en el estudio de los números e intentar rebatirlas en lugar de buscar información para demostrar que son correctas. Pero el bloqueo ideológico se produce sin que seamos conscientes de ello; por tanto, debemos exponernos a propósito a la incomodidad del autofalseamiento, en lugar de limitarnos a repetir tópicos como «estoy abierto a demostrar que me equivoco». Hazme caso, es un ejercicio muy útil: cuando tu enfoque pase de demostrar que estás en lo cierto a probar que te equivocas, buscarás diferentes aportaciones, combatirás prejuicios muy arraigados y te abrirás a hechos y argumentos que compiten entre sí. «No me gusta ese hombre —se dice que manifestó Abraham Lincoln—. Debo conocerlo mejor». La misma perspectiva debería aplicarse a los argumentos opuestos.

Pregúntate de vez en cuando —como hace Stewart Brand, el fundador del catálogo *Whole Earth*— ¿en cuántas cosas estoy equivocado?[42] Busca resquicios en tus argumentos más preciados y encuentra hechos que los desmientan (piensa: ¿qué detalle me haría cambiar de opinión?). Sigue, pues, la «regla de oro» de Darwin, quien al encontrar un hecho que contradecía una de sus creencias lo anotaba de inmediato.[43] Porque sabía que al eliminar tus ideas erróneas o desfasadas dejas espacio para que afloren las correctas. Por consiguiente, cuestionar creencias muy arraigadas, permite reforzar el razonamiento de los principios básicos.

Pensemos ahora en Daniel Kahneman, que ganó el Nobel en 2002 por su innovador trabajo sobre la psicología del juicio y la toma de decisiones. Ser galardonado con un Nobel es una hazaña impresionante, pero lo es aún más en el caso de Kahneman, porque él ganó el de Economía... siendo psicólogo. «La mayoría de la gente, después de ganar el Premio Nobel, solo quiere ir a jugar al golf —explicó el profesor de Princeton Eldar Shafir—. [En cambio] Danny está ocupado tratando de refutar sus propias teorías, las que le hicieron ganar el premio. Es verdaderamente hermoso».[44] Kahneman también suele invitar a sus críticos a sumarse a este ejercicio, proponiéndoles de que colaboren con él.[45]

Uno de mis pasajes preferidos del Tribunal Supremo de Estados Unidos es el juicio disidente que emitió el juez John Marshall Harlan en el caso Plessy vs Ferguson, de 1896. En aquel caso, la mayoría del tribunal (en contra de la única disidencia de Harlan) defendió la constitucionalidad de la segregación racial (esta sentencia fue anulada posteriormente en el caso *Brown vs el Consejo de Educación*).

La disidencia de Harlan fue una sorpresa para muchos, pues ese juez era un supremacista blanco y propietario de esclavos.[46] Además, se había opuesto con firmeza a las Enmiendas de Reconstrucción de la Constitución de Estados Unidos, que prohibían al Gobierno discriminar por motivos de raza (entre otras cosas). Cuando los críticos de Harlan lo acusaron de ser un hipócrita, su respuesta fue simple: «Prefiero tener razón que ser coherente».[47]

«Una característica de una gran mente —dijo una vez Walter Isaacson— es la voluntad de modificarla».[48] Así, cuando el mundo que nos rodea cambia —cuando estalla la burbuja tecnológica o cuando los coches autónomos sean lo habitual—, la capacidad para cambiar con él otorga una ventaja extraordinaria. «El ejecutivo de éxito es más rápido en reconocer las malas decisiones y ajustarse a la nueva situación —explica Walt Bettinger, director general de Charles Schwab—, mientras que quienes fracasan lo hacen porque suelen atrincherarse y tratar de convencer a la gente de que tenían razón».[49]

Si te cuesta enfrentarte a tus propias creencias, puedes fingir que son las de otra persona. Al escribir este libro, yo mismo adopté una de las estrategias típicas de Stephen King, que guarda los borradores de sus capítulos durante semanas antes de volver a ellos. Después, ya con cierta distancia psicológica, le resulta más fácil fingir que otra persona ha escrito aquello. Es decir, ver su propio trabajo desde una nueva perspectiva le quita la venda de los ojos y le permite avanzar. El enfoque de King está respaldado por la investigación. Por ejemplo, en un estudio sobre este particular los participantes se volvieron más críticos con sus propias ideas cuando estas se les presentaron como si fueran de otra persona.[50]

Al final, si no demostramos que nos equivocamos, otros lo harán por nosotros; si pretendemos tener todas las respuestas, al final nos quedaremos con el culo al aire; si no reconocemos los defectos de nuestra forma de pensar, esos defectos nos perseguirán. Como señalan los neurocientíficos Hugo Mercier y Dan Sperber, un ratón «empeñado en confirmar su creencia de que no hay gatos alrededor» acabará siendo alimento para esos gatos.[51]

En resumen, el objetivo debe ser hallar la respuesta correcta, no *tener* razón.

Años después de publicar el estudio sobre los números que abre esta sección, Wason fue parado en la calle por Imre Lakatos, un filósofo de la ciencia de la Escuela de Economía y Ciencia Política de Londres. «Hemos leído todo lo que ha escrito —le dijo Lakatos a Wason— y no estamos en absoluto de acuerdo con ello». Y añadió: «Venga a darnos un seminario».[52]

Al extender una invitación a su oponente intelectual, Lakatos seguía una estrategia que analizaremos en el siguiente apartado.

Una caja llena de luz

Niels Bohr y Albert Einstein fueron unos de los mayores rivales intelectuales en la historia de la ciencia. En su momento se enzarzaron en una serie de debates públicos sobre la mecánica cuántica, en concreto sobre el principio de incertidumbre, que dice que es imposible determinar tanto la posición como el momento exactos de las partículas subatómicas.[53] Bohr apoyaba este principio, pero Einstein se oponía a él.

A pesar de sus fuertes desacuerdos intelectuales, la relación entre Bohr y Einstein era de respeto mutuo. Fiel a su estilo, Einstein diseñó una serie de experimentos mentales para refutar el principio de incertidumbre. Durante las conferencias de Solvay, que reunían a los físicos más destacados del mundo, Einstein solía aprovechar cada uno de los desayunos para anunciar alegremente que había hecho otro experimento mental que desmentía el principio de incertidumbre.[54]

Bohr consideraba el reto de Einstein durante todo el día y, para la cena, solía tener una respuesta que ponía en su sitio a su rival. Entonces Einstein se retiraba a su habitación y bajaba a desayunar, al día siguiente, armado con un nuevo experimento mental.

Esta suerte de combate intelectual era como si Rocky Balboa y Apollo Creed se enfrentaran después de horas en el gimnasio: dos gigantes, que se aislaban del mundo, ponían a prueba su destreza el uno contra el otro y se hacían más fuertes gracias a ello. En el progreso de cada uno se pueden ver las huellas del otro, aunque no sea desde el punto de vista formal, sí desde el punto de vista espiritual. No se trata de ganar o perder. Se trata de participar en el juego o, en este caso, en la ciencia.

Bohr y Einstein recurrieron el uno al otro para poner a prueba sus opiniones porque ellos estaban demasiado cerca de sus propias perspectivas para verles los puntos ciegos. «Una cosa que no puede hacer una persona, por muy riguroso que sea su análisis o atrevida su imaginación —observó una vez el premio Nobel Thomas Schelling— es elaborar una lista de cosas que nunca se le ocurrirían». Por eso en *Contact* Arroway grita: «Demuestra que soy una mentirosa, Fish»; le está pidiendo a su colega que pruebe que estaba equivocada.[55]

Esta es también la razón por la que el desacuerdo forma parte del método científico. El físico teórico John Archibald Wheeler afirma que «el progreso de la ciencia se debe más al choque de ideas que a la acumulación constante de hechos».[56] Incluso los científicos que trabajan en secreto deben exponer sus ideas a algunos colegas a través de la revisión por pares, un filtro que deben pasar todas las publicaciones científicas de importancia. Pero la publicación tampoco es el final; sus conclusiones deben ser verificadas de forma independiente por otros científicos que no tengan ningún motivo para apoyar esas ideas, del mismo modo que la secuencia de números primos en *Contact* fue verificada por los colegas australianos de Arroway. En uno de mis discursos favoritos de todos los tiempos, David Foster Wallace narró la historia de dos peces jóvenes. Los peces están nadando «y por casualidad se encuentran con un pez más viejo nadando en dirección contraria. Este los saluda con la cabeza y les dice: "Buenos días, chicos, ¿cómo está el agua?"». Los dos peces jóvenes siguen nadando «y al final uno de ellos mira al otro y dice: "¿Qué demonios es el agua?"».[57]

Todo lo que observamos en el mundo lo hacemos a través de nuestros propios ojos. Así, lo que puede ser obvio para otros —que estamos nadando en el agua— tal vez no lo sea para nosotros. Otras personas tienen esa capacidad, aparentemente extraña, de detectar el desajuste de nuestras unidades de medida o la ilusión colectiva de la señal de un módulo de aterrizaje marciano que en realidad está muerto. Y la tienen porque no se aferran a nuestra visión del mundo, no sienten apego emocional por nuestras opiniones y no rechazan la información conflictiva como nosotros. El psicólogo David Dunning decía que «el camino hacia la autopercepción pasa por otras personas».[58]

Sin embargo, este camino suele estar obstruido. En el mundo moderno vivimos en una cámara de eco perpetua. Aunque la tecnología haya derribado algunas barreras, ha terminado por erigir otras. Nos hacemos amigos de gente similar en Facebook y seguimos a gente similar en Twitter; leemos blogs y periódicos de nuestra misma ideología política. Y es fácil conectar solo con la propia tribu y desconectar de los demás; para esto último basta con darse de baja, dejar de seguir o cancelar la amistad.

Este tribalismo alimentado por internet exacerba nuestro sesgo de confirmación. A medida que estas cámaras de eco se hacen más y más ruidosas, nos bombardean una y otra vez con ideas que reiteran las nuestras. Y cuando vemos nuestras ideas reflejadas en otros, nuestros niveles de confianza se disparan. Las ideas contrarias no aparecen por ningún lado, así que asumimos que no existen o que quienes las adoptan serán personas irracionales.

En consecuencia, debemos salir de forma consciente de nuestra cámara de eco. Antes de tomar una decisión importante, pregúntate: ¿quién estará en desacuerdo conmigo? Si no conoces a ninguna persona que vaya a estar en desacuerdo contigo, esfuérzate por encontrarla. Exponte a entornos en los que tus opiniones puedan ser cuestionadas, por muy incómodo e inquietante que te resulte. Si eres Niels Bohr, ¿quién es tu Albert Einstein, esa persona que cada día te lanza experimentos mentales a la hora de desayunar? Si eres Ruth Bader Ginsburg, ¿dónde está tu Antonin Scalia escribiendo una descarada pero potente disidencia? Si eres Andre Agassi, ¿quién es tu Pete Sampras, el que te mantiene alerta con un potente saque?

También puedes pedir a quienes suelen estar de acuerdo contigo que no lo estén. Por ejemplo, yo les envié a mis asesores de confianza los primeros borradores de este libro y les pedí que señalaran no lo que estaba bien ni lo que les gustaba, sino lo que estaba mal, lo que debía modificarse o eliminarse. Este método proporciona seguridad psicológica a quienes, de otro modo, podrían negarse a disentir por miedo a ofenderte.

Por último, si no puedes encontrar voces contrarias, invéntatelas. Elabora un modelo mental de tu adversario favorito y mantén conversaciones imaginarias con él. Esto es lo que hace Marc Andreessen. «Tengo un pequeño modelo mental de Peter Thiel —explica Andreessen, refiriéndose a su compañero de capital riesgo y cofundador de PayPal—, una simulación que vive en mi hombro, y discuto con él todo el día.[59] Y añade: «La gente a veces te mira raro cuando lo haces»; pero merece la pena el ridículo.

La voz de la discrepancia puede ser cualquiera. Puedes preguntarte qué haría un científico de cohetes e imaginar a esa persona, armada con las herramientas de este libro, cuestionando con dureza tus ideas. Piensa en lo que diría un cliente insatisfecho sobre tu último producto o cómo enfocaría el mismo problema un nuevo director general que te sustituyera (de este truco se sirvió el antiguo director general de Intel, Andy Grove).[60]

Ahora bien, al inventarte un modelo sobre cómo piensa el adversario hay que hacerlo con la mayor objetividad y justicia posible, evitando la tendencia a caricaturizar la posición contraria para que sea más fácil de desacreditar; esa es una táctica conocida como la del «hombre de paja». Por ejemplo, un candidato político aboga por una mayor regulación de los gases de efecto invernadero que emiten los coches. Otro candidato responde que los coches son esenciales para que la gente vaya al trabajo y que esa propuesta hundiría la economía. Este último argumento es un hombre de paja, porque la propuesta exige una mayor regulación, no la eliminación de los coches; pero es mucho más sencillo rebatir la versión más extrema de la idea.

En lugar de usar la táctica del hombre de paja, dedícate a su opuesto: el hombre de acero. Este enfoque requiere encontrar y articular la forma más fuerte, no la más débil, del argumento de la oposición. Charlie Munger, vicepresidente de Berkshire Hathaway, es un gran defensor de esta idea. Él advierte que «no tienes derecho a adoptar un punto de vista a menos que y hasta que puedas argumentar contra él mejor que el tipo más inteligente que sostenga el punto de vista opuesto».[61]

La partida de ajedrez intelectual entre Bohr y Einstein fue tan fructífera, en parte, porque eran unos maestros en la técnica del hombre de acero. Su juego continuó hasta la muerte de Einstein. Unos años más tarde, cuando Bohr murió, dejó un dibujo en su pizarra.[62] No era una gran revelación ni una defensa de sus ideas: era una caja llena de luz, parte de un experimento mental que Einstein había planteado para desafiarle.

Hasta su último aliento, Bohr aceptó los retos de Einstein porque creía que fortalecían sus ideas en vez de debilitarlas. Su defensa de la mecánica cuántica no se basaba en la fuerza, sino en la duda.

En tu vida también debes encontrar esa caja llena de luz —el desafío a tu sistema de creencias— y no dejarla escapar. Al final, es cierto que se necesita valor, humildad y determinación para encontrar la verdad en lugar de lo conveniente; pero el esfuerzo merece la pena.

....

HAY UNA GRAN DIFERENCIA, como dijo Morfeo, entre conocer el camino y recorrerlo. Una vez que has puesto a prueba tus ideas tratando de demostrar que te equivocas, es el momento de contrastar esas ideas con la realidad mediante pruebas y experimentos. Sin embargo, como veremos en el próximo capítulo, los científicos de cohetes adoptan un enfoque radicalmente diferente para ambas cosas.

Visita **ozanvarol.com/rocket** para descargarte cuadernillos de ejercicios, retos y ejemplos que te ayudarán a poner en práctica las estrategias analizadas en este capítulo.

7

PRUEBA MIENTRAS VUELAS, VUELA MIENTRAS PRUEBAS

Cómo triunfar con el lanzamiento de tu próximo producto o en una entrevista de trabajo

> No estamos a la altura de nuestras expectativas;
> caemos al nivel de nuestra formación.
>
> ANÓNIMO

Millones de estadounidenses habían estado esperando ese momento.[1] Una promesa hecha por un joven presidente, una revolución de proporciones cósmicas estaba a punto de hacerse realidad.

No obstante, el lanzamiento estaba sufriendo un retraso lamentable. Meses antes de su fecha oficial se habían planteado ciertas preocupaciones sobre los preparativos. Pero los funcionarios hicieron la vista gorda y confiaron en que los evidentes problemas se corrigieran solos. Se les aconsejó retrasar o abortar el lanzamiento, pero no lo hicieron.

Las pruebas de resistencia efectuadas la víspera revelaron un fallo persistente que podría echar por tierra toda la misión.

Pero tales resultados fueron ignorados. Con las prisas por cumplir el plazo previsto, los funcionarios apretaron el gatillo. Cuando los datos empezaron a fluir, las pantallas de los ingenieros mostraron una historia de vida o muerte que se desarrollaba a toda velocidad. Ellos observaron, boquiabiertos, como todo se volvía rojo.

La catástrofe sobrevino. Poco después del lanzamiento, se estrelló y ardió.

....

LO QUE TE ACABO de contar no es el lanzamiento de un cohete. Se trataba de la presentación de healthcare.gov, la pieza central de la Ley del Cuidado de Salud a Bajo Precio*, una histórica ley promulgada durante el mandato del presidente Barack Obama para ofrecer un seguro médico asequible a la ciudadanía estadounidense. La ley era la promesa y el sitio web, su cumplimiento, o eso se suponía que era. La población usaría ese sitio web para buscar y comprar un seguro.

No obstante, plagado de problemas técnicos, el sitio web se colapsó nada más lanzarse. Los usuarios no podían desarrollar funciones básicas, como crear nuevas cuentas. Además, la web calculó mal los subsidios del seguro de salud y generó bucles infinitos. Solo seis personas pudieron contratar un seguro en el primer día de funcionamiento de la web.

Pero ¿cómo es que healthcare.gov —un elemento tan importante para el éxito de la Ley del Cuidado de Salud— había sido tan mal resuelto? ¿Por qué una plataforma que costó casi 2000 millones de dolares no cumplió con los requisitos básicos?

Los cohetes y los sitios web son criaturas diferentes, pero tienen al menos una cosa en común: se estrellarán a menos que sigas un principio

* Affordable Care Act, en el original (N. de la T.).

básico de la ciencia de cohetes llamado «prueba mientras vuelas, vuela mientras pruebas».

Este capítulo trata sobre dicho principio. En él te explicaré cómo usarlo para probar las ideas que has generado en la primera parte del libro («Lanzamiento») y asegurarte de que disponen de la mejor oportunidad posible de aterrizar. Descubrirás por qué nos autoengañamos cuando hacemos pruebas y ensayos, y qué hacer al respecto. Te revelaré lo que puedes aprender de un fallo que dañó el telescopio espacial Hubble, de 1500 millones de dólares, y por qué uno de los productos de consumo más populares de todos los tiempos estuvo a punto de no llegar a fabricarse. Aprenderás por qué un cómico de primera fila hace de vez en cuando visitas sorpresa a pequeños clubes de comedia y cómo un famoso abogado y una corredora de elite utilizan la misma estrategia de la ciencia espacial para sobresalir en sus respectivos campos.

El problema de las pruebas

La mayoría de nuestras decisiones en la vida no se basan en pruebas, sino en corazonadas y en información limitada. Lanzamos un nuevo producto, cambiamos de profesión o aplicamos un nuevo enfoque de *marketing*, todo ello sin un solo experimento previo. Solemos culpar a la falta de recursos por habernos saltado las pruebas, pero no reconocemos los costes de lo que acaba fracasando.

Incluso cuando hacemos pruebas se trata de ensayos superficiales que acaban siendo meros ejercicios de autoengaño. Es decir, las hacemos no para demostrar que nos equivocamos, sino para confirmar lo que creemos cierto. Así, modificamos sus condiciones o interpretamos los resultados ambiguos para confirmar nuestras ideas preconcebidas.

Varios profesores de Wharton y Harvard encuestaron a 32 empresas minoristas de vanguardia para analizar sus prácticas de testeo.[2] Los investigadores descubrieron que el 78 % de ellas sí probaban los nuevos productos en las tiendas antes de lanzarlos. Aunque esta cifra puede parecer impresionante, las condiciones de testeo no lo eran tanto: las empresas creían que «sus productos se venderían bien a pesar de los resultados desfavorables de las pruebas» y culpaban al «clima (malo o bueno), la mala elección de los lugares de prueba, la deficiente ejecución en las pruebas y otros factores de los malos resultados de ventas».[3] En otras palabras, hacían que la prueba se ajustara a sus expectativas en lugar de ajustar sus expectativas a los resultados de la prueba.

En un test bien diseñado los resultados no pueden estar predeterminados; hay que estar dispuesto a fallar. El fin de la prueba ha de ser arrojar luz sobre la incertidumbre, en lugar de retroceder para confirmar las ideas preconcebidas. Feynman lo dijo mejor: «La prueba de todo conocimiento es el experimento. En esa simple afirmación está la clave de la ciencia. No importa lo hermosa que sea tu conjetura, ni lo inteligente que seas, ni quién haya hecho la conjetura ni cómo se llame: si no concuerda con el experimento, es errónea».[4]

Pero el autoengaño es solo una parte del problema. La otra es la desconexión entre las condiciones de las pruebas y la realidad. Los grupos de discusión y las pruebas de público se suelen celebrar en condiciones artificiales, y en ellos se formulan preguntas que nunca se plantearían en la vida real. Como resultado, estos «experimentos» dan lugar a conclusiones perfectamente pulidas... e incorrectas.

La ciencia de cohetes ofrece un camino a seguir con un principio engañosamente sencillo: prueba mientras vuelas, vuela mientras pruebas. Según este principio, los experimentos en la Tierra deben imitar, en la medida de lo posible, las condiciones reales de vuelo. Es decir, los científicos de cohetes prueban la nave espacial de forma virtual, tal y como volará. Si la prueba tiene éxito, el vuelo debe tener lugar en condiciones similares, porque cualquier desviación significativa entre el vuelo virtual y el real puede causar una catástrofe, ya sea con un cohete, un sitio web del Gobierno, tu entrevista de trabajo o tu próximo producto.

En una prueba adecuada, el objetivo no es descubrir todo lo que puede salir bien, sino, más bien, todo lo que puede ir mal; y encontrar el punto de ruptura.

Punto de ruptura

La mejor manera de determinar el punto de ruptura de un objeto es romperlo. Los científicos de cohetes intentan provocar averías en la nave espacial en la Tierra para revelar todos sus defectos antes de que estos se manifiesten en el espacio. Este objetivo requiere exponer cada componente, hasta los tornillos, al mismo tipo de golpes, vibraciones y temperaturas extremas que los esperan en el espacio. Los científicos e ingenieros deben pensar en todas las formas de engañar a estos componentes y líneas de código informático para que cometan errores fatales.

Este enfoque también tiene la ventaja de reducir la incertidumbre, lo que nos hace volver a un capítulo anterior. Las pruebas pueden ayudar a trocar lo desconocido en conocido. Cada prueba, si se lleva a cabo en condiciones similares a las del vuelo, puede enseñar a los científicos espaciales algo nuevo sobre la nave y llevarlos a ajustar una pieza de *software* o *hardware*.

Pero, incluso en la ciencia espacial, las condiciones de prueba no suelen ser idénticas a las del lanzamiento real. Hay ciertas cosas que no podemos probar físicamente en la Tierra. Por ejemplo, no es posible imitar con exactitud las fuerzas gravitacionales que experimentará un cohete durante el lanzamiento, ni simular del todo cómo será la conducción en Marte. Pero podemos acercarnos.

Cuando trabajaba en la misión Mars Exploration Rovers de 2003, llevábamos con frecuencia un explorador de prueba a dar una vuelta por el patio de Marte, una zona del JPL, del tamaño de una pista de tenis y cubierta de los mismos tipos de rocas que se pueden encontrar en el planeta rojo. El vehículo de prueba recibió el cariñoso nombre de FIDO, abreviatura de Diseño y Operaciones Integradas de Campo (FIDO por sus siglas en inglés: Field Integrated Design and Operations).[5] También llevamos a FIDO a lugares como la cumbre de Black Rock, en Nevada, y Gray Mountain, en Arizona. Pusimos el vehículo a prueba para asegurarnos de que podía hacer lo que se suponía que tenía que hacer: evitar peligros, perforar rocas, tomar fotos, etc.

Desde luego, una cosa es conducir un vehículo explorador de Marte en la Tierra y otra muy distinta manejarlo en el planeta rojo, donde todo, desde la densidad atmosférica hasta la gravedad de la superficie, es diferente a las condiciones de nuestro planeta. Lo más parecido a Marte en la Tierra es Sandusky, Ohio. Esta pequeña ciudad cuenta con la Space Power Facility de la NASA, la mayor cámara de vacío del mundo, que es capaz de simular las condiciones de los viajes espaciales, incluyendo altos vacíos, bajas presiones y variaciones extremas de temperatura.[6]

Esta cámara proporcionó el entorno ideal para probar los airbags que emplearíamos para aterrizar nuestros exploradores en la superficie marciana.[7] El equipo de Entrada, Descenso y Aterrizaje (EDL, por sus siglas en inglés) se dirigió a Sandusky para hacer algunas pruebas. Pusieron un módulo de aterrizaje falso dentro de un conjunto de bolsas de aire y fueron bombeando la cámara de vacío hasta alcanzar las presiones y temperaturas del planeta rojo; incluso colocaron algunas rocas marcianas falsas en el fondo de la cámara y lo dejaron todo listo.

Bien, pues se rompieron. Las rocas rasgaron las bolsas, que se desinflaron al instante. Los agujeros resultantes eran lo bastante grandes para que cupiera por ellos una persona. Esta prueba reveló que los airbags que pensábamos usar eran demasiado débiles.

Y una de aquellas rocas, llamada de forma siniestra «roca negra», resultó ser el gran enemigo. Adam Steltzner, que trabajaba en el equipo de la EDL, describió esa roca como de «la forma de un hígado de vaca, con una ligera cresta que recorre su parte superior». No parecía especialmente peligrosa en la superficie, pero «se introdujo y provocó la ruptura de la cámara dentro de las bolsas». Entonces, en lugar de descartar la roca negra como atípica —el tipo de roca con el que sería improbable toparse en Marte— los miembros del equipo del EDL hicieron justo lo contrario: aislaron el problema y lo exageraron.

Hicieron réplicas de la roca negra, las distribuyeron por la cámara y empezaron a lanzar los airbags contra ellas. Aunque esos mismos airbags habían hecho aterrizar con éxito al Pathfinder en la superficie marciana en 1997, el éxito previo no significaba que su diseño fuera impecable; pudo intervenir la suerte y evitar lo que podría haber sido una colisión catastrófica con el tipo de roca equivocado. Pero el equipo EDL de nuestra misión no podía confiar en la suerte y tuvo que asumir lo peor: un campo de rocas negras en Marte esperando para hacer pedazos nuestros airbags.

La solución vino de algo en apariencia improbable: las bicicletas. La mayoría de los neumáticos de bici tienen dos capas: la exterior y la cámara de aire. Aunque la capa exterior se pinche con algo que pise en la carretera, la cámara permanece intacta. El equipo del EDL comparó manzanas y naranjas copiando este diseño para nuestros airbags y diseñando una doble cámara para una doble protección. Así, aunque la cámara exterior fallara, el airbag (y, por tanto, el módulo de aterrizaje) sobreviviría. El nuevo diseño se probó y se volvió a probar hasta que los airbags sobrevivieron a la paliza.

En tu caso, no necesitas una sofisticada cámara de vacío ni un gran presupuesto para encontrar el punto crítico de tus propios dispositivos. Puedes efectuar pruebas con prototipos o versiones preliminares de tus productos o servicios, seleccionando para ello a un grupo representativo de clientes. Todo lo que se necesita es la voluntad de diseñar pruebas para el peor de los casos, en lugar de para el mejor.

Por supuesto, los test no se acaban tras el lanzamiento de la nave espacial. Incluso después del despegue tenemos que asegurarnos de que los instrumentos funcionan bien en el entorno desconocido y volátil del espacio antes de empezar a confiar en ellos.

Logramos esa precisión mediante un proceso llamado calibración. Cada instrumento de nuestros vehículos de Marte tenía un objetivo de calibración; el más elegante era el de nuestra cámara de a bordo, la Pancam:[8] un reloj de sol montado en la cubierta del explorador. En sus esquinas, la esfera tenía cuatro bloques de colores diferentes que contenían distintos minerales, junto con áreas grises de reflectividad variable. La palabra Marte estaba escrita en 17 idiomas (por si acaso los enanitos verdes no hablaban inglés).[9] La esfera representaba las órbitas de la Tierra y Marte, y llevaba grabada la inscripción: «Two Worlds—One Sun». El poste central del reloj de sol proyectaba una sombra sobre el blanco de calibración. Los científicos utilizaban esta sombra para ajustar el brillo de las imágenes.

Antes de usar cualquiera de los instrumentos, primero lo apuntábamos hacia su objetivo de calibración. La Pancam, por ejemplo, tomaba una foto del reloj de sol y la enviaba a la Tierra. Si las lecturas en Marte no coincidían con las nuestras del mismo objetivo en la Tierra —si, por ejemplo, el bloque verde del reloj de sol aparecía rojo en la foto de calibración— sabríamos que el instrumento estaba mal calibrado.

En la vida cotidiana estamos «mal calibrados» con mucha más frecuencia de lo que suponemos. Y necesitamos un objetivo de calibración, preferiblemente varios asesores de confianza que nos avisen cuando nuestra lectura de los acontecimientos esté equivocada, cuando estemos mirando un bloque verde pero lo veamos rojo. De modo que elige con cuidado tus objetivos de calibración y asegúrate de que puedes confiar en su juicio, porque si es erróneo, el tuyo también lo será.

Ahora bien, como veremos en la siguiente sección, no basta con probar la fiabilidad de los componentes individuales. Si no se hacen pruebas a escala de sistema, se puede dejar suelto sin querer al monstruo de Frankenstein.

El monstruo de Frankenstein

En cierto sentido, una nave espacial no es diferente de tu negocio, tu cuerpo o tu equipo deportivo favorito. Todos ellos son sistemas formados por subsistemas más pequeños que interactúan y afectan al funcionamiento de los demás.

Las pruebas sobre la marcha requieren un enfoque de varios niveles. Los científicos de cohetes comienzan probando los subcomponentes; por ejemplo, las cámaras individuales que formarán el sistema de visión de un explorador, así como los cables y conectores. Una vez que las cámaras están ensambladas, el sistema de visión se prueba de nuevo como un todo.

La razón de este enfoque queda bien resumida en una enseñanza sufí: «Crees que porque entiendes "uno" debes entender "dos", porque uno y uno son dos. Pero olvidas que también debes entender "y"».[10] Es decir, los componentes que, por separado, funcionan correctamente pueden no hacerlo después del ensamblaje. Dicho de otro modo, los sistemas pueden producir efectos diferentes a los de sus componentes individuales.

Estos efectos sistémicos pueden ser desastrosos. Por ejemplo, un medicamento puede dar excelentes resultados por sí solo, pero resultar letal cuando interactúa con otros fármacos; los complementos de tu sitio web tal vez funcionen bien de forma aislada, pero causar una catástrofe como sistema; los atletas con talento individual pueden rendir fatal cuando trabajan en equipo.

Podemos llamar a este problema «el monstruo de Frankenstein»: sus miembros proceden de cuerpos humanos, pero, una vez que se cosen las piezas, el resultado no es humano.

Consideremos el caso del despertar de otro monstruo. Cuando Adolf Hitler llegó al poder, la Constitución alemana era una de las «más sofisticadas» de su época.[11] Contenía dos disposiciones en apariencia inofensivas: una de ellas permitía al presidente alemán declarar el estado de emergencia, una declaración que el Parlamento podía anular por simple mayoría de votos; la otra permitía al presidente disolver el Parlamento y convocar nuevas elecciones. Los parlamentos alemanes tenían la costumbre de fragmentarse y bloquearse, por lo que esta segunda disposición pretendía evitar ese problema. Tales disposiciones, aunque parecían inocuas cuando se veían de forma aislada, se volvieron malévolas cuando se combinaron y produjeron lo que el experto en derecho constitucional Kim Lane Scheppele llama un «Frankenstate».

A principios de la década de 1930, el presidente Paul von Hindenburg invocó su poder constitucional para disolver un Parlamento irremediablemente estancado. Antes de que se celebraran elecciones para elegir uno nuevo, Hindenburg decretó el estado de emergencia a instancias del canciller Hitler. La declaración suspendió casi todas las libertades civiles en Alemania. Y claro, aunque el Parlamento tenía el poder constitucional de anular el decreto de emergencia, no había ninguno en ese momento que pudiera invocar tal poder.[12] Sin perder un segundo, los agentes de las Schutzstaffel (SS) y las Sturmabteilung (SA) iniciaron una limpieza generalizada de los opositores a la causa nazi. Utilizando el estado de emergencia como pretexto, los nazis comenzaron a consolidar su control y a establecer una dictadura de partido único, con Hitler al frente. De este modo, sin una sola violación constitucional, nació uno de los gobiernos más horribles del mundo.

Un fallo de diseño similar fue también la posible causa del accidente del Mars Polar Lander en 1999.[13] Mientras el módulo de aterrizaje descendía hacia la superficie marciana con los motores de sus cohetes, sus tres patas de sujeción se desplegaron a 1500 m de la superficie. Aunque no sabemos con certeza lo que ocurrió, el módulo de aterrizaje pudo haber malinterpretado la sacudida del despliegue de las patas como un aterrizaje seguro en la superficie. Pero en realidad no había tocado tierra, todavía estaba descendiendo. Así que el ordenador apagó antes de tiempo los motores de descenso y envió al módulo de aterrizaje a una caída fatal.

El equipo del Mars Polar Lander había probado el aterrizaje, incluido el despliegue de las patas. Pero cuando el equipo hizo la primera prueba el interruptor eléctrico de las patas estaba mal conectado y no generaba señal. Se detectó el error y volvieron a probar. Sin embargo, como iban con retraso, se centraron solo en el aterrizaje real y omitieron el despliegue de las patas, que habría tenido lugar antes del aterrizaje, durante el vuelo. De modo que, aunque la prueba demostró que los interruptores estaban cableados de forma correcta, el fallo fatal seguía oculto en el despliegue de la pata. Es decir, la NASA no volvió a probar la fase de despliegue de las patas con el cableado correcto. El resultado fue un agujero humeante en la superficie marciana.

Como muestran estos ejemplos, no efectuar pruebas de sistema puede tener consecuencias imprevisibles. Cuando se hace un cambio de última hora en un producto y se lanza sin volver a probarlo en su totalidad, se corre el riesgo de provocar un desastre. Si se hace un cambio en un apartado de un informe legal sin examinar cómo dicho cambio interactúa con el conjunto, se está al borde de caer en la mala praxis. Cuando se subcontrata el diseño de un programa gubernamental importante a 60 contratistas, pero no se prueba el sistema combinado —como ocurrió con healthcare.gov— se corre el riesgo de generar una catástrofe.[14]

En la ciencia de cohetes existe otro sistema que se debe probar antes del despegue, uno mucho más imprevisible que la propia nave espacial, puesto que entra en pánico, se olvida de cosas, tiende a chocar con otros objetos o a pulsar el botón equivocado. También puede sufrir ataques de ira, resfriarse o descuidar tareas importantes para dedicarse a contemplar el paisaje cósmico.

Me refiero, por supuesto, a los seres humanos que viajan a bordo.

El personal idóneo

«El personal idóneo» fue el apodo dado al grupo de siete valientes astronautas seleccionados para la primera misión espacial tripulada de la NASA, Mercury. Sin embargo, otro grupo de voluntarios, cuyos nombres nunca habrás oído, también merece este título.[15] La NASA los reclutó para que participaran en una serie de pruebas en la Tierra que simularían las condiciones de vuelo en el espacio. En 1965, 79 miembros de las Fuerzas Aéreas, ataviados con trajes espaciales, se subieron a una cápsula unida a un trineo de impacto. Viajaron en esa cápsula «al revés y al derecho, hacia atrás, hacia delante, hacia los lados, en ángulos de 45 grados». Aunque un ser humano normal pierde el conocimiento con unas 5 fuerzas g —g es la abreviatura de la aceleración gravitatoria en la superficie de la Tierra—, estos voluntarios fueron sometidos a fuerzas g de un máximo de 36.[16]

El objetivo de estos experimentos era probar un vuelo real: someter a aquel desprevenido personal de las Fuerzas Aéreas a las mismas experiencias que tendrían los astronautas en el viaje lunar. Los voluntarios se dañaron los tímpanos y sufrieron lesiones por compresión. Un hombre sufrió una úlcera de estómago tras montar en la cápsula «con el trasero al aire». A otro se le detectó un ojo «un poco desviado». El coronel John Paul Stapp, que dirigió los experimentos, los resumió en un comunicado de prensa de la siguiente manera: «A costa de unos cuantos cuellos tiesos, espaldas torcidas, codos magullados y ocasionales blasfemias, la cápsula Apolo ya es segura para los tres astronautas que se enfrentarán a numerosos peligros y riesgos desconocidos en el primer vuelo a la Luna».

Esta práctica de los vuelos virtuales explica por qué enviamos a nuestros primos más cercanos al espacio antes que a los humanos.[17] Como no teníamos mucha idea de los efectos de la ingravidez en el cuerpo humano, el primer estadounidense que viajó al espacio fue Ham, un chimpancé. Ham sobrevivió al vuelo, sufriendo solo un golpe en la nariz, y más tarde murió por causas naturales (está enterrado en el Salón Internacional de la Fama del Espacio, donde fue elogiado por el coronel Stapp).

Ham había sido entrenado para realizar tareas básicas, como tirar de palancas, que reprodujo con éxito durante su vuelo de 16 minutos. Pero, aunque el viaje de Ham fue un éxito, hirió los frágiles egos de los astronautas del Mercury, que enseguida se dieron cuenta de que los chimpancés estaban igualmente cualificados para hacer su trabajo. Se dice que cuando la hija del presidente Kennedy, Caroline, conoció al astronauta John Glenn, aquella niña de cuatro años, decepcionada, preguntó: «¿Dónde está el mono?».

Ya no enviamos chimpancés al espacio ni aplicamos técnicas de tortura medievales a los voluntarios del Ejército del Aire. Los métodos han cambiado, pero el compromiso subyacente con los vuelos virtuales se mantiene. La realidad cotidiana de un astronauta es muy diferente del glamur que se ve en las películas de Hollywood. Porque los astronautas son caballos de batalla, no aventureros espaciales. Es decir, no se ganan la vida navegando por el espacio, sino entrenando y preparándose para los vuelos espaciales. «Llevo seis años como astronauta —explicó Chris Hadfield— [y] he estado ahí fuera durante ocho días».[18]

El resto del tiempo se dedica a la preparación. Cuando los astronautas vuelan en su misión, ya han hecho el mismo recorrido innumerables veces en simuladores.[19] Por ejemplo, la maqueta del transbordador espacial estaba equipada igual que la real, con controles y pantallas idénticos. Y los astronautas manejaron el simulador como lo harían con la nave auténtica, pasando por diferentes segmentos de la misión, desde el lanzamiento hasta el acoplamiento y el aterrizaje. Los monitores mostraban las mismas escenas que los astronautas verían en vuelo y unos altavoces ocultos generaban los mismos ruidos —incluyendo vibraciones, explosiones pirotécnicas y despliegue del equipo— que oirían en el espacio.

Pero hay una cosa que los simuladores no pueden hacer: generar microgravedad. Y ahí es donde entra en escena la aeronave de gravedad reducida o *vomit comet*;[20] así se denomina un avión que vuela describiendo parábolas —como una montaña rusa—, subiendo y bajando para simular la ingravidez. En la cima de cada parábola, los pasajeros experimentan unos 25 segundos de microgravedad. Este avión se ha ganado su nombre porque estas subidas y bajadas bruscas tienden a producir severos ataques de náuseas entre los pasajeros*. Los astronautas suben a bordo del *vomit comet* para practicar movimientos como comer y beber mientras flotan en la ingravidez.[21]

* Por *vomit*, que en inglés significa «vómito» (N. de la T.).

Pero 25 segundos no son suficientes para practicar movimientos más complejos, de modo que, para períodos más largos de ingravidez, los astronautas se sumergen en una piscina gigante y cubierta, llamada Laboratorio de Flotabilidad Neutral; la flotabilidad del agua simula el tipo de microgravedad que experimentarán en el espacio.[22] «Me siento realmente como un astronauta de pleno derecho en la piscina —afirmó Hadfield—: llevo un traje espacial y mi respiración es asistida, igual que durante un paseo espacial». En la piscina, que contiene maquetas de la Estación Espacial Internacional, los astronautas practican los mismos tipos de reparaciones que luego efectuarán mientras flotan en el espacio exterior (lo que también se llama «paseo espacial»). Allí ensayan una y otra vez cada paso hasta que se vuelve algo natural.[23] Para Hadfield, alcanzar este nivel de familiaridad significó pasar 250 horas en la piscina con el fin de prepararse para un paseo espacial de solo 6 horas.[24]

Estas pruebas son dirigidas en la NASA por un supervisor de simulacros —o SimSup, para abreviar— que coordina a un equipo de instructores.[25] Una parte del trabajo del SimSup consiste en enseñar a los astronautas los procedimientos correctos para cada segmento de la misión. La otra parte de su labor es mucho más macabra: consiste en matar a los astronautas.

Esto significa que el equipo de simulación pone en práctica su propia versión del ejercicio de «matar a la empresa» que vimos antes, en el que los ejecutivos de una compañía desempeñan el papel de un competidor que quiere acabar con ella. Bien, pues el objetivo del ejercicio «matar al astronauta» es similar: se trata de forzarlos a hacer los movimientos equivocados en el simulador, para que aprendan a hacer los correctos en el espacio. Y es que cuando algo se tuerce allí arriba no suele haber margen para deliberar. Así que en los vuelos virtuales se reduce el tiempo de respuesta hasta que quede lo más cerca posible de una reacción instantánea. Para las misiones del transbordador espacial, esta preparación implicó la activación de más o menos 6800 escenarios de mal funcionamiento, con el lanzamiento a la tripulación de todos los fallos imaginables (averías de los ordenadores, problemas en los motores y explosiones).[26] Durante el entrenamiento de los astronautas del Apolo, como explica el autor Robert Kurson, estas simulaciones se llevaban a cabo durante días. «Cuanto más catastróficas, mejor, hasta que la repetición empezó a generar ese instinto en todos los participantes, y morir ayudó a los hombres a aprender a sobrevivir».[27]

En muchos sentidos, estos simulacros son más duros que el vuelo real. Siguen el viejo dicho que reza que «cuanto más se suda en la paz, menos se sangra en la guerra». Cuando Neil Armstrong echó a andar por la superficie lunar, señaló que la experiencia real era «quizá más fácil que las simulaciones a una sexta parte de g», refiriéndose a la gravedad reducida en la Luna.[28] Vamos, que sudar la gota gorda en la Tierra aseguró que esa misma gota no hiciera sangrar a Armstrong en el espacio.

La exposición repetida a los problemas, pues, vacuna a los astronautas y aumenta la confianza en su capacidad para resolver casi cualquier problema. Cuando la física les tira un penalti, su entrenamiento sale a relucir. Después de regresar a la Tierra tras una exitosa misión, le preguntaron a Hadfield si las cosas habían salido como estaban planeadas. Él respondió: «La verdad es que nada salió como habíamos planeado, pero sí que todo estuvo dentro de lo que habíamos preparado».[29]

Un astronauta del Apolo, Gene Cernan, habló en términos similares sobre su entrenamiento: «Si [la nave espacial] iba a un lugar que no nos gustaba, o que no gustaba en tierra, podía pulsar un interruptor y controlar más de 7,5 millones de libras de impulso de cohetes [y] pilotar la nave hasta la Luna yo mismo». Cernan fue el comandante de la misión Apolo 17 y la última persona en dejar sus huellas en la superficie lunar. En aquella entrevista continuó así: «Había entrenado y practicado para ello tantas veces que casi me atreví a desear… casi me atreví a desear que me dejara hacerlo [pilotar la nave]». Tras repetidas prácticas, el astronauta y la nave se habían fundido en uno. Y así lo recordaba Cernan: «Cada vez que ella respiraba, yo respiraba con ella».[30]

Cuando el tanque de oxígeno explotó en la misión Apolo 13, dejando sin aire a los astronautas, su entrenamiento vino al rescate. La película *Apolo 13* muestra un ambiente caótico en la nave y en la sala de control de la misión, con científicos y astronautas luchando para improvisar soluciones. Como el módulo de servicio había quedado dañado por la explosión, tuvieron que pensar cómo transformar el módulo lunar —destinado solo a transportar a dos astronautas a la superficie del satélite— en bote salvavidas para devolver a los tres hombres a la Tierra.

Pero la realidad fue mucho más apacible que su representación en Hollywood. Gene Kranz, director de vuelo de la misión, había llevado a cabo ensayos periódicos para entrenar a los controladores en la resolución de problemas complejos en situaciones de estrés.[31] De hecho, ya se había simulado antes una contingencia similar, que requería que los astronautas utilizaran el módulo lunar como bote salvavidas. «Nadie había simulado nunca exactamente lo que ocurrió —explicó uno de los astronautas del Apolo, Ken Mattingly—, pero sí el tipo de estrés que podría aplicarse al sistema y a las personas que formaban parte de él. [Por tanto], sabían cuáles eran sus opciones y ya tenían algunas ideas de hacia dónde ir».[32]

Esta estrategia de entrenamiento es, por supuesto, útil más allá de la ciencia de cohetes. Pensemos, por ejemplo, en los alegatos ante el Tribunal Supremo de Estados Unidos. En esta corte, el más alto órgano judicial del país, se dan menos de un centenar de casos cada año, y solo un pequeño número de los principales abogados del país tiene el privilegio de presentar alegatos ante él.

Recuerdo la primera vez que entré en la sala como visitante. Lo primero que percibí no fue la grandeza del lugar, sus altos techos o las paredes de mármol; no, lo que más me llamó la atención fue lo aterradoramente cerca que está el atril de los abogados del estrado de caoba donde se sientan los nueve jueces del Tribunal Supremo. Conforme los letrados presentan sus argumentos ante el Tribunal, son interrumpidos con preguntas agudas, y a menudo agresivas, de los jueces. Para que lo veas más claro: por cada media hora de alegato, un abogado puede esperar que le hagan una media de 45 preguntas;[33] de hecho, estas empiezan antes de que el letrado termine de decir su primera frase. Así, dada la escasa distancia entre el atril y el estrado, los abogados se sienten literalmente cegados por los jueces, que están fuera de su vista.

Y claro, las estrategias emocionales pueden funcionar ante un jurado popular, pero no ante nueve de las mejores mentes jurídicas del país. Allí los abogados deben mostrar frialdad y serenidad mientras dan respuestas instantáneas a un aluvión de preguntas. «Tienes que pensar no solo en cómo funcionará la respuesta a esa pregunta concreta —explica Ted Olson, defensor recurrente del Tribunal Supremo—, sino en lo que implicará de cara a otras preguntas aún no formuladas. Y tampoco quieres complacer a un juez mientras molestas a otros dos».

Desde luego, se necesita una mentalidad de científico espacial —y una preparación similar a la de estos— para controlar semejante montaña rusa mental. Antes de ser juez, John Roberts —actual presidente del Tribunal Supremo— era considerado uno de los mejores defensores orales que han comparecido ante esta corte. Para prepararse sus alegatos, Roberts redactaba cientos de preguntas que podían formularle los jueces y las correspondientes respuestas. Pero sabía que no bastaba con escribir las respuestas: el día de los alegatos, los jueces le formularían las preguntas en un orden aleatorio. Por tanto, para hacer la simulación lo más real posible, «escribía las preguntas en tarjetas, las barajaba y hacía varias pruebas; así me preparaba para responder a cualquier pregunta en cualquier orden».

Cuando Roberts subía al atril para exponer su alegato parecía tener un talento natural para ello. Jonathan Franklin, un antiguo colega, recuerda el efecto que causaba: «Era capaz de tomar puntos complicados, destilarlos hasta llegar a su esencia y responder con un mínimo de verborrea, y hacer parecer que su alegato era tan obviamente correcto que no tenías más remedio que estar de acuerdo con él». Su discurso era tan fluido que a los presentes les parecía que Roberts hubiera oído las preguntas antes y supiera exactamente cómo responder.

Otra abogada aplicó esa misma mentalidad... a su entrenamiento deportivo. Cuando empezó a competir, Amelia Boone era abogada en un importante bufete de Chicago. En un día típico, Boone salía a correr con un traje de neopreno y se sumergía en las aguas heladas del lago Michigan, con el gélido viento invernal azotándole la cara.[34] La gente que la observaba, ataviada con gruesas ropas de abrigo, supondría que aquello era el delirio de una masoquista. Pero no, la Reina del Dolor —como se conoce a Boone— se estaba preparando para la World's Toughest Mudder (la Carrera Más Dura del Mundo), que hace que una maratón parezca un paseíto. Se disputa durante veinticuatro horas ininterrumpidas, así que los participantes deben luchar contra el sueño mientras superan una veintena de los «mayores y peores» obstáculos imaginables, repartidos a lo largo de un recorrido de 8 km. Es la supervivencia del más fuerte: quien complete más vueltas, gana.[35]

Algunos de los obstáculos se encuentran en el agua, que puede estar a temperaturas bajo cero. Por eso, para evitar la hipotermia, todos los participantes corren con trajes de neopreno. Mientras están al aire libre, ese traje ayuda a conservar el calor corporal, que tiende a disiparse durante las agotadoras veinticuatro horas de competición.

Cuando Boone empezó a entrenar tenía poca resistencia. Pasó seis meses intentando hacer una sola vuelta completa, pero fracasó con estrépito. Luego, en su primera carrera, se cayó de todos los obstáculos. «Se me ha dado muy mal —se dijo al terminar—. Vamos a intentar mejorar». Y lo hizo. Ahora es cuatro veces campeona del mundo y está entre las mejores corredoras de obstáculos del mundo, y no solo en su categoría.

El secreto de Boone es el mismo que el de cualquier astronauta que se precie de serlo: hacer vuelos virtuales. Porque ella entrena en el mismo escenario de la carrera, mientras que algunos de sus competidores hacen sus rutinas desde la comodidad de un gimnasio porque resulta que está lloviendo fuera. «No compites en una cinta de correr mientras ves Netflix en una pantalla —dice Boone—, así que tampoco deberías entrenar así».

La lluvia, la nieve, la oscuridad, el frío, el traje de neopreno... todo ello le resulta atractivo. Así, cuando llega el momento de competir ya es insensible a las brutales condiciones que le esperan; les da la bienvenida con una sonrisa que parece decir: «Me alegro de volver a verte. Vamos a bailar».

Pero en nuestras vidas no hacemos lo que hacen Roberts y Boone, ni mucho menos nos entrenamos en condiciones que imiten la realidad. A contrario, ensayamos un discurso importante en la comodidad de nuestra casa, descansados y despiertos; o simulamos la próxima entrevista de trabajo en chándal y con un amigo haciéndonos preguntas predeterminadas.

En cambio, si aplicáramos esta táctica del vuelo virtual ensayaríamos el discurso en un entorno desconocido y tras tomar unos cuantos cafés para incrementar nuestro estado de nervios; y simularíamos la entrevista con una vestimenta incómoda y en compañía de un desconocido dispuesto a bombardearnos con todo tipo de preguntas retorcidas.

Por supuesto, las empresas también pueden beneficiarse de este principio. Los simulacros corporativos, si siguen la regla de los vuelos virtuales, pueden «mejorar la capacidad de una organización para tomar decisiones de alto riesgo», como han señalado tres profesores de escuelas de negocios en la *Harvard Business Review*.[36] Por ejemplo, Morgan Stanley lleva a cabo simulaciones para determinar cómo responder a diversas amenazas, incluidos los ataques de piratas informáticos y los desastres naturales. Por su parte, una empresa aeroespacial ensaya cómo enfrentarse a ciertos movimientos de sus competidores, como fusiones o alianzas. «Al participar en estos ensayos —explican los investigadores—, los individuos llegan a conocer los puntos fuertes y débiles de los demás, y los roles informales quedan claros».

Por tanto, estos vuelos virtuales, como veremos en la siguiente sección, pueden servir de ayuda a cualquiera (incluidos empresas y cómicos) para montar grupos de discusión y evaluar la opinión del público sobre su próximo producto o su nuevo chiste.

La ciencia espacial de la opinión pública

Si Apple hubiera violado la norma de los vuelos virtuales, el iPhone no habría visto la luz.

El iPhone, uno de los productos de consumo más rentables de la historia moderna, fue un fracaso en las encuestas previas a su lanzamiento. Cuando se les preguntó en una encuesta si «les atrae la idea de tener un único dispositivo portátil» para satisfacer todas sus necesidades, solo un 30 % de los estadounidenses, japoneses y alemanes dijeron que sí.[37] Parecían preferir llevar un teléfono, una cámara y un reproductor de música por separado, en vez de un único dispositivo que pudiera asumir las tres funciones. Haciéndose eco de los resultados de la encuesta, el entonces director general de Microsoft, Steve Ballmer, dijo: «No hay ninguna posibilidad de que el iPhone consiga una cuota de mercado significativa. No hay ninguna posibilidad».

Pero el éxito del iPhone no implica que esa encuesta estuviera equivocada. Como explica el autor Derek Thompson, el sondeo midió con precisión la «indiferencia de los participantes hacia un producto que nunca habían visto y que no entendían». En otras palabras, la encuesta no había seguido la regla del vuelo virtual; porque pensar hipotéticamente en el iPhone no se parecía en nada a tenerlo en las manos. Más tarde, una vez que los consumidores vieron el iPhone en una Apple Store —y tuvieron en sus manos aquel novedoso y revolucionario dispositivo— ya no pudieron dejarlo pasar: su indiferencia se transformó de inmediato en deseo.

Hay una pregunta que suelen hacer las empresas a sus clientes en los experimentos de fijación de precios: ¿cuánto pagarías por este par de zapatos? Piensa en ello. ¿Cuándo fue la última vez que alguien te hizo esta pregunta «en la vida real»? Supongo que nunca. Porque claro, una cosa es que digas que comprarías un hipotético zapato a un hipotético precio, pero otra muy distinta es meter la mano en la cartera, sacar el dinero que tanto te ha costado ganar y entregárselo a la persona que está en caja. Sería mucho mejor que la empresa de calzado fabricara un prototipo, lo colocase en una tienda real y se lo vendiera a un cliente real, es decir, que hiciera su propio vuelo virtual.

Hubo un hombre que entendió este concepto más que cualquier otra persona. Si alguna vez has visto los resultados de una encuesta de opinión pública, habrás oído su nombre.

George Gallup estaba interesado en encontrar una forma objetiva de determinar el interés de los lectores en los periódicos.[38] Decidió escribir su tesis doctoral sobre el tema, y la tituló, de manera muy apropiada, «Un método objetivo para determinar el interés de los lectores en el contenido de un periódico». Para Gallup, la palabra clave era «objetivo»: era muy escéptico respecto a los métodos subjetivos para determinar el interés de los lectores, sobre todo con el uso de encuestas y cuestionarios. Creía, con razón, que cuando se trata de informar sobre el propio comportamiento, la gente tiende a mentir. Por ejemplo, los lectores afirman en las encuestas que leen el periódico de cabo a rabo, pero en realidad suelen ir directamente a la sección de deportes o a la de moda.

Dicho de otro modo, estas encuestas no cumplen la regla del vuelo virtual, pues rellenar una encuesta sobre la lectura de un periódico y el acto real de leer un periódico son cosas diferentes. Y Gallup sabía que para que la prueba funcionara tenía que parecerse mucho al vuelo.

¿Qué hizo, pues, para solucionarlo? Envió a un equipo de entrevistadores a las casas de la gente para que la observaran leer el periódico y marcaran cada parte del diario como leída o no leída. ¿Incómodo? Sí. ¿Más preciso que las encuestas? Sin lugar a dudas. «Casi sin excepción —escribió Gallup—, las preguntas posteriores demostraron que las declaraciones preliminares [de las encuestas] eran falsas». El experimento analógico de Gallup fue el precursor del seguimiento digital moderno. Así que si crees que su enfoque era espeluznante, recuerda que Netflix sabe exactamente lo que ves, cuándo lo ves y si te dejaste a medias la última temporada de *House of Cards*. Y eso es porque Netflix sabe, igual que Gallup, que la observación es mucho más precisa que el autoinforme.

Los grandes cómicos también piensan como científicos de cohetes y prueban su material ante un público real para observar su reacción. Acuden a los clubes de comedia sin avisar para probar sus monólogos en un entorno de bajo riesgo, lleno de desconocidos. Por ejemplo, antes de presentar los Oscar en 2016, Chris Rock se pasó por el Comedy Store, un club de Los Ángeles, para probar su material.[39] Ricky Gervais y Jerry Seinfeld también actúan en pequeñas salas y ajustan sus chistes —o los descartan— en función de la reacción del público.[40]

Pero una cosa es dejarse caer por algunos clubes al azar u observar a la gente mientras lee el periódico... y otra muy distinta es pedir a alguien que deje a un desconocido entrar en su baño y observar a sus hijos mientras se cepillan los dientes. Pues la firma internacional de diseño IDEO hizo justo eso cuando Oral-B le encargó el diseño de un cepillo de dientes infantil. Al principio, los directivos de Oral-B se echaron las manos a la cabeza ante la petición poco ortodoxa y ligeramente perturbadora de IDEO. «No es ciencia espacial —protestaron—. Estamos hablando de niños que se cepillan los dientes».[41]

Pero es que resulta que sí *es* ciencia espacial. Porque diseñar un buen cepillo de dientes, como diseñar un gran cohete, requiere que exista sinergia entre las pruebas y el vuelo real. Dejemos a un lado la divertida imagen de un empleado de IDEO tomando notas mientras un niño de cinco años intenta concentrarse en la ya de por sí difícil tarea de cepillarse los dientes y centrémonos en lo que IDEO ha descubierto: antes, los fabricantes de cepillos de dientes infantiles daban por sentado que los niños, que tienen las manos más pequeñas, necesitaban cepillos más pequeños. Así lo que hicieron fue tomar como modelo los cepillos para adultos y reducir su tamaño.

Este planteamiento parece intuitivo, pero en realidad no es correcto. El trabajo de campo de IDEO desveló que los niños se cepillan los dientes de forma diferente a como lo hacen los adultos: agarran todo el cepillo con el puño, ya que carecen aún de la destreza necesaria para moverlo con los dedos. Por tanto, los cepillos pequeños y finos dificultan aún más esta tarea, puesto que tienden a moverse y deslizarse en la mano. Por ello, lo que los niños necesitan son cepillos de dientes grandes y gruesos. A pesar de su escepticismo inicial sobre el enfoque de IDEO, los ejecutivos de Oral-B siguieron sus recomendaciones y fabricaron un cepillo de dientes que llegó a ser el más vendido de su categoría.

IDEO utilizó esta misma estrategia para rediseñar la experiencia del paciente en un hospital. Se supone que estas instituciones deben devolver la salud a la gente, pero la mayoría de las habitaciones de hospital consiguen lo contrario, porque son espacios blancos, sin personalidad, sin alma, iluminados con tubos fluorescentes.

Cuando una organización sanitaria contrató a IDEO para rediseñar la experiencia del paciente, sus ejecutivos probablemente esperaban una elegante presentación en PowerPoint con nuevos y creativos diseños para las habitaciones del hospital. En lugar de eso, lo que obtuvieron fue un vídeo de seis minutos que los dejó atónitos: no mostraba más que el techo de una habitación de hospital. «Cuando estás en la cama de un hospital todo el día —explicó el director creativo de IDEO, Paul Bennett—, no haces otra cosa que mirar al techo y, realmente, esa es una experiencia de mierda».[42]

Pero lo que Bennett describe como «una visión cegadora de lo que es obvio y sangrante» llegó después de que los creativos de IDEO se pusieran en la piel de un paciente. Uno de ellos ingresó en el hospital y se tumbó en una cama, como un paciente real, durante horas: lo trasladaron de un lado a otro, contempló las baldosas del techo y registró toda aquella experiencia con una cámara. Ese vídeo de seis minutos sobre las aburridas baldosas era una pequeña muestra del viaje del paciente: una «mezcla de aburrimiento y ansiedad por sentirse perdido, desinformado y sin control», como señaló el director general de IDEO, Tim Brown.[43]

Seis minutos de grabación fueron suficientes para que el hospital se pusiera en marcha: decoraron los techos, colocaron pizarras para que los visitantes dejaran mensajes a los pacientes y transformaron el estilo y el color de las habitaciones para hacerlas más personales. También colocaron espejos retrovisores en las camillas para que los pacientes pudieran ver y hablar con el personal sanitario que los trasladaba. Lo que logró la presentación de IDEO fue fomentar un debate más amplio para mejorar la experiencia general de los pacientes, de modo que «se les tratara menos como objetos que hay que colocar y asignar, y más como personas que sufren estrés y dolor», explicó Brown.[44]

Como demuestran estos ejemplos, en lugar de crear entornos de prueba artificiales, desconectados de la realidad, es mejor observar el comportamiento de los clientes en la vida real. Así que, si quieres diseñar un periódico mejor, observa a la gente leer el periódico; si quieres fabricar un cepillo de dientes mejor, mira a los niños cepillarse los dientes; y si quieres ver si la gente adora el iPhone, pon un iPhone en sus manos. Como explica el fundador de IDEO, David Kelley: «Si quieres mejorar un programa informático, solo tienes que observar a la gente que lo usa y ver cuándo hace una mueca».[45]

Este enfoque supone una gran mejora con respecto a la autoevaluación subjetiva en condiciones artificiales, pero no elimina por completo la distancia entre la prueba y el vuelo. Porque resulta que la observación tiende a afectar el comportamiento de la gente.

El efecto del observador

El efecto del observador es uno de los conceptos más incomprendidos de la ciencia. Ha dado lugar a afirmaciones seudocientíficas como que la mente consciente puede alterar mágicamente la realidad y hacer que una cuchara se mueva por la mesa. Pero el concepto científico es muy simple: el mero hecho de observar un fenómeno puede afectar a ese fenómeno. Me explico:

Me puse gafas cuando empecé a trabajar en la docencia. Pero, fiel al estereotipo del profesor despistado, tiendo a perderlas. Si busco mis gafas en una habitación oscura, hago lo que todo el mundo hace: encender la luz. Ese simple acto envía un torrente de fotones hacia mis gafas que se reflejan en ellas y llegan a mis ojos.

Pero ahora supongamos que en lugar de mis gafas intento encontrar un electrón. Para observar un electrón, hago lo mismo y envío algunos fotones en su dirección. Mis gafas son objetos relativamente grandes, así que cuando los fotones chocan con ellas las gafas no se mueven. Pero cuando los fotones chocan con un electrón, lo desplazan. También se puede pensar en una moneda alojada entre los cojines de un sofá:[46] el simple hecho de intentar atrapar la moneda la empuja más lejos de tu alcance.

No obstante, el acto de observación perturba a los seres humanos de una manera diferente. Cuando la gente sabe que está siendo observada, se comporta de forma distinta.

Supongamos que formas parte del público de prueba de un nuevo programa de televisión. Ver el programa durante una sesión de grupo de discusión es una experiencia diferente a verlo en el salón de tu casa. Es decir, la prueba no es idéntica al vuelo real. En un grupo de discusión es probable que le saques muchos más defectos al programa —ya que te observan las personas que te pidieron que lo criticaras— que si lo hubieras visto tranquilamente en casa y sin esa presión.

Un ejemplo de esto es la serie *Seinfeld*, que obtuvo unos resultados catastróficos en las pruebas de público.[47] Para sentar las bases de la serie, los productores se plantearon una pregunta que ya vimos en un capítulo anterior: ¿y si hacemos lo contrario de lo que hacen los demás? En aquel momento, el manual de las comedias de situación estaba grabado en piedra: un grupo de personajes se topa con ciertos problemas, los resuelve, aprende algo de la experiencia y se abraza.

Desde el principio, los productores de *Seinfeld* tuvieron clara su misión: le darían la vuelta a ese guion. No habría abrazos, no habría aprendizaje. Los personajes de *Seinfeld* se troncharían de la risa repitiendo una y otra vez sus errores y pasando por alto sus defectos. Por si quedase alguna duda, los guionistas lucían camisetas con el lema «No Hugging, No Learning» («Sin abrazos no hay aprendizaje»). Pero el público de prueba, acostumbrado a la comedia típica, esperaba muchos abrazos y mucho aprendizaje. Como resultado, Seinfeld fue un fracaso espectacular en los grupos de discusión. Sin embargo, la serie llegó a ser una de las comedias más populares de todos los tiempos.

El efecto del observador suele ser un proceso inconsciente. Incluso cuando suponemos que no estamos afectando a los participantes —incluso si tenemos cuidado de no desplazar esa moneda en el cojín del sofá— podemos estar enviándoles señales de manera sutil pero significativa.

Piensa en la historia del caballo Clever Hans.[48] Hans era lo más parecido a un científico de cohetes que podía ser un caballo. Llegó a ser una celebridad mundial por su capacidad para resolver operaciones matemáticas básicas. Su dueño, Wilhelm von Osten, pedía al público que planteara un problema matemático. Entonces, por ejemplo, alguien gritaba: «¿Cuánto es seis más cuatro?», y Hans daba diez golpecitos con la pezuña. Pero sus habilidades iban más allá de la suma: podía restar, multiplicar e incluso dividir. La gente sospechaba que se trataba de un fraude, pero una comisión de investigación independiente no fue capaz de hallar nada sospechoso.

Fue un joven estudiante de Psicología llamado Oskar Pfungst quien descubrió lo que ocurría de verdad: Hans solo daba la respuesta correcta si podía ver a su interlocutor humano; su talento matemático desaparecía si le ponían anteojeras. Y es que, al final, eran las personas que le hacían las preguntas quienes, sin saberlo, daban pistas al caballo. Como señaló Stuart Firestein: «La gente tensaba los músculos del cuerpo y de la cara al comienzo de la respuesta de Hans y liberaba la tensión cuando llegaba al número de golpes de casco correcto». De manera sorprendente, incluso después de que Pfungst descubriera el secreto de Hans, él mismo no pudo evitar mandar el mismo tipo de señales inconscientes al caballo.

Las distorsiones que introduce el efecto del observador son importantes: puede hacer creer que un programa de éxito será un fracaso o que un caballo es un genio de las matemáticas.

Una forma de mitigar este efecto es poner un antifaz tanto al interrogador humano como al caballo, en lo que se conoce como un estudio «de doble ciego». Por ejemplo, en los ensayos de fármacos tanto los participantes como los científicos que lo dirigen no saben si el sujeto recibe el fármaco real o un placebo. Si los métodos no son de doble ciego, los científicos pueden introducir sus expectativas y prejuicios en el estudio, tratando a los participantes de forma diferente o señalándolos de un modo inconsciente, como los interrogadores humanos de Hans.

También puedes seguir el ejemplo del autor superventas Tim Ferriss.[49] La mayoría de los escritores, al elegir el título y el diseño para la portada de su libro, se dejan llevar por su instinto o, en el mejor de los casos, consultan a algunos amigos. Los más astutos hacen una encuesta entre su público. Pero Ferriss llevó este análisis al nivel de la ciencia espacial con su primer libro.

Para seleccionar un título, Ferriss aplicó el principio del vuelo virtual: compró los nombres de dominio de una docena de posibles títulos y puso en marcha una campaña de Google AdWords para comprobar el porcentaje de clics que obtenía cada uno. Así, cuando un usuario escribía determinadas palabras clave en una búsqueda de Google relacionada con el contenido del libro, le aparecía un anuncio con el título y el subtítulo que apuntaba a una web ficticia de un libro que aún no existía. Google mezclaba y combinaba de forma aleatoria los títulos y subtítulos de los libros que se mostraban al usuario, lo que permitía un análisis objetivo de la popularidad de cada uno. Al cabo de una semana, se hizo evidente que el título *La semana laboral de 4 horas* era, con diferencia, el que más atraía la atención de la gente. Ferriss llevó estos datos a su editor, que no necesitó mucho más para convencerse de que el título era el correcto.

Pero Ferriss no se detuvo ahí. Para elegir el diseño de la cubierta fue a una librería con varios diseños impresos, tomó un libro de la sección de novedades y lo envolvió con una de sus cubiertas. A continuación, se sentó a observar cuántas veces lo cogían los clientes. Repitió este ejercicio con cada versión de la cubierta durante 30 minutos seguidos, hasta que se decidió por una.

Lo que a menudo ocurre es que se suele pasar por alto una última pieza del rompecabezas de las pruebas. Por muy bien planificadas que estén, pueden arrojar resultados incorrectos... si el propio instrumento de prueba es defectuoso.

Múltiples probadores

La ironía era difícil de evitar: un telescopio espacial fabricado para producir imágenes nítidas estaba generando imágenes distorsionadas.[50] El telescopio espacial Hubble se lanzó en 1990 con la promesa de captar imágenes detalladas y de alta resolución del cosmos, diez veces más nítidas que las que podían generar los telescopios terrestres. Del tamaño de un autobús escolar, este telescopio sobrevolaría la Tierra sin las distorsiones introducidas por la atmósfera, proporcionando así la visión más clara del cosmos que la humanidad hubiera tenido jamás.

Pero la primera serie de imágenes del Hubble no fue tan clara como los astrónomos esperaban. Al contrario, aquel telescopio de 1500 millones de dólares sufría de miopía y enviaba fotos borrosas a la Tierra.

Resultó que el espejo primario del telescopio se había rectificado mal porque el dispositivo de prueba empleado para garantizar el rectificado correcto no se había configurado de la manera adecuada. Una de las lentes del dispositivo de comprobación —llamada conector nulo reflectante— estaba desviada 1,3 milímetros (0,05 pulgadas). Esta posición producía un defecto en el espejo de una quincuagésima parte del grosor de un papel. Puede parecer un defecto insignificante, pero cuando se trata de instrumentos sensibles los milímetros pueden equivaler a montañas. A lo largo de cinco años de esmerilado y pulido, el espejo había sido rectificado con gran precisión... hasta alcanzar la forma incorrecta.

La comisión que se creó para investigar el fiasco del espejo criticó el uso de un solo instrumento para probarlo. Por cuestiones de coste y calendario, el equipo había descartado hacer pruebas independientes con un segundo instrumento.

Esta es la moraleja de la historia del Hubble: si se va a confiar en un solo instrumento para las pruebas y se van a poner todos los huevos en la misma cesta, hay que probar la cesta para asegurarse de que no se desfonde. Pero esto no se hizo en el caso del Hubble; nadie había probado el dispositivo de pruebas para garantizar una configuración correcta y un espaciado preciso de sus lentes.

Por fortuna, el telescopio pudo ser reparado en el espacio. Los astronautas hicieron lo que se suele hacer cuando la visión es borrosa: le pusieron gafas. Como el defecto del espejo primario del Hubble era perfectamente erróneo, el tratamiento perfecto podía corregir el error. En una misión especial en 1993, unos cuantos astronautas equiparon al Hubble con sus gafas, le devolvieron la prometida gloria y le permitieron cumplir su misión: generar imágenes deslumbrantes que ahora decoran los fondos de pantalla de ordenador de medio mundo.

Consideremos otro ejemplo ajeno a la ciencia de cohetes.[51] El sitio web de Facebook se diseñó en 2006, cuando «la web tenía mucho más texto», como me explicó Julie Zhuo, vicepresidenta de diseño de productos de Facebook. Luego, con el auge de los teléfonos con cámara, la empresa quiso crear una experiencia más visual. Tras seis meses de trabajo, el equipo de Facebook diseñó una interfaz moderna y vanguardista. La probaron internamente y funcionó de maravilla. Así que la publicaron y se dedicaron a esperar a que les llovieran los elogios.

Pero lo que les cayó fue un jarro de agua fría: las estadísticas mostraron que el rediseño había sido un fracaso colosal. «La gente empezó a usar menos Facebook; comentaban y se relacionaban menos con otras personas», me explicó Zhuo.

El equipo de Facebook tardó varios meses de trabajo de campo en averiguar qué había fallado: lo que pasó fue que habían probado la nueva interfaz con ordenadores de alta gama en las oficinas de la compañía. Pero lo cierto es que la gran mayoría de los usuarios de Facebook no tenían acceso a equipos como esos, sino que accedían con ordenadores viejos que no soportaban las imágenes de alta resolución que incluía el rediseño. Dicho de otro modo, para la mayoría de los usuarios de Facebook la experiencia de vuelo fue muy diferente a la prueba. Así, solo cuando el equipo de Facebook cambió sus instrumentos de prueba —y utilizó equipos de gama baja— fue capaz de diseñar una interfaz útil para la mayor parte de sus usuarios.

Estos ejemplos nos enseñan cosas muy importantes. En primer lugar, que debes tratar tus instrumentos de prueba igual que tus inversiones: diversifícalos. Si estás diseñando un sitio web, pruébalo con diferentes navegadores y dispositivos; si se trata de un cepillo de dientes para niños, observa cómo se cepillan los dientes muchos niños, no vaya a ser que te toque el niño prodigio que usa el cepillo como un adulto; si estás decidiendo qué oferta de trabajo aceptar, consulta con varios referentes, porque la opinión de una sola persona puede darte una visión borrosa. En resumen, solo a través de una validación independiente y de múltiples fuentes de pruebas te acercarás más a la visión perfecta.

....

TANTO SI SE TRATA de lanzar un cohete al espacio como de entrenar para una competición deportiva, presentar un alegato ante el Tribunal Supremo o diseñar un telescopio, el principio subyacente es el mismo: prueba mientras vuelas, pon en práctica un vuelo virtual, sométete a las mismas condiciones que experimentarás durante el vuelo… y pronto echarás a volar.

Visita **ozanvarol.com/rocket** para descargarte cuadernillos de ejercicios, retos y ejemplos que te ayudarán a poner en práctica las estrategias analizadas en este capítulo.

TERCERA ETAPA

LOGRO

En esta última parte del libro aprenderás por qué los ingredientes definitivos para desarrollar todo tu potencial incluyen tanto el fracaso como el éxito.

8

NADA TIENE MÁS ÉXITO QUE EL FRACASO

Cómo transformar el fracaso en triunfo

El hombre se equivoca mientras se esfuerza.

GOETHE

EN LAS PRIMERAS ETAPAS de su desarrollo, los cohetes tienden a estallar, desviarse de su curso y explotar. Y los que se lanzaron como precursores del alunizaje no fueron una excepción. Hubo problemas en prácticamente todas las misiones.

En diciembre de 1957, dos meses después de que el satélite soviético *Sputnik* se convirtiera en el primero en situarse en la órbita terrestre, los estadounidenses intentaron empatar.[1] Su cohete, llamado *Vanguard*, se elevó metro y medio por encima de la plataforma de lanzamiento, vaciló y volvió a caer, explotando en directo en la televisión nacional y ganándose apodos como *Flopnik*, *Kaputnik* y *Stayputnik*.[2] Los soviéticos se apresuraron a echar sal en la herida cósmica: preguntaron si Estados

Unidos estaba interesado en recibir ayuda exterior, destinada a los «países subdesarrollados».

En agosto de 1959, el cohete no tripulado *Little Joe 1* se emocionó demasiado y, debido a un problema eléctrico, decidió despegar media hora antes de lo previsto, mientras el personal de la NASA lo observaba atónito.[3] Se estrelló tras volar solo 20 segundos. En noviembre de 1960, el lanzamiento del cohete Mercury-Redstone quedó para la posteridad como el «vuelo de las cuatro pulgadas», ya que se elevó solo 10 cm del suelo antes de posarse de nuevo en la plataforma.[4]

También se produjeron numerosos percances en las misiones tripuladas. Por citar un ejemplo memorable, un problema en Géminis 8 casi acaba con la vida de Neil Armstrong tres años antes de que pisara la Luna.[5] Géminis 8 fue una misión compleja que marcaría el hito de que dos naves espaciales se acoplaran en órbita. La idea era que un vehículo objetivo controlado por radio, llamado *Agena*, se pusiera en órbita primero, seguido de *Géminis 8*, que se reuniría con él para acoplarse.

Pero al éxito del acoplamiento lo siguió el pánico. Mucho antes de que la película *Apolo 13* hiciera famosa la frase, el astronauta Dave Scott comunicó por radio a Houston: «Tenemos un problema». Lo que ocurría era que la Géminis 8 había empezado a girar de forma salvaje —a más de una revolución por segundo—, nublando con ello la visión de los astronautas y amenazando con provocarles vértigo y la consecuente pérdida de conciencia. Pero mientras la nave seguía girando sin control, un frío y tranquilo Armstrong se deshizo del *Agena*, cambió a los controles manuales y disparó los propulsores opuestos para frenar el giro.

....

EL LEMA «EQUIVÓCATE rápido, equivócate a menudo, equivócate a propósito» está de moda en Silicon Valley. Y es así porque el fracaso se considera una fuente de inspiración, un rito de paso, un secreto apretón de manos que comparten los iniciados. Innumerables libros de gestión empresarial nos animan a aceptar el fracaso y exhibirlo como una medalla. Incluso hay congresos y convenciones, como la FailCon, dedicadas a celebrar el fracaso, y las FuckUp Nights, donde miles de personas se han reunido ya en más de 85 países para brindar por sus fracasos.[6] También existen funerales para las empresas emergentes que se hunden; con gaitas, *disc-jockey*, el patrocinio de marcas de bebidas alcohólicas y eslóganes como «Putting the Funeral in Funeral»* (algo así como «Celebración por cierre»).[7]

No obstante, la mayoría de los científicos especializados en cohetes se irritarían ante esta actitud displicente hacia el fracaso. Porque en su ámbito el fracaso puede suponer la pérdida de vidas humanas; y puede costar a los contribuyentes cientos de millones de dólares. El fracaso significa que décadas de trabajo se esfuman, literal y figuradamente. Nadie celebró las numerosas explosiones y percances que se produjeron durante la carrera hacia la Luna. Al contrario, fueron vergonzosos; fueron catastróficos. Y no se tomaron a la ligera.

En este capítulo me serviré del marco de la ciencia de cohetes para explicarte por qué es tan peligroso celebrar el fracaso como demonizarlo. Los científicos espaciales le aplican un enfoque más equilibrado: no lo celebran, pero tampoco dejan que se interponga en su camino.

En la primera y la segunda parte de este libro («Lanzamiento» y «Aceleración»), analizamos cómo poner en marcha, pulir y probar ideas rompedoras. Luchar por ideas valientes implica atreverse mucho, y atreverse mucho supone que algunas de esas ideas fracasarán cuando choquen con la realidad. Así que empezamos esta última etapa de nuestro viaje espacial (titulada «Logro») con el fracaso.

En las siguientes páginas aprenderás por qué la mayoría de la gente se plantea el fracaso de forma equivocada y cómo redefinir tu relación con él. Te revelaré cómo las empresas de éxito incorporan el fracaso a su modelo de negocio y crean un ambiente propicio para que los trabajadores confiesen de buen grado sus errores en lugar de ocultarlos.

* De *putting the fun in funeral*, juego de palabras intraducible (N. de la T.).

Y compartiré contigo una de las mayores ideas equivocadas sobre la ciencia de cohetes que aparece en una superproducción de Hollywood, así como lo que el desarrollo de la Viagra puede enseñarte sobre el fracaso. Así, terminarás el capítulo habiendo adquirido métodos, respaldados por la ciencia, para fracasar con elegancia y generar las condiciones adecuadas para aprender de ese fracaso.

Demasiado miedo al fracaso

Estamos programados para temer al fracaso. Esto es así porque hace siglos, si no actuábamos así, seríamos presa fácil de un voraz oso pardo. En el colegio, el fracaso nos llevaba derechitos al despacho del director; y en casa fracasar era sinónimo de recibir un castigo o de que nos quitaran la paga. Más adelante, suponía un fracaso abandonar los estudios o no conseguir el trabajo de nuestros sueños.

Vale, no se puede negar: el fracaso es una mierda. En la mayoría de los ámbitos de la vida no se conceden trofeos por participar. Y cuando suspendemos un examen, nos arruinamos o perdemos el trabajo no estamos de humor para celebrarlo. Al revés, nos sentimos inútiles y débiles. Además, a diferencia de la euforia del éxito, que se disipa con rapidez, el aguijón del fracaso persiste, a veces durante toda la vida.

Para alejar al «coco» del fracaso la estrategia más habitual es mantenerse a cierta distancia de él. Por tanto, nos apartamos de los límites, evitamos los riesgos y apostamos a lo seguro. Si no tenemos garantías de ganar, asumimos que el juego no merece la pena.

No obstante, esta tendencia natural a evitar el fracaso es, en realidad, una receta para fracasar. Detrás de cada cohete que no se lanza, de cada lienzo que no se pinta, de cada objetivo que no se intenta, de cada libro que no se escribe y de cada canción que no se canta está el miedo al fracaso.

Así que pensar como un científico espacial requiere redefinir nuestra problemática relación con el fracaso; y también requiere corregir una de las mayores ideas erróneas sobre la ciencia de cohetes, popularizada por una superproducción de Hollywood.

El fracaso sí es una opción

En *Apolo 13* hay una escena en la que un grupo de científicos especializados en cohetes se reúne en una sala tras enterarse de que la nave ha sufrido la explosión de un tanque de oxígeno en su trayecto hacia la Luna. La potencia de la nave se encuentra a un nivel peligrosamente bajo y, por tanto, los astronautas que viajan a bordo tienen los días contados. El equipo de control de la misión debe hallar la forma de traerlos de vuelta antes de que se agote la energía. «Nunca hemos perdido a un americano en el espacio. Y no vamos a perder a ninguno bajo mi mandato —ruge Gene Kranz, el director de vuelo, antes de añadir el remate—: El fracaso no es una opción». Años después, Kranz tituló así su autobiografía, en la que describía este lema como «un credo para todos» en el control de la misión.[8] Las tiendas de regalos de la NASA no tardaron en sacar provecho de la frase y empezaron a vender camisetas con las palabras «Failure Is Not an Option».

Este lema tiene sentido cuando hay vidas humanas en juego, pero, como descripción del funcionamiento de la ciencia de cohetes, resulta engañoso. Porque no existe el riesgo cero en el lanzamiento de cohetes. Tienes que enfrentarte a la física. Puedes prever algunos percances, claro, pero la «cáscara de plátano cósmica» siempre estará ahí tirada, a la vuelta de cualquier esquina. Los accidentes son algo inevitable cuando se genera una explosión controlada en una máquina tan compleja como un cohete.

En realidad, si el fracaso no fuera una opción nunca nos habríamos sumergido en el océano cósmico. Hacer cualquier cosa innovadora requiere asumir riesgos, y asumir riesgos significa que vas a fracasar, al menos algunas veces. «Existe la tonta creencia de que el fracaso no es una opción en la NASA —dice Elon Musk—. [Pero] el fracaso sí es una opción aquí [en SpaceX]. Si las cosas no fallan, es que no se está innovando lo suficiente».[9]

En otras palabras: solo cuando nos adentramos en lo desconocido y subimos a cotas cada vez más altas —y, al hacerlo, rompemos cosas—, avanzamos.

Lo mismo ocurre con los científicos que trabajan en un laboratorio. En su opinión, sin la posibilidad de equivocarse nunca podrían tener razón. Algunos de sus experimentos tienen éxito y otros no. Si las cosas no funcionan como estaba previsto, el resultado es una hipótesis refutada. Ante eso, pueden modificar la hipótesis, probar un enfoque diferente o rechazarla.

El inventor británico James Dyson describió su propia existencia como «una vida de fracasos».[10] Dyson tardó 15 años y 5126 prototipos en conseguir que su revolucionaria aspiradora sin bolsa funcionara. También varios de los intentos de Einstein por diseñar una prueba de $E = mc^2$ fracasaron.[11] En algunos campos —por ejemplo, el desarrollo de fármacos— la tasa media de fracaso supera el 90 %. Si estos científicos vivieran según el lema «el fracaso no es una opción», entonces el autodesprecio, la vergüenza y el bochorno los paralizarían.

Porque posponer el fracaso es, en realidad, posponer el progreso.

Si te dedicas a dar golpes de efecto, si vas a experimentar con ideas atrevidas, ten por seguro que fallarás mucho más de lo que acertarás. Jeff Bezos dijo una vez que «los experimentos son, por naturaleza, propensos al fracaso. Pero unos pocos grandes éxitos compensan docenas y docenas de cosas que no han funcionado».[12]

¿Recuerdas el teléfono Amazon Fire? La compañía perdió 170 millones de dólares por ese fallo.[13] ¿Y las Google Glass, diseñadas por X, la fábrica de imposibles de Google?.[14] Se suponía que las Glass iban a ser lo mejor después del Smartphone, pero fracasaron. Una cosa es llevar un teléfono inteligente en el bolsillo, pensaban los consumidores, y otra muy distinta es acoplarnos uno a la córnea. Se trataba de una pieza de *hardware* en absoluto elegante. De hecho, la gente que las llevaba fue apodada «gafotas».

Pero estos fracasos están integrados en el modelo de negocio de X. Para sus trabajadores, matar proyectos es una «parte más de la rutina», como señala el director de la empresa, Astro Teller. No es raro que X deseche más de cien ideas en un año.[15] «Como X se basa en la idea de abordar proyectos muy arriesgados —explica Kathy Cooper, trabajadora de la compañía—, se entiende que muchos de ellos no van a funcionar. Así que no se ve como sorprendente ni es culpa de nadie que algo no funcione». [16]Así, al normalizar el fracaso, X hace que el pensamiento de lo imposible sea el camino más despejado.

Pero claro, no todo el mundo puede permitirse el lujo de arriesgar 170 millones de dólares, como hizo Amazon con el Fire. Sí, el tamaño de tu inversión puede ser muy diferente, pero el principio subyacente sigue siendo el mismo: tratar el fracaso como una opción es la clave de la originalidad. «Cuando se trata de generar ideas —afirma Adam Grant en *Originals*—, la cantidad es el camino más seguro hacia la calidad».[17] Shakespeare, por ejemplo, es conocido por un pequeño número de sus clásicos, pero en el lapso de dos décadas escribió 37 obras de teatro y 154 sonetos, algunos de los cuales han sido «sistemáticamente criticados por su prosa poco pulida y su trama y desarrollo de personajes incompletos».[18] Pablo Picasso produjo 1800 pinturas, 1200 esculturas, 2800 cerámicas y 12.000 dibujos, de los que solo una parte son dignos de mención.[19] También apenas un puñado de los cientos de publicaciones de Einstein tuvieron un impacto real.[20] Tom Hanks, uno de mis actores favoritos de todos los tiempos, admite, asimismo: «He hecho un montón de películas que no tenían ningún sentido y no dieron dinero».[21]

Pero cuando juzgamos la grandeza de estos individuos no nos centramos en sus puntos bajos, sino en los éxitos. Es decir, nos acordamos del Kindle, no del Fire; de Gmail, no de las Glass; de *Apolo 13*, no de *El hombre con un zapato rojo*.

Ahora bien, una cosa es reconocer que el fracaso es una opción y otra muy distinta es celebrarlo. No obstante, para eliminar el escozor y la vergüenza del fracaso, Silicon Valley corrigió de más; digamos que el péndulo osciló demasiado en la otra dirección.

El problema del fracaso rápido

El lema del fracaso rápido que mencioné antes no tiene cabida en la ciencia espacial. Cuando cada fracaso es terriblemente caro —en términos de dinero y de vidas humanas— no podemos darnos prisa y plantarnos en la plataforma de lanzamiento con un cohete de mala calidad para fallar cuanto antes.

Incluso al margen de la ciencia de cohetes, esa idea es errónea. Y lo es porque cuando los empresarios están demasiado ocupados fracasando rápido y celebrándolo, dejan de aprender de sus errores. El tintineo de las copas de champán silencia la información que podría proporcionarles el fracaso. En otras palabras, fracasar rápido no genera éxito por arte de magia; ni fracasar, en sí, nos hace más sabios.

Consideremos un estudio que se hizo con casi 9000 emprendedores estadounidenses que habían fundado empresas entre 1986 y 2000. En dicho estudio se compararon las tasas de éxito —definidas como la salida a bolsa de una empresa— de los empresarios novatos y de quienes habían fracasado previamente. Cabría esperar que los individuos experimentados —que ya habían abierto una empresa antes y (presumiblemente) habían aprendido de su fracaso— tuvieran muchas más probabilidades de éxito que quienes nunca habían tenido una empresa. Pero eso no fue lo que se halló: la tasa de éxito de los emprendedores noveles era casi igual a la de quienes habían fracasado con anterioridad.[22]

Los resultados de otro estudio también apoyan esta idea: en él, los investigadores analizaron 6500 intervenciones de corazón llevadas a cabo por 71 cirujanos en un periodo de diez años. Y descubrieron que los que se equivocaron en una operación obtuvieron *peores* resultados en intervenciones posteriores.[23] Estos resultados sugieren que tales cirujanos no solo no aprendieron de sus errores, sino que acabaron reforzando los malos hábitos.

¿Qué implican estos resultados tan poco intuitivos?

Pues que, cuando fallamos, muchas veces lo ocultamos, lo distorsionamos o lo negamos. Es decir, hacemos que los hechos se ajusten a nuestra teoría en lugar de ajustar la teoría a los hechos. Atribuimos el fracaso a factores que escapan a nuestro control. En los fracasos propios sobrestimamos el papel de la mala suerte («Ya me irá mejor la próxima vez»), culpamos a otra persona («Consiguió el puesto porque le gusta más al jefe») o se nos ocurren unas cuantas razones sin importancia para explicar por qué las cosas se fueron al garete («Si hubiéramos tenido más reservas de efectivo...»). Pero la responsabilidad personal rara vez aparece en la lista.

Te estarás preguntando si eso no es más que una mentirijilla piadosa. Después de todo, dar un giro positivo al fracaso puede ayudarnos a salvar la cara. Pero el problema es el siguiente: si no reconocemos que hemos fracasado, si evitamos hacer un verdadero balance, no seremos capaces de aprender nada. De hecho, el fracaso puede empeorar las cosas si asumimos los mensajes equivocados. Al atribuir nuestros fracasos a factores externos —los organismos reguladores, los clientes, la competencia— no obtenemos ninguna razón para cambiar de rumbo. Así, invertimos más dinero en algo que no ha resultado bien, repetimos la misma estrategia y esperamos que el viento sople en mejor dirección.

Esto es lo que la mayoría de la gente entiende mal sobre la persistencia. Porque no significa hacer una y otra vez lo que está fallando. ¿Recuerdas ese viejo dicho sobre la inutilidad de hacer lo mismo una y otra vez y esperar resultados diferentes? El objetivo no es fracasar rápido, sino aprender rápido. Dicho de otro modo: deberíamos celebrar las lecciones que nos da el fracaso, no el fracaso en sí.

Aprender rápido, no fracasar rápido

La parte más difícil de llegar a Marte es superar un obstáculo aquí mismo, en la Tierra. La NASA no fabrica y opera las naves marcianas por sí sola;[24] cuando planea una nueva misión, elabora una convocatoria formal que describe, en términos generales, el tipo de nave que pretende enviar y el tipo de experimentos científicos que espera que se lleven a cabo con ella.

Entonces solicita propuestas a cualquier interesado en enviar instrumentos científicos al espacio. El número de grandes ideas que se presentan supera siempre con creces la financiación disponible, por lo que la NASA usa un método darwiniano para seleccionar solo la propuesta más potente; y todas las demás se puede decir que fracasan. Este sistema competitivo es como debe ser, ya que solo una misión «barata» a Marte cuesta a los contribuyentes estadounidenses 500 millones de dólares.

Mi antiguo jefe, Steve Squyres, empezó a redactar propuestas para dirigir una misión a Marte en 1987.[25] Durante los diez años siguientes, todas sus ideas fueron rechazadas. «Es una amarga decepción cuando has dedicado años de esfuerzo y cientos de miles de dólares a preparar una propuesta», recuerda Squyres. Pero no acusa a la NASA de no haber sabido ver la genialidad de sus ideas; más bien se culpa a sí mismo. «Las primeras propuestas no eran lo bastante buenas. No merecían ser seleccionadas», admite.

Existen dos reacciones posibles a los comentarios negativos de una fuente de confianza: negarlos o aceptarlos. Todos los grandes científicos optan por lo segundo, y Squyres hizo lo mismo. Así, cada propuesta que presentó a la NASA era mejor que la anterior.

Tras diez años de aprendizaje, ajustes y mejoras, la propuesta de Squyres —que acabaría convirtiéndose en la misión Mars Exploration Rovers de 2003— fue finalmente seleccionada en 1997. Pero eso no garantizaba que el vuelo se fuera a llevar a cabo. La misión fue cancelada y reactivada tres veces, la última tras el accidente de la Mars Polar Lander, que, como se ha descrito en capítulos anteriores, utilizaba el mismo mecanismo de aterrizaje que nuestro grupo planeaba emplear. La misión, al final, se salvó gracias a dos preguntas que replantearon el problema: ¿qué pasaría si usáramos airbags en lugar de un módulo de aterrizaje de tres patas? ¿Y si enviáramos dos vehículos exploradores en lugar de uno?

Después de duplicar los vehículos —llamados Spirit y Opportunity— y de recuperar el billete para el lanzamiento se produjeron averías más o menos cada mes. Durante las pruebas, los paracaídas tuvieron un problema denominado *squidding*: por razones desconocidas, palpitaban como un calamar, abriéndose y cerrándose repetidamente; aquel era un problema que no se había visto en un paracaídas como el nuestro en treinta años.[26] También una de las cámaras a bordo de los vehículos desarrolló un inexplicable problema de «moteado» que saturaba las imágenes con estática.[27] Y dos meses antes del lanzamiento se fundió el fusible del Spirit.

A finales de junio de 2003, volé a Florida para el lanzamiento del Opportunity. Antes, nos reunimos en Cocoa Beach para celebrar una reunión privada del equipo, sin orden del día, con la mirada puesta en el destino: Marte. Mientras descorchábamos el champán para conmemorar la ocasión nos enteramos de que el corcho de nuestro cohete también había saltado.[28] Sí, en serio: el corcho, que proporciona aislamiento térmico al cohete, no se adhería, seguía despegándose. De modo que el lanzamiento se retrasó varios días mientras luchábamos por dar con una solución. Nos acercábamos peligrosamente al final del plazo de lanzamiento previsto, cuando a alguien se le ocurrió la ingeniosa idea de usar un pegamento resistente llamado RTV rojo, disponible en cualquier Home Depot. Y fue así, con el RTV rojo acudiendo al rescate, como despegamos hacia el planeta rojo.

Para nosotros, cada fracaso resultó en una inestimable oportunidad de aprendizaje. Porque cada fracaso reveló un defecto que requería ser corregido y a cada fracaso lo siguió un avance hacia el objetivo final. De manera que, aunque estos fracasos nos pasaron factura, no habríamos podido aterrizar con seguridad en Marte sin ellos.

Son lo que el profesor de empresariales Sim Sitkin llama «fracasos inteligentes». Ocurren cuando se exploran los límites, se resuelven problemas nuevos y se fabrican cosas que tal vez no funcionen. En cambio, solemos referirnos a los fracasos inteligentes como pérdidas: «He perdido cinco años de mi vida» o «Hemos perdido millones de dólares». Pero son pérdidas solo si las llamas así; también puedes considerarlas inversiones. Los fracasos te dan datos que la mayoría de las veces no podrás encontrar en un libro de autoayuda. Los fracasos inteligentes, si se les presta la debida atención, pueden ser los mejores maestros.

Estos errores tienen a veces una persistencia de la que suelen carecer las enseñanzas del éxito. Es decir, los fracasos inteligentes pueden generar un sentido de urgencia para el cambio y el *shock* necesario para desaprender lo que sabemos. «Dame un error fructífero en cualquier momento, lleno de semillas, repleto de sus propias correcciones —escribió Vilfredo Pareto—; puedes quedarte con tu verdad estéril».[29]

Thomas Edison contaba la historia de una conversación con un socio que se lamentaba de que, tras miles de experimentos, ambos no habían conseguido nada. «Le aseguré con entusiasmo que sí habíamos logrado algo —recordaba Edison—, porque habíamos aprendido con certeza que aquello no podía hacerse de esa manera y que, por tanto, tendríamos que probar con otras».[30]

El aprendizaje también puede eliminar el estigma del fracaso. «Lo mejor cuando estás triste —dijo una vez el escritor T. H. White— es aprender algo. Eso es lo único que nunca falla: puedes envejecer y sufrir temblores por todo el cuerpo, puedes pasarte la noche en vela escuchando circular la sangre tus venas, puedes echar de menos al amor de tu vida, o contemplar el mundo que te rodea devastado por malvados lunáticos, o saber que tu honor fue pisoteado por la gentuza más infecta. En esas situaciones solo hay una opción: aprender. Aprende por qué se mueve el mundo y qué lo mueve».[31]

Sin oportunidades para aprender esto, el fracaso no presenta ninguna ventaja. Pero si has aprendido algo —si este fracaso implica que es más probable que tengas éxito cuando lo vuelvas a intentar— entonces la caída no será tan dura. Porque el aprendizaje transforma la desesperación en entusiasmo. Con una mentalidad de progreso puedes mantener el impulso incluso cuando las explosiones se acumulen, el trabajo se vuelva agotador y los obstáculos empiecen a parecerte insuperables. Como dijo Malcolm Forbes, fundador de la revista que llevaba su nombre: «El fracaso es el éxito si aprendemos de él».

Las propuestas fallidas de Squyres para las misiones a Marte siguen sobre su mesa. «Puedo mirar esas viejas propuestas —dice—, puedo contemplar las cosas que hicimos mal y las lecciones que aprendimos y cómo mejoramos las cosas, y puedo ver por qué en nuestro cuarto intento finalmente fuimos seleccionados».

Pocos años después de que nuestros vehículos exploradores zarparan hacia el planeta rojo, otro grupo de científicos de cohetes necesitarían cuatro intentos hasta hacerlo bien.

El principio y el final

A la tercera va la vencida.[32]

En agosto de 2008, eso era lo que se decían los empleados de SpaceX mientras esperaban el tercer lanzamiento del Falcon 1, el primer cohete de la empresa. En aquel momento, los observadores externos ya andaban redactando el obituario de lo que consideraban un proyecto egocéntrico de Musk. Recordemos que, cuando fundó SpaceX, invirtió cien millones de dólares de su bolsillo en la empresa, lo suficiente para tres lanzamientos.

Pero los dos primeros fracasaron.

El vuelo inaugural del Falcon 1, en 2006, duró 30 segundos. Una fuga de combustible provocó un incendio en el motor, apagándolo y enviando el cohete en picado al Pacífico. «El fracaso del primer lanzamiento fue desgarrador —recuerda Hans Koenigsmann, ejecutivo de SpaceX—. Aprendimos muchas cosas que habíamos hecho mal, y el aprendizaje a veces duele». La fuga se achacó a la corrosión alrededor de una tuerca de aluminio que aseguraba la línea de combustible. Para corregir el problema, la empresa sustituyó las sujeciones de aluminio por otras de acero inoxidable, más fiables y con la ventaja adicional de ser más baratas.

El Falcon 1 volvió a la plataforma de lanzamiento un año después, en 2007, para un segundo intento. Este vuelo llegó más lejos, ya que tuvo una duración de siete minutos y medio, pero tampoco pudo alcanzar la órbita, puesto que el combustible dejó de fluir hacia el motor. Dice Koenigsmann que el fallo «no fue tan grave como la primera vez. El vehículo voló muy lejos y luego no llegó a la órbita, pero al menos se perdió de vista». Es decir, a pesar del fracaso final la mayoría de los objetivos de la misión se cumplieron: el Falcon 1 pudo lanzarse y llegar al espacio. Y las anomalías que causaron el problema se diagnosticaron y solucionaron con rapidez.

El tercer intento llegó también un año después. Aunque 2008 fue un mal año para mucha gente, Musk dice que fue el peor de su vida. Su empresa de coches eléctricos, Tesla, se encontraba al borde de la quiebra, el mundo había entrado en una crisis financiera y Musk acababa de divorciarse. Incluso pedía dinero prestado a sus amigos para pagar el alquiler. Había puesto gran parte de su fortuna en SpaceX, y los dos fracasos del Falcon 1 se habían comido su inversión; lo que quedaba de ella estaba posado en la plataforma de lanzamiento, a la espera de un peligroso vuelo.

Pero en el tercer intento el Falcon 1 cobró vida y despegó transportando tres satélites y las cenizas de James Doohan, el actor que interpretó a Scotty en *Star Trek: la serie original* (piense que «¡le estoy dando todo lo que tiene, capitán!»). Se elevó hacia el cielo, ejecutando un vuelo perfecto su primera parte (recordemos que los cohetes se construyen mediante partes apiladas unas sobre otras). Después de que esa primera parte llevara a la nave al espacio, llegó el momento de la separación: ese punto crítico del vuelo en el que la primera parte del cohete se desprende y cae tras quedarse sin combustible. Es entonces cuando la segunda, más pequeña, entra en acción para poner la nave en órbita. Las partes se separaron como estaba previsto... pero la primera no se detuvo; se disparó de nuevo y chocó con la segunda. «Nos dimos por detrás», recuerda la presidenta de SpaceX, Gwynne Shotwell. «Fue casi como un sketch de los Monty Python».

El problema pasó desapercibido durante las pruebas porque SpaceX no siguió la regla de probar mientras se vuela, el vuelo virtual. Y la presión del motor que provocó el inesperado impulso estaba por debajo de la presión ambiental en las instalaciones de pruebas en tierra de SpaceX, por lo que apenas se había registrado. Pero en el vacío del espacio la misma presión generó una patada lo bastante gorda como para causar una colisión catastrófica.

Para SpaceX, este fracaso fue el golpe definitivo. Cientos de trabajadores de la empresa, que llevaban seis años trabajando entre 70 y 80 horas semanales, esperaban, conmocionados, noticias de su jefe en la fábrica de la compañía en Hawthorne, California. «La atmósfera en el edificio era de total desesperación», recuerda Dolly Singh, exempleada de SpaceX. Musk salió de la sala de control, donde estaba al mando de la misión junto con los ingenieros jefe, y pasó junto a la prensa para dirigirse a sus tropas, que acababan de perder su tercera gran batalla consecutiva.

Musk les dijo aquel día que sabían que el proyecto iba a ser difícil. Les recordó que lo que intentaban hacer era, al fin y al cabo, ciencia espacial. Los cohetes de la empresa habían llegado al espacio, logrando con ello lo que muchos grandes países no habían conseguido. Y entonces llegó la sorpresa: Musk anunció que había obtenido una inversión que permitiría a SpaceX dos lanzamientos más. Así que aquello no era el final. Como recuerda Shane Snow, Musk dijo a su gente que «aprenderían de lo que había pasado esa noche y se servirían de ese conocimiento para fabricar un cohete mejor. Y usarían ese cohete mejor para fabricar cohetes aún mejores. Y esos cohetes llevarán algún día al hombre a Marte».[33]

Era hora de volver al trabajo. «En cuestión de segundos —dice Singh— la energía ambiental pasó de la desesperación y la derrota a un enorme zumbido de determinación cuando la gente empezó a centrarse en avanzar en lugar de mirar hacia atrás». El probable culpable del fallo se identificó en cuestión de horas. «Cuando vi el vídeo, fue como: "Vale, podemos resolverlo"», explica Shotwell. La solución era sencilla: introducir un mayor retardo antes de la separación de las partes para evitar una colisión. «Entre el tercer y el cuarto vuelo cambiamos un número, nada más», dice Koenigsmann.

En menos de dos meses, SpaceX estaba de nuevo en la plataforma de despegue. «Todo dependía de ese lanzamiento —recuerda Adeo Ressi, amigo de Musk en la universidad—. Elon había perdido todo su dinero, pero esto iba más allá de jugarse la fortuna: se trataba de su credibilidad». Si el cuarto lanzamiento fallaba, «se habría acabado. Estamos hablando de un caso de estudio de la Harvard Business School: un tipo rico que se mete en el negocio de los cohetes y lo pierde todo».

Pero el cohete no falló. El 28 de septiembre de 2008, el Falcon 1 de SpaceX salió de la atmósfera y se convirtió en la primera nave espacial de fabricación privada del mundo en alcanzar la órbita de la Tierra.

Cuando SpaceX sobrevivió a su bautismo de fuego en el cuarto intento, todo el mundo tomó nota, especialmente los burócratas de la NASA que buscaban dar continuidad al programa espacial estadounidense tras la esperada jubilación del transbordador espacial en 2010. En diciembre de 2008, tres meses después del exitoso viaje del Falcon 1, la NASA entregó a SpaceX un salvavidas en forma de contrato de 1600 millones de dólares para misiones de reabastecimiento a la Estación Espacial Internacional. Cuando los funcionarios de la NASA lo llamaron para darle la buena noticia, un Musk por lo demás bastante severo se salió del personaje y gritó: «¡Os quiero!». Para SpaceX, la Navidad se había adelantado ese año.

Parafraseando a F. Scott Fitzgerald, hay una gran diferencia entre un único fracaso y la derrota final:[34] un solo fracaso, como ilustra la historia de SpaceX, puede ser el principio, no el final. Muchos observadores externos calificaron de fracasos los tres accidentes del Falcon 1, errores cometidos por un equipo de aficionados dirigidos por un niño rico que jugaba con juguetes caros. Pero calificar estos accidentes de fracasos sería como decir que un partido de tenis ha acabado antes de que lo haya hecho, como señala el gran campeón Andre Agassi: «He ido por detrás demasiadas veces y he tenido demasiados oponentes que me han remontado como para pensar que eso es una buena idea».[35]

En otras palabras: no tiene que haber grandes principios... siempre que el final lo sea.

El tiempo modifica la forma en que interpretamos los acontecimientos. Algo que parece un fracaso a corto plazo cambia cuando tomamos perspectiva y usamos una lente más amplia. El expresidente de Pixar, Ed Catmull, llama a las ideas iniciales de las películas de animación más taquilleras del estudio «bebés feos». Todas sus películas empiezan siendo «torpes y sin forma, vulnerables e incompletas».[36] Pero si el juego no termina hasta que se estrena la película, entonces una primera versión que salga mal no supone una catástrofe; es solo un fallo momentáneo, temporal. Un problema que hay que resolver.

Los avances suelen ser evolutivos, no revolucionarios. Si se analiza cualquier descubrimiento científico se comprobará que no hay en él nada mágico. No existe un único momento de acierto; la ciencia se va tejiendo de fracaso en fracaso, y cada versión es mejor que la anterior. Por tanto, desde una perspectiva científica, el fracaso no es un obstáculo, sino un puente hacia el progreso.

Esta mentalidad la encarnamos de pequeños. Cuando aprendimos a caminar no lo hicimos bien al primer intento. Y nadie nos dijo: «Será mejor que pienses bien cómo dar ese primer paso, porque no tienes más oportunidades». Al revés, nos caímos un montón de veces. Y, con cada caída, nuestros cuerpos aprendían qué hacer y qué no hacer. Así, aprendiendo a no caer, aprendimos a caminar.

Nada llega a la existencia perfectamente formado. Roma, como dice el refrán, no se construyó en un día. La nave espacial Apolo 11, que llevó a Armstrong y Aldrin a la Luna, no salió tal cual de la fábrica; hicieron falta numerosas iteraciones —a través de las misiones Mercury, Gemini y Apolo anteriores— para conseguirlo.

Para los científicos, cada iteración es un progreso. Si echamos un vistazo al cuarto oscuro que dijimos antes, eso es una contribución. Si no encontramos lo que creíamos que íbamos a encontrar, también es una contribución. Si cambiamos una incógnita desconocida por una conocida, estamos aportando algo. Si hacemos una pregunta mejor que las anteriores, es sin duda un paso adelante, aunque las respuestas se nos escapen.

Todo esto nos conduce de forma inexorable a Matt Damon. En la versión cinematográfica del estupendo libro *El marciano*, el personaje de Damon, Mark Watney, enseña a los astronautas en formación lo que deben hacer en caso de que el desastre sea inminente. «En algún momento, todo se te va a ir de las manos y vas a decir: "Esto es todo. Así es como termino"», dice Watney. Cuando eso ocurra, puedes aceptarlo como un fracaso o ponerte a trabajar. «Haces cálculos. Resuelves un problema. Y resuelves el siguiente. Y luego el siguiente. Y, si resuelves suficientes problemas, puedes volver a casa».

Si resuelves suficientes problemas podrás aterrizar tus vehículos en Marte. Si resuelves suficientes problemas podrás construir el Imperio romano. Si resuelves suficientes problemas... podrás pisar la Luna.

Así es como se cambia el mundo. Un problema cada vez.

Por supuesto, cambiar el mundo problema a problema requiere retrasar la gratificación. La mayoría de las cosas en la vida son «positivas de primer orden, negativas de segundo orden», como afirma Shane Parrish en su sitio web, Farnam Street.[37] Es decir, nos dan placer a corto plazo, pero dolor a largo plazo. Gastar dinero ahora en lugar de ahorrar para la jubilación, utilizar combustibles fósiles en lugar de energía renovable, consumir bebidas azucaradas en lugar de agua, todo ello pertenece a esta categoría.

Cuando nos centramos en los resultados de primer orden buscamos el éxito instantáneo, el superventas inmediato, rellenar los espacios en blanco. Buscamos atajos, trucos y consejos de autoproclamados gurús. «Aplaudimos las cosas equivocadas, como el espectacular récord de velocidad —escribe Chris Hadfield—, en lugar de los años de preparación tenaz o la voluntad inquebrantable mostrada durante una serie de pérdidas».[38] Además, el fracaso resulta caro a corto plazo. Cuando intentamos maximizar nuestros beneficios y la comodidad del mañana descartamos el valor que el fracaso aporta a largo plazo. Como resultado, este nos golpea con fuerza. Lo que ocurre es que, para incrementar nuestro placer a corto plazo, evitamos hacer cosas que puedan fracasar.

Los que tienen éxito en la vida le dan la vuelta a esta perspectiva. «Las personas que pueden hacer algo negativo en primera instancia y positivo en segunda gozan de una ventaja real», escribe Parrish.[39] Estas personas retrasan la gratificación en un mundo que se ha obsesionado con ella. No renuncian simplemente porque su cohete se haya averiado en la plataforma de lanzamiento, porque hayan tenido un mal trimestre o porque su audición haya sido un fracaso. Es decir, se evalúan a largo plazo, no a corto plazo.

Cuando se trata de generar un cambio duradero no hay trucos ni balas de plata, como dice el inversor en capital riesgo Ben Horowitz. En vez de eso, hay que usar muchas balas de plomo.[40]

Inputs vs outputs

Piensa en los fracasos que has tenido en tu vida. Si eres como la mayoría de la gente te imaginarás los malos resultados: aquel negocio que nunca despegó, el penalti que fallaste o la entrevista de trabajo que salió fatal. Los jugadores de póquer, como explica Annie Duke en *Thinking in Bets*, se refieren a esta tendencia a «equiparar la calidad de una decisión con la calidad de su resultado» como «resultante».[41] Pero, como sostiene Duke, la calidad de un *input* no tiene por qué ser la misma que la del resultado.

Centrarnos en los resultados nos lleva por mal camino, porque a veces las buenas decisiones pueden producir malas consecuencias. Y es que, en condiciones de incertidumbre, los resultados no están del todo bajo tu control. Así, una inesperada tormenta de polvo puede dejar inservible una nave marciana perfectamente diseñada; una racha de viento puede desviar un balón de fútbol bien chutado; un juez o un jurado hostil pueden hacerte perder un gran caso.

También, si nos centramos en exclusiva en los resultados, recompensaremos las malas decisiones que conducen a buenos desenlaces. Y, como ya he dicho, a la inversa: cambiaremos las buenas decisiones simplemente porque han producido un mal resultado. En la práctica, nos ponemos a mover las cosas, a reorganizar departamentos o a despedir o degradar a la gente. Como muestra un estudio al respecto, los entrenadores de la Liga Nacional de Fútbol Americano (NFL) suelen cambiar la alineación del equipo después de una derrota por un punto, pero no después de una victoria por un punto, a pesar de que estas pequeñas diferencias de puntuación suelen ser pésimos indicadores del rendimiento de los jugadores.[42]

La mayoría de la gente actúa como los entrenadores de fútbol americano, tratando el éxito y el fracaso como resultados binarios. Pero no vivimos en un mundo binario; y la línea que separa el éxito del fracaso suele ser muy fina. «El fracaso está incómodamente cerca de la grandeza», escribió James Watson, el codescubridor de la estructura de doble hélice del ADN.[43] Dicho de otro modo: la misma decisión que produjo un fracaso en un escenario puede llevar al triunfo en otros.

El objetivo, pues, es centrarse en las variables que se pueden controlar —los *inputs*— en lugar de en los resultados, los *outputs*. Hay que preguntarse: ¿qué ha fallado en esta situación?; y si hay que arreglar los *inputs*, pues se arreglan. Pero esta pregunta no es suficiente. También hay que preguntarse: ¿qué ha ido bien en este fracaso? Es decir, debes conservar las decisiones de buena calidad, aunque hayan dado lugar a un fracaso.

Consideremos la reacción de Amazon al fiasco de su teléfono Fire. Si nos fijamos en los típicos indicadores de producción, como la rentabilidad, el Fire fue un fracaso colosal. Pero Amazon supo ver más allá del resultado. «Cuando emprendemos un nuevo proyecto, miramos los insumos», dice Andy Jassy, de Amazon.[44] Es decir: «¿Contratamos a un gran equipo? ¿Tenía el equipo las ideas bien pensadas? ¿Reflexionaron sobre la idea hasta el final? ¿Se ha ejecutado a tiempo? ¿Era alta la calidad?

¿Fue la tecnología lo bastante innovadora?». Así, incluso si el proyecto fracasa, se pueden tomar las aportaciones que funcionaron y aplicarlas a futuros proyectos. «No solo hemos aprendido de la tecnología [del Fire] —explica Jassy—, sino que también hemos tomado toda la tecnología que hemos creado y la hemos aplicado a un montón de servicios y competencias adicionales».

En general, los *inputs* no resultan atractivos. Casi sería mejor reservar este término para el aburrido *software* de una base de datos. Pero una mente centrada en los *inputs* es la marca distintiva de cualquiera que haya logrado algo extraordinario. El aficionado se concentra en obtener éxitos y espera resultados a corto plazo, mientras que el profesional juega a largo plazo y da prioridad a los *inputs*, perfeccionándolos durante años sin obtener resultados inmediatos. Por eso la tenista Maria Sharapova se refiere a la fijación por los resultados como el peor error que pueden cometer los tenistas principiantes.[45] Ella advierte: «Observa la pelota todo el tiempo que puedas y céntrate en el juego». De este modo, al eliminar la presión sobre el resultado, se juega mejor y el éxito se transforma en una consecuencia, no en el objetivo.

Esta reorientación hacia los *inputs* tiene otra ventaja: si te generan resentimiento quizá estés buscando el resultado equivocado. Hay una pregunta que aparece con frecuencia en los libros de autoayuda: ¿qué harías si supieras que no puedes fracasar? Pero esta no es la pregunta correcta. En su lugar, haz lo que Elizabeth Gilbert y dale la vuelta: «¿Qué harías, aunque supieras que puedes fracasar? ¿Qué te gusta tanto hacer para que las palabras "fracaso" y "éxito" se vuelvan irrelevantes?».[46] Cuando cambiamos a una mentalidad centrada en los *inputs* nos condicionamos a obtener un valor intrínseco de la actividad. Por tanto, la contribución se convierte en su propia recompensa.

Con una mentalidad centrada en los *inputs* eres, pues, libre de cambiar tu destino. Los objetivos pueden ayudarte a centrarte, pero ese enfoque quizá se convierta en una visión de túnel si te niegas a moverte o a desviarte de tu rumbo inicial.

Por ejemplo, cuando las Google Glass fueron desechadas como un producto sin sentido, X encontró un camino diferente para ellas. Una vez que el artículo llegó al mercado, la empresa se dio cuenta de que las Glass no eran un producto de consumo en absoluto. Así que X aprendió de ese fracaso y las reinventó como una herramienta para empresas.[47] Ahora puedes encontrarte a muchos trabajadores que las llevan, incluidos los empleados de Boeing que trabajan en aviones y algunos médicos que revisan el historial de un paciente utilizando un elegante accesorio colocado sobre sus rostros.[48]

Consideremos otro ejemplo de la industria farmacéutica. En 1989, los científicos de Pfizer desarrollaron un nuevo medicamento llamado citrato de sildenafilo. Los investigadores esperaban que el fármaco dilatara los vasos sanguíneos para tratar la angina de pecho y la hipertensión arterial asociadas a las enfermedades cardíacas. Pero, a principios de la década de 1990, el fármaco parecía ser ineficaz para su propósito. No obstante, los participantes en los ensayos informaron de un interesante efecto secundario: erecciones. No pasó mucho tiempo antes de que los investigadores descartaran su objetivo inicial para buscar una sorprendente alternativa. Y así nació la Viagra.[49]

Centrarse en los *inputs* tiene otra ventaja más: gracias a ello se evita la alternancia brusca entre sufrimiento y euforia que conlleva la búsqueda de resultados. En lugar de ello, sientes curiosidad —no, quizá la palabra adecuada sea fascinación— por ajustar y perfeccionar tus *inputs*.

¡Qué fascinante!

Mike Nichols fue un prolífico director de cine, responsable de muchos clásicos como *El graduado*.[50] Pero, aunque la gente tiende a recordar sus éxitos, muchas de sus películas fueron enormes fracasos de taquilla. Algunos de ellos se emitían de vez en cuando —como suele ocurrir con los fracasos— de madrugada en televisión. Bien, pues cuando Nichols se topaba con uno de sus fracasos, lo que hacía era arrellanarse en el sofá y tragárselo entero, de principio a fin.

Porque lo importante era que, mientras estuviera allí sentado y observando, no haría otras cosas: no se encogería, no miraría hacia otro lado, no culparía a los malditos críticos.

Simplemente miraba y pensaba: «Qué interesante, cómo es posible que no funcionara esa escena…». No pensaba «soy un perdedor», ni «esto es horrible», ni «qué vergüenza». Al contrario, su reflexión era algo así como: «¿No es curioso cómo a veces las cosas funcionan y otras no?».

El enfoque de Nichols nos desvela el secreto para quitarle hierro al fracaso: la curiosidad toma un fracaso, baja el volumen del dramatismo y lo hace interesante. Es decir, proporciona una distancia emocional, una perspectiva y una oportunidad de ver las cosas a través de una lente diferente.

En su magnífico libro *El arte de lo posible*, Rosamund Stone Zander y Benjamin Zander ofrecen un método para poner en práctica esta mentalidad. Cada vez que cometas un error, cada vez que fracases en algo, debes levantar los brazos y decir: «¡Qué fascinante!».[51]

Te lo advierto: si eres como yo, te quejarás la primera vez que hagas esto. Cuando intentes levantar los brazos lo harás muy lentamente, como si hicieras pesas en un banco imaginario y con cargas muy muy pesadas. Y la frase «¡Qué fascinante!» te sonará más pretenciosa que alegre.

No pasa nada, hazlo de todos modos. Y, mientras te regodeas en la gloria de tu fascinación, empieza a hacerte algunas preguntas: ¿qué puedo aprender de esto? ¿Y si este fracaso fuera realmente bueno para mí?

Si necesitas inspiración, imagínate a Mike Nichols sentado en su sofá, no quejándose de que los dioses se hayan vuelto contra él al poner sus mayores fracasos en la tele para que todo el mundo los vea, sino sonriendo, asintiendo y sabiendo que contemplar ese fracaso con curiosidad le llevará a hacerlo mejor la próxima vez.

Volar a ciegas

El fracaso es, como hemos visto, la antesala del descubrimiento, la innovación y el éxito a largo plazo. Pero la mayoría de las organizaciones sufren de amnesia colectiva en lo que tiene que ver con sus fracasos. Los errores permanecen ocultos porque los trabajadores tienen demasiado miedo de compartirlos. La mayoría de las empresas transmiten a sus empleados, explícita o implícitamente, la idea de que si tienes éxito —según parámetros cuantificables a corto plazo, como los beneficios— obtendrás una gran cantidad de dinero, un mejor despacho y un mejor cargo, pero si fracasas no conseguirás nada; o, peor aún, se te enseñará la puerta.

Este esquema de incentivos no hace más que exacerbar la inercia, ya profundamente arraigada, contra la posibilidad de asumir nuestros fracasos. Claro, si premiamos el éxito y castigamos el fracaso, la gente nunca dirá que ha fracasado, sino que exagerará sus éxitos y reformulará a su favor cualquier cosa que se encuentre en el camino. Debes tener claro que si matas al mensajero la gente dejará de emitir mensajes, sobre todo si es gente que trabaja para ti. En un estudio sobre este particular, el 42% de los científicos encuestados (de nueve agencias federales, incluida la NASA) temían sufrir represalias por hablar.[52] Y de los más de 40.000 empleados encuestados en una empresa tecnológica el 50% creía que no era seguro hablar en el trabajo.[53]

Pero el caso es que los fallos transmiten señales muy valiosas, de modo que el objetivo ha de ser captar estas señales antes que la competencia. No obstante, en la mayoría de los entornos estas señales se quedan en meros susurros que no se elevan por encima del ruido. Y si no las oyes, si las silencias o si prescindes de ellas antes de que se afiancen, no podrás aprender de la experiencia.

Por eso los aviones llevan registradores de vuelo llamados «cajas negras». Estos dispositivos lo graban todo, incluidas las conversaciones en la cabina y los datos de los sistemas electrónicos de la aeronave. El término caja negra es en realidad inapropiado, porque la caja es de un color naranja brillante, para que sea más fácil de encontrar después de un accidente. Además, es ignífuga, a prueba de golpes y resistente al agua, porque los datos que contiene son cruciales para descubrir por qué se produjo el accidente.

Pero los seres humanos omitimos las cajas negras de nuestra vida en detrimento propio. Volvamos por un momento al accidente del Mars Polar Lander de 1999. Como quizá recuerdes, la nave se estrelló probablemente porque sus motores se apagaron antes de tiempo. Pero no sabemos con certeza qué ocurrió. Como no sobraba el dinero, el módulo de aterrizaje carecía de un sistema para comunicarse con el control de la misión durante su descenso a la superficie marciana. Hubo que recortar gastos, y este recorte en particular privó al equipo —y a todos los futuros científicos espaciales— de la posibilidad de extraer lecciones fundamentales de este percance que costó 120 millones de dólares.[54]

La omisión se debió, en parte, a que el Mars Polar Lander se consideró (con cierta miopía) como un proyecto único. Si la dirección hubiera tomado el módulo de aterrizaje como parte de un conjunto —una sonda entre muchas sondas interplanetarias—, entonces se habría incluido un dispositivo de comunicación que sirviera para el aprendizaje a largo plazo.

Con el objetivo de facilitar aprender de los fracasos, la NASA apunta los errores que se producen en los vuelos espaciales tripulados en un documento titulado «Reglas de vuelo».[55] Se trata de algo parecido a un registro del pasado que sirve para guiar el futuro, un conjunto de conocimientos acumulados tras décadas de equivocaciones y cálculos erróneos, para garantizar que esas enseñanzas perduren. El documento contiene miles de anomalías que han surgido durante los vuelos espaciales tripulados desde la década de 1960, y las soluciones a las mismas. Por tanto, el documento preserva este conocimiento institucional para las generaciones futuras, dando forma y propósito a cada fracaso como parte de una historia más amplia. También evita la necesidad de reinventar la rueda y permite a los técnicos centrarse en nuevos problemas. Pero, como ocurre con cualquier conjunto de normas, estas deben ser barandillas, no grilletes; es decir, deben guiar, no limitar. Como hemos visto antes, la tradición puede transformarse a veces en reglas inflexibles que te impidan razonar a partir de los principios básicos.

El documento «Reglas de vuelo» de la NASA funciona en parte porque los fracasos de otros son el mejor catalizador para nuestra comprensión. Esto es así porque nuestra forma de enfocar del fracaso es hipócrita, como ya hemos visto: atribuimos los propios fallos a factores externos, pero cuando otros tropiezan señalamos los factores internos: esas personas fueron descuidadas o incompetentes, o no prestaron la suficiente atención. Y nuestra tendencia a atribuir los fallos de los demás a cuestiones personales es la razón por la que pueden ser una gran fuente de aprendizaje. En un estudio sobre esta cuestión, los cirujanos cardíacos que observaron los errores de sus colegas mejoraron de forma significativa su propio rendimiento.[56] Es decir, se fijaron en los errores de otros cirujanos y aprendieron a no repetirlos.

Aunque muchas empresas hablan de boquilla sobre tolerar y documentar los fracasos, en la práctica no lo hacen. Cuando hablo con ejecutivos sobre esto, algunos de ellos argumentan que tolerar el fracaso es como darle carta blanca para que se multiplique. Además, el fracaso implica culpa, y la culpa tiene que ser atribuida a alguien. De modo que, si estos ejecutivos no «castigan» al responsable, asumen que acabarán potenciando una cultura de «todo vale» en la que no pasa nada por fracasar.

Estas creencias no están para nada en consonancia con las de toda una generación de investigadores. Como verás en el siguiente apartado, puedes crear un entorno de fracasos inteligentes sin caer en la complacencia. Esto es, puedes permitir que la gente asuma grandes riesgos, pero también puedes establecer estándares elevados, poner el listón del éxito muy alto. No se trata de tolerar fracasos chapuceros: cometer una y otra vez los mismos errores o fallar por falta de cuidado. Puedes recompensar los fallos inteligentes, sancionar los malos resultados y aceptar que algunos errores resultan inevitables cuando se fabrican cosas que tal vez no funcionen. En resumen, hay que responsabilizar a la gente no por fallar de forma inteligente, sino por no aprender de ello.

«El fracaso tiene dos partes —señala Ed Catmull, expresidente de Pixar—: está el acontecimiento en sí, con toda la decepción, confusión y vergüenza que conlleva, y luego está nuestra reacción ante él». No controlamos la primera parte, pero sí la segunda. El objetivo, como dice Catmull, debería ser «desvincular el miedo y el fracaso, crear un entorno en el que cometer errores no infunda terror en los corazones de los trabajadores».[57]

Recompensar el fracaso inteligente parece sencillo en teoría, pero es difícil de aplicar, ya que un compromiso solo superficial con la «innovación» o la «asunción de riesgos» no creará una cultura de fracasos inteligentes. En el siguiente apartado veremos cómo generar este entorno ideal en el contexto de la medicina, que ofrece una analogía cercana a la ciencia espacial. Al fin y al cabo, los retos que se plantean en una mesa de operaciones no son tan diferentes a los de una plataforma de lanzamiento: hay mucho en juego; la presión es grande; el más mínimo error puede resultar fatal. En este entorno es difícil crear una cultura del fracaso inteligente, pero, como veremos, tampoco es cirugía de cohetes.

Seguridad psicológica

Los errores de medicación en los hospitales —los cometidos cuando se administra un medicamento erróneo al paciente— son escandalosamente frecuentes. Un estudio de 1995 reveló la existencia de una media de 1,4 errores de este tipo por paciente y por estancia en el hospital. Y, de ellos, alrededor del 1 % provocó complicaciones y perjudicó al paciente.[58]

Amy Edmondson, profesora de la Escuela de Negocios de Harvard, quiso explorar la causa de estos errores.[59] Así que, para empezar, se preguntó: «¿Los mejores equipos sanitarios cometen menos errores de medicación?». Para Edmondson, la respuesta parecía obvia: los equipos mejores, con un mayor rendimiento, deberían cometer menos errores.

Pero los resultados fueron exactamente los contrarios: los mejores equipos cometían *más* errores, no menos. ¿Qué podría explicar este resultado tan poco intuitivo?

Edmondson decidió profundizar y envió a un ayudante de investigación para que observara trabajar a los equipos en planta. Este asistente descubrió que lo que ocurría no era que los mejores equipos *cometiesen* más errores, sino que *daban parte* de ellos en mayor medida que el resto. La explicación es que los equipos que trabajaban en un ambiente de apertura —en el que el personal se sentía seguro para hablar de sus errores— obtenían mejores resultados, porque sus miembros tenían una mayor disposición a compartir los fallos con el resto y a trabajar de forma activa para minimizarlos.

Edmondson se refiere a este clima como «seguridad psicológica». Tengo que admitir que cuando oí por primera vez el término lo descarté de forma instintiva. Me parecía una tontería; me hizo pensar en un grupo de trabajadores sentados en torno a una mesa, uniendo sus manos y compartiendo sentimientos. Pero después de examinar la investigación al respecto me retracté. Porque hay pruebas sólidas de que funciona. La seguridad psicológica implica, en palabras de Edmondson, «que nadie será castigado o humillado por cometer errores, hacer preguntas o pedir ayuda en aras de cumplir objetivos ambiciosos».[60]

Diversas investigaciones han demostrado que la seguridad psicológica estimula la innovación.[61] Cuando la gente se siente libre para hablar, hacer preguntas provocadoras y airear pensamientos apenas esbozados, resulta más fácil poner en cuestión el *statu quo*. La seguridad psicológica también incrementa el aprendizaje en equipo.[62] Y, en los entornos psicológicamente seguros, los trabajadores se atreven a criticar las órdenes de sus superiores en lugar de limitarse a acatarlas.[63]

El equipo sanitario con mejores resultados del estudio de Edmondson lo encabezaba una directora de enfermería de carácter práctico y accesible, que facilitaba de forma activa la existencia de un entorno abierto. Durante las entrevistas, explicó que en su equipo se esperaba un «cierto nivel de error» y que un «entorno no punitivo» era considerado esencial para detectar y abordar los errores. Las enfermeras que trabajaban en esa unidad confirmaron las declaraciones de su responsable.

Una de ellas señaló que «la gente se siente aquí más dispuesta a admitir los errores porque [la directora] se desvive por ti». En ese equipo, eran las propias enfermeras quienes asumían la responsabilidad de los errores. Como explicó su directora, «las enfermeras tienden a autoimponerse sanciones cuando cometen un error; son mucho más duras consigo mismas de lo que yo sería jamás».[64]

En cambio, en los dos equipos que obtuvieron peores resultados se vivía un ambiente muy diferente. En ellos, cometer un error conllevaba un castigo. Una de las enfermeras relató un incidente en el que había lesionado sin querer a un paciente mientras le sacaba sangre. La enfermera jefe, según explicó, la puso a prueba. «Fue degradante, me trató como a una niña de dos años». Otra enfermera explicó que «los médicos son condescendientes contigo y te arrancan la cabeza» si cometes un error. Y una dijo que aquello era como «ser llamada al despacho del director». En consecuencia, si se producía un error en la administración de la medicación, las enfermeras no lo comunicaban para ahorrarse la vergüenza y la ansiedad consiguientes. Sin embargo, al hacerlo obviaban las posibles consecuencias a largo plazo de guardar silencio, es decir, las lesiones o incluso la muerte de algún paciente a causa del error.

Estos tipos de entorno generaron un círculo vicioso: los equipos con peores resultados —es decir, los que más necesitaban mejorar— eran también los menos propensos a notificar los errores. Y si no se comunican los errores, no es posible mejorar.

Para fomentar la comunicación de los fracasos, la fábrica de imposibles de Google, X, adopta un enfoque bastante inusual.[65] En la mayoría de las empresas, es un líder de alto nivel quien decide cancelar un proyecto que se tambalea. Pero cada empleado de X, ocupe el puesto que ocupe, posee la prerrogativa de cerrar sus propios proyectos en cuanto se da cuenta, por una u otra razón, de que no son viables.

Y aquí viene la parte interesante: por esta especie de haraquiri, todo el equipo recibe una bonificación. Recordemos de un capítulo anterior que X emprendió un proyecto llamado Foghorn para convertir el agua de mar en combustible succionándole el dióxido de carbono. Aunque la tecnología era prometedora, no resultaba viable desde el punto de vista económico, así que el propio equipo decidió cancelar el proyecto. El jefe supremo de X, Astro Teller, dijo lo siguiente en una reunión con todos los equipos: «¡Gracias! Al poner fin a su proyecto, este equipo ha hecho más por potenciar la innovación en X este mes que cualquier otro equipo de esta sala».[66]

La idea de dar primas por fracasar puede parecer extraña, sin duda. Porque una cosa es tolerar el fracaso y otra muy distinta, premiarlo. Pero este esquema de incentivos es muy útil; en realidad, es más caro que los proyectos inviables continúen, ya que desperdician dinero y recursos.[67] En cambio, si un proyecto no tiene futuro, su cancelación libera valiosos recursos para otros que tienen más probabilidades de éxito. Por tanto, los entornos resultantes —en los que la gente genera constantemente fracasos inteligentes— «eliminan el miedo y hacen que la gente pueda matar su proyecto», explica Obi Felten, de X.

Amazon sigue un enfoque similar: si la calidad de las aportaciones a un proyecto fallido es extraordinaria, se recompensa al equipo con la asignación de nuevas y excelentes funciones en la empresa. De lo contrario, dice Andy Jassy, trabajador de Amazon, «nunca conseguirás que las personas brillantes se arriesguen en nuevos proyectos».[68]

Esta mentalidad se traduce en un lema de solo ocho palabras: «Premiar los fracasos excelentes, castigar los éxitos mediocres», como le dijo una vez un asistente a un seminario al escritor Tom Peters.[69] Debe, pues, existir un claro compromiso por apoyar el fracaso inteligente y la asunción de riesgos bienintencionada. La gente debe saber que tales fracasos son necesarios para el éxito futuro, que no se les castigará por ello ni supondrá el fin de su carrera. Si no se les deja claro eso, si las señales son contradictorias, entonces lo más seguro es que los trabajadores pequen de precavidos y oculten sus errores.

Existe otro componente esencial en la seguridad psicológica: si los subordinados comparten sus errores, los líderes deben hacer lo mismo.

Anuncia tus fracasos

No es fácil para las personas inteligentes y competitivas admitir sus errores, sobre todo cuando nadie más se ha dado cuenta de ellos. Pero se espera que los astronautas comuniquen sus errores y los pongan bajo el microscopio para que todo el mundo los vea.[70] En definitiva, hablar abiertamente de las meteduras de pata es obligatorio porque a veces hacerlo puede salvar la vida de otra persona.

Incluso cuando no hay vidas en juego, dar a conocer nuestros fracasos puede facilitar el aprendizaje y contribuir al desarrollo de un clima de seguridad psicológica. Por eso empecé a grabar el pódcast «Famous Failures», en el que entrevisto a las personas más interesantes del mundo y les pregunto sobre sus fracasos y lo que aprendieron de ellos. Como te puedes imaginar, esto ha dado lugar a algunos diálogos curiosos.

«Oye, Dan, tengo un pódcast en el que entrevisto a fracasados. Serías perfecto como invitado».

Sin embargo, y sorprendentemente, la mayoría de las personas a las que me he acercado se han prestado de mil amores a aparecer en el programa, porque saben de primera mano lo que muchos otros no reconocen: que cualquiera que haya hecho algo significativo en la vida ha fracasado de alguna manera. De hecho, tras haber entrevistado a muchas figuras extraordinarias en el pódcast —incluyendo a empresarios de prestigio, medallistas olímpicos y autores de libros superventas— he detectado un punto en común: todo el mundo —y quiero decir todo el mundo— es una imperfección andante. Ni siquiera los genios están hechos a prueba de errores.

Sin ir más lejos, Einstein hablaba abiertamente de sus mayores errores. Como afirmó el astrofísico Mario Livio: «Más del 20% de los documentos originales de Einstein contienen errores de algún tipo».[71] Sara Blakely, fundadora y directora general de Spanx, destaca sus propios momentos «*oops*» en las reuniones de la empresa.[72] Catmull, expresidente de Pixar, habla de los errores que ha cometido cuando interviene en las sesiones de orientación para nuevos empleados. «No queremos que la gente dé por hecho que, porque tenemos éxito, todo lo que hacemos es correcto», explica.[73] Por su parte, el economista Tyler Cowen redactó un análisis detallado de cómo, en el período previo a la crisis financiera de 2008, «subestimé gravemente la posibilidad de que algo estuviera yendo mal en el sistema económico estadounidense». Cowen confesó sus remordimientos: «Lamento haberme equivocado y lamento haber confiado demasiado en mi creencia de que tenía razón».[74]

Si estas personas te parecen ahora más entrañables, estás experimentando lo que los expertos llaman el «efecto del desastre encantador».[75] Porque exponer tu vulnerabilidad puede hacerte más aceptable a los ojos de los demás. Pero, por supuesto, para que esto ocurra debes demostrar tu competencia antes de revelar tus fallos. De lo contrario, corres el riesgo de dañar tu credibilidad y parecer de verdad un desastre, en lugar de alguien valioso.[76]

A pesar de la existencia de dicho efecto, a la mayoría se nos da fatal reconocer nuestras meteduras de pata. Porque la imagen pública es sinónimo de autoestima. De modo que nos «inflamos» y pintamos retratos retocados de nuestras imperfectas vidas; redondeamos los bordes, pulimos los aspectos negativos y presentamos al mundo una imagen perfecta, sin ningún fallo. E incluso cuando hablamos de nuestros fracasos lo hacemos de forma halagadora.

Lo entiendo muy bien; fracasar es doloroso, y airear el fracaso puede agravar ese dolor. Pero hacer lo contrario —negarlo o ignorarlo— empeora las cosas. Para aprender y crecer, debemos reconocer nuestros fracasos sin celebrarlos.

Este consejo es especialmente importante para los líderes. La gente presta mucha atención al comportamiento de su líder, ya que dependen de él o ella para obtener reconocimiento.[77] Diversos estudios también han demostrado que solemos esperar que el líder tome la iniciativa del cambio.[78] Por tanto, si los líderes no reconocen sus fallos —si existe la percepción de que no pueden equivocarse— no es realista esperar que el resto se arriesgue a criticar las decisiones de su líder o a revelar sus propios errores.

Veamos lo que sucedió en un estudio sobre 16 hospitales con departamentos de cirugía cardíaca de primer nivel que implementaron una nueva tecnología para las operaciones.[79] Esta innovación cambió la forma de intervenir, con lo que cada equipo tuvo que desaprender hábitos arraigados y adoptar otros desde cero. Bien, pues los equipos que aprendieron más rápido compartían tres características, una de las cuales es muy relevante en este caso: estaban dirigidos por cirujanos más predispuestos a reconocer sus propios errores. Por ejemplo, uno de ellos dijo en repetidas ocasiones a su equipo: «Necesito que me escuchéis, porque es probable que se me escapen cosas».[80] Otro solía manifestar cosas como: «He metido la pata. Juzgué mal en este caso».

Lo que hizo que estos mensajes fueran más eficaces fue su repetición. Y es que los comportamientos arraigados no cambian gracias a un único discurso, por muy apasionado que este sea. Cuando los miembros del equipo escucharon estos mensajes una y otra vez, se sintieron psicológicamente seguros para hablar, incluso en un entorno tan jerárquico como un quirófano. «No hay vacas sagradas —explicó un miembro de uno de estos equipos de cirugía—. Si alguien necesita que se le diga algo, se le dice, ya sea el cirujano o el celador».[81]

Como vemos, da igual estar en un quirófano, en una sala de juntas o en la sala de control de una misión espacial, el principio es el mismo: el camino hacia el éxito está lleno de baches, así que es mejor detectarlos que fingir que no existen.

Cómo fracasar con elegancia

No todos los fracasos son iguales; algunos son más elegantes que otros. Los científicos de cohetes utilizan una auténtica constelación de herramientas para contener los fallos, de manera que estos no produzcan una cascada de daños. Ya hemos hablado de algunas de estas herramientas en capítulos anteriores. Por ejemplo, estos científicos hacen experimentos mentales, de manera que un fallo no cause daños tangibles; también generan redundancias para que la misión no fracase incluso si falla un componente; y usan las pruebas para reducir los riesgos, ya que los fallos en tierra evitan otros mucho más desastrosos en el espacio.

No obstante, más allá de la ciencia de cohetes las pruebas son útiles para fracasar con elegancia. Así, en lugar de desplegar una política innovadora en toda la empresa, puedes utilizar un departamento o a un sector de la clientela como laboratorio. De este modo, aunque el rendimiento de un equipo se resienta, la empresa seguirá en pie; y aunque unos cuantos clientes odien ese cambio, el daño estará contenido. Por ejemplo, la cadena Starwood Hotels —que incluye franquicias como Westin y Sheraton— solía usar su marca W Hotels como laboratorio de innovación, una especie de campo de pruebas para nuevas ideas, como ciertas fragancias de autor para los ambientadores y una experiencia de salón en el vestíbulo del hotel. Si estas ideas funcionaban en los proyectos piloto de los hoteles W, a pequeña escala, la compañía las aplicaba al resto de sus hoteles.[82] Pero si no funcionaban no habría pasado gran cosa.

Hacer pruebas tiene otra ventaja: por definición, permite gestionar el fracaso en un entorno relativamente seguro. Los científicos de cohetes fracasan con frecuencia, pero para mucha gente —sobre todo entre la más joven— el fracaso quizá sea una experiencia desconocida. Como escribió Jessica Bennett una vez en el *New York Times*: «Los profesores de Stanford y Harvard acuñaron el término "privado de fracaso" para describir lo que observaban: la idea de que, aunque fueran cada vez más sobresalientes sobre el papel, los estudiantes parecían incapaces de enfrentarse a las dificultades más simples».[83]

Superar este miedo requiere una terapia de choque. En otras palabras, debemos exponernos al fracaso con regularidad. Piensa en esto como en una vacuna: igual que la administración de antígenos débiles estimula el «aprendizaje» de nuestro sistema inmunitario y previene futuras infecciones, la exposición a fracasos inteligentes nos permitirá reconocerlos y aprender de ellos. Cada dosis crea resiliencia y familiaridad. Cada crisis es, pues, un entrenamiento para la siguiente.

Esto no supone que haya que pasar obligatoriamente por fracasos catastróficos. Tampoco se trata de ser masoquistas. Significa más bien darnos el margen de traspasar los límites, abordar problemas espinosos y, sí, fracasar. Permítete pegarte un costalazo en la hierba, cargarte una canción en el piano y escribir horribles borradores de capítulos de libros (esto último me lo sigo diciendo a mí mismo).

Si eres madre o padre puedes seguir el ejemplo que cuenta Sara Blakely, que pasó de vender faxes puerta por puerta a ser la multimillonaria más joven del mundo. Ella atribuye su éxito en parte a una pregunta que su padre le hacía cada semana durante su infancia: «¿En qué has fallado esta semana?». Si Sara no tenía una respuesta, su padre se sentía decepcionado. Para él, no intentarlo era mucho peor que el propio fracaso.

....

SOLEMOS ASUMIR QUE el fracaso tiene un límite, un final. Es decir, fracasamos hasta que tenemos éxito y entonces dejamos de fracasar para cosechar los beneficios de nuestra recién estrenada posición en la jerarquía. Pero el fracaso no es un error que haya que eliminar del sistema hasta que llegue el éxito; el fracaso es la esencia. Si no desarrollamos el hábito de fracasar de forma periódica nos enfrentamos a la catástrofe. Como veremos en el próximo capítulo, donde acaba el fracaso empieza la autocomplacencia.

Visita **ozanvarol.com/rocket** para descargarte cuadernillos de ejercicios, retos y ejemplos que te ayudarán a poner en práctica las estrategias analizadas en este capítulo.

9

NADA FRACASA TANTO COMO EL ÉXITO

O cómo el éxito produjo los mayores desastres en la historia de la ciencia de cohetes

Si puedes toparte con el Triunfo y el Desastre
y tratar igual a esos dos impostores…
… tuya es la Tierra y todo lo que hay en ella.

RUDYARD KIPLING

«Vamos, Roger. Pasa y echa un vistazo».[1]

Pero Roger Boisjoly no estaba de humor para mirar. Boisjoly (pronunciado como el vino Beaujolais) era ingeniero mecánico de formación. Había pasado un cuarto de siglo en la industria aeroespacial, primero trabajando en el módulo lunar Apolo y más tarde en una empresa llamada Morton Thiokol. Allí formó parte del equipo que fabricó los cohetes impulsores sólidos que fueron responsables del lanzamiento del transbordador espacial.

En julio de 1985, Boisjoly redactó un memorándum dirigido a sus superiores que resultaría premonitorio; en él advertía sobre ciertos problemas con las juntas tóricas de los cohetes propulsores. Las juntas tóricas son finas bandas de goma que sellan las uniones de los cohetes y evitan que haya fugas de gases calientes. Había dos juntas tóricas en cada unión —una principal y otra secundaria, por si acaso—, ya que la función que cumplen es crítica. Pero en varios lanzamientos los ingenieros descubrieron que tanto las juntas tóricas primarias como las secundarias estaban dañadas. Durante una de esas misiones, en enero de 1985, la junta tórica primaria falló, pero la secundaria salvó el pellejo tras sufrir algunos daños. Boisjoly pidió a sus superiores que tomaran medidas de forma inmediata. No se anduvo con rodeos y advirtió: «El resultado sería una catástrofe de primer orden que implicaría la pérdida de vidas humanas».

En la noche del 27 de enero de 1986, casi seis meses después de haber redactado el memorándum, Boisjoly hizo sonar la alarma una vez más. Junto con otros ingenieros de Morton Thiokol, mantuvo una teleconferencia con la NASA para presionar con el fin de que se retrasara el lanzamiento del transbordador espacial, previsto para el día siguiente. Aquella noche, el clima habitualmente templado de Cabo Cañaveral (Florida), lugar de despegue del transbordador, se había vuelto inusualmente frío, con temperaturas bajo cero. Boisjoly y sus colegas ingenieros argumentaron que las juntas tóricas debían ser flexibles para cumplir su función, pero tendían a volverse frágiles con el frío. No obstante, tanto la dirección de Thiokol y como la de la NASA desestimó la recomendación de los ingenieros.

«Vamos, Roger. Pasa y echa un vistazo».

A la mañana siguiente, el 28 de enero, sus colegas insistieron a Boisjoly para que se reuniera con ellos en una sala del centro de información de la dirección de Thiokol y ver juntos el despegue. Él, finalmente, cedió; se tragó su descontento y entró a regañadientes. En ese momento, una torre meteorológica cercana a la plataforma de lanzamiento registraba una temperatura ambiente de 2,22 °C (36 °F); la de las uniones de los cohetes sólidos —donde se encontraban las juntas tóricas— era aún más fría, estimada en -2,22 °C (28 °F).

A medida que la cuenta atrás se acercaba a cero, una oleada de miedo se apoderó de Boisjoly. «Si las juntas tóricas fallan, fallarán en el despegue», pensó. Había llegado el momento de la verdad. Los cohetes propulsores sólidos se encendieron con un estruendo y el transbordador comenzó a ascender lentamente desde la plataforma. Cuando pasó por encima de la torre de lanzamiento, Boisjoly suspiró de alivio. «Acabamos de esquivar una bala», le susurró un colega.

Mientras el transbordador espacial continuaba su ascenso, el control de la misión emitió una orden a la tripulación para que pasara a la máxima potencia: «Preparados para acelerar».

La tripulación respondió: «Entendido, listos para acelerar».

Esta fue la última transmisión recibida del transbordador espacial *Challenger*. Alrededor de un minuto después, los gases calientes comenzaron a salir de los cohetes impulsores sólidos en una columna visible. El suspiro de alivio de Boisjoly había sido prematuro. Todo el transbordador se desintegró en una nube de humo y chatarra fundida, lo que provocó la muerte de los siete miembros de su tripulación. Estas imágenes están grabadas en la mente de millones de personas que presenciaron el evento en directo por televisión, en parte porque Christa McAuliffe, seleccionada para ser la primera profesora en el espacio, iba a bordo del transbordador espacial.

El presidente Ronald Reagan creó una comisión especial, conocida popularmente como la Comisión Rogers, por su presidente, William P. Rogers, antiguo fiscal general y secretario de Estado. La comisión determinó que la explosión se produjo por un fallo en las juntas tóricas. En una audiencia de la comisión, Richard Feynman sorprendió al público televisivo dejando caer una junta tórica en agua helada; la pieza perdió visiblemente su capacidad de sellado a temperaturas similares a las existentes en el momento del lanzamiento del *Challenger*.

Los problemas recurrentes con las juntas tóricas se habían descrito en los documentos de la NASA como un «riesgo aceptable», que es la forma habitual de proceder. Luego, a medida que se completaba un vuelo tras otro, y a pesar de los peligrosos niveles de daños en las juntas tóricas, la NASA comenzó a desarrollar una «visión de túnel» institucional. «Dado que el riesgo de erosión de las juntas tóricas era aceptado y, de hecho, esperado —explicó posteriormente el director de la NASA, Lawrence Mulloy—, ya no se consideraba una anomalía que debiera resolverse antes del siguiente vuelo».[2]

Es decir, la anomalía había llegado a ser la norma. Feynman describió el proceso de toma de decisiones de la NASA como una «ruleta rusa»: como no se había producido ninguna catástrofe después de que numerosos transbordadores volaran con problemas en las juntas tóricas, en la NASA creían que «para el próximo vuelo podemos rebajar un poco nuestros estándares, porque la última vez nos salimos con la nuestra».[3]

Sí, es fácil hablar a toro pasado y fingir que era obvio que el *Challenger* no debería haber despegado. La visión retrospectiva tiende a simplificar demasiado las situaciones y a crear la falsa impresión de que los resultados eran inevitables. Pero incluso en retrospectiva podemos aprender de estos acontecimientos, sobre todo porque el accidente del *Challenger* y otros que trataré en este capítulo reproducen los mismos patrones de comportamiento que a menudo surgen en nuestras vidas personales y profesionales.

Este capítulo trata sobre esas lecciones. Explicaré por qué puede ser tan peligroso celebrar el éxito como festejar el fracaso, y revelaré por qué un análisis *post mortem* debe seguir tanto al triunfo como a la derrota. Veremos por qué el éxito es un lobo con piel de cordero y de qué manera oculta pequeños fracasos que pueden transformarse en los mayores desastres. Aprenderás cómo una empresa de la lista Fortune 500 ha conseguido mantenerse por delante de la competencia reinventándose dos veces y cómo puedes desbaratarte tú antes de que otros lo hagan por ti. Descubrirás también por qué el mismo tipo de fallo que provocó la tragedia del *Challenger* causó el colapso del mercado inmobiliario en 2008, y sabrás qué tienen en común los taxistas alemanes y los científicos de cohetes. Terminarás este capítulo conociendo tácticas para evitar la autocomplacencia y aprender del éxito.

Por qué el éxito es un pésimo maestro

17 años después del *Challenger*, volvió a ocurrir.

El sábado 1 de febrero de 2003, a primera hora de la mañana, el transbordador espacial *Columbia* volvía a casa tras pasar 16 días en el espacio.[4] A medida que descendía en la atmósfera a 23 veces la velocidad del sonido, los bordes de carga de sus alas se calentaron a unos 1371 °C (2500 °F) debido a la fricción atmosférica prevista. Pero lo que no se esperaba era una serie de lecturas de temperatura erráticas. Cuando el control de la misión en Houston intentó comunicarse con los astronautas, el comandante del transbordador, Rick Husband, respondió: «Y… Hou…», antes de cortar. Un segundo intento de Husband para comunicarse con el control de la misión también se cortó en «Roger». Un minuto después, se perdieron todas las señales del *Columbia*. Cualquier esperanza de que la pérdida de señal se debiera simplemente a un mal funcionamiento de los sensores se desvaneció con las imágenes en directo y por televisión de la desintegración del *Columbia*. El director de vuelo, LeRoy Cain, vio las imágenes conmocionado, sin poder contener la única lágrima que se deslizaba por su mejilla. Enseguida se recompuso y ordenó: «Cierren las puertas», iniciando con ello el proceso de cuarentena que sigue a un desastre en el espacio.

El transbordador espacial había estallado durante la reentrada en la atmósfera, matando a los siete astronautas que iban a bordo y esparciendo restos en un área de 3000 km^2. En esta ocasión, el culpable fue un trozo de espuma aislante «del tamaño de una nevera de playa».[5] Durante el lanzamiento, la espuma se separó del tanque de combustible externo del transbordador y golpeó su ala izquierda. El golpe dejó un enorme agujero en el sistema de protección térmica, que, como su propio nombre indica, era el encargado de proteger al transbordador del calor abrasador durante la reentrada.

Pocos días después de la catástrofe, el director del programa del transbordador espacial quitó importancia a esos restos de espuma. Utilizando un lenguaje sorprendentemente similar al de sus predecesores de los 80, explicó que ese tipo de restos de espuma habían golpeado y causado daños en el transbordador en todas las misiones. Así que, con el tiempo, el «desprendimiento de espuma» —como se lo denominaba internamente en la NASA— se convirtió de manera oficial en un «riesgo de vuelo aceptado». James Hallock, experto en seguridad aérea y miembro de la Junta de Investigación del Accidente del *Columbia*, explicó que «no solo se esperaba [el desprendimiento de espuma], sino que al final se aceptó». Se describió formalmente como un suceso «familiar», es decir, «un problema notificable que se había experimentado, analizado y comprendido previamente».[6]

Excepto que el problema no se entendía. La NASA no tenía ni idea de por qué sus transbordadores desprendían espuma, ni de si esos restos de espuma podían poner en peligro la seguridad de la misión, ni de cómo se podía evitar ese hecho.

Hallock se encargó de resolverlo. Hizo una simple pregunta: ¿cuánta fuerza sería necesaria para romper los paneles que protegen las alas del transbordador del calor de la reentrada? Según las especificaciones de la NASA, los paneles debían soportar una energía cinética de 0,006 pies-libra (un pie-libra es la energía necesaria para elevar una libra a un pie de altura). En un movimiento que recuerda a la demostración de la junta tórica de Feynman, Hallock puso en práctica un sencillo experimento utilizando un lápiz del n.º 2 y una pequeña balanza. Calculó que un lápiz dejado caer desde 15 cm ejercería una fuerza suficiente para romper los paneles. Sin duda, los paneles se fabricaron para ser más resistentes que las especificaciones, pero un listón tan bajo demostró hasta qué punto la NASA confiaba en que nada golpearía el transbordador con la fuerza suficiente para poner en peligro la seguridad de la misión.

Sin embargo, los hechos pusieron en duda esta confianza. Aproximadamente tres meses antes del accidente del *Columbia*, el transbordador espacial Atlantis sufrió un golpe de espuma durante su despegue. Los daños resultantes fueron «los más graves de todas las misiones emprendidas hasta entonces».[7] Pero, en lugar de suspender los siguientes vuelos para investigar lo sucedido, la NASA siguió adelante con el lanzamiento del *Columbia*.

Al día siguiente del lanzamiento, los ingenieros que revisaban los vídeos del despegue observaron el golpe de espuma, pero las cámaras que estaban en posición de detectarlo no lo captaron o produjeron imágenes borrosas. Debido a los recortes presupuestarios, las lentes de las cámaras no habían recibido el mantenimiento adecuado. Así, con esas limitaciones, los ingenieros pudieron manifestar que el «trozo de espuma era inusualmente grande, más grande que cualquier otro que hubieran visto»,[8] pero no pudieron decir más.

Cuando Rodney Rocha, ingeniero de estructuras de la NASA, vio el vídeo y el tamaño de los restos, «lanzó un grito ahogado».[9] A continuación, envió un correo electrónico a su jefe, Paul Shack, para consultar si los astronautas podían inspeccionar la zona del impacto y quizá repararla mediante un paseo espacial. Pero no recibió respuesta. Más tarde, envió otro correo a Shack para preguntarle si la NASA podía «solicitar (rogar) la ayuda de una agencia externa». Esa petición era un mensaje en clave para utilizar los satélites espía del Pentágono y tomar imágenes de las zonas afectadas del transbordador, de modo que se pudieran inspeccionar los daños. En su mensaje, Rocha proponía varias opciones viables para reparar los daños y hacer aterrizar el transbordador de forma segura. En otras palabras, incluso una jefa de esas que dice a sus empleados: «No me vengáis solo con problemas, traedme también las soluciones», debería haberse alegrado.

Pero Shack rechazó la petición de Rocha y, más tarde, le comunicó que la dirección se negaba a seguir adelante con ese asunto. Cuando Rocha insistió, Shack se negó a ceder: «No voy a ser un Chicken Little* en esto», dijo.

---

* Se refiere al protagonista de la película de Disney del mismo título (N. de la T.).

El administrador de la NASA, Sean O'Keefe, calificó de «espumólogos» a Rocha y a otros ingenieros preocupados por ese tema. Y se burlaron porque creían que esos espumólogos estaban dando la voz de alarma por una tontería, un hecho rutinario. Linda Ham, presidenta del equipo de gestión de la misión, recordó a su gente que los vuelos anteriores se habían llevado a cabo con éxito a pesar de los golpes de espuma. Dijo algo así como: «No hemos cambiado nada, no hemos sufrido ningún daño de "seguridad de vuelo" en 112 vuelos». Por tanto, el transbordador, según Ham, era «seguro para volar sin ningún riesgo añadido».[10]

Este mensaje fue transmitido a la tripulación del *Columbia*. Un correo electrónico dirigido a los astronautas señalaba que el golpe de espuma «ni siquiera era digno de mención», pero que debían estar informados por si les preguntaba algún periodista. El mensaje concluía reiterando que la NASA había «observado este mismo fenómeno en otros vuelos y no existe ninguna preocupación en absoluto por la reentrada».[11]

Y, con esta seguridad, la tripulación del *Columbia* se dirigió de nuevo a la Tierra. Pero cuando el transbordador estaba a pocos minutos de aterrizar, se rompió una vez que su maltrecho sistema de protección térmica permitió a los gases calientes penetrar en el ala.

La ciencia, como decía George Bernard Shaw, «solo se vuelve peligrosa cuando se imagina que ha alcanzado su objetivo».[12] Antes del accidente del *Challenger*, la NASA había culminado con éxito misiones del transbordador a pesar de la erosión de las juntas tóricas. Antes del accidente del *Columbia*, numerosos lanzamientos de transbordadores habían tenido éxito a pesar del desprendimiento de espuma. Por tanto, cada éxito reforzaba la creencia en el *statu quo*; cada éxito fomentaba una actitud más temeraria; con cada éxito, lo que en otras circunstancias habría sido un nivel de riesgo inaceptable se transformó en la nueva norma.

El éxito es un lobo con piel de cordero. Lo es porque abre una brecha entre las apariencias y la realidad. Cuando tenemos éxito, creemos que todo ha ido según lo previsto e ignoramos las señales de alarma y la necesidad de cambiar. Con cada éxito, nos sentimos más seguros y subimos la apuesta.

Pero el hecho de que tengas una buena racha no significa que vayas a ganar a la banca.

Como dice Bill Gates, el éxito es «un pésimo maestro», porque «seduce a las personas inteligentes para que piensen que no pueden perder».[13] La investigación apoya esta idea.[14] En un estudio representativo, los analistas financieros que hicieron predicciones por encima la media durante cuatro trimestres seguidos se volvieron demasiado confiados y fueron menos precisos con las predicciones futuras respecto a su línea de base.[15]

El crítico literario Cyril Connolly escribió una vez: «A quien los dioses quieren destruir primero lo llaman prometedor».[16] En el preciso momento en que creemos que lo hemos logrado es cuando dejamos de aprender y crecer. Una vez que tomamos la delantera, asumimos que conocemos las respuestas y ya no escuchamos. Cuando creemos que estamos destinados a la grandeza empezamos a culpar a los demás si las cosas no salen como están previstas. El éxito nos hace pensar que tenemos el toque de Midas, que podemos andar por ahí transformándolo todo en oro.

Con las misiones Apolo a la Luna, la NASA había hecho posible lo imposible teniendo las probabilidades muy en su contra. Pero esos éxitos embotaron a las mentes más capaces y potenciaron sus egos. Según el informe de la Comisión Rogers, los inesperados éxitos de la era Apolo provocaron una actitud de «podemos hacer cualquier cosa» en la NASA.[17]

Pero la cuestión es que puedes hacer algunas cosas mal y seguir teniendo éxito. El término técnico en este caso es «suerte tonta». Una nave con un defecto de diseño puede aterrizar con seguridad en Marte si las condiciones no desencadenan el fallo; un balón de fútbol mal chutado puede acabar en la portería si rebota en otro jugador; una mala estrategia en un juicio puede dar lugar a una victoria si los hechos y la ley están de su lado.

Pero el éxito sabe tapar muy bien estos errores. Mientras andamos encendiendo puros y descorchando champán no tenemos en cuenta el papel que la suerte ha desempeñado en nuestro triunfo. La suerte, como dijo E. B. White, «no es algo que se pueda mencionar en presencia de hombres hechos a sí mismos».[18] Después de haber trabajado tan duro para llegar a donde estamos nos molesta la sugerencia de que cualquier cosa que no sea esfuerzo y talento provocó ese resultado. Lo malo es que si no nos miramos al espejo y reconocemos que hemos triunfado a pesar de haber cometido un error y de haber asumido un riesgo imprudente... entonces vamos de cabeza hacia la catástrofe. Porque las malas decisiones y los peligros continuarán dándose en el futuro, y el éxito que hemos saboreado una vez se nos escapará algún día.

Por eso los niños prodigio se vuelven juguetes rotos; por eso se hundió el mercado inmobiliario, que se creía la base de la economía estadounidense; por eso Kodak, Blockbuster y Polaroid se arruinaron. En todos los casos, lo insumergible se va al fondo, lo que no se puede estrellar se estrella y lo indestructible se autodestruye, porque estamos dando por sentado que el éxito previo garantiza el futuro.

El caso es que sobrevivir al éxito puede ser más difícil que sobrevivir al fracaso. Debemos tratar el éxito como a un grupo aparentemente amistoso de griegos que nos trae un enorme y hermoso regalo llamado «caballo de Troya». Debemos tomar medidas para ser humildes antes de que lleguen los griegos. Debemos tratar nuestro trabajo —y a nosotros— como obras permanentemente en curso.

Obras permanentemente en curso

En los comienzos del programa espacial, la incertidumbre era considerable. La NASA era una recién llegada y sus «productos» —las naves Mercury, Gemini y Apolo— eran decididamente trabajos en curso. «Nos sentíamos muy inseguros de lo que estábamos haciendo —explica Milton Silveira, ingeniero jefe de la NASA—. Pedíamos revisiones continuas, un escrutinio constante por parte de cualquier persona a la que tuviéramos respeto, para que examinara el asunto y se asegurara de que lo estábamos haciendo bien».[19]

No obstante, una vez que las misiones Apolo lograron una serie de éxitos rotundos, la actitud en la NASA empezó a cambiar: la agencia espacial, animada por los burócratas de Washington, comenzó a considerar los vuelos espaciales tripulados como algo rutinario. En enero de 1972, cuando se anunció el programa del transbordador espacial, el presidente Nixon declaró que «revolucionará el transporte hacia el espacio cercano, haciéndolo rutinario».[20] Se preveía que se convirtiera en una nave espacial reutilizable que volaría con frecuencia —hasta cincuenta veces al año, según las estimaciones iniciales—.[21] El transbordador sería una versión mejorada de un Boeing 747 que «simplemente podría aterrizar, dar la vuelta y volver a funcionar».[22] Tratar el transbordador como un avión tendría la ventaja adicional de atraer clientes para transportar cargamentos diversos.

En noviembre de 1982, el transbordador «había demostrado ser lo bastante seguro y libre de errores como para convertirse en algo rutinario, fiable y rentable», como explican dos investigadores de la organización.[23] La NASA confiaba tanto en su seguridad que, antes del accidente del *Challenger*, la dirección no veía la necesidad de incluir un sistema de evacuación para la tripulación.[24] Y en el momento de la misión *Challenger* los vuelos espaciales eran tan cotidianos que un civil —en este caso, una maestra de primaria— podía ir de copiloto al espacio.

De modo que, con el paso del tiempo, la NASA empezó a hacer concesiones en materia de seguridad y fiabilidad. Su personal de control de calidad se redujo en más de dos tercios, pasando de unos 1700 en 1970 a 505 en 1986, el año del lanzamiento del *Challenger*. El Centro de Vuelo Espacial Marshall, en Alabama, responsable de la propulsión de cohetes, fue el más afectado, con una reducción de 615 a 88 miembros del personal.

Tales recortes supusieron «menos inspecciones de seguridad… una ejecución menos cuidadosa de los procedimientos, una investigación menos exhaustiva de las anomalías y una menor documentación de lo sucedido».[25]

La rutina también aportó a la NASA un conjunto estandarizado de normas y procedimientos, y cada vuelo pasó a ser una aplicación directa de esas normas. La rutina implicaba ceñirse a lo planificado y hacer caso omiso de las anomalías. Así, la NASA se transformó de forma gradual en una organización jerárquica en la que el cumplimiento de normas y procedimientos era más importante que los avances logrados.

La jerarquía también produjo una desconexión entre los ingenieros y los administradores. Estos últimos descartaron el enfoque de la era Apolo y dejaron de ensuciarse las manos; ya no estaban involucrados en los programas ni conocían la tecnología de vuelo, por lo que acabaron perdiendo el contacto con esa realidad. La cultura corporativa de la NASA pasó de estar centrada en la investigación y el desarrollo a funcionar más como una empresa, con sus habituales presiones de producción.[26] Los ingenieros eran quienes tenían las manos sucias, y la mayoría de ellos seguían creyendo —a pesar de lo que dijeran los burócratas— que el transbordador espacial era una tecnología arriesgada y experimental.[27] Pero el mensaje no llegó a su destino, ahí arriba.

Volvamos por un momento al desastre del *Challenger*. En la víspera del lanzamiento, los ingenieros de Thiokol argumentaron que no debía despegar a menos que la temperatura ambiente fuera superior a 11,66 °C (53 °F). Pero el director del programa del transbordador, Mulloy, se opuso. «Lo que se propone hacer —dijo Mulloy— es generar un nuevo Criterio de Compromiso de Lanzamiento en la víspera del lanzamiento, sin tener en cuenta que hemos volado con éxito con el Criterio de Compromiso de Lanzamiento existente las veinticuatro veces anteriores».[28] La hipótesis era que, mientras se siguieran las reglas que generaron los éxitos previos, nada malo podría suceder.

Y es que en el momento en que asumimos que una actividad es rutinaria es cuando bajamos la guardia y nos dormimos en los laureles. La solución a esto es desterrar la palabra «rutina» de nuestro vocabulario y tratar cualquier proyecto —sobre todo los que tienen éxito— como trabajos en curso. La NASA no perdió a ningún miembro de la tripulación en el espacio durante las misiones Apolo, Mercury y Gemini, cuando los vuelos espaciales humanos se consideraban un trabajo en curso de alto riesgo. Las únicas víctimas mortales de esos primeros años se produjeron durante una prueba de lanzamiento en tierra, cuando la nave Apolo 1 se incendió. Solo después de que los vuelos espaciales humanos se empezasen a considerar rutinarios se perdió a una tripulación completa durante el vuelo. «Nos hemos acostumbrado a la idea del espacio —dijo el presidente Reagan tras el desastre del *Challenger*—, pero quizá estemos olvidando que apenas acabamos de empezar».[29]

El psicólogo social Daniel Gilbert señala que «los seres humanos son obras en curso que creen, de forma errónea, que están acabadas».[30] El cinco veces campeón del mundo de atletismo Maurice Greene no cometió ese error y se vio a sí mismo como una obra permanentemente en curso. «Aunque seas campeón del mundo —advierte Greene— debes entrenar como si fueras el número dos».[31] Y es así porque cuando eres el segundo, o al menos lo finges, es menos probable que te vuelvas autocomplaciente: ensayarás ese discurso hasta que te lo sepas al dedillo, te prepararás de más para esa entrevista de trabajo y trabajarás más duro que tus competidores.

Por eso Bo Jackson, el único jugador que ha sido una estrella del fútbol americano y del béisbol, no se emocionaba cuando bateaba un *home run* o corría para hacer un *touchdown*. Al contrario, decía que «no lo había hecho "perfecto"».[32] Tras su primer triunfo en las Grandes Ligas rompió la tradición al negarse a guardar la pelota como recuerdo porque, para Jackson, aquello había sido «una simple bola baja por el centro».[33] Mia Hamm jugaba al fútbol con la misma mentalidad. «Mucha gente dice que soy la mejor jugadora de fútbol femenino del mundo —dijo una vez—. Yo no lo creo. Y por eso algún día podría serlo».[34] Charlie Munger, el socio de Warren Buffett, utiliza el mismo enfoque como regla general en las decisiones de contratación: «Si crees que tu coeficiente intelectual es de 160, pero es de 150, eres un desastre. Es mucho mejor tener un coeficiente intelectual de 130 y pensar que es de 120».[35]

La investigación apoya esta perspectiva. Como explica Daniel Pink en *¿Cuándo?*, «un equipo que va por delante en el descanso —en cualquier deporte— tiene más probabilidades de ganar el partido que su rival».[36] Pero hay una excepción en la que la motivación supera la realidad matemática: según un estudio en el que se analizaron más de 18 000 partidos de baloncesto profesional, ir ligeramente por detrás en el descanso aumenta las posibilidades de ganar.[37] Estos resultados también se dan fuera de la cancha y en el entorno controlado del laboratorio. Por ejemplo, en un estudio se enfrentó a los participantes en un concurso de mecanografía en dos periodos separados por un breve descanso.[38] Durante la pausa, se dijo a los participantes que estaban muy por detrás (-50 puntos), ligeramente por detrás (-1 punto), empatados o ligeramente por delante (+1 punto). Los participantes que creían estar ligeramente por detrás se esforzaron mucho más que el resto en el segundo periodo.

Puedes fomentar esta mentalidad nunca complaciente asumiendo que vas un poco por detrás y que el villano de tu historia —ya sean los soviéticos para la NASA, Hertz para Avis o Nike para Adidas— sigue en primer lugar. Si lanzas un nuevo producto, puedes explicar cómo mejorarlo en la siguiente versión. Si redactas un memorándum o el capítulo de un libro, puedes señalar lo que está mal.

El mundo moderno no exige productos acabados, sino trabajos en curso, en los que la mejora continua es el camino para ganar la partida.

Éxito, interrumpido

Madonna es una maestra de la reinvención. Ha evolucionado con los tiempos colaborando con diferentes productores y escritores.[39] Su constante renovación ha sido el sello de su superestrellato durante más de tres décadas.

Pero las grandes empresas no son Madonna. Las ruedas del cambio corporativo son notoriamente lentas, en especial cuando se trata de transformaciones fundamentales. Aun así, una gran empresa consiguió reinventarse no solo una vez, sino dos veces, y en un tiempo récord.

Netflix empezó a zarandear el modelo tradicional de alquiler de vídeos mediante el envío de DVD por correo. Pero, incluso cuando la empresa empezó a acaparar ese mercado, su cofundador y consejero delegado, Reed Hastings, se mantuvo alerta.[40] Como comenté en un capítulo anterior, podemos replantear las preguntas para generar mejores respuestas centrándonos en la estrategia y no en la táctica. Aplicando este principio, Netflix se dio cuenta de que su negocio no era el envío de DVD; eso era una táctica. Más bien, su negocio era entregar películas; esa era su estrategia. El envío de DVD por correo era simplemente una táctica entre muchas otras —incluyendo el *streaming*— al servicio de esa estrategia general. «Mi mayor temor en Netflix —dijo Hastings— ha sido que no pudiéramos dar el salto del éxito en DVD al éxito en el *streaming*».[41] Pero Hastings vio las señales —los DVD pronto quedarían obsoletos— y trató de adelantarse a los acontecimientos.

Podría decirse que el salto a la transmisión de contenidos fue demasiado rápido para Netflix. En 2011, cuando la empresa anunció sus planes de centrarse solo en el *streaming* y convertir el negocio de los DVD en una empresa independiente, sus clientes se resistieron. Pero el error —si es que lo fue— resultó mucho mejor que la alternativa de no hacer nada. Hastings escuchó a sus clientes, recogió los pedazos y siguió adelante con el desarrollo prioritario de la plataforma de *streaming* de la empresa, manteniendo el negocio de DVD por correo.

Netflix dio entonces un nuevo salto hacia la generación de contenidos originales, en vez de pagar a los grandes estudios de Hollywood por ellos. Y este salto resultó ser un gran éxito en todos los sentidos. Porque la plataforma obtuvo una cantidad desproporcionada de éxitos en comparación con los fracasos (lo que acabó cancelando). Pero, para Hastings, esta proporción era un mal presagio. Entonces dijo: «Nuestra proporción de éxitos es demasiado alta ahora mismo. Deberíamos tener una tasa de cancelación más alta en general».[42]

Ese deseo de Hastings de tener menos éxito puede parecerte irracional, pero tiene todo el sentido. Solemos tratar las variaciones en nuestros índices de éxito personal y profesional como errores. Dicho de otro modo, si tuviéramos la opción, preferiríamos un rendimiento máximo ininterrumpido en lugar de las interrupciones que provocan los valles del fracaso. Pero, como explica el profesor de empresariales Sim Sitkin, «la regularidad y el éxito constante son un problema y un signo de debilidad, más que una señal inequívoca de fortaleza».[43]

El éxito regular, como nos recuerdan las catástrofes del *Challenger* y el *Columbia*, puede presagiar problemas a largo plazo. Las investigaciones demuestran que el triunfo y la autocomplacencia van de la mano.[44] Esto es así porque, cuando tenemos éxito, dejamos de superar los límites; nuestra comodidad establece un techo y las fronteras se reducen en vez de ampliarse. Los ejecutivos rara vez son castigados por desviarse de una estrategia históricamente exitosa; pero el riesgo de castigo es mucho mayor si se apartan de una estrategia de éxito para seguir una que acaba fracasando. Por tanto, en lugar de arriesgar por algo nuevo mantenemos la misma fórmula «probada» que nos llevó al éxito. Y esta táctica funciona bien… hasta que deja de hacerlo.

El récord de 0/3 en los lanzamientos del Falcon 1 de SpaceX estuvo a punto de hundir a la empresa, pero esos primeros fracasos sirvieron para conocer la realidad y evitaron que se volviera autocomplaciente. No obstante, más tarde, cuando los fracasos dieron paso a una serie de éxitos, SpaceX fue víctima de su propia arrogancia. En junio de 2015, un cohete Falcon 9 explotó en su camino hacia la Estación Espacial Internacional. Musk echó la culpa al historial de éxitos de la empresa. «Es la primera vez que fallamos en siete años —dijo—, así que, hasta cierto punto, la empresa se volvió un poco complaciente».[45]

Mi consejo es, pues, que para evitar la complacencia te bajes del pedestal de vez en cuando. «Tienes que desestabilizarte cada cierto tiempo —dice Steve Forbes— u otros lo harán por ti».[46] Si no experimentamos variabilidad en nuestro historial —si no evitamos que nuestra confianza se infle tras una serie de éxitos aleatorios— un fracaso catastrófico lo hará por nosotros. Y los fracasos catastróficos también suelen acabar con tu negocio o tu carrera. «Si no eres humilde —dijo Mike Tyson, excampeón mundial de los pesos pesados—, la vida te enseñará lo que es la humildad».

Y una forma de conservar la humildad es prestar atención a los cuasierrores.

Cuasiaccidente

En la jerga de la aviación, un cuasiaccidente es un incidente que podría haber acabado con el aparato estrellado. Un cuasiaccidente significa que estuvo cerca, pero no lo suficiente como para provocar una colisión. Significa que has tenido suerte.

Tendemos a ignorar los cuasiaciertos, tanto en una sala de control del tráfico aéreo como en la sala de juntas de una empresa. Las investigaciones demuestran que los cuasiaccidentes se disfrazan de éxitos porque no afectan al resultado final:[47] el avión no se estrella, la empresa no se hunde y la economía se mantiene estable. «Bien está lo que bien acaba, hemos salido indemnes…», nos decimos, y seguimos con nuestra vida.

Pero resulta que, aunque no haya daño, sigue habiendo peligro. Como ya vimos, la NASA lanzó con éxito numerosas misiones del transbordador espacial a pesar de los problemas con las juntas tóricas y a pesar del desprendimiento de espuma. Estas misiones anteriores fueron *fallos*, pero también *casi*, porque la suerte intervino para salvar el pellejo.[48]

Los cuasiaccidentes llevan a la gente a asumir riesgos, a ser imprudente. Más que urgencia, generan complacencia. En diversos estudios se ha comprobado que las personas que tienen información sobre los cuasiaccidentes toman decisiones más arriesgadas que las que no.[49] Aunque el riesgo real de fracaso sigue siendo el mismo después de un cuasiaccidente, nuestra percepción de riesgo disminuye.[50] En la NASA, la dirección interpretó cada cuasifallo no como un problema potencial, sino como datos que confirmaban su creencia de que los daños en las juntas tóricas o el desprendimiento de espuma no eran factores de riesgo y no pondrían en peligro la misión. Los gestores contaban con una cadena perfecta de éxitos; los científicos de cohetes que dieron la voz de alarma parecían dar falsas alarmas.

Y claro, los datos en contra no llegaron hasta que se produjo el desastre. Solo entonces la NASA reunió a las tropas para hacer un análisis *post mortem* (una autopsia) e investigar las advertencias que habían sido tapadas por el éxito. Pero para entonces ya era demasiado tarde.

Post mortem es una expresión en latín que significa literalmente «después de la muerte». En una autopsia médica se examina un cadáver para determinar la causa de la muerte. Con los años, el término pasó de la medicina a los negocios: las empresas hacen ahora autopsias para determinar por qué se ha producido un fallo y qué se puede hacer para evitarlo en el futuro.

Pero hay un problema con esta metáfora. El término autopsia implica que debe haber un proyecto muerto, un negocio muerto o una carrera muerta antes de ponernos en marcha. La idea de la muerte sugiere que solo los fracasos catastróficos merecen una investigación exhaustiva. Pero si esperamos a que se produzca un desastre para hacer la autopsia, entonces la serie de pequeños fracasos y cuasifracasos —esos problemas crónicos que se acumulan lentamente con el tiempo— pasarán desapercibidos.

En los accidentes del *Columbia* y del *Challenger* no hubo un fallo de apreciación grave, un error de cálculo importante o un incumplimiento atroz del deber. Más bien, «se tomaron una serie de decisiones en apariencia inofensivas que llevaron a la agencia espacial» a la catástrofe, como señaló la socióloga Diane Vaughan.[51]

Fueron pequeños pasos, no saltos gigantescos.

La historia es común: la mayoría de las empresas perecen porque ignoran los pequeños pasos, las señales débiles, los cuasierrores que no afectan de forma inmediata a los resultados. Merck, por ejemplo, obvió las primeras señales de alarma que apuntaban a que su analgésico Vioxx causaba afecciones cardiovasculares.[52] También los ejecutivos de Kodak ignoraron las señales de que la fotografía digital podía trastocar su negocio. Y Blockbuster prestó poca atención a la amenaza del modelo de negocio de Netflix. Hubo señales de que la crisis de las hipotecas de alto riesgo estaba en marcha mucho antes de que las principales instituciones financieras implosionaran en 2008 y generaran una de las peores recesiones de la historia de Estados Unidos.

Consideremos también un estudio en el que se analizaron más de 4600 intentos de lanzamiento de cohetes orbitales. Según sus resultados, solo los fracasos totales —en los que el cohete explotó— condujeron a un aprendizaje institucional y mejoraron la probabilidad de éxito en el futuro.[53] En cambio, los fracasos parciales o pequeños —en los que el vehículo de lanzamiento no explotó, pero no cumplió correctamente su función— no tuvieron un efecto similar. Cuando los pequeños fracasos «no se identifican, se discuten y se analizan ampliamente es muy difícil que se prevengan los fracasos mayores», como explican los profesores de empresariales Amy Edmondson y Mark Cannon.[54]

Y el caso es que los cuasiaccidentes son una rica fuente de datos por una sencilla razón: ocurren con mucha más frecuencia que los accidentes. También son mucho menos costosos. Al examinar los cuasiaccidentes se pueden recopilar datos cruciales sin incurrir en los costes del fracaso.

Estaremos de acuerdo en que prestar atención a los cuasiaccidentes es especialmente importante en la ciencia de cohetes. Aunque estos solían explotar en la década de 1960, hemos mejorado mucho a la hora de llevarlos al espacio. La tasa de éxito de los cohetes modernos supera el 90%; los fracasos son la excepción. Pero lo que está en juego con cada lanzamiento sigue siendo enorme: cientos de millones de dólares y, en el caso de los vuelos espaciales tripulados, vidas humanas. Además, los fallos en el espacio suelen dejar pruebas incompletas, ya que la mayor parte de las señales se pierden a causa de las interferencias y también es difícil reproducir los fallos en tierra. Por tanto, cuando las oportunidades de aprendizaje del fracaso son escasas resulta aún más importante saber extraer conclusiones.

Esto nos lleva a una paradoja: queremos que nuestros fracasos sean discretos para que no causen estragos en nuestras vidas. Pero los fracasos discretos son también fracasos escurridizos, que probablemente pasen desapercibidos a menos que les prestemos mucha atención. El objetivo debe ser detectar estas discretas señales antes de que se vuelvan incontrolables. Esto significa que las autopsias no deberían reservarse únicamente para los peores resultados; al contrario, deben hacerse igualmente después de los fracasos y de los éxitos.

Los New England Patriots aprendieron esta lección en el *draft* de la NFL del año 2000.[55] El *draft* es un espectáculo anual en el que los equipos de fútbol americano eligen a nuevos jugadores para la próxima temporada. Cada equipo puede elegir a un jugador en cada una de las siete rondas.

En la sexta ronda del *draft* de 2000, los Patriots seleccionaron a un jugador que llegaría a ser uno de los mejores *quarterbacks* de todos los tiempos. Tom Brady ganaría seis Super Bowl con los Patriots y obtendría cuatro premios al Jugador Más Valioso de la Super Bowl, la mayor cantidad de galardones que haya ganado nunca cualquier jugador en la historia de la NFL. Brady fue apodado el «mayor botín» del *draft* de 2000, y los dirigentes de los Patriots fueron alabados por su brillante maniobra estratégica, al hacerse con un jugador del calibre de Brady estando en la cola del *draft*.[56]

Esa es una interpretación de los hechos.

Pero hay otra mucho menos indulgente con la dirección de los Patriots. En esa lectura alternativa, Brady estuvo a punto de no ser elegido. Los Patriots le habían echado el ojo durante mucho tiempo, pero esperaron hasta el final del *draft* para escogerlo (fue el número 199 de un total de 254 jugadores, lo cual es casi tan malo como ser elegido el último para el equipo de fútbol del colegio).[57] En un universo alternativo, el mismo proceso podría haber generado un resultado muy diferente: otro equipo podría haber elegido a Brady antes que los Patriots; Brady podría no haber desarrollado todo su potencial si las lesiones no hubieran incapacitado a Drew Bledsoe, el *quarterback* titular de los Patriots, lo que llevó a Brady a ser titular. En este universo alternativo —que estaba a centímetros del real— los directivos de los Patriots habrían sido tildados de pardillos, no de visionarios.

Así que la próxima vez que tengas la tentación de regodearte en la gloria de tu éxito mientras miras el marcador, detente por un momento y pregúntate: ¿qué ha *fallado* en este éxito? ¿Qué papel jugaron la suerte, la oportunidad y mis privilegios? ¿Qué puedo aprender de esta situación? Si no nos hacemos estas preguntas la suerte acabará siguiendo su curso y los fracasos cuasitotales nos alcanzarán. Este conjunto de preguntas, como habrás notado, no difiere de las que analizamos en el último capítulo, dedicado al fracaso. Lo que pretendo decir con ello es que hacerse las mismas preguntas y seguir el mismo proceso con independencia de lo que ocurra es una forma de quitarle presión al resultado y reorientar la atención hacia lo que más importa: los *inputs*.

Sigue, pues, el ejemplo de X, la fábrica de imposibles de Google. Allí, incluso cuando una tecnología tiene éxito, los ingenieros que trabajaron en los productos destacan los prototipos anteriores que fracasaron. Por ejemplo, el equipo responsable del Proyecto Wing —que desarrolló drones de reparto autónomos— había descartado cientos de modelos antes de decidirse por el diseño final. En una reunión de la empresa, el equipo expuso su pila de desechos —con todas sus vergüenzas— para que los vieran sus colegas. Lo que a ojos inexpertos parecía un diseño simple y brillante había surgido de una serie de fracasos y cuasifracasos.[58]

La dirección de los Patriots sabía que había tenido suerte con Brady, de modo que, en lugar de darse palmaditas en la espalda por su «mayor botín», trataron el incidente como un fallo en el proceso de selección y se centraron en corregir sus errores.

Una autopsia puede ser útil para descubrir y corregir errores, pero también tiene un inconveniente: cuando se hace después de un éxito, ya conocemos el resultado. Tendemos a suponer que los buenos resultados son consecuencia de buenas decisiones y los malos resultados, de malas decisiones. Es difícil detectar errores cuando sabemos que hemos tenido éxito y es difícil evitar sentirse culpable cuando sabemos que hemos fracasado. Solo cuando no nos ciegan las brillantes luces del resultado podemos tomar decisiones de forma más objetiva.

Ceguera ante el desenlace

El futuro de una escudería está en juego: ha sufrido una serie de inexplicables averías en los motores, lo cuales han fallado 7 veces en las últimas 24 carreras, causando con ello graves daños al coche. El mecánico de motores y el jefe de mecánicos no se ponen de acuerdo sobre la causa del problema.

El mecánico del motor cree que las bajas temperaturas son las culpables. Argumenta que, cuando hace frío, la culata y el bloque se expanden a ritmos diferentes, dañando la junta y provocando el fallo del motor. Pero el jefe de mecánicos no está de acuerdo, porque los fallos del motor se han producido a diferentes temperaturas. Él reconoce que los pilotos se juegan la vida en una carrera, pero señala que en las carreras «se está llegando a los límites de lo conocido» y que, «si se quiere ganar, hay que arriesgarse». Y añade: «Nadie ha ganado nunca una carrera sentado en los boxes».

La carrera de hoy ofrece una lucrativa oportunidad de patrocinio y una importante exposición televisiva nacional. Pero el tiempo es inusualmente frío y otro fallo del motor significaría un desastre para la reputación de la escudería.

¿Qué harías tú? ¿Correrías o te retirarías de la competición?

Este escenario procede del caso práctico de Carter Racing que los profesores Jack Brittain y Sim Sitkin crearon para utilizarlo como herramienta de aprendizaje en sus clases de la escuela de negocios.[59] Los alumnos deciden primero, de manera individual, lo que debe hacer la escudería y luego discuten el caso práctico en clase. Tanto antes como después de la discusión grupal, se vota. Brittain y Sitkin informan de que más o menos el 90 % de sus alumnos suelen votar a favor de seguir adelante con la carrera, citando diferentes versiones del argumento «quien no arriesga, no gana».

Después de la votación llega el remate: se les comunica a los estudiantes que lo que acaban de decidir en realidad es el lanzamiento del transbordador espacial *Challenger*. Los datos sobre los fallos en los motores son similares a los de los problemas de las juntas tóricas. También hay otros paralelismos: los plazos de entrega, las presiones presupuestarias y la información ambigua e incompleta.

Cuando se descubre el secreto, la mayoría de los estudiantes se muestran sorprendidos y, a veces, enfadados. Se sienten engañados por haber tomado una decisión obviamente errónea e inmoral. Pero la decisión luce mucho más clara cuando los estudiantes desconocen las consecuencias, están ciegos ante el desenlace.

Por supuesto, hay diferencias entre el caso de estudio y el del *Challenger*. Aunque los fallos de los motores de los coches también podrían poner en riesgo la seguridad de los pilotos, el riesgo para la vida humana no es tan grave como en el lanzamiento de un transbordador espacial.

Pero la moraleja es la misma: es fácil decir que habríamos retrasado el lanzamiento del *Challenger*, que habríamos reclutado a Brady en la primera ronda o que habríamos advertido lo que iba a pasar con Blockbuster. Al ocultar el desenlace se eliminan las lentes distorsionadoras de la retrospectiva.

No es fácil poner en práctica el análisis ciego fuera de las aulas de una escuela de negocios, porque en el mundo real los resultados no se ocultan. Una vez que el gato está fuera de la bolsa, es difícil volver a meterlo. No obstante, hay un truco para poner en práctica el análisis ciego sin hacer el ridículo: el *pre mortem*.

El análisis pre mortem

Charlie Munger, el conocido inversor y socio de Warren Buffett, cita con frecuencia a un «campesino» que dice: «Ojalá supiera dónde voy a morir, así nunca iría allí».[60] Este enfoque se denomina *pre mortem*.[61] «Hay dos ocasiones diferentes en las que debemos examinar nuestra propia conducta —escribió Adam Smith— y esforzarnos por verla a la luz de lo que vería el espectador imparcial: primero, cuando estamos a punto de hacer algo; y segundo, después de haberlo hecho».[62] Un *post mortem* encaja con la segunda sugerencia de Smith y un *pre mortem*, con la primera.

En el análisis *pre mortem*, la investigación se lleva a cabo antes de actuar, cuando no se conoce el resultado real: antes de lanzar el cohete, cerrar la venta o completar la fusión; al hacerlo viajamos hacia adelante en el tiempo y planteamos un escenario mental en el que suponemos que el proyecto ha fracasado. A continuación, damos un paso atrás y nos preguntamos qué salió mal. Al visualizar vívidamente un escenario catastrófico, se nos ocurren posibles problemas y determinamos cómo evitarlos. Según distintas investigaciones, los análisis *pre mortem* aumentan en un 30% la capacidad para determinar de forma correcta las causas de un resultado futuro.[63]

Si eres líder empresarial, un análisis *pre mortem* podría centrarse en un producto que estéis diseñando actualmente. En él, supondrías que el producto ha fracasado y luego trabajarías hacia atrás para determinar las posibles causas. Tal vez no hayas probado el producto de la forma correcta o no sea el adecuado para tu mercado.

Si te presentas a la selección para un puesto de trabajo, un análisis *pre mortem* asumiría que no has conseguido el puesto y a partir de ahí contemplarías todas las razones posibles para el fracaso: quizá llegaste tarde a la entrevista; o te hicieron una pregunta difícil sobre por qué dejaste tu anterior empleo y no supiste qué responder. A continuación, piensa en cómo evitar esos posibles escollos.

Piensa en los análisis *pre mortem* como en lo opuesto a la retrospectiva, que fue lo que vimos en el capítulo sobre el pensamiento imposible.

La retrospectiva trabaja hacia atrás desde un resultado deseado; en cambio, un análisis *pre mortem* trabaja hacia atrás a partir de uno no deseado. Es decir, te obliga a pensar en lo que *podría* salir mal antes de actuar.

Cuando se lleva a cabo un análisis *pre mortem* y se piensa en lo que puede salir mal, hay que asignar probabilidades a cada problema potencial.[64] Si se cuantifica la incertidumbre con antelación —por ejemplo, hay un 50 % de probabilidades de que el nuevo producto fracase— es más probable que se reconozca el papel de la suerte en el éxito resultante.

Cuantificar la incertidumbre también puede hacer que el fracaso no sea tan grave. Si confiamos al 100 % en que nuestro nuevo producto tendrá éxito, el fracaso nos golpeará con fuerza. Pero si reconocemos que solo hay un 20 % de posibilidades de éxito, el fracaso no significará necesariamente que todos los *inputs* hayan sido malos. Se puede hacer todo bien y aun así fracasar, porque la suerte y otros factores intervienen para inclinar el resultado hacia un lado u otro.

Musk, por ejemplo, consideraba que SpaceX tenía menos de un 10 % de posibilidades de éxito en el momento de fundar la empresa.[65] Su grado de fiabilidad respecto al éxito de su propio proyecto era tan bajo que no dejó que sus amigos invirtieran en el negocio. Si hubiera dado a SpaceX, por ejemplo, un 80 % de posibilidades de éxito, habría sido más difícil mantener el impulso cuando los tres primeros lanzamientos del Falcon 1 fracasaron. Luego, cuando el destino de SpaceX acabó dando un giro, este enfoque también le hizo darse cuenta del papel que había jugado la suerte en la cadena de éxitos. «Si las cosas hubieran ido un poco al revés —dice Musk—, [SpaceX] estaría muerta».

Los análisis *pre mortem* que recopilamos deben ser, además, fácilmente accesibles. En X, «se guardan en un sitio donde cualquiera puede publicar algo que le preocupa que pueda ir mal en el futuro», explica Astro Teller.[66] Los trabajadores pueden expresar allí sus preocupaciones sobre un proyecto concreto o sobre la empresa en su conjunto. Este enfoque genera un conocimiento institucional y evita el sesgo de los costes irrecuperables. Es decir, si se sabe que una decisión lleva aparejada previamente una incertidumbre, resulta más fácil cuestionarla. Teller señala que «probablemente la gente ya dice estas cosas en grupos más pequeños, pero puede que no lo digan en voz alta, con claridad o con la suficiente frecuencia, y es porque son cosas que pueden hacer que te tachen de aguafiestas o desleal».

El ingeniero de la NASA Rodney Rocha tenía experiencia de primera mano en eso de ser tachado de aguafiestas o desleal. Sus repetidas peticiones de imágenes adicionales para examinar los daños causados por el golpe de espuma en el *Columbia* habían sido rechazadas por la dirección. Así que, mientras el *Columbia* seguía en órbita, se sentó ante su ordenador y empezó a escribir un correo electrónico a sus superiores como último recurso.

Rocha escribió entonces: «En mi humilde opinión técnica, esta es una respuesta equivocada (y que roza la irresponsabilidad). Debo subrayar (de nuevo) que un daño lo bastante severo podría suponer peligros potencialmente graves». Terminó su correo electrónico inquiriendo: «¿Recuerdan los carteles de seguridad que hay por todas partes en la NASA, donde dice: "Si no es seguro, dilo"? Pues sí, es así de grave».

A continuación, guardó el mensaje como borrador. Y nunca lo envió.

Más tarde, Rocha dijo a los investigadores que no había enviado el correo electrónico porque «no quería saltarse la cadena de mando» y porque creía que debía «someterse al criterio de la dirección».[67] Y lo cierto es que tenía buenas razones para estar preocupado. Roger Boisjoly, que había redactado el clarividente memorándum en el que se predecía la catástrofe seis meses antes del lanzamiento del *Challenger*, había pagado un precio muy alto por dar la voz de alarma. Después de la tragedia, Boisjoly testificó ante la Comisión Rogers y entregó su memorándum, junto con otros documentos internos, demostrando con ello que sus advertencias habían caído en saco roto en Thiokol. ¿El resultado? Fue reprendido por colegas y directivos por airear en público los trapos sucios de la empresa.[68] «Si te cargas esta empresa —le llegó a decir un antiguo amigo— me plantaré con mis hijos en la puerta de tu casa».[69]

Está claro que nadie le gusta ser la mosca cojonera, la única persona que da un golpe en la mesa. Porque las moscas, al igual que los mensajeros, suelen llevarse un manotazo. Y no es de extrañar que el pensamiento de grupo aparezca incluso en organizaciones cuya savia es la creatividad. Así, antes que enfrentarnos a una posible reacción nos autocensuramos para no ir a contracorriente; y nos conformamos en vez de desobedecer.

El éxito solo exacerba esta tendencia al conformismo, porque fomenta el exceso de confianza en el *statu quo*, que a su vez sofoca la disidencia justo cuando esta es más necesaria para evitar la autocomplacencia. «Los puntos de vista minoritarios son importantes —afirma el psicólogo de Berkeley Charlan Nemeth, uno de los principales expertos en pensamiento de grupo— no porque tiendan a prevalecer, sino porque estimulan la atención y el pensamiento divergentes».[70] Incluso cuando las opiniones minoritarias son erróneas, «contribuyen a la detección de soluciones y decisiones novedosas que, en conjunto, son cualitativamente mejores». En otras palabras, los disidentes nos obligan a mirar más allá de la posición dominante, que suele ser la más obvia.

Por desgracia, en el caso del *Challenger* y el *Columbia* estas voces discordantes fueron ignoradas.[71] La responsabilidad se trasladó a los ingenieros para que demostraran con datos concretos y cuantificables el grado de riesgo que conllevaba la misión en esas condiciones. Es decir, en lugar de exigir pruebas de que la nave era segura para el lanzamiento (*Challenger*) o para el aterrizaje (*Columbia*), se exigió a los ingenieros que demostraran que no lo era. Roger Tetrault, miembro de la Junta de Investigación del Accidente del *Columbia*, ejemplificó la actitud de la dirección hacia los ingenieros de la siguiente manera: «Demuéstrame que está mal y entonces iré a ver».[72] Pero la cosa no acabó ahí. Además, a los ingenieros se les negó la oportunidad de exponer sus argumentos y demostrar sus hipótesis. En la misión del *Columbia*, por ejemplo, los responsables rechazaron esas peticiones de imágenes extra por satélite para estudiar los daños.

Los estudios *pre mortem* pueden ser una estrategia útil para revelar el inconformismo de una forma orgánica. Dado que presuponen un mal resultado —que el proyecto ha fracasado— y piden a la gente que genere razones para ese fracaso, pueden proporcionar una cierta seguridad psicológica para expresar las críticas y transmitirlas hacia arriba.

La causa que hay detrás de la causa

Hay un protocolo que se sigue tras cada catástrofe acontecida en el espacio:

Se convoca a una junta de expertos en accidentes, se convoca a los testigos, se recopilan documentos, se analizan los datos del vuelo, se analizan los restos y se redacta un sobrio informe de conclusiones y recomendaciones.

Esta tradición sigue vigente no porque la historia se repita, ya que rara vez lo hace. Es decir, las posibilidades de que unas juntas tóricas defectuosas o el desprendimiento de espuma provoquen otra catástrofe en el espacio son extremadamente bajas.

No, el protocolo sigue teniendo lugar porque la historia nos enseña, la historia informa; porque la historia, si se mira con atención, puede darnos lecciones inestimables. El protocolo, pues, nos concede un tiempo para hacer una pausa, para reevaluar y recalibrar, para aprender y cambiar.

En el caso de la catástrofe del *Challenger*, del informe de la Comisión Rogers se desprenden dos culpables principales, uno técnico y otro humano. Los culpables técnicos fueron las juntas tóricas, que no sellaron correctamente; los culpables humanos fueron los trabajadores de la NASA, que tomaron la terrible decisión de hacer despegar al transbordador a pesar de que las juntas tóricas podían funcionar mal a bajas temperaturas.

En otras palabras, la Comisión Rogers se centró en las causas de primer orden, o inmediatas, del problema. Las causas de primer orden son obvias, por lo que hay un atractivo intrínseco en el hecho de exponerlas: son más sencillas de incluir en un PowerPoint o en un comunicado de prensa; suelen tener una apariencia física o un nombre. En el caso de las juntas tóricas, son defectos que pueden arreglarse; en el caso de los trabajadores de la NASA, pueden convertirse en chivos expiatorios y ser degradados o despedidos.

Pero aquí está precisamente el problema: las causas de los fallos en un sistema complejo —ya sea un cohete o una empresa— suelen ser múltiples. Numerosos factores, incluidos técnicos, humanos y ambientales, pueden combinarse para producir el fallo. Con lo cual, si solo se solucionan las causas de primer orden quedan intactas las de segundo y tercer orden, las causas más profundas, las que se esconden bajo la superficie; las que provocan las causas de primer orden… y pueden volver a provocarlas.

Las causas más profundas que explican el accidente del *Challenger* se escondían en los oscuros entresijos de la NASA, tal y como desvela Diane Vaughan en su decisivo relato de los hechos. Ella explica que, en contra de las conclusiones de la Comisión Rogers, el accidente del *Challenger* ocurrió precisamente porque los directivos hicieron su trabajo. Obedecieron las normas, no las violaron.

Vaughan utiliza el término «normalización de la desviación» para describir esta patología. La mentalidad implantada en la NASA había normalizado la práctica de realizar vuelos sujetos a riesgos inaceptables. «Los patrones culturales, reglas, procedimientos y normas que siempre habían funcionado en el pasado no funcionaron esta vez», escribe Vaughan. Los responsables de la tragedia no fueron unos directivos calculadores y sin moral que violaron las reglas; fue el conformismo».[73] En otras palabras, la NASA no solo tenía un problema de juntas tóricas, también tenía uno de conducta.

Sin embargo, este tipo de factores más enraizados y profundos, resultan mucho menos llamativos. Un cambio de mentalidad que contribuya a desterrar la cultura conformista de la NASA no puede ser televisado, no es un buen discurso. No puede sumergirse ese conformismo en agua helada y ver cómo se va disolviendo durante las audiencias del Congreso.

Además, revertir las causas de segundo y tercer orden es mucho más difícil. Resulta más fácil poner una tercera junta tórica en cada unión (como, de hecho, hizo la NASA después del accidente del *Challenger*) que curar la patología estructural más profunda que subyace a una cultura burocrática generalizada.

Pero, si no abordamos las causas más profundas, el cáncer seguirá apareciendo. Por eso resuenan en las memorables palabras de la astronauta Sally Ride los ecos del *Challenger* en el accidente del *Columbia*. Como única persona que formó parte de las comisiones de investigación de ambos accidentes, Ride estaba especialmente cualificada para establecer esta conexión. Los fallos técnicos ocurridos en los dos accidentes habían sido diferentes, pero los culturales eran los mismos. Y por eso, las causas más profundas que provocaron la tragedia del *Challenger* siguieron sin abordarse, incluso después de que se hubieran arreglado los fallos técnicos y se hubiera sustituido a los principales responsables.

El remedio fue en realidad una suerte de artificio que producía la ilusión de una cura. Pero cuando pretendemos que la solución a la causa de primer orden elimine también las causas de segundo y tercer orden acabamos enmascarándolas y exponiéndonos a una futura catástrofe. Tratar los defectos más evidentes nos da seguridad y la satisfacción de «haber hecho algo» respecto al problema. Pero al hacerlo nos estamos limitando a jugar una partida interminable de *Whac-A-Mole* cósmico: una vez que se resuelve un problema, aparece otro.

Hacemos lo mismo en nuestra vida personal y profesional: tomamos analgésicos para curar el dolor de espalda; creemos que hemos perdido cuota de mercado por culpa de la competencia; suponemos que los cárteles internacionales de la droga son los responsables del problema de las drogas en Estados Unidos; y que derrocar al Estado Islámico erradicará el terrorismo.

En cada caso, confundimos el síntoma con la causa y dejamos intactos los orígenes del problema. Porque los analgésicos no curan el dolor de espalda; la pérdida de cuota de mercado no se debe a la competencia, sino a las políticas internas de la empresa; desarticular los cárteles no eliminará la demanda de drogas; y acabar con los terroristas no evitará que surjan otros nuevos.

Matar al malo suele dar lugar a algo peor. En realidad, al atacar las causas más visibles desencadenamos un proceso darwiniano de generación de una plaga más insidiosa. Luego, cuando la plaga vuelve, aplicamos el mismo pesticida pero incrementando la dosis... y nos sorprendemos cuando nada cambia.

Una cita de George Santayana acostumbra a figurar en todos los museos donde se exponen los horrores históricos: «Quienes no pueden recordar su pasado están condenados a repetirlo».[74] Pero recordar no es suficiente; porque la historia es un ejercicio de autoengaño si recibimos de ella los mensajes equivocados. Solo mediante el arduo trabajo de mirar más allá de las causas de primer orden —sobre todo cuando tenemos miedo de lo que podemos ver— empezaremos a aprender de la historia.

Además, tratar solo las causas de primer orden tiene otro inconveniente; como veremos en la siguiente sección, puede agravar el problema en vez de resolverlo.

La inseguridad de la seguridad

No soy una persona madrugadora. Para mí, los amaneceres son tan placenteros como una endodoncia. De toda la vida, con el fin de prepararme para la batalla de cada mañana ponía el despertador media hora antes.

Ya conoces el resto de la historia: colega, te presento al botón de repetición. En la jerga económica, *consumiría* esos treinta minutos, en lugar de ahorrarlos, pulsando una y otra vez el dichoso botón.

Hay un fenómeno que explica mi relación de amor-odio con el botón de repetición. Es el mismo que explica por qué las lesiones en la cabeza y el cuello se incrementaron en el fútbol americano cuando los jugadores empezaron a usar cascos rígidos para protegerse mejor. También explica por qué la instalación de frenos antibloqueo —una tecnología introducida en los coches en la década de 1980 para evitar los derrapes— no redujo el número de accidentes. Y explica por qué la señalización de los pasos de peatones no hace necesariamente más seguro cruzar la calle; al contrario, en algunos casos provoca más muertes y lesiones.

El psicólogo Gerald Wilde llama a este fenómeno «homeostasis del riesgo».[75] La expresión es rebuscada, pero la idea es sencilla: las medidas destinadas a reducir el riesgo a veces son contraproducentes, ya que los seres humanos compensamos la reducción del riesgo en un área aumentándolo en otra.

Consideremos, por ejemplo, un estudio que se hizo en Múnich a lo largo de tres años.[76] Una parte de la flota de taxis estaba equipada con un sistema de frenos antibloqueo (ABS). El resto tenían frenos tradicionales, sin ABS. Los coches eran idénticos en todos los demás aspectos. Además, conducían a la misma hora, los mismos días de la semana y en las mismas condiciones meteorológicas. Los taxistas también sabían si su coche estaba equipado con ABS.

El estudio no halló ninguna diferencia significativa en las tasas de accidentes entre los coches equipados con ABS y el resto. Pero sí hubo una diferencia estadísticamente significativa en algo: el comportamiento al volante. Los conductores de los coches con ABS fueron mucho más imprudentes: se acercaban más al coche de delante, sus giros eran más bruscos, conducían más rápido, cambiaban de carril de forma temeraria y se vieron implicados en más accidentes. Paradójicamente, una medida introducida para mejorar la seguridad fomentó un comportamiento de conducción inseguro.[77]

Las medidas de seguridad también fueron contraproducentes en la misión del *Challenger*. Los responsables creían que las juntas tóricas tenían un margen de seguridad suficiente «para permitirles tolerar el triple de la peor erosión observada hasta ese momento».[78] Además, existía un mecanismo de seguridad: incluso si la junta tórica principal fallaba, se suponía que la junta tórica secundaria tomaría el relevo.[79] La existencia de estas medidas de seguridad, pues, incrementó la sensación de invulnerabilidad y condujo a la catástrofe cuando ocurrió que tanto la junta tórica primaria como la secundaria fallaron durante el lanzamiento. Estos científicos de cohetes eran, por tanto, como los taxistas alemanes con coches equipados con ABS: conducían rápido y sin control.

En cada caso, la «seguridad» se percibía como más infalible de lo que lo era en realidad y el cambio de comportamiento subsecuente eliminaba cualquier beneficio de la medida de seguridad. A veces, incluso, el péndulo osciló en la otra dirección y la actividad se volvió menos segura de lo que era antes de implantar la medida de seguridad.

Esta paradoja no significa que debamos dejar de abrocharnos el cinturón de seguridad, que compremos coches antiguos sin ABS o que nos dediquemos a cruzar la calle de forma imprudente. En vez de eso, haz como si el paso de peatones no estuviera marcado; asume que la junta tórica secundaria o los frenos ABS no evitarán el accidente; mantén la cabeza fuera del placaje, aunque lleves casco; actúa como si no te hubieran concedido una prórroga en el plazo de entrega del proyecto.

La red de seguridad puede estar ahí por si te caes, pero es mejor fingir que no existe.

Visita **ozanvarol.com/rocket** para descargarte cuadernillos de ejercicios, retos y ejemplos que te ayudarán a poner en práctica las estrategias analizadas en este capítulo.

EPÍLOGO

EL NUEVO MUNDO

Arriba, arriba el largo, delirante, ardiente azul.
He coronado las alturas barridas por el viento con una gracia fácil.
Donde nunca voló la alondra, ni siquiera el águila.
Y, mientras con la mente silenciosa y elevada pisaba
la alta santidad del espacio,
extendí la mano y toqué el rostro de Dios.

John Magee

EN EL EPISODIO DE *Los Simpson* «Homer en el espacio exterior», Homer Simpson se dedica a su pasatiempo favorito, hacer zapping, cuando se topa con la retransmisión de un lanzamiento del transbordador espacial. Mientras dos monótonos comentaristas explican cómo la tripulación analizará los efectos de la ingravidez en pequeños tornillos, Homer pierde el interés e intenta cambiar de canal, pero se le caen las pilas del mando a distancia. Un Bart frenético empieza a gritar: «¡Otro aburrido lanzamiento espacial, no! ¡Cambia de canal, cambia de canal!». El episodio pasa entonces a situarse en la sede de la NASA, donde un científico de cohetes preocupado explica a un administrador que se han encontrado con un grave problema en la misión: la audiencia televisiva del lanzamiento es la más baja de la historia.

En 1994, cuando se emitió este episodio, el momento de mayor apogeo de la exploración espacial humana era ya un recuerdo lejano. Pasaron seis décadas y media desde el primer vuelo con motor de los hermanos Wright en 1903 hasta los primeros pasos de la humanidad en la Luna en 1969. Sin embargo, en los cincuenta años siguientes dejamos de mirar hacia arriba. Vamos, que plantamos una bandera y volvimos a casa, y a partir de ahí preferimos enviar a seres humanos a la órbita terrestre y repetir viajes a la Estación Espacial Internacional. Y claro, para mucha gente que había visto a los astronautas del Apolo enfrentarse a un viaje de 239 000 millas a la Luna, ver a otros volar 240 millas hasta la Estación resultaba tan emocionante como «ver a Colón navegar hasta Ibiza».[1]

Las autoridades utilizaron los vuelos espaciales con fines políticos, haciendo oscilar una guillotina sobre la cabeza de la NASA. Se anunciaron ambiciosas misiones al estilo de John F. Kennedy por parte de una administración para luego ser canceladas por la siguiente. Los fondos aumentaban y disminuían en respuesta a los vientos políticos predominantes. Como resultado, la NASA carecía de una estrategia clara. En 2012, poco antes de su muerte, Neil Armstrong invocó a la leyenda del béisbol Yogi Berra para describir la situación de la agencia: «Si no sabes a dónde vas, puede que no llegues».[2]

No sabíamos a dónde iríamos después de que la NASA jubilara el transbordador espacial en 2011 —nuestro único medio para llegar a la Estación Espacial Internacional— sin que hubiera un sustituto. Una vez que los transbordadores espaciales restantes salieron de las plataformas de lanzamiento y entraron en los museos, los astronautas estadounidenses tuvieron que empezar a viajar en cohetes rusos. Los billetes cuestan 81 millones de dólares cada uno, casi 20 millones más que el coste total del lanzamiento de un cohete SpaceX Falcon 9.[3] Así, en un giro irónico del destino, la agencia espacial creada para vencer a los rusos pasó a depender de ellos. Luego, cuando Estados Unidos impuso sanciones a Rusia por la anexión de Crimea en 2014, Dmitry Rogozin —el viceprimerministro responsable del programa espacial ruso— amenazó con tomar represalias sugiriendo que «Estados Unidos lleve a sus astronautas [a la Estación] utilizando un trampolín».[4]

Las instalaciones de la NASA se convirtieron en la encarnación de este estado de cosas. En mayo de 2014, cuando la agencia espacial tuiteó fotos de astronautas entrenando en el Laboratorio de Flotabilidad Neutral —la gigantesca piscina cubierta que simula un entorno de microgravedad— las imágenes eran notables sobre todo por lo que *no mostraban*. Y es que en ellas se omitió una gran parte acordonada de la piscina que se había alquilado a empresas de servicios petroleros para los entrenamientos de supervivencia de sus trabajadores de las plataformas.[5] Tampoco mostraban las secuelas de una fiesta de empresa que había tenido lugar la noche anterior en el recinto de la piscina. Por otro lado, la plataforma de lanzamiento 39A del Centro Espacial Kennedy —una de las dos plataformas históricas desde las que despegaron las misiones Apolo hacia la Luna— fue puesta en alquiler.[6] Y el que habría sido el primer paseo espacial exclusivo para mujeres, programado para marzo de 2019, se canceló por falta de trajes espaciales adecuados para las dos astronautas seleccionadas.[7] En la película *Apolo 13*, un congresista le pregunta a Jim Lovell, el comandante de la misión: «¿Por qué seguimos financiando este programa ahora que hemos llegado a la Luna antes que los rusos?». Lovell, interpretado por Tom Hanks, responde: «Imagínate que Cristóbal Colón volviera del Nuevo Mundo y nadie regresara tras sus pasos».

La NASA fue la razón por la que yo —como muchos otros— me enamoré de la exploración espacial. Durante décadas, el acrónimo NASA representó el *summum* de pensar como un científico de cohetes. Sin embargo, tras abrir camino hacia el Nuevo Mundo, la NASA cedió en gran medida el testigo de los vuelos espaciales a otra gente. En 2004, mientras el transbordador espacial seguía en tierra tras el desastre del *Columbia*, el *SpaceShipOne* de Burt Rutan se convirtió en el primer vehículo financiado con fondos privados que llegó al espacio.[8] Luego, tras la retirada oficial del transbordador espacial, la NASA adjudicó a SpaceX y Boeing contratos para fabricar cohetes que transportaran a los astronautas estadounidenses a la Estación Espacial Internacional. Y, en un giro simbólico de los acontecimientos, SpaceX se trasladó a la plataforma de lanzamiento 39A y comenzó a lanzar sus cohetes desde allí.[9] También Blue Origin está trazando su propio camino al espacio con sus cohetes, *New Shepard* y *New Glenn*, que llevan, respectivamente, el nombre de los dos pioneros espaciales estadounidenses: los tripulantes del Mercury Alan Shepard y John Glenn. La empresa también está fabricando un módulo de aterrizaje lunar, llamado *Blue Moon*, capaz de llevar carga al satélite terrestre. Y, pese a que la NASA también está trabajando en un vehículo para lanzar seres humanos más allá de la órbita terrestre —el Sistema de Lanzamiento Espacial, o SLS—, este esfuerzo cuenta con muy poca financiación y está muy retrasado. Por ese motivo, sus críticos han apodado al SLS como «el cohete a ninguna parte».[10]

En una escena de la película *El Mago de Oz*, Dorothy sale de su casa para ver el mundo a todo color por primera vez, después de pasar su vida anterior en monocromo. Una vez que ve los colores ya no puede dejar de verlos; para ella no hay vuelta atrás, al blanco y negro.

Pero el mundo no funciona así. Nuestro modo por defecto es el retroceso, no el progreso. Cuando se las deja a su aire, las agencias espaciales entran en decadencia, a los escritores se les agota la inspiración, las estrellas de Hollywood pierden su brillo, los millonarios de internet se hunden bajo el peso de sus egos. Y las empresas jóvenes y con iniciativa generan idénticas burocracias a las que querían sustituir. Volvemos al blanco y negro.

Pero el viaje no puede terminar una vez cumplida la misión. Al revés, es entonces cuando comienza el verdadero trabajo. Cuando el éxito trae consigo la autocomplacencia —cuando nos convencemos de que ahora que hemos descubierto el Nuevo Mundo no hay razón para volver— nos volvemos una sombra de lo que fuimos.

En cada carta anual a los accionistas de Amazon, Jeff Bezos incluye la misma frase críptica: «Sigue siendo el Día 1». Después de repetirlo durante décadas, le preguntaron a Bezos cómo sería el Día 2.

Él respondió: «El Día 2 es la inmovilidad. Luego viene la irrelevancia. A continuación, un insoportable y doloroso declive. Más tarde, la muerte. *Por eso siempre* es el Día 1».[11]

La mentalidad que nos ha de guiar requiere permanecer en el día 1 e introducir una y otra vez el color en el mundo monocromático. Tenemos que seguir diseñando experimentos, demostrando que nos equivocamos, bailando con la incertidumbre, replanteando los problemas, probando mientras volamos y regresando a los principios básicos.

Debemos seguir caminando por senderos no transitados, navegando por mares embravecidos y volando por cielos salvajes. «Por muy fragantes que sean estas provisiones, por muy cómoda que sea esta morada, no podemos detenernos aquí —escribió Walt Whitman—. Por muy protegido que sea este puerto y por muy sosegadas que sean estas aguas, no debemos anclar aquí».[12]

Al final, no existe un manual de instrucciones ni un ingrediente secreto. El poder está ahí para ser tomado. Una vez que se aprende a pensar como lo haría un científico espacial —y se trabaja esa forma de pensar a largo plazo— se puede hacer imaginable lo inimaginable, transformar la ciencia ficción en realidad y extender las manos para tocar el rostro de Dios.

La poderosa obra continúa, citando de nuevo a Whitman, y tú puedes contribuir a ella con un verso.

Un nuevo verso.

Incluso una historia completamente nueva.

Tu historia.

¿Qué contará?

¿Y AHORA QUÉ?

AHORA QUE HAS APRENDIDO a pensar como un científico espacial, es el momento de que empieces a actuar como tal y pongas estos principios en práctica.

Visita ozanvarol.com/rocket, donde encontrarás lo siguiente:

- Un resumen de los puntos clave de cada capítulo.
- Cuadernillos de ejercicios, retos y ejemplos que te ayudarán a poner en práctica las estrategias analizadas en el libro.
- Un formulario de suscripción a mi boletín semanal, en el que comparto consejos y recursos extra que refuerzan los principios del libro (mis lectores lo llaman «el único correo electrónico que espero con ansia cada semana»).
- Mi dirección de correo electrónico personal, para que puedas hacerme comentarios o simplemente saludarme.

Viajo con frecuencia por todo el mundo para dar charlas y clases magistrales a organizaciones de distintos sectores. Si te interesa invitarme, visita ozanvarol.com/speaking.

Espero tener noticias tuyas.

AGRADECIMIENTOS

ESTE LIBRO NO EXISTIRÍA sin Steve Squyres, mi antiguo jefe e investigador principal de la misión Mars Exploration Rovers.

No sé qué llevó a Steve a ofrecer un puesto de trabajo a un chico delgadito y de nombre gracioso, procedente de un país del otro lado del mundo, pero le estoy muy agradecido por haberlo hecho. Tuve el privilegio de trabajar con él y también con el resto del equipo de Cornell, al que daré eternamente las gracias.

Ha habido un puñado de mentores en mi vida que han alterado radicalmente (para mejor) el curso de esta. Adam Grant es uno de ellos. En octubre de 2017, cuando navegaba por el desconocido océano de la literatura de divulgación, Adam me remitió a su agente literario, Richard Pine. A las 48 horas de la recomendación de Adam, Richard y yo nos pusimos de acuerdo para trabajar juntos, lo que desencadenó la serie de acontecimientos que culminaron en la publicación de este libro. Adam es un ser generoso y encarna lo que predica en su primer libro, *Dar y recibir: un enfoque revolucionario sobre el éxito*. Esta persona ha tenido un impacto indeleble en mi vida, y tengo la suerte de ser alumno y amigo suyo.

Adam me presentó a Richard como «el mejor agente literario del mundo». Y no bromeaba, porque Richard defendió a capa y espada este libro y me ayudó a dar forma a las ideas sueltas que flotaban en mi mente y a convertirlas en una unidad coherente. La verdad es que duermo más tranquilo sabiendo que Richard me respalda. Quiero dedicar también un sincero agradecimiento al resto de las estrellas de InkWell, incluidas Alexis Hurley y Eliza Rothstein.

Estoy profundamente agradecido a muchos mentores y colegas por sus sabios consejos sobre el proceso de edición, en especial a Susan Cain, Tim Ferriss, Seth Godin, Julian Guthrie, Ryan Holiday, Isaac Lidsky, Barbara Oakley, Gretchen Rubin y Shane Snow. Doy las gracias también a Daniel Pink, que me dio una inestimable lección sobre el mundo editorial durante un café que compartimos en Portland, y a quien además se le ocurrió el subtítulo de este libro.

Gracias, por supuesto, a mi magnífico editor en PublicAffairs, Benjamin Adams, que supuso un importante impulso creativo para el libro. Ha sido un placer trabajar con todo el equipo de PublicAffairs, incluyendo a Melissa Veronesi, Lindsay Fradkoff, Miguel Cervantes y Pete Garceau.

Cualquier escritor se sentiría afortunado de trabajar con una correctora tan hábil como Patricia Boyd, de Steel Pencil Editorial. Ha mejorado casi todas las frases de este libro con su increíble bolígrafo rojo.

Y gracias también a las maravillosas personas que me permitieron entrevistarlas, como Mark Adler, Peter Attia, Natalya Bailey, Obi Felten, Tim Ferriss, Patrick Lieneweg, Jaime Waydo y Julie Zhuo, además de otras que prefieren permanecer en el anonimato. Agradezco a Dina Kaplan y Baya Voce que hicieran las presentaciones. Gracias también a Libby Leahy, jefa de comunicación de X, y a James Gleeson, director de comunicación de SpaceX, por ayudarme a verificar algunos hechos relevantes.

Estoy profundamente agradecido a Nicholas Lauren y Kristen Stone, que me aportaron mucho con sus comentarios sobre el primer borrador del libro. Kristen se sentó en nuestro comedor y leyó en voz alta sus partes favoritas del libro, lo que me hizo tener una pequeña idea de lo que debe de sentirse cuando el público corea una canción de tu banda.

Tengo la suerte de trabajar con un equipo maravilloso. Mi ayudante de investigación, Kelly Muldavin, me proporcionó orientación editorial y de investigación. Brendan Seibel, Sandra Cousino Tuttle y Debbie Androlia cotejaron con diligencia innumerables datos y fuentes (así que cualquier error que haya quedado es responsabilidad mía). Michael Roderick, de Small Pond Enterprises, me dio un valioso asesoramiento comercial y de *marketing*, y me salvó de cometer numerosos errores. Y la increíble Brandi Bernoskie y su talentoso equipo de Alchemy+Aim diseñaron hermosas páginas web para este libro y mis otros proyectos.

Doy las gracias, además, a los oyentes de mi pódcast, «Famous Failures», y a los lectores de mi boletín informativo, *Weekly Contrarian* (las personas interesadas en recibirlo pueden suscribirse en weeklycontrarian.com). Y, sobre todo, a los miembros de mi «Círculo Cerrado», un grupo especialmente comprometido de mis lectores, por permitirme probar nuevas ideas con ellos.

Nuestro Boston terrier, Einstein, hace honor a su nombre con su curiosidad e ingenio. Gracias por llenarnos la casa de juguetes para morder, y los corazones de alegría.

Mis padres, Yurdanur y Tacettin, me dieron mis primeras lecciones de astronomía y me animaron a estudiar en los Estados Unidos, aunque eso significara que su único hijo viviría a miles de kilómetros de distancia. *Hayatım boyunca beni desteklediğiniz için* çok *teşekkür ederim**.

Finalmente, Kathy, mi esposa, mi mejor amiga, mi primera lectora, mi primer todo. Kurt Vonnegut dijo una vez: «Escribe para complacer a una sola persona». Para mí, esa persona es Kathy. Gracias por hablar conmigo sobre cada idea de este libro, por leer los primeros borradores, por reírte de los chistes y por estar a mi lado en los buenos y en los malos momentos. Sin ti, mis pequeños pasos no podrían llegar a ser saltos de gigante.

....

La siguiente es una lista de los primeros colaboradores que se comprometieron a hacer un pedido anticipado y a ayudar a promocionar el libro. Les estoy profundamente agradecido.

Lista de nombres TK

* Se puede traducir como «gracias por apoyarme toda mi vida» (N. de la T.).

NOTAS

Introducción

1. Administración Nacional de Aeronáutica y del Espacio (NASA), «First American Spacewalk». 3 de junio de 2008: www.nasa.gov/multimedia/imagegallery/image_feature_1098.html

2. Bob Granath, «Gemini's First Docking Turns to Wild Ride in Orbit». NASA, 3 de marzo de 2016: www.nasa.gov/feature/geminis-first-docking-turns-to-wild-ride-in-orbit

3. Rod Pyle, «Fifty Years of Moon Dust: Surveyor 1 Was a Pathfinder for Apollo». NASA, Laboratorio de Propulsión a Reacción, Instituto de Tecnología de California, 2 de junio de 2016: www.jpl.nasa.gov/news/news.php?feature=6523; David Kushner, «One Giant Screwup for Mankind». *Wired*, 1 de enero de 2007: www.wired.com/2007/01/nasa

4. Stanley A. McChrystal et al., *Team of Teams: New Rules of Engagement for a Complex World*. Nueva York, Expediente, 2015, p. 146.

5. Robert Kurson, *Rocket Men: The Daring Odyssey of Apollo 8 and the Astronauts Who Made Man's First Journey to the Moon*. Nueva York, Random House, 2018, pp. 48, 51.

6. Kurson, *Rocket Men*, pp. 48, 51.

7. John F. Kennedy, discurso en la Universidad de Rice. Houston, 12 de septiembre de 1962.

8. Andrew Chaikin, «Is SpaceX Changing the Rocket Equation?». *Air and Space Magazine*, enero de 2012: www.airspacemag.com/space/is-spacex-changing-the-rocket-equation-132285884/?page=2

9. Kim Dismukes, responsable, «The Amazing Space Shuttle». NASA, 20 de enero de 2010: https://spaceflight.nasa.gov/shuttle/upgrades/upgrades5.html

10. La letra de la canción *Rocket Man (I Think It's Going to Be a Long, Long Time)* de Elton John se puede encontrar en el sitio web Genius: https://genius.com/Elton-john-rocket-man-i-think-its-going-to-be-a-long-long-time-lyrics

11. Stuart Firestein, *Ignorance: How it Drives Science*. Nueva York, Oxford University Press, 2012, p. 83.

12. Carl Sagan, *El cerebro de Broca: Reflexiones sobre el apasionante mundo de la ciencia*. Barcelona, Crítica, 2015.

13. Nash Jenkins, «After One Brief Season, Cosmos Makes Its Final Voyage». *Time*, 9 de junio de 2014: https://time.com/2846928/cosmos-season-finale

14. Ben Zimmer, «Quants». *New York Times Magazine*, 13 de mayo de 2010: www.nytimes.com/2010/05/16/magazine/16FOB-OnLanguage-t.html

15. Marshall Fisher, Ananth Raman y Anna Sheen McClelland, «Are You Ready?». *Harvard Business Review*, agosto de 2000: https://hbr.org/2000/07/are-you-ready

16. Bill Nye, *Everything All at Once: How to Unleash Your Inner Nerd, Tap into Radical Curiosity, and Solve Any Problem*. Emmaus, PA: Rodale Books, 2017, p. 319.

17. Carl Sagan y Ann Druyan, *Pale Blue Dot: A Vision of the Human Future in Space*. Nueva York: Random House, 1994, p. 6.

Capítulo 1: Desafía a la incertidumbre

1. Instituto Lunar y Planetario, «What is ALH 84001?». Asociación de Investigación Espacial de Universidades, 2019: www.lpi.usra.edu/lpi/meteorites/The_Meteorite.shtml

2. Vincent Kiernan, «The Mars Meteorite: A Case Study in Controls on Dissemination of Science News». *Public Understanding of Science* 9, n.º 1 (2000), pp. 15-41.

3. «Ancient Meteorite May Point to Life on Mars». CNN, 7 de agosto de 1996: www.cnn.com/TECH/9608/06/mars.life

4. «Pres. Clinton's Remarks on the Possible Discovery of Life on Mars (1996)». Vídeo, YouTube, publicado el 2 de julio de 2015: www.youtube.com/watch?-v=pHhZQWAtWyQ

5. David S. McKay *et al.*, «Search for Past Life on Mars: Possible Relic Biogenic Activity in Martian Meteorite ALH84001». *Sciencie*, 16 de agosto de 1996: https://science.sciencemag.org/content/273/5277/924

6. Michael Schirber, «The Continuing Controversy of the Mars Meteorite». *Astrobiology Magazine*, 21 de octubre de 2010: www.astrobio.net/mars/the-continuing-controversy-of-the-mars-meteorite;

7. Peter Ray Allison, «Will We Ever... Speak Faster Than Light Speed?». BBC, 19 de marzo de 2015: www.bbc.com/future/story/20150318-will-we-ever-speak-across-galaxies

8. Laboratorio de Propulsión a Reacción, «Past Missions: Ranger 1-9». NASA: www.2.jpl.nasa.gov/missions/past/ranger.html

9. R. Cargill Hall, «The Ranger Legacy». En *Lunar Impact: A History of Project Ranger,* Serie de Historia de la NASA (Washington, D. C., NASA, 1977; sitio web actualizado en 2006): https://history.nasa.gov/SP-4210/pages/Ch_19.htm

10. Steve W. Squyres, *Roving Mars: Spirit, Opportunity, and the Exploration of the Red Planet.* Nueva York: Hyperion, 2005, pp. 239-243, 289.

11. Yuval Noah Harari, *21 lecciones para el siglo XXI.* Barcelona, Debate, 2018.

12. La sección sobre el último teorema de Fermat se basa en las siguientes fuentes: Stuart Firestein, *Ignorance: How It Drives Science.* Nueva York: Oxford University Press, 2012; Simon Singh, *Fermat's Last Theorem: The Story of a Riddle That Confounded the World's Greatest Minds for 358 Years.* Londres, Fourth Estate, 1997; NOVA, «Solving Fermat: Andrew Wiles». Entrevista con Andrew Wiles, PBS, 31 de octubre de 2000: www.pbs.org/wgbh/nova/proof/wiles.html; Gina Kolata, «At Last, Shout of 'Eureka!' en Age-Old Math Mystery». *New York Times,* 24 de junio de 1993: www.nytimes.com/1993/06/24/us/at-last-shout-of-eureka-in-age-old-math-mystery.html; Gina Kolata, «A Year Later, Snag Persists in Math Proof». *New York Times,* 28 de junio de 1994: www.nytimes.com/1994/06/28/science/a-year-later-snag-persists-in-math-proof.html; John J. Watkins, *Number Theory: A Historical Approach.* Princeton, Nueva Jersey, Princeton University Press, 2014, 95 (2013); Bill Chappell, «Professor Who Solved Fermat's Last Theorem Wins Math's Abel Prize». *NPR,* 17 de marzo de 2016: www.npr.org/sections/the-two-way/2016/03/17/470786922/professor-who-solved-fermat-s-last-theorem-gana-el-premio-abel-de-matemáticas

13. Kolata, «At Last, Shout of 'Eureka!'».

14. «Origins of General Relativity Theory». *Nature,* 1 de julio de 1933: www.nature.com/articles/132021d0.pdf

15. David J. Gross, «The Discovery of Asymptotic Freedom and the Emergence of QCD». Discurso del Premio Nobel, 8 de diciembre de 2004: www.nobelprize.org/uploads/2018/06/gross-lecture.pdf

16. Departamento de Defensa de Estados Unidos, «DoD News Briefing: Secretary Rumsfeld and Gen. Myers». Transcripción de la noticia del 12 de febrero de 2002: https://archive.defense.gov/Transcripts/Transcript.aspx?TranscriptID=2636; CNN, «Rumsfeld / Knowns». Vídeo de la declaración de Rumsfeld del 12 de febrero de 2002. YouTube, publicado el 31 de marzo de 2016: www.youtube.com/watch?v=REWeBzGuzCc

17. Donald Rumsfeld, nota del autor en *Known and Unknown: A Memoir.* Nueva York, Sentinel, 2010, disponible en: www.papers.rumsfeld.com/about/page/authors-note

18. Errol Morris, «The Anosognosic's Dilemma: Something's Wrong but You'll Never Know What It Is (Part 1)». *New York Times,* 20 de junio de 2010: https://opinionator.blogs.nytimes.com/2010/06/20/the-anosognosics-dilemma-1

19. Daniel J. Boorstin, *The Discoverers: A History of Man's Search to Know His World and Himself.* Nueva York, Random House, 1983.

20. Mario Livio, *Errores geniales que cambiaron el mundo*. Barcelona, Ariel, 2013.

21. Derek Thompson, *Hit Makers: The Science of Popularity in an Age of Distraction*. Nueva York, Penguin, 2017.

22. Sir A. S. Eddington, *The Nature of the Physical World*. Cambridge, Cambridge University Press, 1948. Disponible en: http://henry.pha.jhu.edu/Eddington.2008.pdf

23. Brian Clegg, *Gravitational Waves: How Einstein's Spacetime Ripples Reveal the Secrets of the Universe*. Icon Books, 2018, pp. 150-152; Nola Taylor Redd, «What Is Dark Energy?». Space.com, 1 de mayo de 2013: www.space.com/20929-dark-energy.html

24. NASA, «Dark Energy, Dark Matter». *NASA Science*, actualizado el 21 de julio de 2019: https://science.nasa.gov/astrophysics/focus-areas/what-is-dark-energy

25. James Clerk Maxwell, *The Scientific Letters and Papers of James Clerk Maxwell*, vol. 3, 1874-1879. Nueva York, Cambridge University Press, 2002, p. 485.

26. George Bernard Shaw, brindis a Albert Einstein, 28 de octubre de 1930.

27. Albert Einstein, *Ideas and Opinions: Based on Mein Weltbild*. Nueva York, *Crown*, 1954, p. 11.

28. Alan Lightman, *A Sense of the Mysterious: Science and the Human Spirit*. Nueva York, Pantheon Books, 2005.

29. La investigación sobre Steve Squyres se basa en las siguientes fuentes: Squyres, *Roving Mars*; University of California Television, «Roving Mars with Steve Squyres: Conversations with History». Vídeo, YouTube, publicado el 18 de agosto de 2011: www.youtube.com/watch?v=NI6KEzsb26U&feature=youtu.be; Terri Cook, «Down to Earth With: Planetary Scientist Steven Squyres». *Earth Magazine*, 28 de junio de 2016: www.earthmagazine.org/article/down-earth-planetary-scientist-steven-squyres

30. Steven Spielberg, en *Spielberg*, película documental. HBO, 2017.

31 Richard Branson, «Two-Way Door Decisions». *Virgin*, 26 de febrero de 2018: www.virgin.com/richard-branson/two-way-door-decisions

32 Ernie Tretkoff, «Einstein's Quest for a Unified Theory». *American Physical Society News*, diciembre de 2005: www.aps.org/publications/apsnews/200512/history.cfm; Walter Isaacson, *Einsten: su vida y universo*. Barcelona, Debate, 2008.

33. Jim Baggott, «What Einstein Meant by 'God Does Not Play Dice'». *Aeon*, 21 de noviembre de 2018: https://aeon.co/ideas/what-einstein-meant-by-god-does-not-play-dice

34. Tretkoff, «Einstein's Quest».

35. Kent A. Peacock, «Happiest Thoughts: Great Thought Experiments in Modern Physics». En *The Routledge Companion to Thought Experiments*,

eds. Michael T. Stuart, Yiftach Fehige y James Robert Brown. Routledge Philosophy Companions, Londres y Nueva York, Routledge/Taylor & Francis Group, 2018.

36. A. B. Arons y M. B. Peppard, «Einstein's Proposal of the Photon Concept: A Translation of the Annalen der Physik Paper of 1905». *American Journal of Physics* 33, mayo de 1965, p. 367: www.informationphilosopher.com/solutions/scientists/einstein/AJP_1905_photon.pdf

37. Charles Darwin, *El origen de las especies*. Barcelona, Espasa Libros, 1998.

38. John R. Gribbin, *The Scientists: A History of Science Told Through the Lives of Its Greatest Inventors*. Nueva York, Random House, 2004.

39. Richard P. Feynman, *El placer de descubrir*. Barcelona, Planeta, 2017.

40. El análisis del descubrimiento de Urano por William Herschel se basa en las siguientes fuentes: Emily Winterburn, «Philomaths, Herschel, and the Myth of the Self-Taught Man». Notas y registros de la *Royal Society of London* 68, n.º 3, 20 de septiembre de 2014, pp. 207-225: www.ncbi.nlm.nih.gov/pmc/articles/PMC4123665; Martin Griffiths, «Music(ian) of the Spheres: William Herschel and the Astronomical Revolution». *LabLit*, 18 de octubre de 2009: www.lablit.com/article/550; Ken Croswell, *Planet Quest: The Epic Discovery of Alien Solar Systems*. Nueva York, Free Press, 1997, pp. 34-41; Clifford J. Cunningham, *The Scientific Legacy of William Herschel*. Nueva York, Springer Science+Business Media, 2017), pp. 13-17; William Sheehan y Christopher J. Conselice, *Galactic Encounters: Our Majestic and Evolving Star-System, From the Big Bang to Time's End*. Nueva York, Springer, 2014, pp. 30-32.

41. William Herschel, *The Scientific Papers of Sir William Herschel*, vol. 1. Londres, Royal Society and the Royal Astronomical Society, 1912, pp. xxix-xxx.

42. Ethan Siegel, «When Did Isaac Newton Finally Fail?». *Forbes*, 20 de mayo de 2016: www.forbes.com/sites/startswithabang/2016/05/20/when-did-isaac-newton-finally-fail/#8c0137648e7e; Michael W. Begun, «Einstein's Masterpiece». *New Atlantis*, otoño de 2015: www.thenewatlantis.com/publications/einsteins-masterpiece

43. Ethan Siegel, «Happy Birthday to Urbain Le Verrier, Who Discovered Neptune with Math Alone». *Forbes*, 11 de marzo de 2019: www.forbes.com/sites/startswithabang/2019/03/11/happy-birthday-to-urbain-le-verrier-who-discovered-neptune-with-math-alone/#6674bcd7586d

44. Clegg, *Gravitational Waves*, 29.

45. Clegg, *Gravitational Waves*, 29.

46. Isaacson, *Einsten: su vida y universo*.

47. T. C. Chamberlin, «The Method of Multiple Working Hypotheses». *Science*, mayo de 1965: http://arti.vub.ac.be/cursus/2005-2006/mwo/chamberlin1890science.pdf

48. Isaac Asimov, «The Relativity of Wrong». *Skeptical Inquirer* 14, otoño de 1989, pp. 35-44.

49. Thomas S. Kuhn, *La estructura de las revoluciones científicas*. Ciudad de México, Fondo de Cultura Económica, 2016.

50. Howard Wainer y Shaun Lysen, «That's Funny… A Window on Data Can Be a Window on Discovery». *American Scientist*, julio de 2009: www.americanscientist.org/article/thats-funny

51. Para el descubrimiento de la mecánica cuántica, véase: John D. Norton, «Origins of Quantum Theory». Capítulo online del curso «Einstein for Everyone», de la Universidad de Pittsburgh, otoño de 2018: www.pitt.edu/~jdnorton/teaching/HPS_0410/chapters/quantum_theory_origins Sobre los rayos X, véase Alan Chodos (ed.), «November 8, 1895: Roentgen's Discovery of X-Rays». Serie «This Month in Physics History», *American Physical Society News* 10, n.º 10, noviembre de 2001: www.aps.org/publications/aps news/200111/history.cfm Sobre el ADN, véase Leslie A. Pray, «Discovery of DNA Structure and Function: Watson and Crick». *Nature Education* 1, n.º 1, 2008, p. 100: www.nature.com/scitable/topicpage/discovery-of-dna-structure-and-function-watson-397 Sobre el oxígeno, véase Julia Davis, «Discovering Oxygen, a Brief History». *Mental Floss*, 1 de agosto de 2012: http://mentalfloss.com/article/31358/discovering-oxygen-brief-history Sobre la penicilina, véase Theodore C. Eickhoff, «Penicillin: An Accidental Discovery Changed the Course of Medicine». *Endocrine Today*, agosto de 2008: www.healio.com/endocrinology/news/print/endocrine-today/%7B15afd2a1-2084-4ca6-a4e6-7185f5c4cfb0%7D/penicillin-an-accidental-discovery-changed-the-course-of-medicine

52. Andrew Robinson, *Einstein: A Hundred Years of Relativity*. Princeton, Nueva Jersey, Princeton University Press, 2015, p. 75.

53. La sección sobre el descubrimiento de Plutón está basada en las siguientes fuentes: Croswell, *Planet Quest*; Michael E. Brown, *How I Killed Pluto and Why It Had It Coming*. Nueva York, Spiegel & Grau, 2010; Kansas Historical Society, «Clyde Tombaugh», modificado en enero de 2016: www.kshs.org/kansapedia/clyde-tombaugh/12222; Alok Jha, «More Bad News for Downgraded Pluto». *Guardian*, 14 de junio de 2007: www.theguardian.com/science/2007/jun/15/spaceexploration.starsgalaxiesandplanets; David A. Weintraub, *Is Pluto a Planet? A Historical Journey through the Solar System*. Princeton, Nueva Jersey, Princeton University Press, 2014, p. 144.

54. NASA, «Eris». *NASA Science*: https://solarsystem.nasa.gov/planets/dwarf-planets/eris/in-depth

55. Paul Rincon, «Pluto Vote 'Hijacked' in Revolt». BBC, 25 de agosto de 2006: http://news.bbc.co.uk/2/hi/science/nature/5283956.stm

56. Robert Roy Britt, «Pluto Demoted: No Longer a Planet in Highly Controversial Definition». Space.com, 24 de agosto de 2006: www.space.com/2791-pluto-demoted-longer-planet-highly-controversial-definition.html

57. A. Pawlowski, «What's a Planet? Debate over Pluto Rages On». CNN, 24 de agosto de 2009: www.cnn.com/2009/TECH/space/08/24/pluto.dwarf.planet/index.html

58. American Dialect Society, «'Plutoed' Voted 2006 Word of the Year». 5 de enero de 2007: www.americandialect.org/plutoed_voted_2006_word_of_the_year

59. «My Very Educated Readers, Please Write Us a New Planet Mnemonic». *New York Times*, 20 de enero de 2015: www.nytimes.com/2015/01/20/science/a-new-planet-mnemonic-pluto-dwarf-planets.html

60. ABC7, «Pluto Is a Planet Again—At Least in Illinois». *ABC7 Eyewitness News*, 6 de marzo de 2009: https://abc7chicago.com/archive/6695131

61. Laurence A. Marschall y Stephen P. Maran, *Pluto Confidential: An In- sider Account of the Ongoing Battles Over the Status of Pluto*. Dallas, Benbella Books, 2009, p. 4.

62. Museo Nacional del Aire y del Espacio del Instituto Smithsonian, «Exploring the Planets»: https://airandspace.si.edu/exhibitions/exploring-the-planets/online/discovery/greeks.cfm

63. Ralph Waldo Emerson, *The Essential Writings of Ralph Waldo Emerson*. Nueva York, Modern Library, 2000, p. 261.

64. *Ocultos por la Luna* (*In the Shadow of the Moon*), dirigida por Dave Sington. Velocity/Think Film, 2008, DVD.

65. Virginia P. Dawson y Mark D. Bowles (eds.), *Realizing the Dream of Flight*. Washington, D. C., NASA History Division, 2005, p. 237.

66. Mary Roach, *Packing for Mars: The Curious Science of Life in the Void*. Nueva York, W. W. Norton, 2010.

67. Chris Hadfield, *Guía de un astronauta para vivir en la Tierra*. Barcelona, Ediciones B, 2014.

68. Caroline Webb, *How to Have a Good Day: Harness the Power of Behavioral Science to Transform Your Working Life*. Nueva York, Crown Business, 2016, p. 258.

69. Anne Fernald y Daniela K. O'Neill, «Peekaboo Across Cultures: How Mothers and Infants Play with Voices, Faces, and Expectation». en *Parent-Child Play: Descriptions and Implications*, ed. Kevin MacDonald. Albany, State University of New York Press, 1993.

70. Fernald y O'Neill, «Peekaboo Across Cultures».

71. W. Gerrod Parrott y Henry Gleitman, «Infants' Expectations in Play: The Joy of Peek-a-boo». *Cognition and Emotion* 3, n.º 4, 7 de enero de 2008: www.tandfonline.com/doi/abs/10.1080/02699938908412710

72. James Luceno y Matthew Stover, *El laberinto del mal*, *La venganza de los sith* y *Darth Vader: el señor oscuro*. La trilogía de «El señor oscuro: Star Wars Legends». Madrid, Imágica Ediciones, 2005.

73. Para más información sobre la redundancia, véase: Shane Parrish, «An Introduction to the Mental Model of Redundancy (with Examples)». *Farnam Street* (blog), julio de 2011: https://fs.blog/2011/07/mental-model-redundancy

74. SpaceX, «Falcon 9». www.spacex.com/falcon9; Andrew Chaikin, «Is SpaceX Changing the Rocket Equation?». *Air and Space Magazine*, enero de 2012: www.airspacemag.com/space/is-spacex-changing-the-rocket-equation-132285884/?-no-ist=&page=2

75. Tim Fernholz, *Rocket Billionaires: Elon Musk, Jeff Bezos, and the New Space Race*. Boston, Houghton Mifflin Harcourt, 2018; Dan Leone, «SpaceX Discovers Cause of October Falcon 9 Engine Failure». *SpaceNews*, 12 de diciembre de 2012: https://spacenews.com/32775spacex-discovers-cause-of-october-falcon-9-engine-failure

76. Hadfield, *Guía de un astronauta*.

77. James E. Tomayko, «Computers in the Space Shuttle Avionics System». En *Computers in Spaceflight: The NASA Experience*. Washington, D. C., NASA, 3 de marzo de 1988: https://history.nasa.gov/computers/Ch4-4.html; United Space Alliance, LLC, «Shuttle Crew Operations Manual». 15 de diciembre de 2008: www.nasa.gov/centers/johnson/pdf/390651main_shuttle_crew_operations_manual.pdf

78. Scott Sagan, «The Problem of Redundancy Problem: Why More Nuclear Security Forces May Produce Less Nuclear Security». *Risk Analysis* 24, n.º 4 (2004), p. 938: http://citeseerx.ist.psu.edu/viewdoc/download?doi=10.1.1.128.3515&rep=rep1&type=pdf

79. NASA, «NASA Will Send Two Robotic Geologists to Roam on Mars». *NASA press release*, 4 de junio de 2003: https://mars.nasa.gov/mer/newsroom/pressreleases/20030604a.html

80. University of California Television, «Roving Mars with Steve Squyres».

81. A. J. S. Rayl, «Mars Exploration Rovers Update: Spirit Mission Declared Over, Opportunity Roves Closer to Endeavour». *Planetary Society*, 31 de mayo de 2011: www.planetary.org/explore/space-topics/space-missions/mer-updates/2011/05-31-mer-update.htm

82. Stephen Clark, «Scientists Resume Use of Curiosity Rover's Drill and Internal Lab Instruments». *Spaceflight Now*, 5 de junio de 2018: https://spaceflightnow.com/2018/06/05/scientists-resume-use-of-curiosity-rovers-drill-and-internal-lab-instruments

83. Neel V. Patel, «The Greatest Space Hack Ever: How Duct Tape and Tube Socks Saved Three Astronauts». *Popular Science*, 8 de octubre de 2014: www.popsci.com/article/technology/greatest-space-hack-ever

Capítulo 2: Razona a partir de los principios básicos

1. La sección inicial sobre Elon Musk se basa en las siguientes fuentes: Tim Fernholz, *Rocket Billionaires: Elon Musk, Jeff Bezos, and the New Space Race*. Boston, Houghton Mifflin Harcourt, 2018; Ashlee Vance, *Elon Musk: Tesla, SpaceX, and*

the Quest for a Fantastic Future. Nueva York, Ecco, 2015; Chris Anderson, «Elon Musk's Mission to Mars». *Wired*, 21 de octubre de 2012: www.wired.com/2012/10/ff-elon-musk-qa/all; Tim Fernholz, «What It Took for Elon Musk's SpaceX to Disrupt Boeing, Leapfrog NASA, and Become a Serious Space Company». *Quartz*, 21 de octubre de 2014: https://qz.com/281619/what-it-took-for-elon-musks-spacex-to-disrupt-boeing-leapfrog-nasa-and-become-a-serious-space-company; Tom Junod, «Elon Musk: Triumph of His Will». *Esquire*, 15 de noviembre de 2012: www.esquire.com/news-politics/a16681/elon-musk-interview-1212; Jennifer Reingold, «Hondas in Space». *Fast Company*, 1 de febrero de 2005, www.fastcompany.com/52065/hondas-space; «Elon Musk Answers Your Questions! SXSW, March 11, 2018». Vídeo, YouTube, publicado el 11 de marzo de 2018: www.youtube.com/watch?v=OoQARBYbkck; Tom Huddleston Jr., «Elon Musk: Starting SpaceX and Tesla Were 'the Dumbest Things to Do». *CNBC*, 23 de marzo de 2018: www.cnbc.com/2018/03/23/elon-musk-spacex-and-tesla-were-two-of-the-dumbest-business-ideas.html

2. Reingold, «Hondas in Space».

3. Adam Morgan y Mark Barden, *A Beautiful Constraint: How to Transform Your Limitations into Advantages, and Why It's Everyone's Business*. Hoboken, Nueva Jersey, Wiley, 2015, pp. 36-37.

4. Darya L. Zabelina y Michael D. Robinson, «Child's Play: Facilitating the Originality of Creative Output by a Priming Manipulation». *Psychology of Aesthetics, Creativity, and the Arts* 4, n.º 1, 2010, pp. 57-65: www.psychologytoday.com/files/attachments/34246/zabelina-robinson-2010a.pdf

5. Robert Louis Stevenson, *Robert Louis Stevenson: His Best Pacific Writings*. Honolulu, Bess Press, 2003, p. 150.

6. Yves Morieux, «Smart Rules: Six Ways to Get People to Solve Problems Without You». *Harvard Business Review*, septiembre de 2011: https://hbr.org/2011/09/smart-rules-six-ways-to-get-people-to-solve-problems-without-you

7. Jeff Bezos, *Letter to Amazon Shareholders*. 2016, Ex-99.1, SEC.gov: www.sec.gov/Archives/edgar/data/1018724/000119312517120198/d373368dex991.htm

8. Andrew Wiles, citado en Ben Orlin, «The State of Being Stuck». *Math with Bad Drawings* (blog), 20 de septiembre de 2017: https://mathwithbaddrawings.com/2017/09/20/the-state-of-being-stuck

9. Micah Edelson *et al.*, «Following the Crowd: Brain Substrates of Long-Term Memory Conformity». *Science*, julio de 2011: www.ncbi.nlm.nih.gov/pmc/articles/PMC3284232; Tali Sharot, *The Influential Mind: What the Brain Reveals About Our Power to Change Others*. Nueva York, Henry Holt and Co., 2017, pp. 162-163.

10. Gregory S. Berns *et al.*, «Neurobiological Correlates of Social Conformity and Independence During Mental Rotation». *Biological Psychiatry* 58, n.º 3, 2005, pp. 245-253.

11. Astro Teller, «The Secret to Moonshots? Killing Our Projects». *Wired*, 16 de febrero de 2016: www.wired.com/2016/02/the-secret-to-moonshots-killing-our-projects

12. Terence Irwin, *Aristotle's First Principles*. Nueva York, Oxford University Press, 1989, p. 3.

13. *Nueva Enciclopedia del Mundo*, *s. v.* 'duda metódica'. Actualizado el 19 de septiembre de 2018: www.newworldencyclopedia.org/entry/Methodic_doubt

14. El debate sobre cómo SpaceX utilizó el razonamiento de los principios básicos se fundamenta en las siguientes fuentes: Junod, «Elon Musk: Triumph of His Will»; Anderson, «Elon Musk's Mission to Mars»; Andrew Chaikin, «Is SpaceX Changing the Rocket Equation?». *Air and Space Magazine*, enero de 2012: www.airspacemag.com/space/is-spacex-changing-the-rocket-equation-132285884/?no-ist=&page=2; Johnson Space Center Oral History Project:https://historycollection.jsc.nasa.gov/JSCHistoryPortal/history/oral_histories/oral_histories.htm; Reingold, «Hondas in Space»; Fernholz, «Disrupt Boeing, Leapfrog NASA»; Fernholz, *Rocket Billionaires*.

15. Tom Junod, «Elon Musk: Triumph of His Will». *Esquire*, 15 de noviembre de 2012: www.esquire.com/news-politics/a16681/elon-musk-interview-1212

16. JSC Oral History Project, «Michael J. Horkachuck», entrevistado por Rebecca Wright. NASA, 6 de noviembre de 2012: https://historycollection.jsc.nasa.gov/JSCHistoryPortal/history/oral_histories/C3PO/HorkachuckMJ/HorkachuckMJ_1-16-13.pdf

17. La sección sobre el reciclaje en la ciencia espacial se basa en las siguientes fuentes: Fernholz, *Rocket Billionaires*; Tim Sharp, «Space Shuttle: The First Reusable Spacecraft». Space.com, 11 de diciembre de 2017: www.space.com/16726-space-shuttle.html; Chaikin, «Changing the Rocket Equation?», «Elon Musk Answers Your Questions!»; Loren Grush, «Watch SpaceX Relaunch Its Falcon 9 Rocket in World First». *Verge*, 31 de marzo de 2017: www.theverge.com/2017/3/31/15135304/spacex-launch-video-used-falcon-9-rocket-watch; SpaceX, «X Marks the Spot: Falcon 9 Attempts Ocean Platform Landing». 16 de diciembre de 2014: www.spacex.com/news/2014/12/16/x-marks-spot-falcon-9-attempts-ocean-platform-landing ; Loren Grush, «SpaceX Successfully Landed Its Falcon 9 Rocket After Launching It to Space». *Verge*, 21 de diciembre de 2015: www.theverge.com/2015/12/21/10640306/spacex-elon-musk-rocket-landing-success

18. Fernholz, *Rocket Billionaires*, p. 24.

19. SpaceX, «X Marks the Spot».

20. Elizabeth Gilbert, *Come, reza, ama*. Madrid, Aguilar, 2010.

21. Alan Alda, «62nd Commencement Address». Universidad de Artes Liberales de Conneticut, New London, 1 de junio de 1980: https://digitalcommons.conncoll.edu/commence/7

22. Nassim Nicholas Taleb, *Antifrágil: las cosas que se benefician del desorden.* Barcelona, Booket, 2016.

23. La sección sobre Steve Martin se basa en: Steve Martin, *Born Standing Up: A Comic's Life.* Nueva York, Scribner, 2007, pp. 111-113.

24. Dawna Markova, *I Will Not Die an Unlived Life: Reclaiming Purpose and Passion.* Berkeley, C. A., Conari Press, 2000.

25. Anaïs Nin, *The Diary of Anaïs Nin*, ed. Gunther Stuhlmann, vol. 4, 1944-1947. Nueva York, Swallow Press, 1971.

26. Shellie Karabell, «Steve Jobs: The Incredible Lightness of Beginning Again». *Forbes*, 10 de diciembre de 2014: www.forbes.com/sites/shelliekarabell/2014/12/10/steve-jobs-the-incredible-lightness-of-beginning-again/#35ddf596294a

27. Henry Miller, *Henry Miller on Writing.* Nueva York, New Directions, 1964, p. 20.

28. El apartado sobre Alinea se basa en las siguientes fuentes: Sarah Freeman, «Alinea 2.0: Reinventing One of the World's Best Restaurants: Why Grant Achatz and Nick Kokonas Hit the Reset Button». Eater.com, 19 de mayo de 2016: https://chicago.eater.com/2016/5/19/11695724/alinea-chicago-grant-achatz-nick-kokonas; Noah Kagan, «Lessons From the World's Best Restaurant». *OkDork* (blog), 15 de marzo de 2019: https://okdork.com/lessons-worlds-best-restaurant; «No. 1: Alinea», Best Restaurants in Chicago. *Chicago Magazine*, julio de 2018: www.chicagomag.com/dining-drinking/July-2018/The-50-Best-Restaurants-in-Chicago/Alinea

29. «No. 1: Alinea».

30. Robert M. Pirsig, *Zen y el arte del mantenimiento de la motocicleta.* Madrid, Sexto Piso, 2015.

31. Emma Court, «Who Is Merck CEO Kenneth Frazier». *Business Insider*, 17 de abril de 2019: www.businessinsider.com/who-is-merck-ceo-kenneth-frazier-2019-4

32. Adam Grant, *Originals: How Non-Conformists Move the Worldk.* Nueva York, Viking, 2016.

33. Lisa Bodell, *Kill the Company: End the Status Quo, Start an Innovation Revolution.* Brookline, Massachustts, Bibliomotion, 2016.

34. Al Pittampalli, «How Changing Your Mind Makes You a Better Leader». *Quartz*, 25 de enero de 2016: https://qz.com/598998/how-changing-your-mind-makes-you-a-better-leader

35. David Mikkelson, «NASA's 'Astronaut Pen'». *Snopes*, 19 de abril de 2014: www.snopes.com/fact-check/the-write-stuff

36. Albert Einstein, *On the Method of Theoretical Physics.* Nueva York, Oxford University Press, 1933.

37. Carl Sagan, *The Demon-Haunted World: Science as a Candle in the Dark.* Nueva York, Random House, 1995, reimpr., Ballantine, 1997, p. 211.

38. TVTropes, «Occam's Razor»: https://tvtropes.org/pmwiki/pmwiki.php/Main/OccamsRazor

39. David Kord Murray, *Borrowing Brilliance: The Six Steps to Business Innovation by Building on the Ideas of Others*. Nueva York, Gotham Books, 2009.

40. Peter Attia, entrevista con el autor, agosto de 2018.

41. Mary Roach, *Packing for Mars: The Curious Science of Life in the Void*. Nueva York, W. W. Norton, 2010, p. 189.

42. Chaikin, «Changing the Rocket Equation?».

43. Fernholz, *Rocket Billionaires*, p. 83.

44. Fernholz, *Rocket Billionaires*, p. 83.

45. Chris Hadfield, *Guía de un astronauta para vivir en la tierra*. Barcelona, Ediciones B, 2014.

46. Richard Hollingham, «Soyuz: The Soviet Space Survivor». *BBC Future*, 2 de diciembre de 2014: www.bbc.com/future/story/20141202-the-greatest-spacecraft-ever

47. E. F. Schumacher, *Lo pequeño es hermoso*. Madrid, Akal, 2011.

48. Kyle Stock, «The Little Ion Engine That Could». *Bloomberg Businessweek*, 26 de julio de 2018: www.bloomberg.com/news/features/2018-07-26/ion-engine-startup-wants-to-change-the-economics-of-earth-orbit

49. Stock, «Little Ion Engine».

50. Tracy Staedter, «Dime-Size Thrusters Could Propel Satellites, Spacecraft». Space.com, 23 de marzo de 2017: www.space.com/36180-dime-size-accion-thrusters-propel-spacecraft.html

51. Keith Tidman, «Occam's Razor: On the Virtue of Simplicity». *Philosophical Investigations*, 28 de mayo de 2018: www.philosophical-investigations.org/2018/05/occams-razor-on-virtue-of-simplicity.html

52. Sarah Freeman, «Alinea 2.0: Reinventing One of the World's Best Restaurants: Why Grant Achatz and Nick Kokonas Hit the Reset Button». *Chicago Eater*, 19 de mayo de 2016: https://chicago.eater.com/2016/5/19/11695724/alinea-chicago-grant-achatz-nick-kokonas

53. Richard Duppa *et al.*, *The Lives and Works of Michael Angelo and Raphael*. Londres, Bell & Daldy 1872, p. 151.

54. Jeffrey H. Dyer, Hal Gregersen y Clayton M. Christensen, «The Innovator's DNA». *Harvard Business Review*, diciembre de 2009: https://hbr.org/2009/12/the-innovators-dna

55. H. L. Mencken, *Prejudices: Second Series*. Londres, Jonathan Cape, 1921, p. 158: https://archive.org/details/prejudicessecond00mencuoft/page/158

56. Alfred North Whitehead, *The Concept of Nature: Tarner Lectures Delivered in Trinity College*. Cambridge, University Press, 1920, p. 163.

Capítulo 3: Pon tu mente en marcha

1. La sección inicial sobre los experimentos mentales de Albert Einstein se basa en las siguientes fuentes: Walter Isaacson, «The Light-Beam Rider». *New York Times*, 30 de octubre de 2015; Albert Einstein, «Albert Einstein: Notes for an Autobiography». *Saturday Review*, 26 de noviembre de 1949: https://archive.org/details/EinsteinAutobiography; Walter Isaacson, *Einsten: su vida y universe*. Barcelona, Debate, 2008; Albert Einstein, *The Collected Papers of Albert Einstein*, vol. 7, *The Berlin Years: Writings, 1918-1921* (anexo traducido al inglés), trad. Alfred Engel. Princeton, Nueva Jersey, Princeton University, 2002: https://einsteinpapers.press.princeton.edu/vol7-trans/152; Kent A. Peacock, «Happiest Thoughts: Great Thought Experiments in Modern Physics». En *The Routledge Companion to Thought Experiments*, eds. Michael T. Stuart, Yiftach Fehige y James Robert Brown. Routledge Philosophy Companions, Londres y Nueva York, Routledge/Taylor & Francis Group, 2018.

2. Isaacson, *Einsten: su vida y universo*.

3. Letitia Meynell, «Images and Imagination in Thought Experiments». En *The Routledge Companion to Thought Experiments*, eds. Michael T. Stuart, Yiftach Fehige y James Robert Brown. Routledge Philosophy Companions, Londres y Nueva York, Routledge/Taylor & Francis Group, 2017 (se han omitido las comillas internas).

4. James Robert Brown, *The Laboratory of the Mind: Thought Experiments in the Natural Sciences*. Nueva York, Routledge, 1991; reimpresión 2005.

5. John J. O'Neill, *El genio pródigo: la extraordinaria vida de Nikola Tesla*. Nueva York, Discovery Publishing, 2018.

6. Nikola Tesla, *My Inventions: The Autobiography of Nikola Tesla*. Nueva York, Penguin, 2011.

7. Walter Isaacson, *Leonardo da Vinci: la bioigrafía*. Barcelona, Debate, 2018.

8. Albert Einstein, *Mis ideas y opiniones*. Barcelona, Antoni Bosch Editor, 2011.

9. Shane Parrish, «Thought Experiment: How Einstein Solved Difficult Problems». *Farnam Street* (blog), junio de 2017: https://fs.blog/2017/06/thought-experiment-how-einstein-solved-difficult-problems

10. NASA, «The Apollo 15 Hammer-Feather Drop». 11 de febrero de 2016: https://nssdc.gsfc.nasa.gov/planetary/lunar/apollo_15_feather_drop.html

11. Rachel Feltman, «Schrödinger's Cat Just Got Even Weirder (and Even More Confusing)». *Washington Post*, 27 de mayo de 2016: www.washingtonpost.com/news/speaking-of-science/wp/2016/05/27/schrodingers-cat-just-got-even-weirder-and-even-more-confusing/?utm_term=.ed0e9088a988

12. Sergey Armeyskov, «Decoding #RussianProverbs: Proverbs With the Word 'Nos[e]'». *Russian Universe* (blog), 1 de diciembre de 2014: https://russianuniverse.org/2014/01/12/russian-saying-2/#more-1830

13. Brian Grazer y Charles Fishman, *Una mente curiosa*. Barcelona, Obelisco, 2017.

14. Todd B. Kashdan, «Companies Value Curiosity but Stifle It Anyway». *Harvard Business Review*, 21 de octubre de 2015: https://hbr.org/2015/10/companies-value-curiosity-but-stifle-it-anyway

15. George Bernard Shaw, «Quotable Quotes», *Reader's Digest*, mayo 1933, p. 16.

16. El análisis de la fotografía instantánea se basa en: Christopher Bonanos, *Instant: The Story of Polaroid*. Nueva York, Princeton Architectural Press, 2012, p. 32; Warren Berger, *A More Beautiful Question: The Power of Inquiry to Spark Breakthrough Ideas*. Nueva York, Bloomsbury, USA, 2014, pp. 72-73; American Chemical Society, «Invention of Polaroid Instant Photography»: www.acs.org/content/acs/en/education/whatischemistry/landmarks/land-instant-photography.html#invention_of_instant_photography

17. Jennifer Ludden, «The Appeal of 'Harold and the Purple Crayon'». *NPR*, 29 de mayo de 2005: www.npr.org/templates/story/story.php?storyId=4671937

18. Peter Galison, *Relojes de Einstein, mapas de Poncairé: Los imperios del tiempo*. Barcelona, Crítica, 2005.

19. Isaacson, *Leonardo Da Vinci: la biografía*.

20. David Brewster, *Memoirs of the Life, Writings, and Discoveries of Sir Isaac Newton*. Edinburgh, Thomas Constable and Co., 1855, p. 407.

21. James March, «Technology of Foolishness». Publicado por primera vez en *Civiløkonomen* (Copenhague, 1971): www.creatingquality.org/Portals/1/DNNArticleFiles/634631045269246454the%20technology%20of%20foolishness.pdf

22. Esta investigación se encuentra resumida en Darya L. Zabelina y Michael D. Robinson, «Child's Play: Facilitating the Originality of Creative Output by a Priming Manipulation». *Psychology of Aesthetics, Creativity, and the Arts* 4, n.º 1, 2010, pp. 57-65: www.psychologytoday.com/files/attachments/34246/zabelina-robinson-2010a.pdf

23. Zabelina y Robinson, «Child's Play».

24. Instituto Tecnológico de Massachusetts, «The MIT Press and the MIT Media Lab Launch the Knowledge Futures Group». Comunicado de prensa, 25 de septiembre de 2018: https://mitpress.mit.edu/press-news/Knowledge-Futures-Group-launch; MIT Media Lab, «Lifelong Kindergarten: Engaging People in Creative Learning Experiences». Comunicado de prensa: www.media.mit.edu/groups/lifelong-kindergarten/overview

25. Isaacson, *Leonardo da Vinci: la biografía*.

26. Oficina de Estadísticas Laborales, «American Time Use Survey», 2017: www.bls.gov/tus/a1_2017.pdf

27. Timothy D. Wilson *et al.*, «Just Think: The Challenges of the Disengaged Mind». *Science*, 17 de febrero de 2015: www.ncbi.nlm.nih.gov/pmc/articles/PMC4330241

28. Edward O. Wilson, *Consilience: The Unity of Knowledge*. Nueva York, Alfred A. Knopf, 1998, p. 294.

29. William Deresiewicz, conferencia en la Academia Militar West Point de Estados Unidos, octubre de 2009; publicada posteriormente como ensayo: William Deresiewicz, «Solitude and Leadership». *American Scholar*, 1 de marzo de 2010.

30. Teresa Belton y Esther Priyadharshini, «Boredom and Schooling: A Cross-Disciplinary Exploration». *Cambridge Journal of Education*, 1 de diciembre de 2007: www.ingentaconnect.com/content/routledg/ccje/2007/00000037/00000 004/art00008

31. Taki Takeuchi *et al.*, «The Association Between Resting Functional Connectivity and Creativity». *Cerebral Cortex*, 22, 2012, pp. 2921-2929; Simone Kühn *et al.* «The Importance of the Default Mode Network in Structural MRI Study». *Journal of Creative Behavior*, 48, 2014, pp. 152-163: www.researchgate.net/publication/259539395_The_Importance_of_the_Default_Mode_Network_in_Creativity-A_Structural_MRI_Study; James Danckert y Colleen Merrifield, «Boredom, Sustained Attention and the Default Mode Network», *Experimental Brain Research*, 236, n.º 9, 2016: www.researchgate.net/publication/298739805_Boredom_sustained_attention_and_the_default_mode_network

32. David Kord Murray, *Borrowing Brilliance: The Six Steps to Business Innovation by Building on the Ideas of Others*. Nueva York, Gotham Books, 2009.

33. Benedict Carey, «You're Bored, but Your Brain Is Tuned In». *New York Times*, 5 de agosto de 2008: www.nytimes.com/2008/08/05/health/research/05mind.html

34. Alex Soojung-Kim Pang, *Descansa: produce más trabajando menos*. Madrid, LID Editorial Empresarial, 2017.

35. David Eagleman, *El cerebro: Nuestra historia*. Barcelona, Anagrama, 2017.

36. Edwina Portocarrero, David Cranor y V. Michael Bove, «Pillow-Talk: Seamless Interface for Dream Priming Recalling and Playback». Instituto Tecnológico de Massachusetts, 2011: http://web.media.mit.edu/~vmb/papers/4p375-portocarrero.pdf

37. David Biello, «Fact or Fiction? Archimedes Coined the Term 'Eureka!' in the Bath». *Scientific American*, 8 de diciembre de 2006: www.scientificamerican.com/article/fact-or-fiction-archimede/?redirect=1

38. «Ken952», «Office Shower». Vídeo, YouTube, publicado el 23 de agosto de 2008: www.youtube.com/watch?v=dHG_bjGschs

39. «Idea For Hubble Repair Device Born in the Shower». *Baltimore Sun*, 30 de noviembre de 1993: www.baltimoresun.com/news/bs-xpm-1993-11-30-1993334170-story.html

40. Denise J. Cai *et al.*, «REM, Not Incubation, Improves Creativity by Priming Associative Networks». *Proceedings of the National Academy of Sciences*, 106, n.º 25, 23 de junio de 2009, pp. 10.130-10.134: www.pnas.org/content/106/25/10130.full

41. Ben Orlin, «The State of Being Stuck». *Math With Bad Drawings* (blog), 20 de septiembre de 2017: https://mathwithbaddrawings.com/2017/09/20/the-state-of-being-stuck

42. NOVA, «Solving Fermat: Andrew Wiles», entrevista con Andrew Wiles. *PBS*, 31 de octubre de 2000: www.pbs.org/wgbh/nova/article/andrew-wiles-fermat

43. Judah Pollack y Olivia Fox Cabane, *Butterfly and the Net: The Art and Practice of Breakthrough Thinking*. Nueva York, Portfolio/Penguin, 2017, pp. 44-45.

44. Cameron Prince, «Nikola Tesla Timeline», Tesla Universe: https://teslauniverse.com/nikola-tesla/timeline/1882-tesla-has-ac-epiphany

45. Damon Young, «Charles Darwin's Daily Walks». *Psychology Today*, 12 de enero de 2015: www.psychologytoday.com/us/blog/how-think-about-exercise/201501/charles-darwins-daily-walks

46. Pang, *Descansa*.

47. Melissa A. Schilling, *Quirky: The Remarkable Story of the Traits, Foibles, and Genius of Breakthrough Innovators Who Changed the World*. Nueva York, Public Affairs, 2018.

48. Cal Newport, «Neil Gaiman's Advice to Writers: Get Bored». Sitio web de Cal Newport, 11 de noviembre de 2016: www.calnewport.com/blog/2016/11/11/neil-gaimans-advice-to-writers-get-bored

49. Stephen King, *Mientras escribo*. Barcelona, Debolsillo, 2018.

50. Mo Gawdat, *Solve for Happy: Engineering Your Path to Joy*. Nueva York, North Star Way, 2017, p. 118.

51. Rebecca Muller, «Bill Gates Spends Two Weeks Alone in the Forest Each Year. Here's Why». *Thrive Global*, 23 de julio de 2018: https://thriveglobal.com/stories/bill-gates-think-week

52. Phil Knight, *Shoe Dog: A Memoir by the Creator of Nike*. Nueva York, Scribner, 2016.

53. Rainer Maria Rilke, *Cartas a un joven poeta*. Barcelona, Obelisco, 1997.

54. Scott A. Sandford, «Apples and Oranges: A Comparison». *Improbable Research*, 1995: www.improbable.com/airchives/paperair/volume1/v1i3/air-1-3-apples.php

55. Waqas Ahmed, *The Polymath: Unlocking the Power of Human Versatility*. West Sussex, Reino Unido, John Wiley & Sons, 2018.

56. Andrew Hill, «The Hidden Benefits of Hiring Jacks and Jills of All Trades» *Financial Times*, 10 de febrero de 2019: www.ft.com/content/e7487264-2ac0-11e9-88a4-c32129756dd8

57. Jaclyn Gurwin *et al.*, «A Randomized Controlled Study of Art Observation Training to Improve Medical Student Ophthalmology Skills». *Ophthalmology*, 125, n.º 1, enero de 2018, pp. 8-14: www.ncbi.nlm.nih.gov/pubmed/28781219

58. John Murphy, «Medical School Won't Teach You to Observe—But Art Class Will, Study Finds». *MDLinx*, 8 de septiembre de 2017: www.mdlinx.com/internal-medicine/article/1101 (cursiva del original).

59. François Jacob, «Evolution and Tinkering». *Science*, 10 de junio de 1977.

60. Gary Wolf, «Steve Jobs: The Next Insanely Great Thing». *Wired*, 1 de febrero de 1996: www.wired.com/1996/02/jobs-2

61. Albert Einstein, *Mis ideas y opiniones*. Barcelona, Antoni Bosch Editor, 2011.

62. P. W. Anderson, «More Is Different». *Science*, 4 de agosto de 1972. Disponible en: www.tkm.kit.edu/downloads/TKM1_2011_more_is_different_PWA.pdf

63. D. K. Simonton, «Foresight, Insight, Oversight, and Hindsight in Scientific Discovery: How Sighted Were Galileo's Telescopic Sightings?». *Psychology of Aesthetics, Creativity, and the Arts*, 2012; Robert Kurson, *Rocket Men: The Daring Odyssey of Apollo 8 and the Astronauts Who Made Man's First Journey to the Moon*. Nueva York, Random House, 2018.

64. Isaacson, *Leonardo Da Vinci: la biografía*.

65. Sarah Knapton, «Albert Einstein's Theory of Relativity Was Inspired by Scottish Philosopher». (Londres) *Telegraph*, 19 de febrero de 2019: www.msn.com/en-ie/news/offbeat/albert-einsteins-theory-of-relativity-was-inspired-by-scottish-philosopher/ar-BBTMyMO

66. Sir Charles Lyell, *Elementos de geología*. Barcelona, Planeta, 2019.

67. Murray, *Borrowing Brilliance*.

68. Murray, *Borrowing Brilliance*.

69. Ryan Holiday, *Perennial Seller: The Art of Making and Marketing Work That Lasts*. Nueva York, Portfolio/Penguin, 2017, p. 35; Tim Ferriss, «Rick Rubin on Cultivating World-Class Artists (Jay Z, Johnny Cash, etc.), Losing 100+ Pounds, and Breaking Down the Complex». Episodio 76 (pódcast), *The Tim Ferriss Show*: https://tim.blog/2015/05/15/rick-rubin

70. Matthew Braga, «The Verbasizer Was David Bowie's 1995 Lyric-Writing Mac App». *Motherboard*, 11 de enero de 2016: https://motherboard.vice.com/en_us/article/xygxpn/the-verbasizer-was-david-bowies-1995-lyric-writing-mac-app

71. Amy Zipkin, «Out of Africa, Onto the Web». *New York Times*, 17 de diciembre de 2006: www.nytimes.com/2006/12/17/jobs/17boss.html

72. El debate sobre Nike Waffle Trainer está basado en las siguientes fuentes:

Knight, *Shoe Dog*; Chris Danforth, «A Brief History of Nike's Revolutionary Waffle Trainer». *Highsnobiety*, 30 de marzo de 2017: www.highsnobiety.com/2017/03/30/nike-waffle-trainer-history; Matt Blitz, «How a Dirty Old Waffle Iron Became Nike's Holy Grail». *Popular Mechanics*, 15 de julio de 2016: www.popularmechanics.com/technology/gadgets/a21841/nike-waffle-iron

73. Riley Black, «Thomas Henry Huxley and the Dinobirds». *Smithsonian*, 7 de diciembre de 2010: www.smithsonianmag.com/science-nature/thomas-henry-huxley-and-the-dinobirds-88519294

74. William C. Taylor y Polly Labarre, «How Pixar Adds a New School of Thought to Disney». *New York Times*, 29 de enero de 2006: www.nytimes.

com/2006/01/29/business/yourmoney/how-pixar-adds-a-new-school-of-thought-to-disney.html; Ed Catmull y Amy Wallace, *Creatividad, S. A.: Cómo llevar la inspiración hasta el infinito y más allá*. Barcelona, Conecta, 2014.

75. Frans Johansson, *The Medici Effect: What Elephants and Epidemics Can Teach Us About Innovation*. Boston, Harvard Business School Press, 2017.

76. Steve Squyres, *Roving Mars: Spirit, Opportunity, and the Exploration of the Red Planet*. Nueva York: Hyperion, 2005; University of California Television, «Roving Mars with Steve Squyres: Conversations with History». Vídeo, YouTube, publicado el 18 de agosto de 2011: www.youtube.com/watch?v=NI6KEzsb26U&feature=youtu.be

77. Squyres, *Roving Mars*.

78. Ethan Bernstein, Jesse Shoreb y David Lazer, «How Intermittent Breaks in Interaction Improve Collective Intelligence»- *Proceedings of the National Academy of Sciences*, 115, n.º 35, 28 de agosto de 2018, pp. 8.734-8.739: www.pnas.org/content/pnas/115/35/8734.full.pdf; comunicaciones de HBS [Harvard Business School], «Problem-Solving Techniques Take On New Twist». *Harvard Gazette*, 15 de agosto de 2018: https://news.harvard.edu/gazette/story/2018/08/collaborate-on-complex-problems-but-only-intermittently

79. Bernstein, Shoreb y Lazer, «Intermittent Breaks».

80. Bernstein, Shoreb y Lazer, «Intermittent Breaks».

81. Isaac Asimov, «On Creativity», 1959. Publicado por primera vez en *MIT Technology Review*, 20 de octubre de 2014.

82. Dean Keith Simonton, *Origins of Genius: Darwinian Perspectives on Creativity*. Nueva York, Oxford University Press, 1999, p. 125.

83. *Enciclopedia británica*, *s. v.* 'Alfred Wegener', actualizado el 5 de abril de 2019: www.britannica.com/biography/Alfred-Wegener

84. Joseph Sant, «Alfred Wegener's Continental Drift Theory». *Scientus*, 2018: www.scientus.org/Wegener-Continental-Drift.html

85. Mario Livio, *Errores geniales que cambiaron el mundo*. Barcelona, Ariel, 2013.

86. Albert Einstein, «Zur Elektrodynamik bewegter Körper» [«Sobre la electrodinámica de los cuerpos en movimiento»]. *Annalen der Physik* 17, n.º 10, 30 de junio de 1905.

87. Shunryu Suzuki y Richard Baker, *Mente zen: mente de principiantes*. Madrid, Gaia Ediciones, 2015.

88. Suzuki and Baker, *Mente zen: mente de principiantes*.

89. Alison Flood, «JK Rowling Says She Received 'Loads' of Rejections Before Harry Potter Success». *Guardian*, 24 de marzo de 2015: www.theguardian.com/books/2015/mar/24/jk-rowling-tells-fans-twitter-loads-rejections-before-harry-potter-success

90. «Revealed: The Eight-Year-Old Girl Who Saved Harry Potter». (Londres) *Independent*, 3 de julio de 2005: www.independent.co.uk/arts-entertainment/books/news/revealed-the-eight-year-old-girl-who-saved-harry-potter-296456.html

Capítulo 4: El pensamiento imposible

1. La sección sobre el Proyecto Loon se basa en las siguientes fuentes: «Google Launches Product Loon». *New Zealand Herald*, 15 de junio de 2013: www.nzherald.co.nz/internet/news/article.cfm?c_id=137&objectid=10890750; «Google Tests Out Internet-Beaming Balloons in Skies Over New Zealand». (San Francisco) *SFist*, 16 de junio de 2013: http://sfist.com/2013/06/16/google_tests_out_internet-beaming_b.php; Derek Thompson, «Google X and the Science of Radical Creativity». *Atlantic*, noviembre de 2017: www.theatlantic.com/magazine/archive/2017/11/x-google-moonshot-factory/540648/; Loon.com, «Loon: The Technology». Vídeo, YouTube, publicado el 14 de junio de 2013: www.youtube.com/watch?v=mcw6j-QWGMo&feature=youtu.be; Alex Davies, «Inside X, the Moonshot Factory Racing to Build the Next Google». *Wired*, 11 de julio de 2018: www.wired.com/story/alphabet-google-x-innovation-loon-wing-graduation; Steven Levy, «The Untold Story of Google's Quest to Bring the Internet Everywhere—by Balloon». *Wired*, 13 de agosto de 2013: www.wired.com/2013/08/googlex-project-loon

2. Chris Anderson, «Mystery Object in Sky Captivates Locals». *Appalachian News-Express*, 19 de octubre de 2012: www.news-expressky.com/news/article_f257128c-1979-11e2-a94e-0019bb2963f4.html

3. Thompson, «Radical Creativity».

4. Telefónica, «Telefónica and Project Loon Collaborate to Provide Emergency Mobile Connectivity to Flooded Areas of Peru». Telefónica, 17 de mayo de 2017: www.telefonica.com/en/web/press-office/-/telefonica-and-project-loon-collaborate-to-provide-emergency-mobile-connectivity-to-flooded-areas-of-peru

5. Alastair Westgarth, «Turning on Project Loon in Puerto Rico». *Medium*, 20 de octubre de 2017: https://medium.com/loon-for-all/turning-on-project-loon-in-puerto-rico-f3aa41ad2d7f

6. Robert Kurson, *Rocket Men: The Daring Odyssey of Apollo 8 and the Astronauts Who Made Man's First Journey to the Moon*. Nueva York, Random House, 2019, p. 17.

7. *In the Shadow of the Moon*, dirigida por Dave Sington. Velocity/Think Film, 2008, DVD.

8. Jade Boyd, «JFK's 1962 Moon Speech Still Appeals 50 Years Later». *Rice University News*, 30 de agosto de 2012: http://news.rice.edu/2012/08/30/jfks-1962-moon-speech-still-appeals-50-years-later

9. Gene Kranz, *Failure Is Not an Option: Mission Control from Mercury to Apollo 13 and Beyond*. Nueva York, Simon & Schuster, 2000, p. 56.

10. Kranz, *Failure Is Not an Option*.

11. Mo Gawdat, *El algoritmo de la felicidad*. Barcelona, Zenith, 2018.

12. James Carville y Paul Begala, *Buck Up, Suck Up... and Come Back When You Foul Up: 12 Winning Secrets from the War Room*. Nueva York, Simon & Schuster, 2003, pp. 89-90.

13. Abraham Maslow, citado en Jim Whitt, *Road Signs for Success*. Stillwater, Oklahoma, Lariat Press, 1993, p. 61.

14. Seth Godin, *El engaño de Ícaro*. Barcelona, Booket, 2014.

15. Shane Snow, *Smartcuts: The Breakthrough Power of Lateral Thinking*. Nueva York, HarperBusiness, 2014, p. 180, Kindle.

16. Pascal-Emmanuel Gobry, «Facebook Investor Wants Flying Cars, Not 140 Characters». *Business Insider*, julio, 301, 2011: www.businessinsider.com/founders-fund-the-future-2011-7

17. Jennifer Reingold, «Hondas in Space». *Fast Company*, 5 de octubre de 2005: www.fastcompany.com/74516/hondas-space-2

18. Astro Teller, «The Head of 'X' Explains How to Make Audacity the Path of Least Resistance». *Wired*, 15 de abril de 2016: www.wired.com/2016/04/the-head-of-x-explains-how-to-make-audacity-the-path-of-least-resistance/#.2vy7nkes6

19. Lisa Bodell, *Kill the Company: End the Status Quo, Start an Innovation Revolution*: Brookline, Massachusetts, Bibliomotion, 2016, pp. 128-129.

20. David J. Schwartz, *La magia den pensar en grande*. Bogotá, Taller del Éxito, 2017.

21. Dana Goodyear, «Man of Extremes: Return of James Cameron». *New Yorker*, 19 de octubre de 2009: www.newyorker.com/magazine/2009/10/26/man-of-extremes

22. Chantal Da Silva, «Michelle Obama Tells A Secret: "I Have Been at Every Powerful Table You Can Think Of... They Are Not That Smart"». *Newsweek*, 4 de diciembre de 2018: www.newsweek.com/michelle-obama-tells-secret-i-have-been-every-powerful-table-you-can-think-1242695

23. Sobre la capacidad de aprendizaje de las abejas, véase: Hamida B. Mirwan y Peter G. Kevan, «Problem Solving by Worker Bumblebees Bombus impatiens (Hymenoptera: Apoidea)». *Animal Cognition*, 17, septiembre de 2014, pp. 1.053-1.061. Sobre la capacidad de las abejas para enseñar, véase: Kristin Hugo, «Intelligence Test Shows Bees Can Learn to Solve Tasks from Other Bees». *News Hour*, PBS, 23 de febrero de 2017: www.pbs.org/newshour/science/intelligence-test-shows-bees-can-learn-to-solve-tasks-from-other-bees

24. Maurice Maeterlinck, *La vida de las abejas*. Barcelona, Ariel, 2018.

25. David Deutsch, *El comienzo del infinito: explicaciones que transforman el mundo*. Barcelona, Biblioteca Buridán, 2012.

26. John D. Norton, «How Einstein Did Not Discover». *Physics in Perspective*, 258, 2016: www.pitt.edu/~jdnorton/papers/Einstein_Discover_final.pdf

27. Richard W. Woodman, John E. Sawyer y Ricky W. Griffin, «Toward a Theory of Organizational Creativity». *Academy of Management Review*, 18, n.º 2, abril de 1993, p. 293; Scott David Williams, «Personality, Attitude, and Leader

Influences on Divergent Thinking and Creativity in Organizations». *European Journal of Innovation Management*, 7, n.º 3, 1 de septiembre de 2004, pp. 187-204; J. P. Guilford, «Cognitive Psychology's Ambiguities: Some Suggested Remedies». *Psychological Review*, 89, n.º 1, 1982, pp. 48-59: https://psycnet.apa.org/record/1982-07070-001

28. Ting Zhang, Francesca Gino y Joshua D. Margolis, «Does 'Could' Lead to Good? On the Road to Moral Insight». *Academy of Management Journal*, 61, n.º 3, 22 de junio de 2008: https://journals.aom.org/doi/abs/10.5465/amj.2014.0839

29. E. J. Langer y A. I. Piper, «The Prevention of Mindlessness». *Journal of Personality and Social Psychology*, 53, n.º 2, 1987, pp. 280-287.

30. Louise Lee, «Managers Are Not Always the Best Judge of Creative Ideas». *Stanford Business*, 26 de enero de 2016: www.gsb.stanford.edu/insights/managers-are-not-best-judge-creative-ideas

31. Justin M. Berg, «Balancing on the Creative Highwire: Forecasting the Success of Novel Ideas in Organizations». *Administrative Science Quarterly*, julio de 2016: www.gsb.stanford.edu/faculty-research/publications/balancing-creative-high-wire-forecasting-success-novel-ideas

32. «Everything You Know About Genius May Be Wrong». *Heleo*, 6 de septiembre de 2017: https://heleo.com/conversation-everything-know-genius-may-wrong/15062

33. Alex Soojung-Kim Pang, *Descansa: produce más trabajando menos*. Madrid, LID Editorial Empresarial, 2017.

34. Naama Mayseless, Judith Aharon-Perez y Simone Shamay-Tsoory, «Unleashing Creativity: The Role of Left Temporoparietal Regions in Evaluation and Inhibiting the Generation of Creative Ideas». *Neuropsychologia*, 64, noviembre de 2014, pp. 157-168.

35. I. Bernard Cohen, «Faraday and Franklin's 'Newborn Baby'». *Proceedings of the American Philosophical Society*, 131, n.º 2, junio de 1987, pp. 77-182: www.jstor.org/stable/986790?read-now=1&seq=6#page_scan_tab_contents

36. Para el programa Mars Exploration Rovers de 2003, véase: Laboratorio de Propulsión a Reacción, Instituto de Tecnología de California, «Spacecraft: Airbags». NASA: https://mars.nasa.gov/mer/mission/spacecraft_edl_airbags.html Para la misión Phoenix de 2008, véase: NASA, «NASA Phoenix Mission Ready for Mars Landing». Comunicado de prensa, 13 de mayo de 2008: www.nasa.gov/mission_pages/phoenix/news/phoenix-2008050813.html

37. Adam Steltzner y William Patrick, *Right Kind of Crazy: A True Story of Teamwork, Leadership, and High-Stakes Innovation*. Nueva York, Portfolio/Penguin, 2016, p. 137.

38. Arnold Schwarzenegger, con Peter Petre, *Total Recall: My Unbelievably True Life Story*. Nueva York, Simon & Schuster, 2012, p. 53.

39. Arnold Schwarzenegger, «Shock Me». Sitio web de Arnold Schwarzenegger, 30 de julio de 2012: www.schwarzenegger.com/fitness/post/shock-me

40. Bernard D. Beitman, «Brains Seek Patterns in Coincidences». *Psychiatric Annals*, 39, n.º 5, mayo de 2009, pp. 255-264: https://drjudithorloff.com/main/wp-content/uploads/2017/09/Psychiatric-Annals-Brains-Seek-Patterns.pdf

41. Norman Doidge, *El cerebro y su forma de sanar: Notables descubrimientos y recuperaciones en la vanguardia de la neuroplasticidad*. Barcelona, La liebre de marzo, 2021.

42. Paul J. Steinhardt, «What Impossible Meant to Feynman». *Nautilus*, 31 de enero de 2019: http://m.nautil.us/issue/68/context/what-impossible-meant-to-feynman

43. Alok Jha, «Science Weekly with Michio Kaku: Impossibility Is Relative». *Guardian* (edición estadounidense), 14 de junio de 2009: www.theguardian.com/science/audio/2009/jun/11/michio-kaku-physics-impossible

44. Andrea Estrada, «Reading Kafka Improves Learning, Suggests UCSB Psychology Study». *UC Santa Barbara Current*, 15 de septiembre de 2009: www.news.ucsb.edu/2009/012685/reading-kafka-improves-learning-suggests-ucsb-psychology-study

45. Adam Morgan y Mark Barden, *A Beautiful Constraint: How to Transform Your Limitations into Advantages, and Why It's Everyone's Business*. Hoboken, Nueva Jersey, Wiley, 2015.

46. Travis Proulx y Steven J. Heine, «Connections from Kafka: Exposure to Meaning Threats Improves Implicit Learning of an Artificial Grammar». *Psychological Science*, 20, n.º 9, 2009, pp. 1125-1131.

47. Bill Ryan, «What Verne Imagined, Sikorsky Made Fly». *New York Times*, 7 de mayo de 1995: www.nytimes.com/1995/05/07/nyregion/what-verne-imagined-sikorsky-made-fly.html

48. Mark Strauss, «Ten Inventions Inspired by Science Fiction». *Smithsonian Magazine*, 15 de marzo de 2012: www.smithsonianmag.com/science-nature/ten-inventions-inspired-by-science-fiction-128080674

49. Tim Fernholz, *Rocket Billionaires: Elon Musk, Jeff Bezos, and the New Space Race*. Boston, Houghton Mifflin Harcourt, 2018, p. 69.

50. Dylan Minor, Paul Brook y Josh Bernoff, «Data From 3.5 Million Employees Shows How Innovation Really Works». *Harvard Business Review*, 9 de octubre de 2017: https://hbr.org/2017/10/data-from-3-5-million-employees-shows-how-innovation-really-works

51. Neil Strauss, «Elon Musk: The Architect of Tomorrow». *Rolling Stone*, 15 de noviembre de 2017: www.rollingstone.com/culture/culture-features/elon-musk-the-architect-of-tomorrow-120850

52. Snow, *Smartcuts*.

53. Tom Junod, «Elon Musk: Triumph of His Will». *Esquire*, 15 de noviembre de 2012: www.esquire.com/news-politics/a16681/elon-musk-interview-1212

54. Michael Belfiore, «Behind the Scenes with the World's Most Ambitious Rocket Makers». *Popular Mechanics*, 1 de septiembre de 2009: www.popularmechanics.com/space/rockets/a5073/4328638

55. Junod, «Musk: Triumph of His Will».

56. Andrew Chaikin, «Is SpaceX Changing the Rocket Equation?». *Smithsonian*, enero de 2012: www.airspacemag.com/space/is-spacex-changing-the-rocket-equation-132285884/?no-ist=&page=2

57. Sam Altman, «How to Be Successful». *Sam Altman* (blog), 24 de enero de 2019: http://blog.samaltman.com/how-to-be-successful

58. X, «Obi Felten, Head of Getting Moonshots Ready for Contact with the Real World»: https://x.company/team/obi

59. Davies, «Inside X, the Moonshot Factory».

60. Thompson, «Radical Creativity».

61. Jessica Guynn, «Google's Larry Page Will Try to Recapture Original Energy as CEO». *Los Angeles Times*, 22 de enero de 2011: www.latimes.com/business/la-xpm-2011-jan-22-la-fi-google-20110122-story.html

62. Leah Binkovitz, «Tesla at the Smithsonian: The Story Behind His Genius». *Smithsonian*, 27 de junio de 2013: www.smithsonianmag.com/smithsonian-institution/tesla-at-the-smithsonian-the-story-behind-his-genius-3329176; Jill Jonnes, *Empires of Light: Edison, Tesla, Westinghouse, and the Race to Electrify the World*. Nueva York, Random House, 2003.

63. Obi Felten, «Watching Loon and Wing Grow Up». LinkedIn, 1 de agosto de 2018: www.linkedin.com/pulse/watching-loon-wing-grow-up-obi-felten

64. Obi Felten, entrevista con el autor, julio de 2019.

65. Obi Felten, «Living in Modern Times: Why We Worry About New Technology and What We Can Do About It». LinkedIn, 12 de enero de 2018: www.linkedin.com/pulse/living-modern-times-why-we-worry-new-technology-what-can-obi-felten

66. Astro Teller, «The Secret to Moonshots? Killing Our Projects». *Wired*, 16 de febereo de 2016: www.wired.com/2016/02/the-secret-to-moonshots-killing-our-projects/#.euwa8vwaq

67. Astro Teller, «The Head of 'X' Explains How to Make Audacity the Path of Least Resistance». *Wired*, 15 de abril de 2016: www.wired.com/2016/04/the-head-of-x-explains-how-to-make-audacity-the-path-of-least-resistance/#.2vy7nkes6

68. Davies, «Inside X, the Moonshot Factory».

69. Thompson, «Radical Creativity»; Obi Felten, «How to Kill Good Things to Make Room for Truly Great Ones». *X* (blog), 8 de marzo de 2016: https://blog.x.company/how-to-kill-good-things-to-make-room-for-truly-great-ones-867fb6ef026; Davies, «Inside X, the Moonshot Factory».

70. Thompson, «Radical Creativity».

71. Felten, «How to Kill Good Things».

72. Steven Levey, «The Untold Story of Google's Quest to Bring the Internet Everywhere—By Balloon». *Wired*, 13 de agosto de 2013: www.wired.com/2013/08/googlex-project-loon

73. Chautauqua Institution, «Obi Felten: Head of Getting Moonshots Ready for Contact with the Real World, X». Vídeo, YouTube, publicado el 30 de junio de 2017: www.youtube.com/watch?v=PotKc56xYyg&feature=youtu.be

74. Mark Holmes, «It All Started with a Suit: The Story Behind Shotwell's Rise to SpaceX». *Via Satellite*, 21 de abril de 2014: www.satellitetoday.com/business/2014/04/21/it-all-started-with-a-suit-the-story-behind-shotwells-rise-to-spacex

75. Max Chafkin y Dana Hull, «SpaceX's Secret Weapon Is Gwynne Shotwell». *Bloomberg Businessweek*, 26 de julio de 2018: www.bloomberg.com/news/features/2018-07-26/she-launches-spaceships-sells-rockets-and-deals-with-elon-musk

76. Eric Ralph, «SpaceX to Leverage Boring Co. Tunneling Tech to Help Humans Settle Mars». *Teslarati*, 23 de mayo de 2018: www.teslarati.com/spacex-use-boring-company-tunneling-technology-mars; CNBC, «SpaceX President Gwynne Shotwell on Elon Musk and the Future of Space Launches». Vídeo, YouTube, publicado el 22 de mayo de 2018: https://youtu.be/clhXVdjvOyk

77. La sección sobre The Boring Company se basa en las siguientes fuentes:

Boring Company, «FAQ»: www.boringcompany.com/faq; Elon Musk, «The Future We're Building—and Boring». TED talk, abril de 2017: www.ted.com/talks/elon_musk_the_future_we_re_building_and_boring

78. *Back to the Future*, guion de Robert Zemeckis y Bob Gale y direccición de Robert Zemeckis (Universal Pictures, 1985). La cita corresponde a Emmet «Doc» Brown cuando él y sus amigos se preparan para salir disparados hacia otra aventura viajando en el tiempo.

79. Laura Bliss, «Dig Your Crazy Tunnel, Elon Musk!». *City Lab*, 19 de diciembre de 2018: www.citylab.com/transportation/2018/12/elon-musk-tunnel-ride-tesla-boring-company-los-angeles/578536

80. Boring Company, «Chicago»: www.boringcompany.com/chicago

81. Boring Company, «Las Vegas»: www.boringcompany.com/lvcc

82. Antoine de Saint-Exupéry, *The Wisdom of the Sands*, Nueva York, Harcourt, Brace and Company, 1950, p. 155.

83. «Alan Kay, Educator and Computing Pioneer». Archivo personal del conferenciante TED, marzo de 2008, www.ted.com/speakers/alan_kay

84. El debate sobre el uso de la retrospectiva (*backcasting*) por parte de Amazon se basa en las siguientes fuentes: Jeff Dyer y Hal Gregersen, «How Does Amazon Stay at Day One?». *Forbes*, 8 de agosto de 2017: www.forbes.com/sites/innovatorsdna/2017/08/08/how-does-amazon-stay-at-day-one/#62a21bb67e4d; Ian McAllister, respondiendo a la pregunta: «¿Cuál es el enfoque de Amazon sobre el

desarrollo y la gestión de productos?» («What Is Amazon's Approach to Product Development and Product Management?»). *Quora*, 18 de mayo de 2012: www.quora.com/What-is-Amazons-approach-to-product-development-and-product-management; Natalie Berg y Miya Knights, *Amazon: Cómo el más implacable minorista del mundo continuará revolucionando el comercio*. Zaragoza, Teell Ediciones, 2019.

85. Derek Sivers, «Detailed Dreams Blind You to New Means». Sitio web de Derek Sivers, 18 de marzo de 2018: https://sivers.org/details

86. Astro Teller, «Tackle the Monkey First». X, the Moonshot Factory, 7 de diciembre de 2016: https://blog.x.company/tackle-the-monkey-first-90fd6223e04d

87. Thompson, «Radical Creativity».

88. Kathy Hannun, «Three Things I Learned from Turning Seawater into Fuel». X, the Moonshot Factory, 7 de diciembre de 2016: https://blog.x.company/three-things-i-learned-from-turning-seawater-into-fuel-66aeec36cfaa

89. El debate sobre el proyecto Foghorn está basado en las siguientes fuentes: Hannun, «Turning Seawater into Fuel»; Teller, «Tackle the Monkey First»; Thompson, «Radical Creativity».

90. George Bernard Shaw, *Hombre y superhombre*. Madrid, Nabu Press, 2019.

91. Burt Rutan, citado en Peter Diamandis, «True Breakthroughs = Crazy Ideas + Passion». *Tech Blog*, mayo de 2017: www.diamandis.com/blog/true-breakthroughs-crazy-ideas-passion

Capítulo 5: ¿Y si enviamos dos vehículos exploradores en lugar de uno?

1. La descripción del aterrizaje en Marte se basa en las siguientes fuentes: Steve Squyres, *Roving Mars: Spirit, Opportunity, and the Exploration of the Red Planet*. Nueva York, Hyperion, 2005, pp. 79-80; Adam Steltzner y William Patrick, *Right Kind of Crazy: A True Story of Teamwork, Leadership, and High-Stakes Innovation*. Nueva York, Portfolio/Penguin, 2016; Laboratorio de Propulsión a Reacción, Instituto de Tecnología de California, «Spacecraft: Aeroshell». NASA: https://mars.nasa.gov/mer/mission/spacecraft_edl_aeroshell.html; Laboratorio de Propulsión a Reacción de la NASA, Instituto de Tecnología de California, «Spacecraft: Aeroshell—RAD Rockets»: https://mars.nasa.gov/mer/mission/spacecraft_edl_radrockets.html; Programa Integrado de Enseñanza y Aprendizaje, facultad de Ingeniería, Universidad de Colorado Boulder, «Lesson: Six Minutes of Terror». *Teach Engineering*, 31 de julio de 2017: www.teachengineering.org/lessons/view/cub_mars_lesson05

2. Amar Toor, «NASA Details Curiosity's Mars Landing in 'Seven Minutes of Terror' Video». *Verge*, 26 de junio de 2012: www.theverge.com/2012/6/26/3117662/nasa-mars-rover-curiosity-seven-minutes-terror-video

3. Sobre distancia, véase: NASA, «Mars Close Approach to Earth: July 31, 2018». NASA: https://mars.nasa.gov/allaboutmars/nightsky/mars-close-approach; Tim Sharp, «How Far Away Is Mars?». Space.com, 15 de diciembre de 2017: www.space.com/16875-how-far-away-is-mars.html Sobre la velocidad de rotación de Marte, véase: NASA, «Mars Facts». NASA: https://mars.nasa.gov/allaboutmars/facts/#?c=inspace&s=distance

4. John Maynard Keynes, *Teoría general de la ocupación, el interés y el dinero*. Ciudad de México, Fondo de Cultura Económica, 2018.

5. Dan Meyer, «Rough-Draft Thinking & Bucky the Badger». *Dy/dan* (blog), 21 de mayo de 2018: https://blog.mrmeyer.com/2018/rough-draft-thinking-bucky-the-badger

6. Thomas Wedell-Wedellsborg, «Are You Solving the Right Problems?». *Harvard Business Review*, febrero de 2017: https://hbr.org/2017/01/are-you-solving-the-right-problems

7. Paul C. Nutt, «Surprising but True: Half the Decisions in Organizations Fail». *Academy of Management Executive*, 13, n.º 4, noviembre de 1999, pp. 75-90.

8. Nutt, «Surprising but True».

9. Merim Bilalić, Peter McLeod y Fernand Gobet, «Why Good Thoughts Block Better Ones: The Mechanism of the Pernicious Einstellung (Set) Effect». *Cognition*, 108, n.º 3, septiembre de 2008, pp. 652-661: https://bura.brunel.ac.uk/bitstream/2438/2276/1/Einstellung-Cognition.pdf

10. NASA, «Step-by-Step Guide to Entry, Descent, and Landing»: https://mars.nasa.gov/mer/mission/tl_entry1.html

11. Hal Gregersen, «Bursting the CEO Bubble». *Harvard Business Review*, abril de 2017: https://hbr.org/2017/03/bursting-the-ceo-bubble

12. Charles Darwin, *The Correspondence of Charles Darwin: 1858-1859*, eds. Frederick Burkhardt y Sydney Smith. Nueva York, Cambridge University Press, 1985.

13. Werner Heisenberg, *Physics and Philosophy: The Revolution in Modern Science*. Nueva York, Harper, 1958.

14. Ahmed M. Abdulla *et al.*, «Problem Finding and Creativity: A Meta-Analytic Review». *Psychology of Aesthetics, Creativity, and the Arts*, 9 de agosto de 2018: https://psycnet.apa.org/record/2018-38514-001

15. Jacob W. Getzels y Mihaly Csikszentmihalyi, *The Creative Vision: Longitudinal Study of Problem Finding in Art*. Nueva York, Wiley, 1976.

16. NASA, «Mariner Space Probes»: https://history.nasa.gov/mariner.html

17. NASA, «Viking 1 and 2»: https://mars.nasa.gov/programmissions/missions/past/viking

18. NASA, «Viking Mission Overview»: www.nasa.gov/redplanet/viking.html

19. Squyres, *Roving Mars*.

20. Squyres, *Roving Mars*, p. 90.

21. NASA, «Girl with Dreams Names Mars Rovers "Spirit" and "Opportunity"». 8 de junio de 2003: www.nasa.gov/missions/highlights/mars_rover_names.html

22. Squyres, *Roving Mars*, p. 145.

23. Squyres, *Roving Mars,* p. 122.

24. La descricpión sobre el aterrizaje de Spirit y Opportunity en Marte se basa en gran medida en: Squyres, *Roving Mars*; University of California Television, «Roving Mars with Steve Squyres: Conversations with History». Vídeo, YouTube, publicado el 18 de agosto de 2011: www.youtube.com/watch?v=NI6KEzsb26U&feature=youtu.be

25. John Callas, «A Heartfelt Goodbye to a Spirited Mars Rover». NASA, 25 de mayo de 2011: https://mars.nasa.gov/news/1129/a-heartfelt-goodbye-to-a-spirited-mars-rover

26. NASA, «NASA's Record-Setting Opportunity Rover Mission on Mars Comes to End». Comunicado de prensa, 13 de febrero de 2019: www.nasa.gov/press-release/nasas-record-setting-opportunity-rover-mission-on-mars-comes-to-end

27. Organización Mundial de la Salud, «Preterm Birth». 19 de febrero de 2018: www.who.int/en/news-room/fact-sheets/detail/preterm-birth

28. Cheryl Bird, «How an Incubator Works in the Neonatal ICU». *Verywell Family*, 6 de noviembre de 2018: www.verywellfamily.com/what-is-an-incubator-for-premature-infants-2748445

29. Bird, «Neonatal ICU»; Kelsey Andeway, «Why Are Incubators Important for Babies in the NICU?». *Health eNews*, 23 de julio de 2018: www.ahchealthenews.com/2018/07/23/incubators-important-babies-nicu

30. Elizabeth A. Reedy, «Care of Premature Infants». Escuela de Enfermería de la Universidad de Pennsylvania: www.nursing.upenn.edu/nhhc/nurses-institutions-caring/care-of-premature-infants; Vinnie DeFrancesco, «Neonatal Incubator—Perinatology». *ScienceDirect*, 2004: www.sciencedirect.com/topics/nursing-and-health-professions/neonatal-incubator

31. El análisis del calentador para bebés se basa en las siguientes fuentes: Snow, *Smartcuts*; Adam Morgan y Mark Barden, *A Beautiful Constraint: How to Transform Your Limitations into Advantages, and Why It's Everyone's Business*. Hoboken, Nueva Jersey, Wiley, 2015; página web de Embrace: www.embraceinnovations.com

32. Universidad de Stanford, «Design for Extreme Affordability—About»: https://extreme.stanford.edu/about-extreme

33. Neil Gaiman, «The Sandman», vol. 2. *La casa de muñecas* (números 9 a 16 de la edición original). Barcelona, ECC Ediciones, 2020.

34. Peter Attia, entrevista con el autor, agosto de 2018.

35. Tina Seelig, «The $5 Challenge!». *Psychology Today*, 5 de agosto de 2009: www.psychologytoday.com/us/blog/creativityrulz/200908/the-5-challenge

36. Alexander Calandra, «Angels on a Pin». *Saturday Review*, 21 de diciembre de 1968. El relato también apareció en *Quick Takes: Short Model Essays for Basic*

Composition, eds. Elizabeth Penfield y Theodora Hill. Nueva York, HarperCollins College Publishers, 1995. Puede encontrarse en: https://kaushikghose.files.wordpress.com/2015/07/angels-on-a-pin.pdf

37. Robert E. Adamson, «Functional Fixedness as Related to Problem Solving: A Repetition of Three Experiments». *Journal of Experimental Psychology*, 44, n.º 4, octubre de 1952, pp. 288-291: www.dtic.mil/dtic/tr/fulltext/u2/006119.pdf

38. Will Yakowicz, «This Space-Age Blanket Startup Has Helped Save 200,000 Babies (and Counting)». *Inc.*, mayo de 2016: www.inc.com/magazine/201605/will-yakowicz/embrace-premature-baby-blanket.html

39. Patrick J. Gallagher, «Velcro». International Trademark Association, 1 de abril de 2004: www.inta.org/INTABulletin/Pages/VELCRO.aspx

40. Tony McCaffrey, «Innovation Relies on the Obscure: A Key to Overcoming the Classic Problem of Functional Fixedness». *Psychological Science*, 23, n.º 3, 7 de febrero de 2012, pp. 215-218: https://journals.sagepub.com/doi/abs/10.1177/0956797611429580

41. Ron Miller, «How AWS Came to Be». *TechCrunch*, 2 de julio de 2016: https://techcrunch.com/2016/07/02/andy-jassys-brief-history-of-the-genesis-of-aws

42. Larry Dignan, «All of Amazon's 2017 Operating Income Comes from AWS», *ZDNet*, 1 de febrero de 2017, www.zdnet.com/article/all-of-amazons-2017-operating-income-comes-from-aws.

43. Randy Hofbauer, «Amazon-Whole Foods, 1 Year Later: 4 Grocery Experts Share Their Insights», *Progressive Grocer*, 18 de junio de 2018, https://progressivegrocer.com/amazon-whole-foods-1-year-later-4-grocery-experts-share-their-insights.

44. NASA, «Sputnik and the Dawn of the Space Age». NASA, 10 de octubre de 2007: https://history.nasa.gov/sputnik/

45. La exposición sobre el origen del sistema de posicionamiento global (GPS) se basa en las siguientes fuentes: Steven Johnson, *Where Good Ideas Come From: The Natural History of Innovation*. Nueva York, Riverhead Books, 2011; Robert Kurson, *Rocket Men: The Daring Odyssey of Apollo 8 and the Astronauts Who Made Man's First Journey to the Moon*. Nueva York, Random House, 2018; William H. Guier y George C. Weiffenbach, «Genesis of Satellite Navigation». *Johns Hopkins APL Technical Digest*, 18, n.º 2, 1997, pp. 178-181: www.jhuapl.edu/Content/techdigest/pdf/V18-N02/18-02-Guier.pdf; Alan Boyle, «Sputnik Started Space Race, Anxiety». *NBC News*, 4 de octubre de 1997: www.nbcnews.com/id/3077890/ns/technology_and_science-space/t/sputnik-started-space-race-anxiety/#.XOtOsi2ZPBI

46. Editorial del *Chicago Daily News* citado en Kurson, *Rocket Men*.

47. Shane Parrish, «Inversion and the Power of Avoiding Stupidity». *Farnam Street* (blog), octubre de 2013: https://fs.blog/2013/10/inversion; Ray Galkowski, «Invert, Always Invert, Margin of Safety». 9 de enero de 2011: http://amarginofsafety.com/2011/01/09/456

48. David Kord Murray, *Borrowing Brilliance: The Six Steps to Business Innovation by Building on the Ideas of Others*. Nueva York, Gotham Books, 2009.

49. Murray, *Borrowing Brilliance*.

50. Warren Berger, *A More Beautiful Question: The Power of Inquiry to Spark Breakthrough Ideas*. Nueva York, Bloomsbury USA, 2014; Patagonia, «Don't Buy This Jacket, Black Friday and the New York Times». 25 de noviembre de 2011: www.patagonia.com/blog/2011/11/dont-buy-this-jacket-black-friday-and-the-new-york-times

51. Patagonia, «Don't Buy This Jacket».

52. El análisis sobre Dick Fosbury se basa en las siguientes fuentes: Richard Hoffer, *Something in the Air: American Passion and Defiance in the 1968 Mexico City Olympics*. Nueva York, Free Press, 2009; James Clear, «Olympic Medalist Dick Fosbury and the Power of Being Unconventional». *James Clear* (blog): https://jamesclear.com/dick-fosbury; Tom Goldman, «Dick Fosbury Turned His Back on the Bar and Made a Flop a Success». *NPR*, 20 de octubre de 2018: www.npr.org/2018/10/20/659025445/dick-fosbury-turned-his-back-on-the-bar-and-made-a-flop-a-success

53. Kerry Eggers, «From Flop to Smashing High Jump Success». *Portland Tribune*, 22 de julio de 2008: https://pamplinmedia.com/component/content/article?id=71447

54. Rod Drury, «Why Pitching a Really Bad Idea Isn't the End of the World». *Fortune*, 23 de marzo de 2016: http://fortune.com/2016/03/22/how-to-motivate-team

55. Gregersen, «Bursting the CEO Bubble».

Capítulo 6: El poder de los cambios

1. El estudio sobre el Mars Climate Orbiter se basa en las siguientes fuentes: Steve Squyres, Roving Mars: Spirit, Opportunity, and the Exploration of the Red Planet. Nueva York, Hyperion, 2005; James Oberg, «Why the Mars Probe Went off Course». IEEE Spectrum, 1 de diciembre de 1999: https://spectrum.ieee.org/aerospace/robotic-exploration/why-the-mars-probe-went-off-course; Edward Euler, Steven Jolly y H. H. «Lad» Curtis, «The Failures of the Mars Climate Orbiter and Mars Polar Lander: A Perspective from the People Involved». American Astronautical Society, febrero de 2001: http://web.mit.edu/16.070/www/readings/Failures_MCO_MPL.pdf; «Mars Climate Orbiter Mishap Investigation Board Phase I Report». NASA, 10 de noviembre de 1999: https://llis.nasa.gov/llis_lib/pdf/1009464main1_0641-mr.pdf; Comisión de Ciencia, Espacio y Tecnología, «Testimony of Thomas Young, Chairman of the Mars Program Independent Assessment Team Before the House Science Committee». Comunicado de prensa, SpaceRef, 12 de abril de 2000: www.spaceref.com/news/viewpr.html?pid=1444

2. NASA, «Mars Facts»: https://mars.nasa.gov/allaboutmars/facts/#?c=inspace&s=distance; Kathryn Mersmann, «The Fact and Fiction of Martian Dust Storms». NASA, 18 de septiembre de 2015: www.nasa.gov/feature/goddard/the-fact-and-fiction-of-martian-dust-storms

3. Laboratorio de Propulsión a Reacción de la NASA, «NASA's Mars Climate Orbiter Believed to Be Lost», NASA, 3 de septiembre de 1999: www.jpl.nasa.gov/news/news.php?feature=5000

4. Robert M. Pirsig, *Zen y el arte del mantenimiento de la motocicleta*. Madrid, Sexto Piso, 2015.

5. Jeremy A. Frimer, Linda J. Skitka y Matt Motyl, «Liberals and Conservatives Are Similarly Motivated to Avoid Exposure to One Another's Opinions». *Journal of Experimental Social Psychology*, 72, septiembre de 2017, pp. 1-12: www.sciencedirect.com/science/article/pii/S0022103116304024

6. Crystal D. Oberle *et al.*, «The Galileo Bias: A Naive Conceptual Belief That Influences People's Perceptions and Performance in a Ball-Dropping Task». *Journal of Experimental Psychology, Learning, Memory, and Cognition*, 31, n.° 4, 2005, pp. 643-653.

7. Brendan Nyhan *et al.*, «Effective Messages in Vaccine Promotion: A Randomized Trial». *Pediatrics*, 133, n.° 4, abril de 2014: http://pediatrics.aappublications.org/content/133/4/e835.long

8. El análisis sobre la pérdida del Mars Climate Orbiter se basa en las siguientes fuentes: Squyres, *Roving Mars*; Oberg, «Mars Probe Went off Course»; Euler, Jolly y Curtis, «Failures of the Mars Climate Orbiter»; Informe de la fase I de la Junta de Investigación de Accidentes del Mars Climate Orbiter, 10 de noviembre de 1999: https://llis.nasa.gov/llis_lib/pdf/1009464main1_0641-mr.pdf; Comisión de Ciencia, Espacio y Tecnología, «Testimony of Thomas Young»; Mark Adler, entrevista con el autor, agosto de 2018.

9. Oberg, «Mars Probe Went off Course».

10. Oberg, «Mars Probe Went off Course».

11. Richard P. Feynman, relatado a Ralph Leighton y publicado por Edward Hutchings, «Surely You're Joking, Mr. *Feynman!*» *Adventures of a Curious Character*. Nueva York: W. W. Norton & Company, 1985, p. 343.

12. Sarah Scoles, *Making Contact: Jill Tarter and the Search for Extraterrestrial Intelligence*. Nueva York, Pegasus Books, 2017.

13. John Noble Wilford, «In 'Contact,' Science and Fiction Nudge Close Together», *New York Times*, 20 de julio de 1997: www.nytimes.com/1997/07/20/movies/in-contact-science-and-fiction-nudge-close-together.html?mtrref=www.google.com

14. T. C. Chamberlin, «The Method of Multiple Working Hypotheses». *Science* (serie antigua), 15, n.° 92, 1890, reimpreso en *Science*, 7 de mayo de 1965. Disponible en: http://arti.vub.ac.be/cursus/2005-2006/mwo/chamberlin1890science.pdf

15. El apartado sobre Mars Polar Lander se basa en los siguientes recursos: NASA, «About the Deep Space Network»: https://deepspace.jpl.nasa.gov/about; Dawn Levy, «Scientists Keep Searching for a Signal from Mars Polar Lander». NASA, 1 de febrero de 2000: https://mars.jpl.nasa.gov/msp98/news/mpl000201.html; Squyres, *Roving Mars*; NASA, «Listening for Mars Polar Lander». *NASA Science*, 31 de enero de 2000: https://science.nasa.gov/science-news/science-at-nasa/2000/ast01feb_1; Natasha Mitchell, «Sweet Whispers from Mars Could Be Polar Lander». *ABC Science*, 28 de enero de 2000: www.abc.net.au/science/articles/2000/01/28/96225.htm

16. Levy, «Scientists Keep Searching».

17. Squyres, *Roving Mars*, p. 68.

18. Squyres, *Roving Mars*, p. 70.

19. Francis Bacon, *La gran restauración (Novum Organum)*. Madrid, Grupo Anaya, 2011.

20. Levy, «Scientists Keep Searching».

21. Kenneth L. Corum y James F. Corum, «Nikola Tesla and the Planetary Radio Signals». 2003: www.teslasociety.com/mars.pdf

22. Chamberlin, «Multiple Working Hypotheses».

23. Robertson Davies, *A merced de la tempestad*. Barcelona, Libros del Asteroide, 2011.

24. Chamberlin, «Multiple Working Hypotheses».

25. F. Scott Fitzgerald, «The Crack-Up». *Esquire*, febrero, marzo y abril de 1936, reimpreso el 7 de marzo de 2017: www.esquire.com/lifestyle/a4310/the-crack-up/#ixzz1Fvs5lu8w

26. Sarah Charley, «What's Really Happening During an LHC Collision?». *Symmetry*, 30 de junio de 2017: www.symmetrymagazine.org/article/whats-really-happening-during-an-lhc-collision

27. Charley, «LHC Collision?».

28. Charley, «LHC Collision?».

29. Bill Demain, «How Malfunctioning Sharks Transformed the Movie Business». *Mental Floss*, 20 de junio de 2015: https://mentalfloss.com/article/31105/how-steven-spielbergs-malfunctioning-sharks-transformed-movie-business

30. Robert Cialdini, *Pre-Suasion: un método revolucionario para influir y persuadir*. Barcelona, Conecta, 2017.

31. Daniel Simmons y Christopher Chabris, «Selective Attention Test». Vídeo, YouTube, publicado el 10 de marzo de 2010: www.youtube.com/watch?v=vJG698U2Mvo

32. Daniel Simmons y Christopher Chabris, «Gorilla Experiment». Sitio web Invisible Gorilla, 2010: www.theinvisiblegorilla.com/gorilla_experiment.html; Christopher Chabris y Daniel Simmons, *El gorila invisible: cómo nuestras intuiciones nos engañan*. Barcelona, RBA, 2011.

33. Euler, Jolly y Curtis, «Failures of the Mars Climate Orbiter».

34. Sir Arthur Conan Doyle, «Adventure 1: Silver Blaze», en *The Memoirs of Sherlock Holmes*. Nueva York, 1894. (N. de la T.: la traducción es propia).

35. P. C. Wason, «On the Failure to Eliminate Hypotheses in a Conceptual Task». *Quarterly Journal of Experimental Psychology*, 12, n.° 3, 1 de julio de 1960: pp. 129-140: https://pdfs.semanticscholar.org/86db/64c600fe59acfc48fd22bc8484485d5e7 337.pdf

36. «Peter Wason», obituario, Londres. *Telegraph*, 22 de abril de 2003: www.telegraph.co.uk/news/obituaries/1428079/Peter-Wason.html

37. Alan Lightman, *Searching for Stars on an Island in Maine*. Nueva York, Pantheon Books, 2018.

38. Chris Kresser, «Dr. Chris Shade on Mercury Toxicity». *Revolution Health Radio*, 21 de mayo de 2019: https://chriskresser.com/dr-chris-shade-on-mercury-toxicity

39. Gary Taubes, «Do We Really Know What Makes Us Healthy?». *New York Times*, 16 de septiembre de 2007: www.nytimes.com/2007/09/16/magazine/16 epidemiology-t.html

40. Carl Sagan, *El mundo y sus demonios: la ciencia como una luz en la oscuridad*. Barcelona, Crítica, 2017.

41. Vox, «Why Elon Musk Says We're Living in a Simulation». Vídeo, YouTube, publicado el 15 de agosto de 2016: www.youtube.com/watch?v=J0KHiiTtt4w

42. Hal Gregersen, «Bursting the CEO Bubble». *Harvard Business Review*, abril de 2017: https://hbr.org/2017/03/bursting-the-ceo-bubble

43. Shane Parrish, «How Darwin Thought: The Golden Rule of Thinking». *Farnam Street* (blog), enero de 2016: https://fs.blog/2016/01/charles-darwin-thinker

44. Michael Lewis, «The King of Human Error». *Vanity Fair*, 8 de noviembre de 2011: www.vanityfair.com/news/2011/12/michael-lewis-201112

45. Lewis, «King of Human Error».

46. Charles Thompson, «Harlan's Great Dissent». *Kentucky Humanities*, 1, 1996: https://louisville.edu/law/library/special-collections/the-john-marshall-harlan-collection/harlans-great-dissent

47. Thompson, «Harlan's Great Dissent».

48. Walter Isaacson, *Leonardo Da Vinci: la biografía*.

49. Gregersen, «Bursting the CEO Bubble».

50. Emmanuel Trouche *et al.*, «The Selective Laziness of Reasoning». *Cognitive Science*, 40, n.° 6, noviembre de 2016, pp. 2.122-2.136: www.ncbi.nlm.nih.gov/pubmed/26452437

51. Elizabeth Kolbert, «Why Facts Don't Change Our Minds». *New Yorker*, 19 de febrero de 2017: www.newyorker.com/magazine/2017/02/27/why-facts-dont-change-our-minds

52. «Peter Wason», obituario.

53. James Robert Brown, *The Laboratory of the Mind: Thought Experiments in the Natural Sciences*. Nueva York: Routledge, 1991, p. 20.

54. Manjit Kumar, *Quantum: Einstein, Bohr y el gran debate sobre la naturaleza de la realidad*. Barcelona, Kairós, 2011; Carlo Rovelli, *Siete breves lecciones de física*. Barcelona, Anagrama, 2016.

55. Thomas Schelling, «The Role of War Games and Exercises». En *Managing Nuclear Operations*, eds. A. Carter, J. Steinbruner y C. Zraket. Washington, D. C., Brookings Institution, 1987, pp. 426-444.

56. John D. Barrow, Paul C. W. Davies y Charles L. Harper Jr. (eds.), *Science and Ultimate Reality: Quantum Theory, Cosmology, and Complexity*. Nueva York, Cambridge University Press, 2004, p. 3.

57. David Foster Wallace, «This Is Water». Discurso de graduación en el Kenyon College, Gambier, Ohio, 21 de mayo de 2005.

58. Errol Morris, «The Anosognosic's Dilemma: Something's Wrong but You'll Never Know What It Is», «Opinionator». *New York Times*, 24 de junio de 2010: https://opinionator.blogs.nytimes.com/2010/06/24/the-anosognosics-dilemma-somethings-wrong-but-youll-never-know-what-it-is-part-5

59. Escuela de Posgrado de Negocios de Stanford, «Marc Andreessen on Change, Constraints, and Curiosity». Vídeo, YouTube, publicado el 14 de noviembre de 2016: www.youtube.com/watch?v=P-T2VAcHRoE&feature=youtu.be

60. Chip Heath y Dan Heath, *Decídete: cómo tomar las mejores decisiones en la vida y en el trabajo*. Barcelona, Gestión 2000, 2014.

61. Shane Parrish, «The Work Required to Have an Opinion». *Farnam Street* (blog), abril de 2013: https://fs.blog/2013/04/the-work-required-to-have-an-opinion

62. Rovelli, *Siete breves lecciones de física*.

Capítulo 7: Prueba mientras vuelas, vuela mientras pruebas

1. La sección inicial sobre healthcare.gov está basada en las siguientes fuentes: Sharon LaFraniere y Eric Lipton, «Officials Were Warned About Health Site Woes». New York Times, 18 de noviembre de 2013: www.nytimes.com/2013/11/19/us/politics/administration-open-to-direct-insurance-company-signups.html; Frank Thorp, «'Stress Tests' Show Healthcare.gov Was Overloaded». NBC News, 6 de noviembre de 2013: www.nbcnews.com/politics/politics-news/stress-tests-show-healthcare-gov-was-overloaded-lna8C11548230;Amy Goldstein, «HHS Failed to Heed Many Warnings That HealthCare.gov Was in Trouble». Washington Post, 23 de febrero de 2016: www.washingtonpost.com/national/health-science/hhs-failed-to-heed-many-warnings-that-healthcaregov-was-in-trouble/2016/02/22/dd344e7c-d67e-11e5-9823-02b905009f99_story.html?noredirect=on&utm_term=.b81dd6679eee; Wyatt Andrews y Anna Werner, «Healthcare.gov Plagued by Crashes on 1st Day». CBS

News, 1 de octubre de 2013: www.cbsnews.com/news/healthcaregov-plagued-by-crashes-on-1st-day; Adrianne Jeffries, «Why Obama's Healthcare.gov Launch Was Doomed to Fail». Verge, 8 de octubre de 2013: www.theverge.com/2013/10/8/4814098/why-did-the-tech-savvy-obama-administration-launch-a-busted-healthcare-website; «The Number 6 Says It All About the HealthCare.gov Rollout». NPR, 27 de diciembre de 2013: www.npr.org/sections/health-shots/2013/12/27/257398910/the-number-6-says-it-all-about-the-healthcare-gov-rollout; Kate Pickert, «Report: Cost of HealthCare.Gov Approaching $1 Billion». Time, 30 de julio de 2014: http://time.com/3060276/obamacare-affordable-care-act-cost

2. Marshall Fisher, Ananth Raman y Anna Sheen McClelland, «Are You Ready?». *Harvard Business Review*, agosto de 2000: https://hbr.org/2000/07/are-you-ready

3. Fisher, Raman, and McClelland, «Are You Ready?».

4. Richard Feynman, Messenger Lectures, Universidad de Cornell, BBC, 1964: www.cornell.edu/video/playlist/richard-feynman-messenger-lectures/player

5. Laboratorio de Propulsión a Reacción de la NASA, «The FIDO Rover». NASA: https://www-robotics.jpl.nasa.gov/systems/system.cfm?System=1

6. NASA, «Space Power Facility»: www1.grc.nasa.gov/facilities/sec

7. El análisis sobre las pruebas de los airbags del Mars Exploration Rovers se basa en las siguientes fuentes: Steve Squyres, *Roving Mars: Spirit, Opportunity, and the Exploration of the Red Planet*. Nueva York, Hyperion, 2005; Adam Steltzner y William Patrick, *Right Kind of Crazy: A True Story of Teamwork, Leadership, and High-Stakes Innovation*. Nueva York: Portfolio/Penguin, 2016.

8. NASA, «Calibration Targets»: https://mars.nasa.gov/mer/mission/instruments/calibration-targets

9. «Interview with Bill Nye: The Sundial Guy». *Astrobiology Magazine*, 8 de octubre de 2003: www.astrobio.net/mars/interview-with-bill-nye-the-sundial-guy

10. Donella Meadows, *Thinking in Systems: A Primer*, White River Junction. Vermont, Chelsea Green Pub., p. 12.

11. Kim Lane Scheppele, «The Rule of Law and the Frankenstate: Why Governance Checklists Do Not Work». *Governance: An International Journal of Policy, Administration, and Institutions*, 26, n.º 4, octubre de 2013, pp. 559-562: https://onlinelibrary.wiley.com/doi/pdf/10.1111/gove.12049

12. Lorraine Boissoneault, «The True Story of the Reichstag Fire and the Nazi Rise to Power». *Smithsonian Magazine*, 21 de febrero de 2017: www.smithsonianmag.com/history/true-story-reichstag-fire-and-nazis-rise-power-180962240; John Mage y Michael E. Tigar, «The Reichstag Fire Trial, 1933-2008: The Production of Law and History». *Monthly Review*, 1 de marzo de 2009: http://monthlyreview.org/2009/03/01/the-reichstag-fire-trial-1933-2008-the-production-of-law-and-history

13. El análisis sobre el defecto de diseño del Mars Polar Lander se basa en Squyres, *Roving Mars*, pp. 63-64.

14. Departamento de Salud y Servicios Sociales de Estados Unidos, Oficina de Inspección General, «An Overview of 60 Contracts That Contributed to the Development and Operation of the Federal Marketplace». Agosto de 2014: https://oig.hhs.gov/oei/reports/oei-03-14-00231.pdf

15. El análisis de las pruebas con voluntarios de las Fuerzas Aéreas se basa en Mary Roach, *Packing for Mars: The Curious Science of Life in the Void*. Nueva York, W.W. Norton, 2010.

16. AviationCV.com, «G-Force Process on Human Body». *Aerotime News Hub*, 13 de enero de 2016: www.aviationcv.com/aviation-blog/2016/2721

17. El estudio sobre el chimpancé Ham está basado en Roach, *Packing for Mars*.

18. Roach, *Packing for Mars*.

19. NASA, «Selection and Training of Astronauts»: https://science.ksc.nasa.gov/mirrors/msfc/crew/training.html

20. NASA, «Zero-Gravity Plane on Final Flight», 29 de octubre de 2004: www.nasa.gov/vision/space/preparingtravel/kc135onfinal.html

21. NASA, «Selection and Training of Astronauts».

22. Eric Berger, «Why Is NASA Renting Out Its Huge Astronaut Pool? To Keep the Lights Turned On». *Ars Technica*, 8 de febrero de 2017: https://arstechnica.com/science/2017/02/as-it-seeks-to-pare-costs-nasa-opens-its-historic-facilities-to-private-companies

23. Chris Hadfield, *Guía de un astronauta para vivir en la Tierra*. Barcelona, Ediciones B, 2014.

24. Roach, *Packing for Mars*.

25. Robert Kurson, *Rocket Men: The Daring Odyssey of Apollo 8 and the Astronauts Who Made Man's First Journey to the Moon*. Nueva York, Random House, 2018.

26. NASA, «Selection and Training of Astronauts».

27. Kurson, *Rocket Men*.

28. Craig Nelson, *Rocket Men: The Epic Story of the First Men on the Moon*. Nueva York, Viking, 2009.

29. Hadfield, *Guía de un astronauta*.

30. *Ocultos por la Luna* (*In the Shadow of the Moon*), dirigida por Dave Sington. Velocity/Think Film, 2008, DVD.

31. Michael Roberto, Richard M. J. Bohmer y Amy C. Edmondson, «Facing Ambiguous Threats». *Harvard Business Review*, noviembre de 2006: https://hbr.org/2006/11/facing-ambiguous-threats; Rebecca Wright *et al.*, *Johnson Space Center Oral History Project*. Washington, D. C., NASA, 8 de enero de 1999: https://history.nasa.gov/SP-4223/ch6.htm

32. Neel V. Patel, «The Greatest Space Hack Ever». *Popular Science*, 8 de octubre de 2014: www.popsci.com/article/technology/greatest-space-hack-ever#page-2

33. El análisis sobre la estrategia de preparación del presidente del Tribunal Supremo, John Roberts, está basado en los siguientes recursos: Roger Parloff, «On History's Stage: Chief Justice John Roberts Jr.». *Fortune*, 3 de junio de 2011: http://fortune.com/2011/01/03/on-historys-stage-chief-justice-john-roberts-jr; Bryan Garner, «Interviews with United States Supreme Court Justices». En *Scribes Journal of Legal Writing*, Lansing, Michigan, 2010, 7: https://legaltimes.typepad.com/files/garner-transcripts-1.pdf; Charles Lane, «Nominee Excelled as an Advocate Before Court». *Washington Post*, 24 de julio de 2005: www.washingtonpost.com/wp-dyn/content/article/2005/07/23/AR2005072300 881_2.html

34. El apartado sobre el entrenamiento de Amelia Boone se basa en las siguientes fuentes: Tom Bilyeu, «How to Cultivate Toughness: Amelia Boone on Impact Theory». Vídeo, YouTube, publicado el 7 de marzo de 2017: www.youtube.com/watch?v=_J49oG5MnN4 ; Marissa Stephenson, «Amelia Boone Is Stronger than Ever». *Runner's World*, 19 de junio de 2018: www.runnersworld.com/runners-stories/a20652405/amelia-boone-is-stronger-than-ever; «Altra Signs Amelia Boone—World Champion Obstacle Course Racer and Ultrarunner». *Endurance Sportswire*, 18 de enero de 2019: www.endurancesportswire.com/altra-signs-amelia-boone-world-champion-obstacle-course-racer-and-ultrarunner; Melanie Mitchell, «Interview with OCR World Champion Amelia Boone». *JackRabbit*, 12 de diciembre de 2017: www.jackrabbit.com/info/blog/interview-with-ocr-world-champion-amelia-boone

35. Tough Mudder, «World's Toughest Mudder»: https://toughmudder.com/events/2019-worlds-toughest-mudder; Simon Donato, «Ten Tips on How to Beat the World's Toughest Mudder». *Huffington Post*, 6 de diciembre de 2017: www.huffpost.com/entry/ten-tips-on-how-to-beat-t_b_8143862

36. Roberto, Bohmer y Edmondson, «Facing Ambiguous Threats».

37. El análisis sobre el iPhone se basa en Derek Thompson, *Hit Makers: The Science of Popularity in an Age of Distraction*. Nueva York, Penguin, 2018, pp. 232-233.

38. La información sobre George Gallup se basa en Thompson, *Hit Makers*

39. Amy Kaufman, «Chris Rock Tries Out His Oscar Material at the Comedy Store». *Los Angeles Times*, 26 de febrero de 2016: www.latimes.com/entertainment/la-et-mn-chris-rock-oscars-monologue-comedy-store-20160226-story.html

40. Jess Zafarris, «Jerry Seinfeld's 5-Step Comedy Writing Process». *Writer's Digest*, 13 de mayo de 2019: www.writersdigest.com/writing-articles/by-writing-genre/humor/jerry-seinfelds-5-step-comedy-writing-process; Daniel Auld, «What Does UX and Stand-Up Comedy Have in Common? More Than You Realice». UX Collective, 1 de agosto de 2018: https://uxdesign.cc/what-does-ux-and-stand-up-comedy-have-in-common-more-than-you-realise-d18066aeaecf

41. Entrepreneurship.org, «Field Observations with Fresh Eyes: Tom Kelley (IDEO)». Vídeo, YouTube, publicado el 24 de junio de 2011: www.youtube.com/watch?v=tvkivmyKgEA

42. Paul Bennett, «Design Is in the Details». TED talk, julio de 2005: www.ted.com/talks/paul_bennett_finds_design_in_the_details

43. Art Kleiner, «The Thought Leader Interview: Tim Brown». *Strategy + Business*, 27 de agosto de 2009: www.strategy-business.com/article/09309?gko=84f90

44. Kleiner, «Tim Brown».

45. «Ideo on 60 Minutes and CBS This Morning». Vídeo, IDEO, abril de 2013: www.ideo.com/post/ideo-on-60-minutes-and-cbs-this-morning

46. Joe Rogan, «Neil deGrasse Tyson», episodio 919. Vídeo, pódcast de Joe Rogan Experience, 21 de febrero de 2017: http://podcasts.joerogan.net/podcasts/neil-degrasse-tyson

47. La información sobre *Seinfeld* se basa en Thompson, *Hit Makers*.

48. La información sobre Clever Hans se basa en Stuart Firestein, *Ignorance: How It Drives Science*. Nueva York, Oxford University Press, 2012, pp. 94-95.

49. Tim Ferriss, «Cal Fussman Corners Tim Ferriss», episodio 324 (transcripción). *The Tim Ferriss Show*: https://tim.blog/2018/07/05/the-tim-ferriss-show-transcripts-cal-fussman-corners-tim-ferriss; Tim Ferriss, entrevista con el autor, mayo de 2019.

50. La información sobre el telescopio espacial Hubble está basada en: Arthur Fisher, «The Trouble with Hubble». *Popular Science*, octubre de 1990; Lew Allen *et al.*, «The Hubble Space Telescope Optical Systems Failure Report». NASA, noviembre de 1990: https://ntrs.nasa.gov/archive/nasa/casi.ntrs.nasa.gov/19910003124.pdf; NASA, «About the Hubble Space Telescope», actualizado el 18 de diciembre de 2018: www.nasa.gov/mission_pages/hubble/story/index.html; Nola Taylor Redd, «Hubble Space Telescope: Pictures, Facts & History». Space.com, 15 de diciembre de 2017: www.space.com/15892-hubble-space-telescope.html; NASA, «Hubble's Mirror Flaw»: www.nasa.gov/content/hubbles-mirror-flaw

51. Ozan Varol, «Julie Zhuo on Becoming a Facebook Manager at 25, Overcoming the Impostor Syndrome, and Staying in the Discomfort Zone». Famous Failures (pódcast), 25 de marzo de 2019: https://ozanvarol.com/julie-zhuo

Capítulo 8: Nada tiene más éxito que el fracaso

1. Suzanne Deffree, «1st US Satellite Attempt Fails, December 6, 1957». EDN Network, 6 de diciembre de 2018: www.edn.com/electronics-blogs/edn-moments/4402889/1st-US-satellite-attempt-fails--December-6--1957

2. Richard Hollingham, «The World's Oldest Scientific Satellite Is Still in Orbit». BBC, 6 de octubre de 2017: www.bbc.com/future/story/20171005-the-worlds-oldest-scientific-satellite-is-still-in-orbit

3. Loyd S. Swenson Jr, James M. Grimwood y Charles C. Alexander, «Little Joe Series», en *This New Ocean: A History of Project Mercury*. Washington, D. C., NASA, 1989: https://history.nasa.gov/SP-4201/ch7-7.htm

4. NASA, «MR-1: The Four-Inch Flight», en *This New Ocean: A History of Project Mercury*. Washington, D. C., NASA, 1989: https://history.nasa.gov/SP-4201/ch9-7.htm

5. Jeffrey Kluger, «On TIME's Podcast 'Countdown:' The Flight That Nearly Took Neil Armstrong's Life». *Time*, 31 de julio de 2017: http://time.com/4880012/neil-armstrong-apollo-gemini-nasa

6. FailCon, «About FailCon»: http://thefailcon.com/about.html; FuckUp Nights: https://fuckupnights.com

7. Shane Snow, *Smartcuts: The Breakthrough Power of Lateral Thinking*. Nueva York, HarperBusiness, 2014, Kindle.

8. Gene Kranz, *Failure Is Not an Option: Mission Control From Mercury to Apollo 13 and Beyond*. Nueva York, Simon & Schuster, 2009, p. 12.

9. Jennifer Reingold, «Hondas in Space». *Fast Company*, 1 de febrero de 2005: www.fastcompany.com/52065/hondas-space

10. Chuck Salter, «Failure Doesn't Suck». *Fast Company*, 1 de mayo de 2007: www.fastcompany.com/59549/failure-doesnt-suck

11. Hans C. Ohanian, *Einstein's Mistakes: The Human Failings of Genius*. Nueva York, W.W. Norton & Company, 2009.

12. Jillian D'Onfro, «Jeff Bezos: Why It Won't Matter If the Fire Phone Flops». *Business Insider*, 2 de diciembre de 2014: www.businessinsider.com/jeff-bezos-on-big-bets-risks-fire-phone-2014-12

13. D'Onfro, «If the Fire Phone Flops».

14. Derek Thompson, «Google X and the Science of Radical Creativity». *Atlantic*, noviembre de 2017: www.theatlantic.com/magazine/archive/2017/11/x-google-moonshot-factory/540648

15. Astro Teller, «The Head of 'X' Explains How to Make Audacity the Path of Least Resistance». *Wired*, 15 de abril de 2016: www.wired.com/2016/04/the-head-of-x-explains-how-to-make-audacity-the-path-of-least-resistance

16. Adele Peters, «Why Alphabet's Moonshot Factory Killed Off a Brilliant Carbon-Neutral Fuel». *Fast Company*, 3 de octubre de 2016: www.fastcompany.com/3064457/why-alphabets-moonshot-factory-killed-off-a-brilliant-carbon-neutral-fuel

17. Adam Grant, *Originals: How Non-Conformists Move the World*. Nueva York, Viking, 2017, p. 37.

18. Grant, *Originals*.

19. Grant, *Originals*.

20. Grant, *Originals*.

21. Emma Brockes, «Tom Hanks: 'I've Made a Lot of Movies That Didn't Make Sense—or Money'». *Guardian*, 25 de octubre de 2017: www.theguardian.com/film/2017/oct/14/tom-hanks-movies-didnt-make-sense-or-money-interview-short-stories

22. Paul Gompers *et al.*, «Performance Persistence in Entrepreneurship». *Journal of Financial Economics*, 96, 2010, p. 18-32.

23. K. C. Diwas, Bradley R. Staats y Francesca Gino, «Learning from My Success and from Others' Failure: Evidence from Minimally Invasive Cardiac Surgery». *Management Science*, 59, n.º 11, 14 de junio de 2013, pp. 2413-2634: https://pubsonline.informs.org/doi/abs/10.1287/mnsc.2013.1720

24. Steve Squyres, *Roving Mars: Spirit, Opportunity, and the Exploration of the Red Planet*. Nueva York, W.W. Norton, 2005, p. 10.

25. University of California Television, «Roving Mars with Steve Squyres: Conversations with History». Vídeo, YouTube, publicado el 18 de agosto de 2011: www.youtube.com/watch?v=NI6KEzsb26U&feature=youtu.be; Dian Schaffhauser, «Steven Squyres Doesn't Mind Failure: An Interview with the Scientist Behind the Mars Rovers». MPUG (Microsoft Project User Group), 9 de febrero de 2016: www.mpug.com/articles/steven-squyres-interview

26. Squyres, *Roving Mars*, p. 138.

27. Squyres, *Roving Mars*, pp. 156-163.

28. Squyres, *Roving Mars*, pp. 203-217.

29. Stephen Jay Gould, *El pulgar del panda*. Barcelona, Booket, 2012.

30. B. C. Forbes, «Why Do So Many Men Never Amount to Anything?». *American Magazine*, enero de 1921.

31. T. H. White, *Camelot*. Barcelona, Debolsillo, 2012.

32. El estudio sobre el Falcon 1 se basa en los siguientes recursos: Tim Fernholz, *Rocket Billionaires: Elon Musk, Jeff Bezos, and the New Space Race*. Boston, Houghton Mifflin Harcourt, 2018; Snow, *Lateral Thinking*; Chris Bergin, «Falcon I Flight: Preliminary Assessment Positive for SpaceX». Spaceflight.com, 24 de marzo de 2007: www.nasaspaceflight.com/2007/03/falcon-i-flight-preliminary-assessment-positive-for-spacex; Tim Fernholz, «What It Took for Elon Musk's SpaceX to Disrupt Boeing, Leapfrog NASA, and Become a Serious Space Company». *Quartz*, 21 de octubre de 2014: https://qz.com/281619/what-it-took-for-elon-musks-spacex-to-disrupt-boeing-leapfrog-nasa-and-become-a-serious-space-company; Max Chafkin, «SpaceX's Secret Weapon Is Gwynne Shotwell». *Bloomberg Quint*, 26 de julio de 2018: www.bloombergquint.com/businessweek/she-launches-spaceships-sells-rockets-and-deals-with-elon-musk; Elon Musk, «Falcon 1, Flight 3 Mission Summary». SpaceX, 6 de agosto de 2008: www.spacex.com/news/2013/02/11/falcon-1-flight-3-mission-summary; Dolly Singh, «What Is It Like to Work with Elon Musk?». *Slate*, 14 de agosto de 2013: https://slate.com/human-interest/2013/08/elon-musk-what-is-it-like-to-work-for-the-spacex-tesla-chief.html;

Tom Junod, «Elon Musk: Triumph of His Will». *Esquire*, 15 de noviembre de 2012: www.esquire.com/news-politics/a16681/elon-musk-interview-1212

33. Snow, *Lateral Thinking*.

34. F. Scott Fitzgerald, *Suave es la noche*. Barcelona, Debolsillo, 2015.

35. Andre Agassi, *Open: Memorias*. Barcelona, Duomo, 2016.

36. Ed Catmull, *Creativity, Inc.: Overcoming the Unseen Forces That Stand in the Way of True Inspiration*. Nueva York, Random House, 2014.

37. Shane Parrish, «Your First Thought Is Rarely Your Best Thought: Lessons on Thinking». *Farnam Street* (blog), febrero de 2018: https://fs.blog/2018/02/first-thought-not-best-thought

38. Chris Hadfield, *Guía de un astronauta para vivir en la tierra*. Barcelona, Ediciones B, 2014.

39. Parrish, «Your First Thought».

40. Ben Horowitz, «Lead Bullets». Andreessen Horowitz, 13 de noviembre de 2011: https://a16z.com/2011/11/13/lead-bullets

41. Annie Duke, *Thinking in Bets: Making Smarter Decisions When You Don't Have All the Facts*. Nueva York, Portfolio/Penguin, 2018.

42. Lars Lefgren, Brennan Platt y Joseph Price, «Sticking with What (Barely) Worked: A Test of Outcome Bias». *Management Science*, 61 (2015), pp. 1121-1136.

43. James D. Watson, Pasión por el ADN: genes, genomas y sociedad. Barcelona, Crítica, 2002.

44. Jeff Dyer y Hal Gregersen, «How Does Amazon Stay at Day One?». *Forbes*, 8 de agosto de 2017: www.forbes.com/sites/innovatorsdna/2017/08/08/how-does-amazon-stay-at-day-one/#36d005d67e4d

45. Tim Ferriss, «Maria Sharapova», episodIO 261 (transcripción). *Tim Ferriss Show*, 30 de mayo de 2018: https://tim.blog/2018/05/30/tim-ferriss-show-transcript-maria-sharapova

46. Elizabeth Gilbert, *Libera tu magia: una vida creativa más allá del miedo*. Barcelona, Aguilar, 2020.

47. Steven Levy, «Google Glass 2.0 Is a Startling Second Act». *Wired*, 18 de julio de 2017: www.wired.com/story/google-glass-2-is-here

48. Heather Hargreaves, «How Google Glass Will Change How You Do Business». *Entrepreneur Handbook*, 25 de marzo de 2019.

49. Ian Osterloh, «How I Discovered Viagra». *Cosmos*, 27 de abril de 2015: https://cosmosmagazine.com/biology/how-i-discovered-viagra; Jacque Wilson, «Viagra: The Little Blue Pill That Could». CNN, 27 de marzo de 2013: www.cnn.com/2013/03/27/health/viagra-anniversary-timeline/index.html

50. El estudio sobre Mike Nichols se basa en Gilbert, *Libera tu magia*.

51. Rosamund Stone Zander y Benjamin Zander, *El arte de lo posible: transformar la vida personal y profesional*. Barcelona, Paidós, 2001.

52. Union of Concerned Scientists, «Voices of Federal Scientists: Americans' Health and Safety Depends on Independent Science». Enero de 2009, 2: www.ucsusa.org/sites/default/files/legacy/assets/documents/scientific_integrity/Voices_of_Federal_Scientists.pdf

53. Jennifer J. Kish-Gephart *et al.*, «Silenced by Fear». *Research in Organizational Behavior*, 29, diciembre de 2009, pp. 163-193: www.researchgate.net/publication/238382691_Silenced_by_fear

54. NASA, «Mars Polar Lander Fact Sheet»: https://mars.nasa.gov/msp98/lander/fact.html

55. Hadfield, *Guía de un astronauta.*

56. Diwas, Staats y Gino, «Learning from My Success».

57. Ed Catmull y Amy Wallace, *Creativity, Inc.: Overcoming the Unseen Forces That Stand in the Way of True Inspiration.* Toronto, Random House Canada, 2014, p. 123.

58. David W. Bates *et al.*, «Relationship Between Medication Errors and Adverse Drug Events». *Journal of General Internal Medicine*, 10, n.º 4, abril de 1995, pp. 199-205: www.ncbi.nlm.nih.gov/pubmed/7790981

59. Amy C. Edmondson, «Learning from Mistakes Is Easier Said than Done: Group and Organizational Influences on the Detection and Correction of Human Error». *Journal of Applied Behavioral Science*, 32, n.º 1, 1996, pp. 5-28.

60. Amy C. Edmondson, «Managing the Risk of Learning: Psychological Safety in Work Teams», en *International Handbook of Organizational Teamwork and Cooperative Learning*, eds. Michael A. West, Dean Tjosvold y Ken G. Smith. West Sussex, Reino Unido, John Wiley & Sons, 2003.

61. Neil Robert Anderson, «Innovation in Top Management Teams». *Journal of Applied Psychology*, 81, n.º 6, diciembre de 1996, pp. 680-693; Amy C. Edmondson, Richard Bohmer y Gary Pisano, «Learning New Technical and Interpersonal Routines in Operating Room Teams», en *Research on Managing Groups and Teams: Technology*, eds. B. Mannix, M. Neale y T. Griffith. Stamford, Connecticut, JAI Press, 2000, 3, pp. 29-51; Amy C. Edmondson, Richard Bohmer y Gary Pisano, «Disrupted Routines: Team Learning and New Technology Implementation in Hospitals». *Administrative Science Quarterly*, 46, diciembre de 2001, pp. 685-716; Charlene D'Andrea-O'Brien y Anthony Buono, «Building Effective Learning Teams: Lessons from the Field». *Society for the Advancement of Management Journal*, 61, n.º 3, 1996.

62. Amy C. Edmondson, «Psychological Safety and Learning Behavior in Work Teams». *Administrative Science Quarterly*, 44, n.º 2, junio de 1999, pp. 350-383.

63. Edmondson, Bohmer y Pisano, «Interpersonal Routines in Operating Room Teams».

64. Edmondson, «Learning from Mistakes».

65. Derek Thompson, «Google X and the Science of Radical Creativity». *Atlantic*, noviembre de 2017: www.theatlantic.com/magazine/archive/2017/11/x-google-moonshot-factory/540648

66. Astro Teller, «The Head of 'X' Explains How to Make Audacity the Path of Least Resistance». *Wired*, 15 de abril de 2016: www.wired.com/2016/04/the-head-of-x-explains-how-to-make-audacity-the-path-of-least-resistance/#.2vy-7nkes6

67. Obi Felten, «How to Kill Good Things to Make Room for Truly Great Ones». *X Blog*, 8 de marzo de 2016: https://blog.x.company/how-to-kill-good-things-to-make-room-for-truly-great-ones-867fb6ef026

68. Dyer y Gregersen, «How Does Amazon Stay at Day One?».

69. Tom Peters, *The Circle of Innovation: You Can't Shrink Your Way to Greatness*. Nueva York, Vintage Books, 1999, p. viii.

70. Hadfield, *Guía de un astronauta*.

71. Mario Livio, *Errores geniales que cambiaron el mundo*. Barcelona, Ariel, 2013.

72. Hal Gregersen, «Bursting the CEO Bubble». *Harvard Business Review*, abril de 2017: https://hbr.org/2017/03/bursting-the-ceo-bubble

73. Catmull y Wallace, *Creativity, Inc.*

74. Tyler Cowen, «My Biggest Regret». *Econ Journal Watch*, mayo de 2017: https://pingpdf.com/pdf-econ-journal-watch-142-may-2017.html

75. Anna Bruk, Sabine G. Scholl y Herbert Bless, «Beautiful Mess Effect: Self–Other Differences in Evaluation of Showing Vulnerability». *Journal of Personality and Social Psychology*, 115, n.º 2, 2018, pp. 192-205: https://psycnet.apa.org/record/2018-34832-002

76. Elliot Aronson, Ben Willerman y Joanne Floyd, «The Effect of a Pratfall on Increasing Interpersonal Attractiveness». *Psychonomic Science*, 4, n.º 6, junio de 1966, pp. 227-228: https://link.springer.com/article/10.3758/BF03342263; Emily Esfahani Smith, «Your Flaws Are Probably More Attractive than You Think They Are». *Atlantic*, 9 de junio de 2019: www.theatlantic.com/health/archive/2019/01/beautiful-mess-vulnerability/579892

77. Tom R. Tyler y E. Allan Lind, «A Relational Model of Authority in Groups». *Advances in Experimental Social Psychology*, 25, 1992, pp. 115-191.

78. Edmondson, Bohmer y Pisano, «Disrupted Routines».

79. Edmondson, Bohmer y Pisano, «Disrupted Routines».

80. Edmondson, Bohner, Pisano, «Speeding Up Team Learning».

81. Edmondson, Bohner, Pisano, «Speeding Up Team Learning».

82. Lisa Bodell, *Kill the Company: End the Status Quo, Start an Innovation Revolution*. Brookline, Maine, Bibliomotion, 2016, p. 130.

83. Jessica Bennett, «On Campus, Failure Is on the Syllabus». *New York Times*, 24 de junio de 2017: www.nytimes.com/2017/06/24/fashion/fear-of-failure.html

Capítulo 9: Nada fracasa tanto como el éxito

1. El debate inicial sobre el desastre del Challenger está basado en los siguientes recursos: Trudy E. Bell y Karl Esch, «The Fatal Flaw in Flight 51-L». *IEEE Spectrum*, febrero de 1987: https://ieeexplore.ieee.org/document/6448023; Doug G. Ware, «Engineer Who Warned of 1986 Challenger Disaster Still Racked with Guilt, Three Decades On». UPI, 28 de enero de 2016: www.upi.com/Top_News/US/2016/01/28/Engineer-who-warned-of-1986-Challenger-disaster-still-racked-with-guilt-three-decades-on/4891454032643; Douglas Martin, «Roger Boisjoly, 73, Dies; Warned of Shuttle Danger». *New York Times*, 3 de febrero de 2012: www.nytimes.com/2012/02/04/us/roger-boisjoly-73-dies-warned-of-shuttle-danger.html; Shaun Usher, «The Result Would Be a Catastrophe». *Letters of Note*, 27 de octubre de 2009: www.lettersofnote.com/2009/10/result-would-be-catastrophe.html; Andy Cox, «Weather's Role in the Challenger Accident». Weather Channel, 28 de enero de 2015: https://weather.com/science/space/news/space-shuttle-challenger-weather-role; Chris Bergin, «Remembering the Mistakes of Challenger». NASA, 28 de enero de 2007: www.nasaspaceflight.com/2007/01/remembering-the-mistakes-of-challenger

2. William H. Starbuck y Frances J. Milliken, «Challenger: Fine-Tuning the Odds Until Something Breaks». *Journal of Management Studies*, 25, n.º 4, 1988, pp. 319-340: https://papers.ssrn.com/sol3/papers.cfm?abstract_id=2708154

3. James Gleick, «NASA's Russian Roulette». *Baltimore Sun*, 15 de diciembre de 1993: www.baltimoresun.com/news/bs-xpm-1993-12-15-1993349207-story.html

4. El estudio sobre el desastre del Columbia se basa en los siguientes recursos:

Michael Roberto *et al.*, «Columbia's Final Mission». *Harvard Business School Case Collection*, marzo de 2005: www.hbs.edu/faculty/Pages/item.aspx?num=32162;

Tim Fernholz, *Rocket Billionaires: Elon Musk, Jeff Bezos, and the New Space Race*. Boston, Houghton Mifflin Harcourt, 2018; Elizabeth Howell, «Columbia Disaster: What Happened, What NASA Learned». Space.com, 1 de febrero de 2019: www.space.com/19436-columbia-disaster.html; Robert Lee Hotz, «Decoding Columbia: A Detective Story». *Los Angeles Times*, 21 de diciembre de 2003: www.latimes.com/nation/la-sci-shuttle21dec21-story.html; Anna Haislip, «Failure Leads to Success». NASA, 21 de febrero de 2007: www.nasa.gov/offices/nesc/press/070221.html

5. Fernholz, *Rocket Billionaires*, 73.

6. Amy C. Edmondson *et al.*, «The Recovery Window: Organizational Learning Following Ambiguous Threats», en *Organization at the Limit: Lessons from the Columbia Disaster*, eds. William H. Starbuck y Moshe Farjoun. Malden, Massachusetts, Blackwell Pub., 2009.

7. Roberto *et al.*, «Columbia's Final Mission».

8. Roberto *et al.*, «Columbia's Final Mission».

9. Roberto *et al.*, «Columbia's Final Mission».

10. Roberto *et al.*, «Columbia's Final Mission».

11. Roberto *et al.*, «Columbia's Final Mission».

12. George Bernard Shaw, *The Doctor's Dilemma*. Nueva York, Brentano's, 1911.

13. Bill Gates, con Nathan Myhrvold y Peter Rinearson, *Camino al futuro*. Madrid, McGraw-Hill, 1996.

14. Daniel Kahneman y Dan Lovallo, «Timid Choices and Bold Forecasts: A Cognitive Perspective on Risk Taking». *Management Science*, 39, n.º 1, enero de 1993, pp. 17-31: http://bear.warrington.ufl.edu/brenner/mar7588/Papers/kahneman-lovallo-mansci1993.pdf

15. Gilles Hilary y Lior Menzly, «Does Past Success Lead Analysts to become Overconfident?». *Management Science*, 52, n.º 4, abril de 2006, pp. 489-500.

16. Cyril Connolly, *Enemies of Promise*. Boston, Little, Brown and Company, 1938.

17. Boyce Rensberger y Kathy Sawyer, «Challenger Disaster Blamed on O-Rings, Pressure to Launch». *Washington Post*, 10 de junio de 1986: www.washington post.com/archive/politics/1986/06/10/challenger-disaster-blamed-on-o-rings-pressure-to-launch/6b331ca1-f544-4147-8e4e-941b7a7e47ae

18. E. B. White, *One Man's Meat*, Nueva York y Londres, Harper & Brothers, 1942, p. 273.

19. William H. Starbuck y Frances J. Milliken, «Challenger: Changing the Odds Until Something Breaks», en *Organizational Realities: Studies of Strategizing and Organizing*, eds. William H. Starbuck y Moshe Farjoun. Malden, Massachusetts, Blackwell Pub., 2009.

20. NASA, «President Nixon's 1972 Announcement on the Space Shuttle»: https://history.nasa.gov/stsnixon.htm (emphasis added)

21. Steven J. Dick II, «Historical Background: What Were the Shuttle's Goals and Possible Configurations?». NASA, 5 de abril de 2001: https://history.nasa.gov/sts1/pages/scota.html

22. Michael Roberto, Richard M. J. Bohmer y Amy C. Edmondson, «Facing Ambiguous Threats». *Harvard Business Review*, noviembre de 2006: https://hbr.org/2006/11/facing-ambiguous-threats

23. Starbuck y Milliken, «Challenger: Changing the Odds».

24. Roberto *et al.*, «Columbia's Final Mission».

25. La información sobre los recortes procede de Starbuck y Milliken, «*Challenger*: Changing the Odds».

26. Testimonio de Diane Vaughan, «Columbia Accident Investigation Board Public Hearing». Houston, 23 de abril de 2003: http://govinfo.library.unt.edu/caib/news/report/pdf/vol6/part08.pdf

27. Testimonio de Vaughan.

28. Starbuck y Milliken, «*Challenger*: Changing the Odds».

29. Ronald W. Reagan, «Explosion of the Space Shuttle *Challenger* Address to the Nation, January 28, 1986». NASA: https://history.nasa.gov/reagan12886.html

30. Daniel Gilbert, *Tropezar con la felicidad*. Barcelona, Ariel, 2017.

31. Tom Fordyce, «How Greene Nearly Walked Away». *BBC Sport*, 29 de julio de 2004: http://news.bbc.co.uk/sport2/hi/athletics/3934337.stm

32. Ryan Holiday, *El ego es el enemigo*. Barcelona, Paidós, 2017.

33. Holiday, *El ego es el enemigo*.

34. Mia Hamm con Aaron Heifetz, *Go for the Goal: A Champion's Guide to Winning in Soccer and Life*. Nueva York, Harper, 1999.

35. Whitney Tilson, «Warren Buffett's New Words of Wisdom». *Daily Beast*, 3 de mayo de 2009: www.thedailybeast.com/warren-buffetts-new-words-of-wisdom

36. Daniel Pink, ¿Cuándo?: la ciencia de encontrar el momento preciso. Barcelona, Alienta editorial, 2018.

37. Jonah Berger y Devin Pope, «Can Losing Lead to Winning?». *Management Science*, 57, n.º 5, mayo de 2011: https://pubsonline.informs.org/doi/abs/10.1287/mnsc.1110.1328

38. Berger y Pope, «Can Losing Lead to Winning?».

39. Tanya Sweeney, «Happy 60th Birthday to Madonna, the Queen of Reinvention: How She Continues to Pave the Way for Women Everywhere», *Independent*, 12 de agosto de 2018, www.independent.ie/entertainment/music/happy-60th-birthday-to-madonna-the-queen-of-reinvention-how-she-continues-to-pave-the-way-for-women-everywhere-37201633.html

40. La información sobre Netflix está basada en los siguientes recursos: Scott D. Anthony y Evan I. Schwartz, «What the Best Transformational Leaders Do». *Harvard Business Review*, 8 de mayo de 2017: https://hbr.org/2017/05/what-the-best-transformational-leaders-do; Bill Taylor, «How Coca-Cola, Netflix, and Amazon Learn from Failure». *Harvard Business Review*, 10 de noviembre de 2017: https://hbr.org/2017/11/how-coca-cola-netflix-and-amazon-learn-from-failure

41. Reed Hastings, «Reed Hastings: Here's Why We're Splitting Netflix in Two and Calling the DVD Business 'Qwikster'». *Business Insider*, 19 de septiembre de 2011.

42. Bill Taylor, «Coca-Cola, Netflix, and Amazon».

43. Sim B. Sitkin, «Learning Through Failure: The Strategy of Small Losses». *Research in Organizational Behavior*, 14, 1992, pp. 231-266.

44. Sim B. Sitkin y Amy L. Pablo, «Reconceptualizing the Determinants of Risk Behavior». *Academy of Management Review*, 17, n.º 1, 1992.

45. Jeff Stone, «Elon Musk: SpaceX 'Complacency' Contributed to Falcon 9 Crash, Falcon Heavy Rocket Debuts in 2016». *International Business Times*, 21 de enero de 2015: www.ibtimes.com/elon-musk-spacex-complacency-contributed-falcon-9-crash-falcon-heavy-rocket-debuts-2017809

46. Steve Forbes, tuit en Twitter, 2 de enero de 2015: https://twitter.com/steveforbesceo/status/551091006805118977?lang=en

47. Robin L. Dillon y Catherine H. Tinsley, «How Near-Misses Influence Decision Making Under Risk: A Missed Opportunity for Learning». *Management Science*, 54, n.º 8, 2008: https://pubsonline.informs.org/doi/abs/10.1287/mnsc.1080.0869

48. Dillon and Tinsley, «Near-Misses».

49. Dillon and Tinsley, «Near-Misses».

50. Dillon and Tinsley, «Near-Misses».

51. Diane Vaughan, *The Challenger Launch Decision: Risky Technology, Culture, and Deviance at NASA*. Chicago: University of Chicago Press, 1996, p. 410.

52. Roberto, Bohmer, y Edmondson, «Facing Ambiguous Threats».

53. Peter M. Madsen y Vinit Desai, «Failing to Learn? The Effects of Failure and Success on Organizational Learning in the Global Orbital Launch Vehicle Industry». *Academy of Management Journal*, 53, n.º 3, 30 de noviembre de 2017: https://journals.aom.org/doi/10.5465/amj.2010.51467631

54. Mark D. Cannon y Amy C. Edmondson, «Failing to Learn and Learning to Fail (Intelligently): How Great Organizations Put Failure to Work to Innovate and Improve». *Long Range Planning*, 38, n.º 3, marzo de 2004, pp. 299-319.

55. La información sobre Tom Brady y los New England Patriots está basada en Holiday, *El ego es el enemigo*.

56. Cork Gaines, «How the Patriots Pulled Off the Biggest Steal in NFL Draft History and Landed Future Hall of Famer Tom Brady». *Business Insider*, 10 de septiembre de 2015: www.businessinsider.com/patriots-tom-brady-draft-steal-2015-1

57. Josh St. Clair, «Why Tom Brady Is So Good, According to Former NFL Quarterbacks». *Men's Health*, 30 de enero de 2019: www.menshealth.com/entertainment/a26078069/tom-brady-super-bowl-2019-talent

58. Derek Thompson, «Google X and the Science of Radical Creativity». *Atlantic*, noviembre de 2017: www.theatlantic.com/magazine/archive/2017/11/x-google-moonshot-factory/540648

59. Jack Brittain y Sim B. Sitkin, «Facts, Figures, and Organizational Decisions: Carter Racing and Quantitative Analysis in the Organizational Behavior Classroom». *Journal of Management Education*, 14, n.º 1, 1990, pp. 62-81: https://journals.sagepub.com/doi/abs/10.1177/105256298901400108

60. «Simply Great: Charlie Munger's Speech to the Harvard School, June 1986—'Invert, Always Invert'». *BizNews*, 13 de junio de 1986: www.biznews.com/thought-leaders/1986/06/13/charlie-mungers-speech-to-the-harvard-school-june-1986

61. Gary Klein, «Performing a Project Premortem». *Harvard Business Review*, septiembre de 2007: https://hbr.org/2007/09/performing-a-project-premortem

62. Adam Smith, *La teoría de los sentimientos morales*. Madrid, Anaya, 2013.

63. Deborah J. Mitchell, J. Edward Russo y Nancy Pennington, «Back to the Future: Temporal Perspective in the Explanation of Events». *Journal of Behavioral Decision Making*, 2, n.º 1, enero-marzo de 1989, pp. 25-38: https://online library. wiley.com/doi/abs/10.1002/bdm.3960020103

64. Annie Duke, *Thinking in Bets: Making Smarter Decisions When You Don't Have All the Facts*.Nueva York, Portfolio/Penguin, 2018.

65. «Elon Musk Answers Your Questions! SXSW, March 11, 2018». Vídeo, YouTube, publicado el 11 de marzo de 2018: www.youtube.com/watch?v=Oo-QARBYbkck

66. Astro Teller, «The Head of 'X' Explains How to Make Audacity the Path of Least Resistance». *Wired*, 15 de abril de 2016: www.wired.com/2016/04/the-head-of-x-explains-how-to-make-audacity-the-path-of-least-resistance

67. Scott Snook y Jeffrey C. Connor, «The Price of Progress: Structurally Induced Inaction». En *Organization at the Limit: Lessons from the Columbia Disaster*, eds. William H. Starbuck y Moshe Farjoun. Malden, Massachusetts, Blackwell Pub., 2009.

68. Roger M. Boisjoly, «Ethical Decisions—Morton Thiokol and the Space Shuttle *Challenger* Disaster». 15 de mayo de 2006: www.onlineethics.org/Resources/thiokolshuttle/shuttle_post.aspx#publicationContent

69. Douglas Martin, «Roger Boisjoly, 73, Dies; Warned of Shuttle Danger». *New York Times*, 3 de febrero de 2012: www.nytimes.com/2012/02/04/us/roger-boisjoly-73-dies-warned-of-shuttle-danger.html

70. Charlan Jeanne Nemeth, «Differential Contributions of Majority and Minority Influence». *Psychological Review*, 93, n.º 1, enero de 1986, pp. 23-32: www. researchgate.net/publication/232513627_The_Differential_Contributions_of_Majority_and_Minority_Influence

71. Vaughan, testimonio.

72. Roberto, Bohmer y Edmondson, «Facing Ambiguous Threats».

73. Vaughan, *The Challenger Launch Decision*, p. 386.

74. George Santayana, *La vida de la razón o fases del progreso humano*. Madrid, Anaya, 2005.

75. Gerald J. S. Wilde, «Risk Homeostasis: A Theory About Risk Taking Behaviour»: http://riskhomeostasis.org/home; Malcolm Gladwell, «Blowup». *New Yorker*, 14 de enero de 1996.

76. M. Aschenbrenner y B. Biehl, «Improved Safety Through Improved Technical Measures? Empirical Studies Regarding Risk Compensation Processes in Relation to Anti-Lock Braking Systems», en *Challenges to Accident Prevention: The Issue of Risk Compensation Behavior*, Rüdiger M. Trimpop y Gerald J. S. Wilde. Groningen, Netherlands, STYX, 1994: https://trid.trb.org/view/457353

77. Gerald J. S. Wilde, *Target Risk 3: Risk Homeostasis in Everyday Life* (2014). Disponible en: http://riskhomeostasis.org, pp. 93-94.

78. Starbuck y Milliken, «*Challenger*: Changing the Odds».
79. Starbuck y Milliken, «*Challenger*: Changing the Odds».

Epílogo: El nuevo mundo

1. Ross Anderson, «Exodus». *Aeon*, 30 de septiembre de 2014: https://aeon.co/essays/elon-musk-puts-his-case-for-a-multi-planet-civilisation

2. Paul Harris, «Neil Armstrong's Death Prompts Yearning for America's Past Glories». *Guardian*, 27 de agosto de 2012: www.theguardian.com/science/2012/aug/26/neil-armstrong-passing-us-yearning-glory

3. Marina Koren, «What's So Special About the Next SpaceX Launch». *Atlantic*, 1 de marzo de 2019: www.theatlantic.com/science/archive/2019/03/nasa-prepares-pivotal-spacex-launch-iss/583906; Brad Tuttle, «Here's How Much It Costs for Elon Musk to Launch a SpaceX Rocket». *Money.com*, 6 de febrero de 2018: http://money.com/money/5135565/elon-musk-falcon-heavy-rocket-launch-cost

4. Maria Stromova, «Trampoline to Space? Russian Official Tells NASA to Take a Flying Leap». *ABC News*, 29 de abril de 2014: www.nbcnews.com/storyline/ukraine-crisis/trampoline-space-russian-official-tells-nasa-take-flying-leap-n92616

5. Eric Berger, «Adrift: As NASA Seeks Next Mission, Russia Holds the Trump Card». *Houston Chronicle*, 2014: www.houstonchronicle.com/nasa/adrift/1

6. Reuters, «NASA Puts Shuttle Launch Pad in Florida Up for Lease». 23 de mayo de 2013: www.reuters.com/article/us-usa-space-launchpad/nasa-puts-shuttle-launch-pad-in-florida-up-for-lease-idUSBRE94M16520130523?feedType=RSS

7. Jacey Fortin y Karen Zraick, «First All-Female Spacewalk Canceled Because NASA Doesn't Have Two Suits That Fit». *New York Times*, 25 de marzo de 2019: www.nytimes.com/2019/03/25/science/female-spacewalk-canceled.html

8. Un excelente libro que cuenta esta historia: Julian Guthrie, *How to Make a Spaceship: A Band of Renegades, an Epic Race, and the Birth of Private Spaceflight*. Nueva York, Penguin 2016.

9. «SpaceX Signs 20-Year Lease for Historic Launch Pad 39A». *NBC News*, 15 de abril de 2014: www.nbcnews.com/science/space/spacex-signs-20-year-lease-historic-launch-pad-39a-n81226

10. Amy Thompson, «NASA's Supersize Space Launch System Might Be Doomed». *Wired*, 14 de marzo de 2019: www.wired.com/story/nasas-super-sized-space-launch-system-might-be-doomed

11. Jeff Bezos, carta a los accionistas de Amazon, 2016. Ex-99.1, SEC.gov: www.sec.gov/Archives/edgar/data/1018724/000119312517120198/d373368dex991.htm (cursiva del original).

12. Walt Whitman, *Song of the Open Road*. Nueva York, Limited Editions Club, 1990.

ÍNDICE

Ozan Varol es un científico de cohetes reconvertido en profesor, autor y presentador de pódcast. Nacido en Estambul, se trasladó a Estados Unidos para especializarse en Astrofísica en la Universidad de Cornell y luego formó parte del equipo de operaciones del proyecto Mars Exploration Rovers de 2003. Posteriormente, Varol fue profesor de Derecho en el Lewis & Clark College y escribió *The Democratic Coup d'*État, publicado por Oxford University Press. Los artículos de Varol han aparecido en medios como el *Wall Street Journal*, *Newsweek*, *BBC*, *Time*, *CNN*, *Washington Post*, *Slate* y *Foreign Policy*. Tiene un blog en su sitio web, ozanvarol.com, donde publica artículos con periodicidad semanal. Como orador muy solicitado, Varol ha concedido innumerables entrevistas en radio y televisión y ha pronunciado discursos de apertura ante grupos numerosos y reducidos en grandes empresas, organizaciones sin ánimo de lucro e instituciones gubernamentales.

Mis notas

Mis notas

Guías Harvard Business Review

En las **Guías HBR** encontrarás una gran cantidad de consejos prácticos y sencillos de expertos en la materia, además de ejemplos para que te sea muy fácil ponerlos en práctica. Estas guías realizadas por el sello editorial más fiable del mundo de los negocios, te ofrecen una solución inteligente para enfrentarte a los desafíos laborales más importantes.

Monografías

Michael D Watkins es profesor de Liderazgo y Cambio Organizacional. En los últimos 20 años ha acompañado a líderes de organizaciones en su transición a nuevos cargos. Su libro, **Los primeros 90 días**, con más de 1.500.000 de ejemplares vendidos en todo el mundo y traducido a 27 idiomas, se ha convertido en la publicación de referencia para los profesionales en procesos de transición y cambio.

Todo el mundo tiene algo que quiere cambiar. Pero el cambio es difícil. A menudo, persuadimos, presionamos y empujamos, pero nada se mueve. ¿Podría haber una mejor manera de hacerlo? Las personas que consiguen cambios exitosos saben que no se trata de presionar más, o de proporcionar más información, sino de convertirse en un catalizador.

Stretch muestra por qué todo el mundo -desde los ejecutivos a los empresarios, desde los profesionales a los padres, desde los atletas a los artistas- se desenvuelve mejor con las limitaciones; por qué la búsqueda de demasiados recursos socava nuestro trabajo y bienestar; y por qué incluso aquellos que tienen mucho se benefician de sacar el máximo provecho de poco.

¿Por qué algunas personas son más exitosas que otras? El 95% de todo lo que piensas, sientes, haces y logras es resultado del hábito. Simplificando y organizando las ideas, **Brian Tracy** ha escrito magistralmente un libro de obligada lectura sobre hábitos que asegura completamente el éxito personal.